工业和信息化部"十四五"规划教材
高等学校电子信息类精品教材

电子信息类专业导论
（第3版）

张有光　彭守仲　康　旺　　编著
黄　勤　张　岩　陈鹏辉

电子工业出版社
Publishing House of Electronics Industry
北京·BEIJING

内 容 简 介

本书可作为电子信息类专业导论课程的教材。作者从身边感性事物"智能手机"入手，介绍移动通信、集成电路、计算之芯、信息存储、数码影像、人机交互、移动互联、移动应用八个方面的专业知识。通过追溯科学发现、技术发明与产业创新的演变历史，穿插人物故事、创业案例，将电子信息的专业内涵蕴藏其中，使读者不仅能了解专业技术，还能体会到工程师的能力与态度，甚至科学家与企业家的精神。展望未来，将智能手机与5G/6G、物联网、大数据、云计算、人工智能、集成电路、无人驾驶等核心技术与前沿产业紧密联系起来，彰显电子信息类专业发展的无限可能性。

选择智能手机，不只是由于其产业重要性、社会普及性、技术综合性，而且同学们已经具有长期使用经验，由此追寻背后的科学原理、工程技术、人文艺术、创新创业，容易激发大家的学习兴趣，符合认知规律和教育原理。

本书的作用是引导电子信息大类新生了解专业内涵，培养专业兴趣。本书对高年级学生、非电类专业学生也很有参考价值，本书最后还提供了电子信息大类专业的培养体系框架。

未经许可，不得以任何方式复制或抄袭本书之部分或全部内容。
版权所有，侵权必究。

图书在版编目（CIP）数据

电子信息类专业导论 / 张有光等编著．—3 版．—北京：电子工业出版社，2023.6
ISBN 978-7-121-45673-2

Ⅰ．①电⋯　Ⅱ．①张⋯　Ⅲ．①电子信息－高等学校－教材　Ⅳ．①G203

中国国家版本馆 CIP 数据核字（2023）第 091995 号

责任编辑：赵玉山
印　　刷：三河市鑫金马印装有限公司
装　　订：三河市鑫金马印装有限公司
出版发行：电子工业出版社
　　　　　北京市海淀区万寿路 173 信箱　邮编 100036
开　　本：787×1 092　1/16　印张：20.5　字数：525 千字
版　　次：2013 年 10 月第 1 版
　　　　　2023 年 6 月第 3 版
印　　次：2025 年 3 月第 4 次印刷
定　　价：59.90 元

凡所购买电子工业出版社图书有缺损问题，请向购买书店调换。若书店售缺，请与本社发行部联系，联系及邮购电话：（010）88254888，88258888。
质量投诉请发邮件至 zlts@phei.com.cn，盗版侵权举报请发邮件至 dbqq@phei.com.cn。
本书咨询联系方式：（010）88254556，zhaoys@phei.com.cn。

前 言

教育家杜威认为,学习是一个从已知到未知的过程。教育家佐藤学也有类似表达方式,他认为学习是从已知世界到未知世界的旅程。因此,我们选择从大家非常熟悉的智能手机出发,漫游电子信息的发展历史,品鉴科学发现、技术发明故事和产业创新案例,寻访引领技术创新的科学家和推动技术产业化的企业家,聊一聊他们的成长故事和他们眼中的优秀人才,不仅可以了解专业技术,还能理解工程师的能力与态度,甚至科学家与企业家的精神。

教育家怀特海把教育分为三个阶段:浪漫、精确、综合运用。专业导论课程,在大学的人才培养体系中,位于"浪漫"阶段,不强调精确表达,需要借助感性事物和有趣的故事吸引学生。专业导论课程的教学目的是重新认识专业、认识行业,能够回应大学新生的关切,理解数理基础的重要性,处理好理论与实验、实践的关系等。

第 1 章,移动通信,它是智能手机的主要功能。移动通信的理论基础是电磁场与信息论,工程技术是蜂窝移动通信。从 1G 模拟通信、2G 数字通信、3G 宽带通信到 4G 移动互联,通信与互联网趋向融合,智能手机逐渐成为信息产业发展的新引擎;5G 从移动互联拓展到工业互联网,而 6G 将开启"万物智联"的新时代,对工科教育来说,需要重视跨界综合能力的培养。3G 移动通信,中国技术标准崭露头角;4G 移动通信,中国与欧盟技术标准并驾齐驱,中国企业实现群体突破;5G 移动通信,中国企业开始领跑,尤其是信道编码标准的中美之争,凸显数理基础研究的重要性。

第 2 章,集成电路,它是智能手机的核心基础。拆解智能手机,你能看到其主要部件,如智能处理器、内存、闪存、图像传感器,都使用了集成电路。不仅是智能手机,电视机、PC、智能汽车等,都使用了大量的集成电路。集成电路的诞生和发展,有肖克利、基尔比、诺伊斯、摩尔等多位著名科学家共同努力。集成电路产业链,包括设计、制造、封装与测试,还有 EDA 工具、工艺设备等,在摩尔定律的支配下,产业生态不断演化,应用领域不断延伸。集成电路是智能化时代的工业基础、信息产业的基石,也是关系到国家安全的重大基础性产业。

第 3 章,计算之芯,它是智能手机的中枢大脑。回顾历史,图灵机与冯·诺依曼计算体系架构的提出,为计算机的发展奠定了理论基础。大型计算机的诞生与商用,为计算机科学与技术奠定了基础,也为集成电路的发展提供了动力。微处理器的发明与 PC 的发展,"Wintel"生态系统的形成打破了 IBM 的垄断,加速了 PC 与互联网的普及。"计算"逐渐渗透到科学研究各个领域,"仿真"驱动产品开发成为创业创新的动力,"计算思维"成为大学生的重要素养。智能处理器,从集成应用处理器、基带处理器，到集成图形处理器、人工智能引擎，功能越来越强大，也是集成电路制造先进工艺首要推动力。

  第 4 章，信息存储，它是智能手机的记忆场所。机械硬盘、固态硬盘与内存技术是计算机发展的基础。得益于磁阻效应、巨磁阻效应等物理机理的发现与产业化，硬盘小型化与大存储容量得以快速发展。闪存的发明提供了一种大容量的半导体存储技术，随后诞生了优盘、存储卡、固态硬盘，为互联网、大数据的发展奠定了基础。正在发展中的非易失性存储技术，如阻变随机存储、磁性随机存储，为突破冯·诺依曼计算体系的瓶颈提供了新途径，也为低功耗、抗辐射、高可靠存储器的发展增添了机会。在大数据时代，存储技术的重要性不言而喻，我国正在快速追赶中。

  第 5 章，数码影像，它是智能手机的核心竞争力。留住精彩的瞬间需要镜头、图像传感器与图像处理引擎，摄影的自动化与影像的后期处理得益于人工智能技术的发展。智能手机的普及，催生了一个全民摄影时代，人们的创造力被无限激发，同时海量图像数据的积累引发了图像搜索引擎。而再现美丽的影像就需要液晶显示屏。液晶显示技术起源于美国，液晶之父德热纳是法国科学家，产业化则是日本与韩国企业完成的，目前产业的主导权正在向中国转移。透过京东方和王东升的故事，读者可体会到高精尖产业追赶者的企业家精神。物联网时代，万物皆显示，表明显示技术的重要性。

  第 6 章，人机交互，它是提升人类智能的重要途径。鼠标与图形用户界面形成了图形交互，是计算机得以普及的前提条件。触控交互则是智能手机的核心技术，它开启了手机交互的新时代，交互设计关乎技术，更重要的在于对人性的把握。传感器不仅在人机交互中功不可没，并且它是连接物理世界与数字世界的桥梁，也是大规模物联网的核心技术。传感器的小型化、微型化依赖于微电子微机械技术。人工智能与传感器的结合，如指纹识别、人脸识别、语音交互、手势交互，使得让人理解机器的人机交互方式转变为让机器理解人，实现了人与机器间的自然交互，甚至使人与机器融为一体。未来 6G 移动通信将实现通、感、算一体化，传感器将发挥更大的作用。

  第 7 章，移动互联，它为智能手机增添了强大威力。移动互联网是移动通信与互联网的融合，它拓展了电子信息专业的外延。搜索引擎、电子商务、社交网络的发展让虚拟世界走进了现实生活，开启了网络新经济和新零售时代，为年轻人的创业提供了巨大机会，在美国和中国诞生了一批年轻的创业者，真可谓"自古英雄出少年"。他们敏锐地抓住了互联网发展的机遇。互联网的幕后英雄是网络协议、路由器与光纤通信等技术，发展趋势是移动互联、云计算、大数据与万物互联。移动互联与数据智能的结合，催生了"精准"业务，如今日头条，能够根据用户的偏好进行推荐。

  第 8 章，应用软件，它彰显了智能手机的魅力。富有创意的 App，源自 App Store 生态系统，不仅充分展现了 iPhone 的硬件潜力，而且也为苹果公司创造出巨大的商业价值。智能手机的发展，孕育出了平台化应用软件，如图片社交 Instagram、腾讯微信与手机淘宝等。应用软件的基础是操作系统，本章先介绍苹果 iOS 与谷歌 Android，然后是小米 MIUI、华为 EMUI 与鸿蒙操作系统。华为、小米从定制 UI 开始逐渐深入到操作系统内核，同时构筑了商业生态系统。从产品、平台的竞争，发展到商业生态系统的竞争，系统思维能力显得更加重要。移动改变生活，游戏机、照相机、个人日报、短视频、位置服务等成为移动应用，被称为装在口袋里的工具箱。值得一提的是字节跳动旗下的 Tik Tok 短视频业务成功地走向了世界，而我国"北斗三号"系统的建成也标志着全球服务新时代的到来。

第9章，培养体系，以北京航空航天大学电子信息工程专业培养方案为例进行解读。第一，介绍数学与物理两类基础课程的重要性、主要教学内容、学习方法和课外参考书。第二，从图像获取与处理、电路与系统、图像共享、电磁场与微波技术四个方面，将电子信息类专业的基础课程内容与智能手机联系在一起。第三，面对5G、人工智能的快速发展和新工科教育改革的要求，探讨了课程体系的优化思路、结合专业开展创业教育的途径和教学方法。第四，课程是大学教育的核心，而贯通课程之间的纽带则是每学期的综合实验，课内实验可以帮助理解并巩固课堂讲授的理论，而综合实验则强调灵活运用多门课程中的知识解决复杂问题。第五，科技实践对于学生的综合能力的提升非常有益，走进实验室、主持大创项目、参加科技竞赛等途径，有助于学生主动探寻个性化的大学之路。

本书是在2020年出版的《电子信息类专业导论》（第2版）基础上，经过3年的持续改进，总结提炼而成的，也是国家级一流专业"电子信息工程""通信工程"和国际级一流课程"电子信息工程导论"建设的教学成果之一。本书继承了第2版的框架，主要修改了教学内容，补充了3年来信息产业的新进展及其参考文献，重写了每章的引言、总结与展望、思考题，对第2版中不规范的文字表达进行了修改。为了便于学生自学，更好地领会每一章所蕴含的教育意义，重新设计了思考题。学生自学时，可以先看思考题然后带着问题阅读，也可以先阅读再看思考题。根据自己的兴趣和先有经验，选择其中一个思考题，也可以自己拟定题目撰写学习总结。全部学习结束后，汇聚每章学习总结形成全课程的学习成果。

本书体现了作者从事"电子信息工程导论"课程的13年大班教学、5轮次慕课教学，新生研讨课"从智能手机谈起"8年的小班翻转课堂教学的实践经验，也融合了13年本科教学副院长、6年士谔书院学业总导师的工作经验。在这些教学实践中，作者一直致力于探索电子信息专业教什么、学什么、怎么教、怎么学。

本书的完成离不开长期合作的领导、同事、同行及辅导员们的支持与帮助。黄勤教授、张岩副教授修改了本书第1章部分内容。彭守仲副教授和康旺副教授负责第2章至第4章的修订工作。陈鹏辉讲师在第5章至第8章中补充并修订了部分内容。竺南直博士对全书提出了修改意见并参与了第1章、第9章的编写工作。张悦教授、王昭昊副教授、张玉玺副教授和王韬副教授在修订过程中提出了诸多建设性意见。作者曾多次受邀在教学会议上交流过关于导论课程的建设经验，得到了同行们的支持和鼓励，也收获了许多宝贵意见。本书曾获学校重点教改、双百资源课、课程思政、MOOC和一流课程建设项目与教材出版基金的资助，为持续开展课程内容与教学方法的改革提供了经费保障。在此表示衷心感谢。

虽然本书历经多年的教学实践，对内容与文字做过多次修改，但是由于电子信息领域的快速发展和新时期国家对人才培养目标提出的新要求，使得无论是教学内容的选择还是文字表达都有待进一步完善。希望读者多提宝贵意见！

意见和建议请发至作者邮箱 zyg@buaa.edu.cn。

张有光

2023 年 5 月

目　录

第1章　移动通信 ··· 1

1.1　移动通信的早期历史 ··· 2
 1.1.1　通信的早期历史：有线电报与电话 ······················ 2
 1.1.2　给信息插上翅膀：无线电通信技术 ······················ 3
 1.1.3　通信的数学理论：香农及其信息论 ······················ 4

1.2　第一代移动通信：移动通信探索时代 ························ 5
 1.2.1　蜂窝移动通信系统的诞生 ··································· 5
 1.2.2　模拟信号与模拟通信系统 ··································· 7
 1.2.3　移动通信的骨和肉：基站与频谱资源 ··················· 8
 1.2.4　模拟移动通信系统：频分多址（FDMA） ············ 10

1.3　第二代移动通信：长江后浪推前浪 ························· 10
 1.3.1　数字时代的赶超者：诺基亚与GSM ···················· 11
 1.3.2　卧薪尝胆的颠覆者：高通与CDMA ···················· 13

1.4　第三代移动通信：中国标准崭露头角 ····················· 15
 1.4.1　CDMA技术、波束赋形及其智能天线 ················· 16
 1.4.2　TD-SCDMA：中国标准开始登上舞台 ················· 18
 1.4.3　智能手机：推动3G业务快速发展 ······················ 20

1.5　第四代移动通信：中国与欧盟并驾齐驱 ·················· 22
 1.5.1　OFDM技术：似曾相识燕归来 ··························· 23
 1.5.2　MIMO技术：柳暗花明又一村 ··························· 24
 1.5.3　4G时代：中国企业的群体突破 ·························· 25

1.6　第五代移动通信：中国企业开始领跑 ····················· 26
 1.6.1　5G的三大应用场景与性能指标 ·························· 26
 1.6.2　5G关键技术：无线、编码与网络 ······················ 29
 1.6.3　5G标准与产业：突显中国的力量 ······················ 33

1.7　总结与展望 ··· 36

思考题 ·· 37

参考文献 ··· 38

第 2 章　集成电路 ··· 39

2.1　从电子管到晶体管 ··· 40
- 2.1.1　晶体检波器：电子器件的首秀 ··························· 40
- 2.1.2　电子管：电子时代的来临 ································· 40
- 2.1.3　晶体管诞生：信息时代的开端 ·························· 43

2.2　集成电路的发明与发展 ······································ 46
- 2.2.1　集成电路的诞生：基尔比与诺伊斯 ···················· 46
- 2.2.2　集成电路的发展：摩尔与摩尔定律 ···················· 50

2.3　集成电路的制造工艺 ··· 52
- 2.3.1　集成电路的器件演进 ······································· 52
- 2.3.2　集成电路的制造设备 ······································· 59
- 2.3.3　集成电路的工艺流程 ······································· 63

2.4　集成电路设计与 EDA ······································· 65
- 2.4.1　集成电路设计流程与设计自动化 ······················· 66
- 2.4.2　专用集成电路 ASIC：专用芯片 ························ 67
- 2.4.3　可编程芯片 FPGA：万能数字芯片 ···················· 68
- 2.4.4　系统级芯片 SoC：软硬件协同设计 ··················· 69

2.5　集成电路产业发展模式 ······································ 70
- 2.5.1　集成器件制造（IDM）模式 ····························· 70
- 2.5.2　集成电路 Fabless 与 Foundry 模式 ···················· 70
- 2.5.3　集成电路设计的 IP 模式 ·································· 72
- 2.5.4　集成电路的封装与测试 ··································· 72
- 2.5.5　集成电路产业生态系统 ··································· 73

2.6　总结与展望 ·· 74
思考题 ·· 75
参考文献 ··· 76

第 3 章　计算之芯 ··· 77

3.1　图灵、冯·诺依曼与大型计算机 ·························· 78
- 3.1.1　图灵与逻辑计算原型：图灵机 ·························· 78
- 3.1.2　ENIAC 与冯·诺依曼计算体系架构 ··················· 80
- 3.1.3　大型计算机与 IBM System/360 ························ 83

3.2　个人计算机与微处理器 ······································ 86
- 3.2.1　英特尔与微处理器的诞生 ································ 86
- 3.2.2　牵牛星：PC 的雏形 ·· 87
- 3.2.3　Apple-Ⅱ：PC 商业化 ······································ 89
- 3.2.4　IBM PC 与兼容机的普及 ································· 90

3.2.5 Wintel 商业生态的形成 ··· 91
3.3 计算机体系架构与指令集 ··· 92
　　3.3.1 英特尔的第一个 X86 体系 ·· 93
　　3.3.2 融合 GPU 的 CPU 系列产品 ··· 94
　　3.3.3 复杂指令集与精简指令集 ·· 94
　　3.3.4 ARM 的诞生及其生态系统 ·· 96
　　3.3.5 ARM 的商业模式：IP 授权 ··· 97
　　3.3.6 ARM 搭上智能手机的快车 ·· 98
　　3.3.7 ARM 的挑战与 RISC-V 的机遇 ··· 99
3.4 基带处理器 ·· 100
　　3.4.1 基带处理器概述 ··· 100
　　3.4.2 高通基带处理器 ··· 101
　　3.4.3 华为基带处理器 ··· 102
　　3.4.4 其他基带处理器 ··· 103
3.5 图形处理器 ·· 104
　　3.5.1 什么是图形处理器 ··· 104
　　3.5.2 苹果的图形处理器 ··· 105
　　3.5.3 高通的图形处理器 ··· 106
　　3.5.4 华为的图形处理器 ··· 106
3.6 移动处理器与人工智能 ·· 107
　　3.6.1 人工智能简介 ··· 107
　　3.6.2 华为麒麟与神经网络处理器 ··· 108
　　3.6.3 苹果处理器与神经网络引擎 ··· 109
　　3.6.4 高通骁龙与神经网络处理引擎 ··· 110
3.7 非冯·诺依曼架构 ·· 110
　　3.7.1 存算一体技术 ··· 110
　　3.7.2 类脑计算技术 ··· 110
3.8 总结与展望 ·· 111
思考题 ·· 112
参考文献 ·· 113

第 4 章　信息存储 ·· 114

4.1 机械硬盘发展简史 ·· 115
　　4.1.1 机械硬盘的诞生与 IBM 350 ·· 115
　　4.1.2 温彻斯特技术与 PC 硬盘 ·· 116
　　4.1.3 硬盘的快速发展与 GMR 技术 ··· 117
　　4.1.4 微硬盘与音乐播放器 iPod ··· 119

4.2 固态硬盘发展简史 ·· 121
　　4.2.1 浮栅晶体管与 EPROM ··· 121
　　4.2.2 NAND 的发明与产业化 ·· 124
　　4.2.3 闪存早期应用：优盘的发明 ·· 126
　　4.2.4 闪存大规模应用：固态硬盘 ·· 126
　　4.2.5 大容量闪存：MLC 与 3D NAND ·· 127
　　4.2.6 长江存储与闪存国产化之路 ·· 129
4.3 计算机内存：SRAM 与 DRAM ·· 130
　　4.3.1 静态随机存储器与存储体系架构 ··· 130
　　4.3.2 登纳德与动态随机存储器的发明 ··· 132
　　4.3.3 动态随机存储器的快速发展之路 ··· 134
　　4.3.4 动态随机存储器的大容量化方法 ··· 135
4.4 忆阻器与阻变式随机存储器 ··· 136
　　4.4.1 蔡少棠教授与迷失的第四元件 ··· 136
　　4.4.2 无心插柳：忆阻器元件的发现 ··· 137
　　4.4.3 阻变式随机存储器：非易失性 ··· 139
　　4.4.4 忆阻器与存内计算、类脑计算 ··· 139
4.5 自旋电子与磁性随机存储器 ··· 140
　　4.5.1 巨磁阻效应与自旋电子学的诞生 ··· 140
　　4.5.2 隧穿磁阻效应与磁性随机存储器 ··· 141
　　4.5.3 自旋转移矩磁性随机存储器 ·· 143
　　4.5.4 自旋轨道矩磁性随机存储器 ·· 145
4.6 总结与展望 ·· 148
思考题 ··· 149
参考文献 ··· 149

第5章　数码影像 ··· 151

5.1 摄影与摄像：留住精彩瞬间 ··· 152
　　5.1.1 影像系统的基本结构 ·· 152
　　5.1.2 数码摄影与智能手机 ·· 154
　　5.1.3 多摄：量变引发质变 ·· 155
　　5.1.4 人像模式与 ToF 镜头 ··· 157
　　5.1.5 高倍变焦与潜望式镜头 ··· 158
5.2 图像传感器与智能处理 ·· 159
　　5.2.1 开启数码影像的大门：CCD 图像传感器 ·· 159
　　5.2.2 数码影像跃上新台阶：CMOS 图像传感器 ··· 162
　　5.2.3 镜头背后的影像功臣：ISP 与图像信号处理 ······································· 163

  5.2.4 数码影像自动化核心：AI 智能处理技术 ············ 163
 5.3 薄膜晶体管-液晶显示（TFT-LCD）············ 165
  5.3.1 TFT-LCD 的概念与早期发展 ············ 165
  5.3.2 液晶的发现与液晶物理学 ············ 168
  5.3.3 TFT-LCD 产业化：日本企业从小处入手 ············ 170
  5.3.4 TFT-LCD 产业转移：韩国的反周期投资 ············ 173
  5.3.5 TFT-LCD 产业再转移：中国的超越之路 ············ 174
 5.4 有机发光二极管（OLED）············ 177
  5.4.1 OLED 的发明与邓青云的贡献 ············ 177
  5.4.2 OLED 产业化：韩国发展历程 ············ 179
  5.4.3 OLED 产业转移：中国赶超之路 ············ 180
  5.4.4 MicroLED 与显示技术的未来 ············ 181
 5.5 总结与展望 ············ 182
 思考题 ············ 183
 参考文献 ············ 184

第 6 章 人机交互 ············ 185

 6.1 图形交互：计算机与互联网普及的基石 ············ 186
  6.1.1 鼠标与图形用户界面的首秀：在线系统（NLS）············ 186
  6.1.2 鼠标与图形用户界面的雏形：施乐 Alto ············ 188
  6.1.3 鼠标与图形用户界面的商用：苹果 Macintosh ············ 190
  6.1.4 鼠标与图形用户界面的普及：微软 Windows ············ 193
  6.1.5 图形交互：WIMP 界面范式 ············ 194
 6.2 触控交互：突破智能手机的人机交互瓶颈 ············ 195
  6.2.1 按键交互：智能手机发展中的最大瓶颈 ············ 195
  6.2.2 多点触控：从概念原型走向触摸屏系统 ············ 196
  6.2.3 触控交互：苹果首款智能手机的最大亮点 ············ 199
  6.2.4 触控交互的应用：安卓、小米、华为的 UI 设计 ············ 201
 6.3 人机交互：功不可没的传感器 ············ 204
  6.3.1 传感器原理与微机电系统（MEMS）············ 204
  6.3.2 加速度传感器：测量手机运动 ············ 206
  6.3.3 角速度传感器：测量手机姿态 ············ 207
  6.3.4 方位传感器：感知手机方位 ············ 207
  6.3.5 环境传感器：感知距离与光强 ············ 208
 6.4 自然交互：人机融合与人工智能 ············ 209
  6.4.1 指纹识别：最经典的生物特征识别 ············ 209
  6.4.2 人脸识别：相面就能确认你的身份 ············ 210

　　　　6.4.3　语音交互：人类最重要的交流方式 ………………………… 210
　　　　6.4.4　手势交互：与智能手机也能打哑谜 ………………………… 212
　　　　6.4.5　人工智能：让机器来理解你的想法 ………………………… 213
　　6.5　总结与展望 …………………………………………………………… 214
　思考题 ………………………………………………………………………… 215
　参考文献 ……………………………………………………………………… 216

第7章　移动互联 …………………………………………………………… 217

　　7.1　互联网起源与发展 …………………………………………………… 218
　　　　7.1.1　互联网前身：阿帕网从构想走向现实 ……………………… 218
　　　　7.1.2　早期互联网：因特网与万维网的诞生 ……………………… 220
　　　　7.1.3　浏览器之争：微软和网景的世纪之战 ……………………… 223
　　　　7.1.4　互联网门户：雅虎与新浪、搜狐、网易 …………………… 226
　　7.2　互联网的普及 ………………………………………………………… 228
　　　　7.2.1　搜索引擎：新时代的互联网霸主 …………………………… 228
　　　　7.2.2　电子商务：挑战传统的商业模式 …………………………… 231
　　　　7.2.3　社交网络：从社交生活到新媒体 …………………………… 235
　　7.3　幕后的英雄：现代通信网络 ………………………………………… 238
　　　　7.3.1　网络协议：互联网的交通规则 ……………………………… 238
　　　　7.3.2　路由技术：架起互联网的桥梁 ……………………………… 239
　　　　7.3.3　光纤通信：铺设信息高速公路 ……………………………… 241
　　7.4　互联网发展新趋势 …………………………………………………… 242
　　　　7.4.1　移动互联网：随时随地在线 ………………………………… 242
　　　　7.4.2　云计算：虚拟资源按需供应 ………………………………… 244
　　　　7.4.3　大数据：挖掘其内在的价值 ………………………………… 246
　　　　7.4.4　数据智能：自动化与精准化 ………………………………… 247
　　　　7.4.5　物联网：将万物接入互联网 ………………………………… 248
　　7.5　总结与展望 …………………………………………………………… 249
　思考题 ………………………………………………………………………… 250
　参考文献 ……………………………………………………………………… 250

第8章　应用软件 …………………………………………………………… 252

　　8.1　App Store 与移动应用生态系统 …………………………………… 253
　　　　8.1.1　苹果 App Store 的艰难问世 ………………………………… 253
　　　　8.1.2　苹果 App Store 的快速发展 ………………………………… 255
　　　　8.1.3　苹果打造移动应用生态系统 ………………………………… 257
　　　　8.1.4　苹果移动应用生态面临的挑战 ……………………………… 259

8.2 移动应用：类平台化发展战略 260
   8.2.1 图片社交：Instagram 260
   8.2.2 超级应用：腾讯微信 263
   8.2.3 电商平台：手机淘宝 266
8.3 幕后英雄：智能手机操作系统 267
   8.3.1 智能手机操作系统概述 267
   8.3.2 安卓操作系统悄然问世 269
   8.3.3 安卓操作系统开源策略 270
   8.3.4 鸿蒙与物联网操作系统 273
8.4 移动替代：移动应用丰富生活 274
   8.4.1 从游戏机转向手机游戏 274
   8.4.2 被装进口袋里的工具箱 276
   8.4.3 移动新闻与个性化推荐 278
   8.4.4 移动社交与短视频 279
   8.4.5 移动中的智能精准服务 281
8.5 总结与展望 283
思考题 284
参考文献 284

第9章 培养体系 286

9.1 数理基础 288
   9.1.1 数学的意义 288
   9.1.2 分析数学 289
   9.1.3 高等代数 290
   9.1.4 随机数学 291
   9.1.5 基础物理 293
9.2 专业基础 294
   9.2.1 图像获取与处理 294
   9.2.2 电路与系统 295
   9.2.3 图像共享 296
   9.2.4 电磁场与微波技术 297
9.3 教学改革 297
   9.3.1 优化课程体系 298
   9.3.2 创新创业课程 299
   9.3.3 教学方法改革 301
9.4 综合实验 302
   9.4.1 电子设计基础训练 303

9.4.2 单片机基础训练 303
   9.4.3 跨课程综合设计 304
   9.4.4 跨专业综合实践 305
9.5 科技实践 305
   9.5.1 走进科研实验室 306
   9.5.2 科研训练计划 307
   9.5.3 参加科技竞赛 308
9.6 总结与展望 309
思考题 310
参考文献 311

第 1 章

移动通信

2019年被称为5G元年。春节联欢晚会借助5G网络将分会场的镜头实时回传到央视总台,全程采用4K超高清直播、5.1环绕声,为观众带来了更高清晰度、更宽色域、更高动态范围的视频和环绕声音频体验。这次5G网络的成功试验,加速了5G商业化步伐。2019年6月6日,工业和信息化部(简称工信部)向三大运营商以及中国广电发布5G商用牌照,标志着我国5G进入商业运营阶段。

2019年4月13日,时任美国总统的特朗普发表演讲:"5G竞赛是一场美国必须要赢的比赛……为了加速和激励这些投资,我的政府正在释放尽可能多的无线频谱。"2019年5月16日,特朗普签署一项总统令,宣布美国进入国家紧急状态,动用国家力量全面封杀5G技术领先的中国企业华为。由此,凸显5G通信技术的重要性。

就在二十多年前,美国还是世界通信业的领导者,朗讯和摩托罗拉等公司都是当时世界上最杰出的通信系统设备和手机供应商。但是,随着华为、中兴公司的崛起,美国摩托罗拉等移动通信系统设备公司退出了竞争。那么中国企业是如何实现从3G突破、4G并跑、5G走向领跑的?为了回答这个问题,我们从早期的通信历史说起。

1.1 移动通信的早期历史

1.1.1 通信的早期历史：有线电报与电话

在现代意义上的通信出现之前，远距离传递信息已经有数千年的历史。例如，古时候，人们为了抵御外敌入侵，想出了用烽火来报信的方法。烽火确实是有效的信息传递方式，能够第一时间把外敌入侵的信息传递到指挥机构。然而，烽火所能传递的信息毕竟有限，只能解决外敌入侵是或否的问题，具体有多少敌人，敌人的具体方位这些更为重要的信息就不得而知了。

图 1.1 莫尔斯发明的电报机

人们对提高信息传输速度的追求从未停过。直到近代，物理学的发展（尤其是电磁学的研究成果）为实现信息高速传输提供了可能。19 世纪 30 年代，莫尔斯（S.Morse，1791—1872 年）发明了莫尔斯电报码和电报机，如图 1.1 所示，他利用"点"（接通电路时间较短）、"划"（接通电路时间 3 倍于"点"的时间）、"空"（断开电路）的不同组合来表示各种字母、数字和标点符号。1844 年，莫尔斯在华盛顿到巴尔的摩相距 64km 的距离上成功地实现了电报码的传送。这是通信史上具有里程碑意义的事件，与原有通信方式相比，电报通信无论是在传输距离、传输速率，还是在传输可靠性和有效性方面，都发生了革命性的变化，因此很快被用于军事、新闻、商业等领域。电报业务的产生使得铁路调度成为可能，大幅度提高了铁路运输效率，成为推动铁路发展的重要因素之一。同样，由于电报业务的时效性，成为推动新闻事业繁荣的重要因素。

但是电报通信需要专业人员与专业设备进行编码与译码、发报与收报，它与人们面对面交流相比，存在极大差距。1876 年，贝尔（A.Bell，1847—1942 年）发明的电话改变了这一状况。电话，只要人们对着电话机直接说话，电话机就能够自动地将发送方话音信号转变为电信号，然后沿着导线传送到接收方，接收方的电话机再将电信号还原成话音信号，接收者就能够听到话音。这样相距很远的两个朋友就像面对面一样自然地交流，十分方便。电话代表着效率上的一次飞跃，人们不必再去写信、拍电报，然后等待回音，不过也有一点遗憾，浪漫的"两地书"很难产生了。

在随后的几年里，电话取得了无与伦比的商业成功，成立不到 20 年的电话公司兼并了老牌电报公司，组建为美国电话电报公司（AT&T）。电话机早已成为人们工作、生活中不可缺少的通信工具。

1.1.2　给信息插上翅膀：无线电通信技术

让我们再回到 19 世纪末，电话的普及确实极大地改变了人们的通信习惯，电话的发明者贝尔借机创立了贝尔电话公司。但是无论是电话还是电报，都需要通过电线来传输信号，一方面架设线路需要很高的成本，另一方面因为有线路的制约，不具备移动性，满足不了外出旅行的通信要求。

1895 年，意大利工程师马可尼（G. Marconi，1874—1937 年）发明了无线电报机，这得益于 1894 年他同长兄去阿尔卑斯山度假时，在电气杂志上读到了赫兹（H.R. Hertz，1857—1894 年）几年前所做的实验报告，这些实验清楚地表明了麦克斯韦预言的电磁波是存在的，这种电磁波以光速在空中传播。马可尼很快就想到可以利用这种电磁波传输信号而又不需要线路，这就使有线电报完成不了的许多通信有了可能，比如，利用这种手段可以把信息传输到海上航行的船只。从 1894 年至 1895 年，年仅 21 岁的马可尼根据赫兹的实验、麦克斯韦的理论和自己所学的知识，反复进行无线电波的传播实验，开始传输距离只有几十米，后来他用竹竿和铜线制成简易天线，使通信距离达到一百多米。他将天线再加高，成功地进行了相距 3km 的无线电通信的收发实验。成功以后，马可尼给意大利政府写信申请资助，以便使无线通信迅速进入商用领域，却遭到了政府的冷遇。于是，他在 1896 年带着无线电报机来到他母亲的故乡英国，并向英国政府申请了相关专利。在这里，他得到了科学界和工业界的高度重视和大力支持。

1897 年 5 月 18 日，马可尼进行了横跨布里斯托尔海峡的无线电通信，获得成功。1898 年，英国举行游艇赛，终点是距海岸 30km 以外的海上，《都柏林快报》特聘马可尼用无线电传输信息，游艇一到终点，他便用自己发明的无线电报机通过无线电波，使岸上的人们立即知道胜负结果，观众为之欣喜若狂。可以说，这是无线电通信的第一次实际应用，也是一次非常有创意的宣传活动。

随后马可尼成立了世界上第一家无线电器材公司——英国马可尼公司。1901 年，跨越大西洋的远距离无线电通信获得成功，实验是在英国和加拿大之间进行的，两地相隔 3700km。1902 年，在英国与加拿大之间正式开通了越洋无线电报通信业务。从此，人类迎来了利用无线电波进行远距离通信的新时代，马可尼被人称为"无线电之父"，如图 1.2 所示，并于 1909 年荣获诺贝尔物理学奖。他所创建的马可尼公司，成为世界著名的跨国公司。然而到了 2005 年，

图 1.2　马可尼与无线电报机

马可尼公司在经营上遇到了挑战，包括华为在内的多家公司伸出了橄榄枝，最终被爱立信收购。

这种方便的通信方式很快得到推广应用，并在接下来的第一次世界大战中大放异

彩，成为各国军队最重要的通信手段。无线电通信技术，在军事需求的刺激下快速发展，从最初的只具备电报收发功能，到后来可以传输话音信号。

到了第二次世界大战（二战）时期，无线电报已经无法满足瞬息万变的战场的通信需求，由此无线步话机应运而生，与广播电台单向传输的特性不同，无线步话机实现了半双工的话音通信。二战期间美军已经开始装备无线步话机了，它就是现代移动通信终端的鼻祖，而为美军提供这些先进装备的就是大名鼎鼎的摩托罗拉公司。

1.1.3　通信的数学理论：香农及其信息论

二战结束后，无论是军用还是民用，通信已经非常普遍了。如何提高通信效率？就需要讨论什么是通信、通信的目的、如何衡量信息等问题。经过长期的实践与思考，1948 年香农（C.E.Shannon，1916—2001 年）发表了《通信的数学理论》（*A Mathematical Theory of Communication*）。这篇论文只讨论了广泛信息概念中的一类信息，即不确定性信息，利用概率论给出了这类信息的量度，即"信息熵"，全面阐述了一切信息系统（包括通信、雷达、遥控、遥测、计算机、生物、考古、宇宙探测等信息系统）中的信息传输、存储、处理和接收问题。香农有意避开众多含混不清、无从着手、找不到合适数学工具进行研究的信息问题，如语义信息、情感信息等，这正表明他的睿智和大师风范，在他的一生中多次显露出这种处理问题时的智慧，即"有限目标"。

香农提出了通信系统的模型，如图 1.3 所示，用概率观点描述信源、编码、信道、干扰、译码和信宿，给出了信息熵、信道容量（也称香农容量）的定义以及噪声编码定理（香农定理），并明确地指出了实现有效而可靠通信的必由之路是数字化和编码。

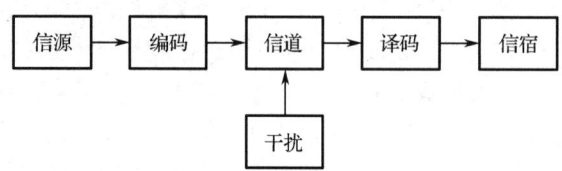

图 1.3　通信系统模型

在图 1.3 中，信源是信号的发出者，是产生消息的源。信源的信息在发送到信道前需要编码，包括信源编码与信道编码，信源编码的任务去除冗余的信息，如话音压缩、图像压缩；信道编码通常指纠错编码，主要是纠正信道传输中的干扰带来的误码。信道则是信号传输的媒介，从信号发出到被接收中间信号经过的介质就是信道。介质多指无线信道、光纤信道等，通常把干扰、信号畸变看作是信道中产生的；译码就是如何根据接收到的信号恢复出信源信息；信宿则是信息的接收者。

今天，这一理论已被广泛地应用，从无线移动通信、卫星通信、空间探测，到硬盘驱动器、大数据等。信息论的应用已远远超出了通信领域，从基因学、分子生物学、神经系统、脑科学，到心理学、艺术、音乐、社会学、语言学、经济学等。

拓展阅读

信息论之父：香农

香农，生于 1916 年 4 月 30 日，在美国密歇根州湖滨小镇佩托斯基（Petoskey）长大。中学时曾参加镇上的乐队吹奏中音萨克斯管，当过报童、电报生，修理过无线电设备，制作过飞机模型、遥控轮船模型、电报机等。

1937 年，21 岁的香农将布尔代数引入电路设计，发表的《继电器与开关电路的符号分析》被称为"有史以来最具影响力的硕士论文。"1941 年他进入贝尔实验室，1948 年发表了《通信的数学理论》论文，开创了信息论的先河。这是一篇对科学和工程，乃至对人类社会发展产生了重要影响的论文，是与牛顿力学相媲美的不朽之作。

香农的成就与贝尔实验室的学术氛围是分不开的。香农曾说："这是一个非常好的研究场所。如果我在其他公司，就要更多地专注于特定的目标，不可能像在贝尔实验室那样自由自在地工作。"正是这种自由、无拘无束的研究氛围，造就了这么多伟大的科学家。

香农曾经如是说："我总是受兴趣爱好驱动，不大关心其经济价值。""我花费不少时间在一些完全'无用'的事情上"。又说："我总是喜欢去解决一些新的问题，我坚持问自己，你要做这件事吗？有可能搞一个机器来做吗？你能证明这个定理吗？"

2001 年，香农先生与世长辞，但正如信息论著名学者 Richard Blahut 所说："在我看来，两三百年之后，当人们回过头来看我们的时候，他们可能不会记得谁曾是美国的总统，也不会记得谁曾是影星或歌星，但是仍然会知道香农的名字，学校里仍然会教授信息论。"

1.2 第一代移动通信：移动通信探索时代

1.2.1 蜂窝移动通信系统的诞生

到了第二次世界大战结束，现代移动通信的大幕即将拉开，而开启这张大幕的，正是摩托罗拉（Motorola）公司。摩托罗拉，原名加尔文制造公司（Galvin Manufacturing Corporation），创立于 1928 年，是以其创立者加尔文的名字命名的。最早加尔文制造公司的主业是生产汽车收音机，到了 1947 年，加尔文制造公司正式更名为摩托罗拉公司。

第二次世界大战时期的无线话音通信技术，与人们想象中的在任何地点、任何时刻和任何人进行通信的目标还相距甚远，美军步兵使用的 SCR300 型步话机，其通信范围也只能覆盖 15～30km，却重达 16kg。移动通信的梦想什么时候才能变成现实呢？

第二次世界大战以后，军事通信业务锐减，摩托罗拉把目光转向了汽车电话。汽车电话看起来摆脱了电话线的束缚，实际上还是在已有的有线电话网络上进行通信的，不能算是完全意义上的移动通信，且客户群体多为高端用户。汽车电话也曾经一度被看作使用者身份的象征，但价格昂贵，难以普及。到了 20 世纪 60 年代，摩托罗拉参加了"阿波罗登月工程"，负责阿波罗飞船的通信子系统。1969 年 7 月，美国宇航员阿姆斯特朗（N.A.Armstrong，1930—2012 年）乘坐阿波罗 11 号登上了月球，飞船安装了摩托罗拉的无线通信设备，用于传递地球与月球间的话音通信和视频通信。阿姆斯特朗在月球上的一举一动都是通过摩托罗拉的设备传回地球的。在航空航天前沿领域的卓越工作为摩托罗拉储备了大量的先进技术和人才。

到了 20 世纪 70 年代，移动通信梦想的种子终于开始萌发，各大通信公司都投入到移动通信的研究开发中。摩托罗拉研发了名为"蜂窝"的移动通信系统，这是一种通过基站进行中继的移动通信网络，因每个基站所覆盖的区域是一个正六边形，相邻基站覆盖的区域组合起来看上去就像蜂窝结构，所以被称作蜂窝移动通信系统。

 拓展阅读

基站为什么按蜂窝结构分布

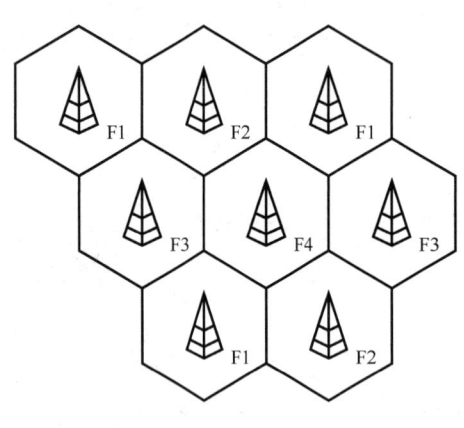

图 1.4 蜂窝网络示意图

蜂窝结构是大自然的杰作，人们常见的蜜蜂构筑的蜂巢便是由无数个正六边形巢房邻接而成的。在通信领域，把移动电话的服务区分为一个个正六边形的小区，每个小区设一个基站，形成了"蜂窝"状的结构，如图 1.4 所示，故将这种通信网络称为蜂窝网络。如今随着手机的不断普及，蜂窝移动电话和蜂窝网络对人们而言早已不是什么陌生的名词，但人们或许并不知道为什么手机会与蜂窝联系在一起。

蜂窝网络的设计原理为：在相同的覆盖面积下，蜂窝结构所需的节点数最少。信号的覆盖面是以基站为中心的有一定半径的圆圈，所以需要用很多圈去覆盖整个地区，既要保证可以完全覆盖到，又要保证不浪费资源。基于数学结论可以得出，在顶点到几何中心等距的多边形中，能够完整、无重叠地覆盖某一区域的几何形状可能有：正方形、等边三角形和正六边形三种形状，其中，正六边形的面积最大。因此正六边形的设计方案可以实现完全覆盖，并且基站数量最少的理想目标。

1973年，经过十年的开发工作、耗资1亿美元后，摩托罗拉实现了世界上第一部蜂窝移动电话DynaTAC，如图1.5所示。有趣的是，这个被载入史册的第一个移动电话由摩托罗拉高级工程师库珀（M.Cooper，后被尊为"手机之父"）拨出，接到电话的正是竞争对手AT&T的蜂窝电话项目主管乔尔·恩格尔（G.Engle）。库珀在电话中对他兴奋地大叫："乔尔，我现在用一部蜂窝电话给你打电话，一部真正的蜂窝电话，一部手提、便携的真正的蜂窝电话。"

图1.5 库珀与第一部蜂窝移动电话

1978年，贝尔实验室（当时隶属于AT&T）也成功研制了模拟移动电话系统（Advanced Mobile Phone System，AMPS）。1983年，AMPS在芝加哥首次投入商用，到了1985年3月在全美已经拥有了十万用户。同年，美国联邦通信委员会（Federal Communications Commission，FCC）批准商业生产DynaTAC手机，摩托罗拉终于在原型机诞生十年之后将其推向市场。凭借先进的天线和信号处理等技术，摩托罗拉在模拟时代的移动通信领域独领风骚。同一时期，多个发达国家也都在积极开发蜂窝移动通信系统，比如，英国的全地址通信系统（即TACS，我国第一代模拟蜂窝移动通信网就采用了这种系统），瑞典等北欧四国开发的NMT-450移动通信网等。到了20世纪90年代初期，以AMPS和TACS为代表的蜂窝移动通信系统的普及，标志着第一代模拟移动通信网络的成熟。

1.2.2 模拟信号与模拟通信系统

在上文中多次提到"模拟信号"，这里适当科普一下。

模拟与数字是一对常用的概念。如果一个信号的幅度是连续的，没有中断或者跳跃，那么这种信号就称为模拟信号。与模拟信号相对的是数字信号，数字信号的幅度在某一时段内保持某个常量值，在下一时段又变化为另一常量值，如图1.6所示。

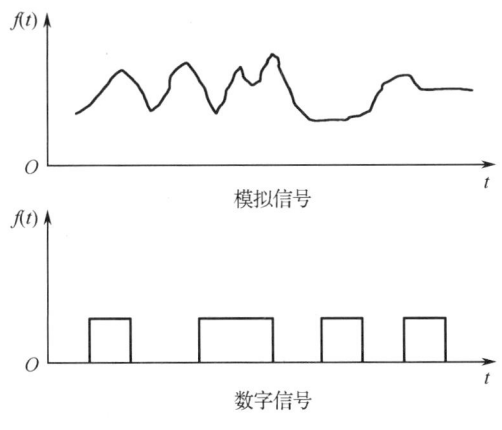

图1.6 模拟信号与数字信号

举例说明，如果把某地的气温值看作一个随时间变化的信号，这是一个模拟信号，而某停车场停着的车辆的数目，则是一个数字信号。因为前者可以是任意数，而后者被限定为整数，即不可能出现 7.8、13.54 这样的数值。

在通信系统里，为了让我们的声音能够以电流或电磁波的形式传播，需要一个输入变换器，将话音信号转换为电信号，这里的话音信号和电信号都是典型的模拟信号。在第一代移动通信系统中，信道中传递的就是这个模拟的电信号。而从第二代移动通信系统开始，模拟信号被转化为数字信号后，才通过信道传递到接收端。

传输和处理模拟信号的通信系统称为模拟通信系统，相应地，传输和处理数字信号的通信系统称为数字通信系统。模拟通信系统中的电信号是随着用户声音大小的变化而变化的，用户声音大，则电信号的电压幅度也大；用户声音小，则电信号的电压幅度也小。这种简单的对应关系让模拟通信系统具有直观和易于实现的优点。但也正是这种简单的对应关系，让模拟通信系统存在两个严重的缺点。

首先，模拟通信系统的保密性差。模拟通信系统中电信号随着用户声音的大小变化，因此只要获得该信号，就很容易得到通信内容。事实上，第一代移动通信系统深受窃听之害。

其次，模拟通信系统的抗干扰能力差。在信号的传输过程中，不可避免地会受到噪声的干扰。噪声与信号混合后难以分开，从而使得通信质量下降。这个缺点在长途通信中尤为突出。例如，小明在北京给广州的同学打电话时，模拟信号在从北京传送到广州的过程中不断地有噪声加入，距离越远累加的噪声越多。等到信号到达广州的时候，噪声可能已经盖过了小明说话的声音，小明的同学就只能听到一连串的杂音了。

在数字通信系统中，传输信息采用纠错编码，传输过程中的错误能够及时纠正。今天移动电话与固定电话都已经数字化，再也不会出现根据话音质量分辨出你接收到的电话是市内电话，还是长途电话的情况了。

1.2.3　移动通信的骨和肉：基站与频谱资源

无线通信，可以简单地分为三种类型。第一类是点对点的无线通信，对讲机就是最典型的例子。第二类是点对多点的无线通信，如广播电台、基站与用户之间的通信。第三类是多点对多点的无线通信。

现在我们关心的问题是，在移动通信系统中，基站是如何发挥作用的？

其实，基站的基本功能是中继作用。在移动通信系统中，用户 A 和 B 通过手机对话时，A 发出的话音信号由手机发送出去，附近的一个基站接收到信号后，将信号传输到距用户 B 最近的一个基站，然后由该基站将信号发送给用户 B 的手机。有人可能要说了：直接从用户 A 的手机将信号发送给用户 B 不是更方便吗？为何这么麻烦地通过两个基站转送呢？

要回答这个问题，我们首先看看古老的电台和步话机。电台和步话机是典型的一对一的通信设备。第二次世界大战期间，电台和步话机使用频繁，在战争中起到很重要的作用。但我们第一眼看到时就不禁要嗤之以鼻了：看起来样子这么丑，体积这么大，一点也不如我们口袋里的手机轻巧。但没办法，要完成远距离的点对点通信，发射功率就必须大，否则电磁波还没传输给对方就已经在空中衰减完了。

基站作为手机与手机通信之间的中继站，解决了手机发射功率的问题。当然，基站与基站之间也不是直接通信的。一个基站接收到它所在小区的多个用户的信号，然后发送给移动交换中心（MSC），如图 1.7 所示。移动交换中心与公共的电话交换网（PSTN）相连，通过 PSTN 网将信号发送到接收用户所在位置的移动交换中心，再通过基站发送给接收用户。看起来这个过程挺复杂的，却让亿万用户手中的手机变得小巧玲珑。

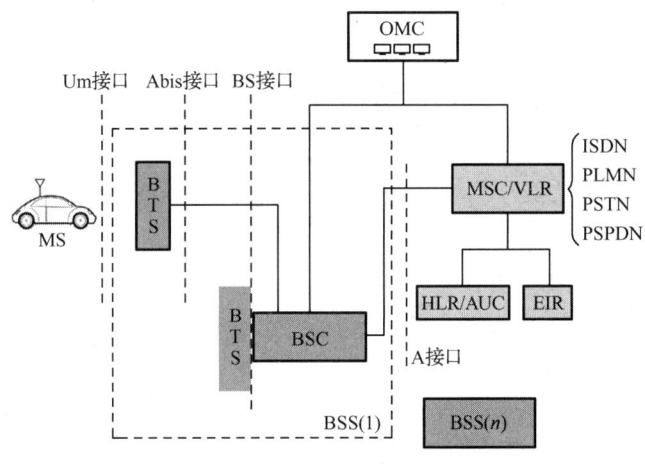

图 1.7　移动通信系统

除了信号的中继，在移动通信中还有一个棘手的问题需要解决，那就是作为移动通信的信道——电磁波的频谱是有限的，而移动通信的用户数量是不断增加的，信道中传输的信息越来越多，对信息传输效率的要求越来越高，这也是刺激通信技术发展的一个重要原因。

当用户很多时，就需要大量频谱资源，而可供移动通信使用的频谱资源是有限的，这部分频谱在 300～3000MHz 之间，属于分米波（5G 已经扩展到毫米波）。若工作频率高于这一区间，会表现出明显的"似光性"，使室内、室外、车内、车外的信号强度相差很大；若频率低于这一区间，就要求天线的尺寸做得较大，使移动终端不便于携带。在这部分频段中，可供移动通信使用的总共只有约 700MHz 的带宽，其他频段都已分配给无线电视广播、卫星移动通信等其他应用。

蜂窝结构及其基站的引入，为不同小区之间的频谱重用成为可能，也就是说，只要间隔一个小区，两个基站可以共用相同的频谱。如果需要增加用户的容量，还可以通过缩小蜂窝的半径来实现。

1.2.4 模拟移动通信系统：频分多址（FDMA）

前面我们已经了解频谱资源的有限性，那么如何充分利用有限的频谱呢？于是人们提出了把信道可用带宽切成 N 块，分给不同的用户，那么多个用户就可以共享同一个信道，这就是频分多址（Frequency Division Multiple Access，FDMA），如图 1.8 所示。

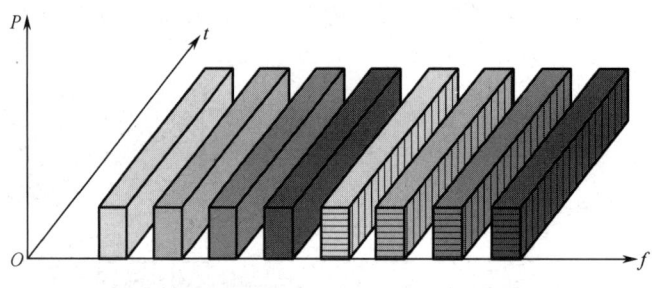

图 1.8　频分多址（FDMA）

FDMA 就是建立在频分复用基础之上的多用户接入技术，相当于把可用信道划分成许多子信道，每个子信道为一个用户提供服务。不妨用一个具体的例子来说明这个问题，假设基站有 10MHz 的频带，与相邻基站之间互不干扰，而传输一路话音信号需要 30kHz 的带宽，那么 10MHz 的带宽就可以划分成大约 330 个子信道，可以为 330 个不同的用户提供服务。当然这是理想情况，一般来说，为了防止相邻子信道之间发生串扰，在划分频带时还要在相邻的频带间留出一部分作为保护频段，因此实际中能服务的用户数量是不可能达到 330 个的，甚至远远小于这个数目。保护频段的闲置是对有限的频带资源的一种极大的浪费，这种效率较低的复用方式导致了模拟移动通信的容量有限。

伴随着用户数量增长的是投入更多的成本建设更多的基站来扩充容量，由于基站的成本很高，它所能服务的用户数量却不足以维持其成本，造成产品与服务的价格高昂，难以被普通大众所接受。受制于有限的容量和高昂的成本，采用频分复用技术的第一代模拟移动通信系统还没来得及大规模普及，就被第二代数字移动通信系统所取代。

1.3 第二代移动通信：长江后浪推前浪

虽然第一代模拟移动通信系统实现了人们无线通信的梦想，但是模拟移动通信系统存在很多固有的缺点，比如制式繁多缺乏标准、业务单一、容量有限、安全保密性

差,以及手机体积大且笨重,由于标准不统一而无法实现不同地区的漫游等。在欧洲,由于国家多,每个国家国土面积小,他们迫切需要一个共同的标准,实现各国之间的自由通信。20世纪80年代中期,随着数字信号处理技术的快速发展,人们想到在移动通信系统中用数字信号来替代模拟信号,可以克服模拟移动通信的固有缺陷,于是第二代数字移动通信系统应运而生。1991年,第一个数字移动通信网络——GSM网络在芬兰投入商用。

1.3.1 数字时代的赶超者:诺基亚与GSM

20世纪80年代,摩托罗拉在基于模拟电路及信号处理的第一代移动通信技术和标准上几乎坐稳了垄断的位置,它的移动终端有最好的通话质量,模拟通信设备和配套服务受到全球市场的广泛欢迎。在这种形势下,为了能在第二代移动通信上赶超美国,1982年,欧洲电信标准协会(European Telecommunications Standards Institute,ETSI)的前身欧洲邮电管理委员会(Confederation of European Posts and Telecommunications,CEPT)着手制定新一代的移动通信标准(Groupe Special Mobile,GSM)。由于GSM标准是由欧洲十几个国家联合制定的,因此在GSM诞生的那一刻,这种新兴的通信标准就具备了先天的通用性和市场优势。

1.3.1.1 TDMA和GSM

除了将传输和处理的信号由模拟信号转变成数字信号,GSM还采用了新的技术——时分多址技术(Time Division Multiple Access,TDMA),如图1.9所示。

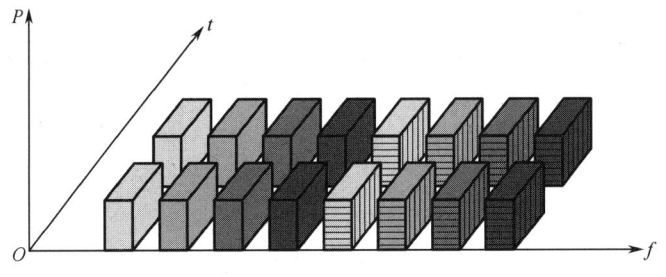

图1.9 时分多址(TDMA)

TDMA的原理很简单,以GSM900为例,其频带宽度为890～915MHz,先按200kHz对这段频带进行等分频分复用,分给每个子信道使用。每个子信道又在时间上进行切片,分为8个时隙,每个时隙1个用户,可供给8个用户同时使用。

与第一代模拟移动通信相比,GSM系统具有较强的保密性、抗干扰性,音质清晰、通话稳定,并且系统容量大、频率资源利用率高,再加上接口开放,可以有更多开发商加入GSM产业链,因此获得各国政府的信任。

不过GSM也有短板,当时主要考虑话音通信,因此对数据传输速率没有很高的要求，仅为 9.6kb/s。随着互联网业务的快速发展，人们对移动互联网的期待日益增加，迫切希望 GSM 提高数据传输速率。

针对 GSM 数据通信能力的不足，2000 年又推出了通用无线分组技术（General Packet Radio Service，GPRS）。GPRS 在移动用户和数据网络之间提供一种连接，它能够使移动设备发送和接收电子邮件及图片信息。后来，运营商在 GPRS 的基础上又推出了增强型数据速率 GSM 演进技术（Enhanced Data rate for GSM Evolution，EDGE），它有效提高了 GPRS 的信道编码效率，数据传输速率高达 384kb/s，基本上满足了当时用户的数据业务需求。中国移动的 2G 网络就采用了这种技术。

1.3.1.2 搭上 GSM 的顺风车——芬兰的诺基亚

当摩托罗拉正醉心于自己独领风骚的模拟移动通信技术时，在模拟移动通信技术上落后于摩托罗拉的诺基亚却已经悄然把握住了数字移动通信的机会。诺基亚原本是一家以木材生意起家的多元化企业，与摩托罗拉专注于无线通信领域不同，20 世纪 70 年代才通过收购相关企业进入通信领域。1992 年，奥利拉（J.Ollila，1950—　）担任诺基亚 CEO，他认为未来将属于通信时代，诺基亚要成为世界性的电信公司。在这种观念的影响下，他大刀阔斧地裁撤了与通信无关的其他业务，把发展重心集中到此时刚刚在欧洲起步的数字移动通信领域。随着时间的推移，奥利拉的改革大获成功。在他刚接任 CEO 时，诺基亚的年营业额仅为 29 亿欧元，并且一直处于亏损状态；到 1998 年，诺基亚已经超越摩托罗拉成为手机领域的霸主；2007 年，诺基亚更加辉煌，年营业额达到 511 亿欧元，净利润 72 亿欧元。

诺基亚的成功，与数字移动通信的发展与普及是分不开的。在数字移动通信领域，诺基亚主营手机终端，也提供基站通信设备。诺基亚介入通信领域比较晚，由于摩托罗拉已经占据了模拟移动通信的制高点，诺基亚只能押宝于新一代数字移动通信。20 世纪 90 年代中期，在欧洲各国政府和工业界的支持下，GSM 先占领了欧洲市场，很快又拿下了巨大的亚洲市场。诺基亚作为 GSM 最早的手机终端提供商，始终引领 GSM 的发展潮流。而这时的摩托罗拉，却在忙着搭建其全球卫星移动通信系统——"铱星计划"，同时摩托罗拉也不想轻易放弃其在模拟移动通信领域多年来的技术积累和领先地位，对移动通信的数字化保持抵触的思想，没有全力转型应对新的技术发展趋势，因此，以诺基亚为代表的欧洲企业有了超越的机会。

诺基亚成功的启示：第一，把握了技术发展的趋势，即移动通信系统数字化的巨大潜力。GSM 系统拥有泛欧统一制式、容量大幅提升、长途漫游的可操作性、数字化编码提供的差错控制、话音质量好、设备成本低等优点。第二，抓住了技术革命后新的关键要素。在模拟时代，话音质量几乎是判断手机好坏的唯一标准，摩托罗拉凭借无线通信技术的长期积累在这一时期独占鳌头。而到了数字时代，话音质量有了长足进步，市场上各类产品的通信质量差距不大，这时手机的功能和外观成了大家新的关注点。诺基亚很早就强调这两个要素，而摩托罗拉还停留在过去技术为先的思维定式中，这也是诺基亚能够超越摩托罗拉的一个原因。

1.3.2 卧薪尝胆的颠覆者：高通与 CDMA

欧盟主导制定的第二代数字移动通信标准 GSM 在全世界范围取得了巨大的成功，作为老牌通信强国的美国自然也不甘落后。虽然摩托罗拉在数字化的大潮中慢了一拍，但是技术革命将催生新一代霸主。高通（Qualcomm）这个对未来移动通信产业将起到重要影响的公司登上了历史的舞台，而它主导的码分多址（Code Division Multiple Access，CDMA）技术还奠定了第三代移动通信技术的基石。高通的成功离不开 CDMA 技术，而 CDMA 的故事，还得从一个美丽的女影星说起。

1.3.2.1 海蒂·拉玛与跳频通信

海蒂·拉玛（Hedy Lamarr，1914—2000 年），出生于奥地利的首都维也纳。她本来是一名"工科女"，由于迷上了表演，毅然放弃了选修的通信专业。16 岁的拉玛迎来了其第一部电影《街上的钱》，后来还主演了一系列的影片，在好莱坞有相当大的影响。但是比起她在 CDMA 技术上所做出的贡献，这些都不够耀眼。因为一些特殊经历，拉玛和她的作曲家丈夫安太尔，为了帮助美国军方制造出能够抵抗纳粹德国电波干扰以及窃听的通信技术，首次提出了跳频通信的概念。

1942 年 8 月 11 日，他们的研究成果被授予美国专利，名称为"秘密通信系统"。这项专利描述了一种引导鱼雷的通信方法，即发射方和接收方所采用载波频率的同步变化，由一种类似自动钢琴音乐筒的装置控制，这种装置有一个独特的由 88 个不同频率阶梯组成的序列，这就是跳频通信的最初构想。直到 20 世纪 50 年代才由技术专家用电子器件实现了跳频通信，并很快应用军事项目中。美军最早把这项技术用于声呐浮标数据的恢复，晶体管技术的出现降低了跳频技术的实现难度，设计出了跳频电台。在 1962 年古巴导弹危机期间，美国军舰之间的隐蔽通信就应用了跳频通信电台，获得了通信优势。跳频技术，自诞生以后一直被美军作为最高机密，直到 1981 年才将这种技术解禁。海蒂·拉玛的这项发明就是我们今天所熟知的扩频（Spread Spectrum）技术的前身和基础，并且许多人以这项专利为基础衍生了无数专利。无论是高通公司起家的 CDMA，还是后来的无线局域网（WLAN、Wi-Fi）和蓝牙（Bluetooth），这些无线电通信技术的基础都是扩频技术。

直到 1997 年，美国电子前沿基金会授予这项专利第一申请人海蒂·拉玛荣誉技术奖章（先锋奖）时，她才真正进入我们的视线。福布斯旗下的《美国发明与科技遗产》杂志安排专刊，介绍她的科技贡献，并将其作为封面人物，如图 1.10 所示，至今人们仍然认为："那是有史以来，在所有科学技术刊物里，最漂亮的封面。"

2005 年出版的《高通方程式》，作者是以这样的文字来描述这位天才人物："扩频通信的早期探索来自一个全然意想不

图 1.10 海蒂·拉玛

到的人物的早期发现,她就是美丽的、富有洞见的女明星海蒂·拉玛。只要你使用过移动电话,你就有必要了解并感谢她。要知道,这位性感女明星为全球无线通信技术所做出的贡献至今无人能及。"

2014年,北京电视台《BTV档案》栏目还专门制作了纪录片《从银幕艳星到手机之母:海蒂·拉玛》。这一年她还入选了美国发明家名人堂。所有的这一切,仿佛在印证她的另一句妙语:"电影往往限于某一地区和时代,而技术是永恒的。"

1.3.2.2　CDMA 与鸡尾酒晚会模型

那么 CDMA 究竟是一种什么样的技术呢?

在 CDMA 通信系统中,不同用户传输信息所用的信号没有依据频率或时隙差异来区分,而是用各自不同的编码序列来区分,如图 1.11 所示。与 FDMA、TDMA 相比,CDMA 确实要抽象得多。高通的公关团队在推广 CDMA 技术的初期就面临着这样的挑战:如何让非专业人士理解 CDMA 技术的工作原理,经多次争论,他们想出了用"鸡尾酒会"模型来形象地描述。

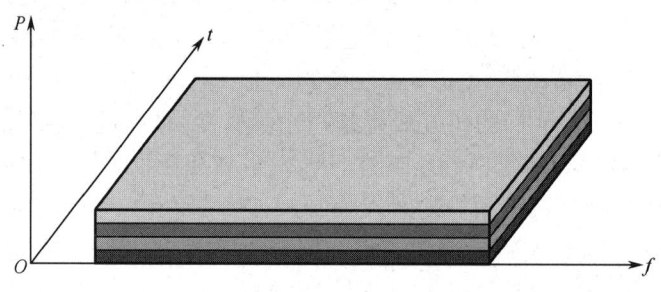

图 1.11　码分多址（CDMA）

在鸡尾酒会上,每对客人采用不同的语言进行交流。交流通过每对客人的方言进行编码,他们可以听见对方的谈话,也可以听见其他人的谈话。但是与其他人因为语言不通,所以其他人之间的谈话就像背景噪声一样。只要背景噪声不要太大以至于让人听不见自己的交谈对象在说什么,交谈就可以顺利进行下去。因此,"CDMA 酒会"上,一个很重要的问题就是要限制每个人谈话的音量（发射功率）。

看起来"CDMA 酒会"的容量只受制于语言的种类（不同的编码序列）,然而也不能忽视举行酒会的大厅空间是有限（频带有限）的。太多的人拥挤在狭小的空间中相互交谈也会使背景噪声超过可以接受的范围,使得交谈无法顺利进行。

鸡尾酒会模型还说明了 CDMA 另一个关键的优势。随着参会人的数量增加,背景噪声也越来越大,CDMA 将降低交谈的质量但不会掉线。

高通借用鸡尾酒会模型,让政府高官、基金投资人,以及公众,甚至 TDMA 的专家们相信,CDMA 比 TDMA 的容量要大、话音质量要好。有人说高通善于讲故事,"做得好",还要"说得好"。

1.3.2.3 标准的力量——高通帝国的建立

回到 1985 年 7 月，在加州圣地亚哥，艾文·雅各布（I.M.Jacobs，1933—）和安德鲁·维特比（A.J.Viterbi，1935—）等 7 人创立了高通公司，雅各布被选为 CEO，这时他刚刚从其创立的第一家公司退出还不到 3 个月。从 1968 年创立到退出该公司的近 20 年中，雅各布带领团队承接了美国海军和国家航空航天局（National Aeronautics and Space Administration，NASA）的许多工程项目，接触到了当时还是美国军方绝密的扩频（跳频）通信技术。雅各布对扩频通信技术的优势十分了解，但是在高通刚成立的那段时间，美国联邦通信委员会（FCC）、美国标准组织（TIA）、蜂窝电信工业协会（CTIA）关注的是 TDMA。高通如何突围？雅各布没有放弃推广他所推崇的 CDMA 技术，他甚至有了一个更大的野心：把 CDMA 变成全球移动通信技术标准。在雅各布之前，CDMA 技术曾被很多人关注过，但是没有人产生过如此疯狂的念头。

在雅各布的带领下，虽然在 CDMA 技术推广的初期饱受冷遇，但是他深信 CDMA 一定会在未来引领移动通信技术的发展。为此，雅各布带领高通的同事们做了两件事：

第一，组织团队攻关基于 CDMA 的新一代数字移动通信技术，并将 CDMA 提交到美国通信工业协会（TIA）和国际电信联盟（ITU）。

第二，把 CDMA 技术研发过程中所有大大小小的技术全部申请了专利，并且通过收购其他的科技公司获得其专利来完善自己在 CDMA 技术上的专利布局。

1993 年，高通提出的基于 CDMA 技术的 2G 移动通信标准 IS-95 通过了 TIA 的投票，被确立为新的移动通信标准（也称窄带 CDMA 或 N-CDMA），期望与欧洲的 GSM 标准分庭抗礼。

由此，高通公司开创了一种新的商业模式。在 20 世纪 90 年代末期，正当 CDMA 技术在全球范围内高歌猛进的时候，他们把终端和通信设备的研发与生产，从主营业务中剥离了出去，只保留了基带芯片的设计业务与 CDMA 专利授权业务。高通对 CDMA 技术知识产权的垄断，通过专利技术许可的方式，让全世界 100 多家通信设备生产商和众多的移动手机制造商为它"打工"，其中包括苹果、诺基亚、爱立信这样的跨国电信巨头，也包括我国的手机厂家。

1.4 第三代移动通信：中国标准崭露头角

20 世纪 90 年代末期，互联网的兴起，深刻地改变了整个通信行业的发展方向。数字化时代全面来临，数据传输业务爆炸性增长，移动通信业务未来的重心也将从话音业务向数据业务转移。

受到 GSM、CDMA 标准成功的鼓舞，电信业界普遍认识到主导通信标准制定的重要性，于是在第三代移动通信标准讨论之初，各国和企业就已展开了激烈的较量。其中有以欧盟牵头的基于 GSM 标准演进的 WCDMA；以美国、韩国为支撑由高通主导的基于 IS-95 标准演进的 CDMA2000；依托中国市场，由大唐电信主导的新一代移动通信系统 TD-SCDMA，2000 年 5 月成为国际电信联盟（ITU）正式公布的第三代移动通信标准。

虽然三个标准由不同国家与地区主导，但是其物理层的核心技术都基于 CDMA，由于高通长期的技术积累，相关专利占很大的比例，成为最大的受益者。

1.4.1　CDMA 技术、波束赋形及其智能天线

1.4.1.1　多径效应与 RAKE 接收机

在高楼林立的城市，无线电波在传播过程中，可能会遇到障碍物，需要借助反射、折射，才能到达接收方，如图 1.12 所示。也就是说，发送方的无线电波可能经历多条路径到达接收方，由于距离不同，接收到的信号就会产生相位上的偏移后叠加，如图 1.13 所示。相位偏移的极端情况是偏移量为π，即相当于反相，此时两个信号叠加就会互相抵消。

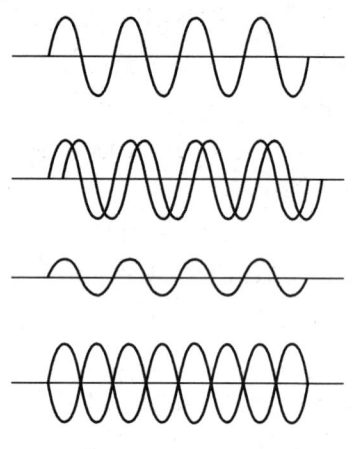

图 1.12　无线电波多径传输　　　　　图 1.13　多径信号叠加

这就是无线通信中的多径效应。在早期的短波、超短波通信中，多径效应带来的快衰落效应非常明显，也是窄带通信中非常头疼的问题。到了宽带通信以后，频域上是宽带，时域上就是短脉冲，要是短脉冲的脉冲宽度比多径效应中主要信号的到达时间的间隔还要短，就能找到方法将接收到的混叠信号分离出每一个路径的信号。假如能将不同路径的信号分离出来，就可以进行相位补偿，即相位对齐，对齐后再进行叠加，能够实现正向叠加，这就是著名的瑞克（Rake）接收机思想。

"物极必反，否极泰来"，这是我国古代道家的思想，即当一个事情发展到极点的时候，如果你能够换一种角度来看，就可能变不利因素为有利因素。

1.4.1.2 远近效应与功率控制

在通信里面还有一个挠头的事情，叫作远近效应，如图 1.14 所示，在基站发射功率不变的情况下，那么离基站近的用户信号质量自然要好一些，离得远的用户信号质量就会变差。这个远近效应比较好理解，在教室听课，坐在前排的同学听得清楚，坐在后排的可能就听不太清楚。如果我们要让最后一排也听得清楚，那么前排的同学会觉得声音有点大，听多了就容易累。当然，持续大声说话老师也受不了。

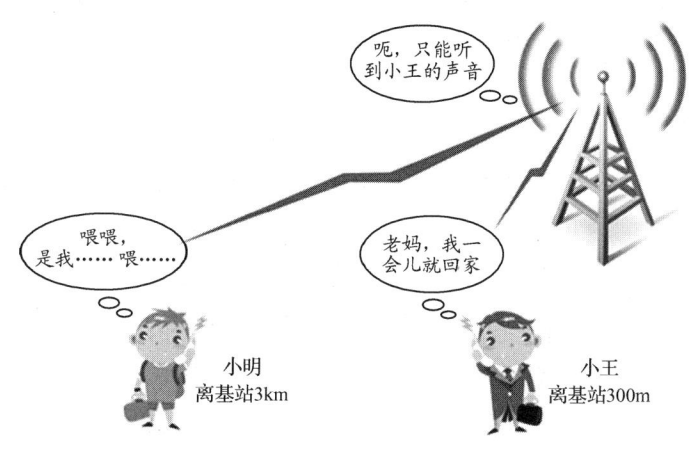

图 1.14　远近效应与功率控制

在鸡尾酒会模型中，聊天双方能够判断距离，音量都恰到好处，所以不大的地方能容纳很多人。要是移动通信双方也能这么做，通信的容量是否也可以大大提高？借助宽带通信在通信的同时可以实现测距（这也是北斗卫星导航测距的基本思想），只要适当采取措施，就可以实现功率控制。在 3G 移动通信系统中，功率控制是一项非常重要的技术，它能大幅度提高小区容量、改善通信质量。

1.4.1.3 波束赋形与智能天线

早期移动通信的天线，通常是全向天线，如基站天线，由于不知用户的位置，所以 360°全方向都辐射信号。然而，与基站通信的手机可能没有几个，没有手机的地方也有辐射信号，这些信号能量是否有点浪费？

对于两个终端都是固定的通信场景，可以采取定向天线实现高效通信，并且对他人的干扰最小。要是基站与手机之间，也能采取定向通信，那通信效果一定能够提升，如图 1.15 所示。一般来说，定向通信可通过波束赋形技术实现。波束赋形是根据特定场景自适应地调整天线阵列辐射方向的一种技术。传统单天线通信方式是基站与手机间单天线到单天线的电磁波传播，导致同时同频可服务的用户受限。而在波束赋形技术中，基站侧拥有多根天线，可以自动调节各个天线发射信号的相位，使其在手机接收处形成电磁波的有效叠加，产生更强的增益以补偿路径损耗，从而达到提高接收信号强度的目的。用一个生活中的例子来说明传统单天线和波束赋形之间的区别，传统单天线就像电灯泡，照亮整个房间，波束赋形就像手电筒，光线可以汇集到目标位置，并且还可以根据目标的数目来构造手电筒的数目。但是，由于手机终端的移动性，基站需要知道其位置（距离与方位角），并且要能够自动调整基站天线的波束（方向图）才能实现。能够让波束随着移动用户自动调整，这就是智能天线。从图中可以看出，手机的移动速度有快慢之分，如果用户在步行中通信，移动速度较慢；如果是汽车、高铁，移动速度快，对智能天线的跟踪能力也是一大挑战。要是小区内有多个不同移动速度的手机，如何同时跟踪多个手机，这就类似于相控阵雷达的多目标跟踪。智能天线是我国技术人员率先引入第三代移动通信系统中的。

图 1.15　波束赋形与智能天线

基站智能天线能够自动跟踪手机，对其他用户影响较小，这就为空分通信提供了新的机会。空分多址通信，即同一小区不同部位的手机，只要波束不重叠，就能够重用频率，这也是提高频谱效率的重要手段之一。

1.4.2　TD-SCDMA：中国标准开始登上舞台

移动通信的发展，迫切需要有一个权威性的标准化机构。1998 年，第三代合作伙伴计划（3rd Generation Partnership Project，3GPP）成立，其目标是制定全球移动通信技术标准，其成员包括欧洲 ETSI、美国 TIA、日本电信技术委员会 TTC 与无线工业及商贸联合会 ARIB、韩国电信技术协会 TTA 以及中国通信标准化协会 CCSA。

2001 年 3 月 16 日，在美国加利福尼亚州举行的 3GPP TSG RAN 第 11 次全会上，时分-同步码分多址（Time Division-Synchronous Code Division Multiple Access，TD-SCDMA）标准被 3GPP 正式接纳为 3G 国际标准之一。TD-SCDMA 自此成为真正意义上的世界标准，它是我国百年电信史上的重大突破。在人们感叹中国终于有了自己的通信标准的时候，可能鲜有人知道其背后的故事：这是一场有关国家利益的竞争。

这场竞争开始于 1998 年。这一年，国际电信联盟公开征集第三代移动通信技术标准。当时，欧洲联合日本提出了 WCDMA（宽带 CDMA）标准，这个标准继承了 GSM 的诸多优点，有利于从 GSM 平滑过渡到 3G。与 WCDMA 竞争的对手是 CDMA2000，它是美国的高通公司联合韩国部分企业制定的。随即，这两个标准就成了 3G 标准的两大热门选手。

我国移动通信行业起步较晚。在第一代和第二代移动通信技术标准上，我国曾经采取了以市场换技术的策略，结果技术没换到，市场也放了出去。拥有世界上最多的移动用户，守着让所有人垂涎欲滴的市场大蛋糕，却只能眼睁睁地看着别人在这里赚得钵满盆满。

在国际电信联盟征集 3G 标准的时候，国内不少人认为这是一个机遇。但是，更多人持怀疑态度：中国能否抓住这个机遇？为了探讨中国 3G 命运，1998 年 1 月，业界专家齐聚香山召开讨论会。会上，原邮电部电信科学技术研究院的高级顾问徐广涵博士介绍了 SCDMA（同步码分多址）技术，并提出了以 SCDMA 为基础构建 3G 标准框架的构想。但是，这个标准还远不成熟，更别提与已经研究了 10 多年的 WCDMA 和 CDMA2000 一争高下了。当时有人就提出："做标准可不是纸上谈兵，我国从来没有做过标准，没有任何经验，单是那几百页纸的英文文本，谁来写？连怎么开头我们恐怕都不知道！"

围绕是否向国际电信联盟提交 TD-SCDMA 标准问题，专家们又进行了激烈的讨论。最后，大家终于确定下来，这个标准一定要提。对中国来说，这是一个重要机遇，一个在技术上摆脱国外控制的机遇。如果抓住这个机遇，中国移动通信在国际上就有了立足之地；即使最后没有成功，我们也积累了与国际对手打交道的经验。

香山会议解决了是否去做的问题，但是，接着就有另一个问题：应该怎么去做？

香山会议结束后，距离提交标准最后截止日期只有短短几个月时间了，当时几乎没有人在通信技术标准制定上有经验，底子薄、人手少、时间紧是当时面临的几大难题。为了在短时间内拿出一个符合要求的标准，TD-SCDMA 开发团队开始了"三郎拼命"的日子。那几个月，TD-SCDMA 开发团队的人几乎没有半夜之前回家的。"甚至很多出租车都整夜在我们楼下趴活"，一个研发人员形容当时的"战况"。

在大家的不懈努力下，TD-SCDMA 方案终于及时提交了上去。在 TD-SCDMA 成为国际标准的那一天，不少人都掉下了激动的眼泪，因为这个过程实在太不容易了。

TD-SCDMA 的出现改变了中国通信业在世界舞台毫无话语权的地位，让世界对中国有了重新的认识和评价。同时，TD-SCDMA 申请过程也为国家培养了一支国际标准的人才队伍，锻炼出了一个"用英语吵架很溜"的团队。虽然 TD-SCDMA 技术起步较晚，与 WCDMA 和 CDMA2000 相比还有一定差距，但是，从 TD-SCDMA 演进而来的 TD-LTE-A 技术成为 4G 的主要标准，与欧盟主导的 FD-LTE 平分秋色，实现了中国通信标准的又一次飞跃。TD-SCDMA 标准的成功是我国很多电信人的努力结果，有兴趣的读者可以阅读记者乔楠与鲁义轩编写的《TD-SCDMA 正传》。第三代移动通信的发展，设备供应商华为、中兴、大唐，三大移动运营商，互联网服务商百度、阿里巴巴、腾讯（它们合起来简称为 BAT）等中国企业取得了长足的进步。

那么 TD-SCDMA 有哪些技术特点呢？最大的特点是采用时分双工，并首次引入智能天线与软件无线电技术。时分双工的优点是工作频谱具有灵活性，不需要成对的频谱；支持非对称数据业务，可以根据上下行业务量来自适应调整上下行时隙宽度等。

1.4.3 智能手机：推动 3G 业务快速发展

1.4.3.1 重新定义手机——智能手机诞生

在 3G 推出的初期，虽然传输速率有较大幅度的提高，但是人们用手机无非就是打打电话、发发短信、浏览一下网页，对用户来说并没有感觉有什么变化。因此对 3G 建设的必要性产生怀疑，运营商在这个阶段压力非常大，尤其是一些国家频谱资源采取拍卖的方式，运营商为此付出了高昂代价，如何收回成本是一个亟待解决的问题。

直到智能手机的出现，再也没有人质疑 3G 建设的必要性，"移动通信"与"互联网"逐渐走向融合。随着智能手机的普及，在线视频、音乐等多媒体应用，包含着各类应用软件和游戏的在线应用商店、移动社交网络、移动导航等新功能的引入，使移动数据业务飙升。美国电信运营商 2009 年的统计显示，从 2007 年到 2009 年，受智能手机普及因素的驱动，移动网络的流量增长了 50 倍。毫不夸张地说，智能手机的出现一定程度上加快了运营商 3G 业务的全面上马，智能手机所催生的爆炸性的数据业务增长是移动通信由 3G 向 4G 继续演进的原动力之一。

图 1.16　第一款 iPhone

提到智能手机，就不得不说一说苹果公司和它已故的掌舵者斯蒂夫·乔布斯（S.P.Jobs，1955—2011 年）。2007 年 1 月，苹果公司推出第一款 iPhone 手机，如图 1.16 所示，可以说真正意义上的智能手机才登上移动通信的大舞台，并聚焦了几乎所有的目光。iPhone 的面世彻底改变了人们对于手机的认识，手机从一种通信工具发展成了感官的延伸，逐渐成了个人信息获取和处理的核心设备。手机也从一种功能性的电子消费品蜕变成时尚电子消费品，当然，iPhone 也成为智能手机时尚的引领者，消费者对 iPhone 趋之若鹜。

iPhone 为什么会具有如此巨大的魅力，让全世界的手机用户为之倾倒呢？

首先，iPhone 颠覆了传统手机的概念。iPhone 把手机变成了个人移动信息终端，互联网接入、多媒体娱乐、掌上办公等放到了与通信功能平起平坐的位置上。打电话时它是手机，接入互联网时它是浏览器，看电影时它是播放器，办公时它是 PDA……乔布斯固执地相信，PC 可以做的事情，移动终端同样可以做。于是 iPhone 不只是一部手机，更像是手机和 PC 的融合，实际上还推动了"移动通信"与"互联网"的融合。

在功能上，iPhone 创新地采用了 3.5 英寸 320×480 像素的电容触摸屏，操作体验比已有的电阻触摸屏手机更准确、流畅。iPhone 颠覆了手机交互的方式，其搭载的 iOS 操作系统就是以大屏幕、触摸式交互为基础来设计的，引入动态虚拟键盘，只有需要时才出现必需的键盘。此外加入了多种传感器，如陀螺仪、加速度计等，使得人机交互更加方便。

在应用上，iPhone 把自己定位为一款互联网手机，在设计之初就强调要打造强大的互联网功能和丰富的互联网应用。用户只需接入互联网，即可从 App Store 下载 App 软件。通过 App Store，苹果构建了一个生态系统，在这里，用户、苹果公司和第三方开发者是重要的三要素，并形成良性循环。苹果公司通过其 iPhone 产品和 App Store 为第三方开发者提供一个平台，开发者可以通过该平台向用户提供软件、游戏等应用，并从中获取利润。于是开发者投入更多资源开发更多应用服务，随着开发者和优秀应用软件的聚集，iPhone 对用户变得更具吸引力，用户数量的增加反过来又吸引更多的优秀开发者加入到生态系统中，当然，苹果公司是这个生态系统中最大的赢家。

1.4.3.2 群雄混战，推动智能手机快速普及

iPhone 的出现，带动了智能手机的迅猛发展，造就了苹果公司的辉煌。它掀起的巨大浪潮席卷而来，很快代替 PC 成为 IT 产业发展的新引擎。

为了应对这种局面，以谷歌为首的产业巨头们向苹果发起了挑战，谷歌先是在 2008 年 9 月发布了基于 Linux 内核的开源智能手机操作系统——安卓（Android）1.0，同时开始着力打造安卓生态系统。面对 iPhone 兴起带来的巨大压力，各大终端厂商纷纷加入谷歌的安卓阵营，来对抗苹果。安卓凭借其开源的优势，迅速网罗了大量的支持者，很多开发者、工程师和有一定技术实力的用户纷纷投入了安卓的怀抱。很快，基于安卓操作系统的智能手机在市场上大量涌现。与苹果走高端精品路线不同，它全面覆盖了低、中、高端市场，填补了中、低端市场的空白。随着智能手机在各消费层次的普及，对 3G 移动通信网络的推动作用开始凸显，无论是 iPhone 还是安卓阵营的智能手机，其功能和应用都依赖于对互联网的接入。

智能手机带来了全新的用户体验，无论是从外观还是操作上都奉行极简主义，与传统手机相比，其易用性有了很大提高。智能手机抛弃了复杂的层次结构，用手指一划（或指纹）解开锁屏，各种功能与应用就会以图标的形式排列在屏幕上。手指轻触图标，就可以启动所选应用；如果应用太多一页放不下，只需左右划动，即可翻页。除此之外，丰富的应用资源也让用户可以按照自己的需求定制个性化的服务。

在智能手机革命中，产业界的一些巨头倒下或者衰弱，这个名单中有摩托罗拉、诺基亚、黑莓……，同时一批新的企业进入我们的视野，其中就有我国的华为、OPPO、vivo、小米、中兴、联想、魅族等。

 拓展阅读

颠覆性创新：乔布斯

乔布斯，1955 年出生于美国旧金山。命运弄人，刚出生就被遗弃，可幸的是被保罗·乔布斯一家收养。童年时聪明顽皮、肆无忌惮，常做出一些别出心裁的事情。

在硅谷附近长大，让他有更多的机会接触电子产品。1976 年创立苹果计算机公司，推出了 AppleⅡ，这是第一款可以摆放在桌面上的商用计算机。之后，乔布斯由于自身的棱角，被董事会剥夺了权杖并赶出了苹果。1986 年他创立了皮克斯（Pixar）动画工作室，推出了《玩具总动员》。1997 年，乔布斯重返苹果。2001 年，推出了 iPod，让音乐重新流行起来；2007 年，推出了 iPhone，重新发明了手机；2010 年，推出了 iPad，改变了数字出版与阅读方式。2010 年，乔布斯被《财富》评为十年来全球最佳 CEO。

年轻的乔布斯在大学里就很喜欢读《禅者的初心》，推崇"空杯心态"，不被过去的失败和成功所牵制，引领着 IT 产业的新发展。他始终关注人性需求，追求简约，将科技与艺术融为一体，设计的产品往往简洁、实用、富含艺术美感。

1.5 第四代移动通信：中国与欧盟并驾齐驱

随着智能手机的普及，视频通信、视频点播、电视直播、网络游戏等高流量的移动业务快速发展，3G 已经不能满足人们的需求，各通信厂商也开始寻找新的技术方案。

面对人们日益增长的通信需求以及其他标准化组织的竞争，3GPP 于 2008 年提出了长期演进技术（Long Term Evolution，LTE），作为新一代无线通信技术，俗称为 3.9G，并不遗余力地投入到 LTE 的标准化工作中。与 LTE 关联的 FD-LTE、TD-LTE，前者由欧盟主导，后者由中国主导，成为 4G 标准，战胜了英特尔、摩托罗拉、三星等企业主导的全球微波互联接入（WiMAX）与高通主导的超级移动宽带（UMB）。FD-LTE 沿着 GSM、WCDMA 的路线演进而来，而 TD-LTE 则从 TD-SCDMA 演进而来。在物理层面，两个 4G 标准都放弃 CDMA 而选用 OFDM 技术。网络层则采用因特网的网际互联协议 IP，能够更好地支持移动互联。

3GPP 为 LTE 确定了以下几个技术指标：

① 显著提高峰值数据率，LTE 追求"无线的宽带化"，希望上行速率达到 50Mb/s，下行速率达到 100Mb/s；

② 显著提高频谱效率，达到 3GPP R6 的 2～4 倍；

③ 尽可能将无线接入网的环回延时降低到 10ms 以内。

为了达到以上目标，LTE 采用了两项新的技术，它们是正交频分多址（OFDM）

和多输入多输出（MIMO）天线。让我们来看看这两项技术都有哪些特别的地方。

1.5.1　OFDM 技术：似曾相识燕归来

或许大家看到 OFDM 这个词觉得很陌生，有些望而却步了。别急，我们先将它拆成两部分："O"和"FDM"，这时就会看到 FDM，它就是第一代模拟移动通信的关键技术，瞬间就亲切多了！但是，为什么 LTE 要抛弃 CDMA 而采用 FDM 呢？

原来，问题出在高速率上。LTE 希望大大提高数据传输速率，这时候码元周期就很短。例如，下行速率是 100Mb/s，若采用二进制调制，则每个码元所占用的时间 $T=10$ns。在这么短的码元周期内，要正确传输数据是很困难的。当手机处在建筑群和障碍物之间时，从基站到手机的信号可能经过障碍物的反射，导致不同信号经过的路径不同，到达手机的时间也不一样。这时候，手机接收到的不同路径的信号就会相互干扰，这被称为码间串扰。

现在加了一个正交"O"，引入它有什么好处？4G 用的带宽在 20MHz 以上，带宽加宽以后在同样一个频带里面要想做到平坦的话就会带来问题。所谓的宽带，就是在这个区间里面这个放大系数不能被近似看成常量了。能否将频带剖分成多个子频带，每个子频带内可以近视看成常量，这样根据不同的子频带，采用不同的调制方式，这是 OFDM 的一个基本的思想。

码元周期很短时，很小的路径差异都可能导致严重的码间串扰，从而导致解码错误。似乎高速率与码间串扰是两个不可调和的矛盾，如何才能解决这个问题呢？这时候，有人想起了一句老话"三个臭皮匠，顶个诸葛亮"。既然用一个频率来传这个信号会导致码元周期太短的问题，那么就用 3 个频率来传，码元周期就可以增大 3 倍；以此类推，用 N 个频率来传，码元周期就可以增大 N 倍，就有可能解决传输速率与码间串扰的矛盾！

事实上，OFDM 就是采用这种方式。首先将要传输的符号分成 N 份，将带宽也相应地分配给 N 个子载波，然后每个子载波传送一份信号，这样每个子载波码元周期是原来的 N 倍，而最后的总传输速率并没有降低。这就是 OFDM 中的"FDM"的过程。

4G 如何进一步提高频谱效率？针对这个问题，OFDM 中的"O"就迫不及待、大摇大摆地走出来了，得意洋洋地说："这都是我正交（Orthogonal）的功劳！"如图 1.17 所示，传统的 FDM 要占用一段独立的频谱资源，载波与载波之间还需要留出一定的保护间隔，而 OFDM 中的子载波却不需要保护间隔，频谱之间还可以重叠，这都是由于这些子载波之间是正交的。频谱之间重叠可以节省大量的频谱资源，但如何才能做到正交呢？

这时我们想起了著名的正弦函数及其倍数序列。假设 f_1 载波的角频率为 ω_0，f_2 载波的角频率为 $2\omega_0$，即载波角频率依次是 ω_0 的倍数，那么这些调制载波就形成了一个正弦函数序列 $\{\sin(\omega_0 t), \sin(2\omega_0 t), \sin(3\omega_0 t), \cdots\}$。这个序列具有正交的性质，即

$$\frac{2}{T}\int_{-\frac{T}{2}}^{\frac{T}{2}} \sin(m\omega_0 t) \times \sin(m\omega_0 t)\,\mathrm{d}t = 1 \text{ 和 } \frac{2}{T}\int_{-\frac{T}{2}}^{\frac{T}{2}} \sin(m\omega_0 t) \times \sin(n\omega_0 t)\,\mathrm{d}t = 0\,(m \neq n)$$

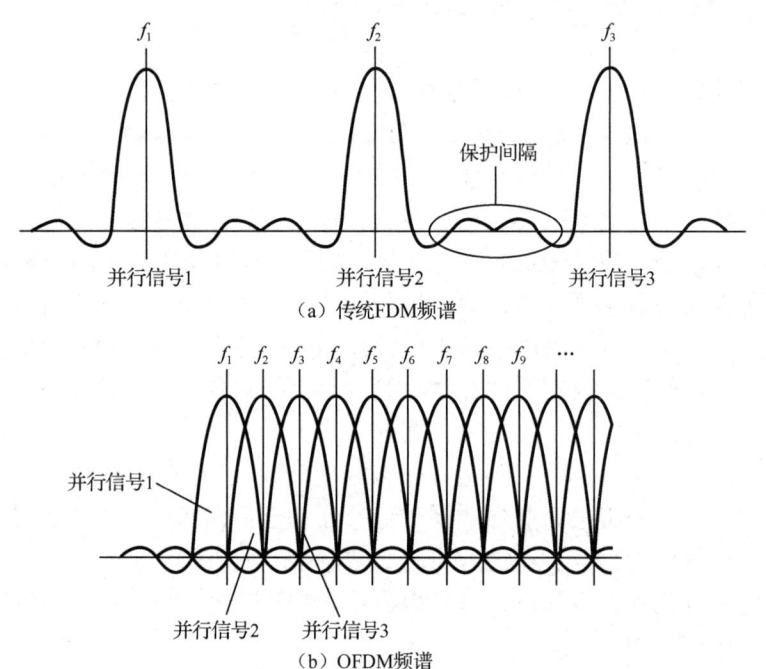

图 1.17　OFDM 频谱

这时我们就可以看出，经过 $\sin(m\omega_0 t)$ 调制的信号，只能由 $\sin(m\omega_0 t)$ 解调出来，在其他子载波上解调信号都为 0，也就不会对其他子载波的信号进行干扰。这就是 OFDM 调制与解调的本质。

1.5.2　MIMO 技术：柳暗花明又一村

在移动通信发展过程中，为了提高峰值传输速率，围绕多址方式、调制方式开展研究，并不断增加带宽。但这些方式的改进总是有限的，且频谱资源如此珍贵，采用增加频谱带宽来提高传输速率的做法就像坐吃山空，显然是难以为继的。那就没有别的办法了吗？能否在天线上想一想办法？

日常生活已经见过多种天线，如无线路由器的天线。早期的手机也有一副外露的天线，而现在的智能手机则都将天线隐藏在机身里了。通俗地说，在无线通信系统中，发射天线负责把电路里的电信号变成空气中的电磁波传输出去，而接收天线则正好相反。

电磁波传播过程中会遇到一些问题，如多径效应。如何利用多径效应，前面提到了瑞克（Rake）接收机，那么是否有其他方法？多输入多输出技术（Multi-Input Multi-Output，MIMO）就是这样一种方法。

1996年，贝尔实验室的G.J.Foschini提出了贝尔实验室分层空间编码（Bell Labs Layer Space Time，BLAST）系统，实验表明采用MIMO技术使无线通信的容量提高了20～30倍。MIMO技术突破了单天线系统香农容量的界限，使无线通信的容量能够与有线传输相媲美。1998年，Foschini等又从信息论的角度分析了MIMO系统，并从理论上证明，采用$M×N$根天线的MIMO系统，容量最大可以提升$\min(M, N)$倍，为频谱紧缺的无线通信系统带来了新的希望。

MIMO技术，其实与短波通信天线阵、雷达相控阵等技术有一定的相似性，不过这些阵列都是为了通信距离而不是容量而研究的，当然从香农信道容量定理来看还是有联系的。

1.5.3　4G时代：中国企业的群体突破

3G时代的TD-SCDMA标准由于研发起步晚、相关基础薄弱，产业化进程艰难，比竞争对手的WCDMA、CDMA2000晚了很多年才部署，其实际的性能表现也有差距，全球只有中国移动一家运营商进行了大规模部署，承担着运营优化的艰难工作。

到4G时代，中国付出巨大代价发展的TD技术终于迎来春天。在3G时代积累了研发能力和实践经验的中国企业这一次拿出了足以媲美对手的技术标准与产品，获得了全球市场的认可，2018年全球拥有TD-LTE牌照的运营商有185家，其中至少121家已推出了TD-LTE网络，其性能与FD-LTE没有明显差距，处在同一水平。

同时全球五大设备供应商中，华为超越爱立信成为第一，中兴排名第四。华为智能手机出货量在2018年前3季度超越苹果排名第二,中国本土市场排名前五的智能手机都是国产品牌。在移动互联网方面，腾讯推出的微信与微信支付，阿里巴巴的移动支付宝与移动电子商务，还有高德地图、今日头条、小视频、视频博客等，都走到了世界前列。三大移动运营商的规模、技术水平与运营管理能力达到国际一流水平，为移动支付与互联网金融全球领先奠定了坚实基础。我国4G产业实现了整体突破，受到国内外高度认可，其成果"第四代移动通信系统（TD-LTE）关键技术与应用"荣获2016年度国家科技进步奖特等奖，曹淑敏排名第一。

 拓展阅读

中国通信标准的推动者：曹淑敏

1992年，曹淑敏在取得北京航空航天大学电磁场与微波技术硕士学位后，来到原邮电部电信研究传输所无线电室工作，后担任工业和信息化部电信研究院院长多年。

为了促进中国 3G 提案成为国际标准，从 1998 年年底正式递交提案开始，曹淑敏几乎是拿出了全部精力，频繁开会、游说。与她接触过的朋友们都被她执着的精神所感动，在会议上她表现出超常的自信与能力。功夫不负有心人，中国提交的 TD-SCDMA 获得了大家的认可，成为全球 3G 三大主流标准之一。

在 3G、4G、5G 标准制定与产业化推进方面，她发挥了重大作用。在 2017 年某次报告会上，她与青年朋友分享了八条人生感悟，其中"要把每件事做到极致"，我们可以大致领略她的成功秘诀。

1.6 第五代移动通信：中国企业开始领跑

4G 普及还没有多长时间，5G 就快速进入商业化运营阶段。如何理解 5G 技术与应用？为何中国企业能引领发展？

1.6.1 5G 的三大应用场景与性能指标

2019 年的春节联欢晚会让我们初步感受了 5G 的魅力，随后在世界移动通信大会上，各国企业展现了 5G 可能的应用以及新款手机。韩国与美国运营商争抢 5G 商用第一，可以看到大家对 5G 充满期待。2019 年 6 月 6 日，中国工业和信息化部正式发放 5G 商用牌照，意味着中国 5G 发展迈出实质性的一步。

下面我们先从标准化组织 3GPP 说起。

1.6.1.1 三大应用场景

3GPP 为 5G 定义了三大场景，包括增强型移动宽带（enhanced Mobile Broadband，eMBB），大规模物联网（massive Machine Type Communications，mMTC），超高可靠与超低时延通信（Ultra-Reliable Low-Latency Communications，URLLC）。5G 三大场景的应用趋势是万物互联、生活云端化和智能交互，呈现出频谱利用率高、系统性能强、双向信号传递和功耗成本双低等特征。

1. 增强型移动宽带（eMBB）

eMBB 场景是指在现有移动宽带业务场景的基础上，对于用户体验等性能的进一步提升，主要追求人与人之间极致的通信体验。因此，eMBB 聚焦对带宽有极高需求的业务，如超高清视频、VR（虚拟现实）、AR（增强现实）、全息视频等，满足人们对于数字化生活的需求。这种场景大家比较好理解，从 4G 的应用来说，我们已经从微信图片分享过渡到小视频社交、直播带货等，逐渐对移动通信的带宽提出了新的要求。eMBB 提供的是高速率性能，针对个人消费流量进行的升级。根据目前的实测数据，5G 的速率已经达到 4G 的 10 倍，在人口密集区域网络下载速率可达到 100Mb/s 和 20Gb/s 的峰值速率。从最近的一系列实验来看，已经展现出了 VR/AR 的魅力，期望它们成为 5G 的重要业务。回顾移动通信的发展历史，2G、3G 到 4G 时代诞生了相应的社交软件和企业，真可谓一代技术催生一代产品，我们可以期待 5G 时代，是否也会诞生基于 VR/AR 的社交软件与创新企业？

同时，华为、OPPO 等中国企业推出的智能手机主打照相功能，其分辨率高达 4000 万像素，支持 5 倍光学变焦、10 倍无损变焦、50 倍的数码变焦等，这些配置自然会产生大带宽业务。

2．大规模物联网（mMTC）

物联网，曾经在 2008 年至 2009 年期间受到全社会的关注，受限于通信网络、终端设备的功耗、成本等因素，并没有达到预期的发展目标。但是，物联网，无论是概念还是技术上都获得了发展，3GPP 也没有忽视它的重要性，要求 5G 能够很好地支持物联网应用，也为设备供应商、运营商等带来巨大商机。mMTC 是"万物互联"的基础，是大量终端连接进入网络的场景，主要面向人与物、物与物之间的通信。

因此，mMTC 可覆盖连接密度要求很高的场景，如每平方千米 10 万个终端，能满足人们对于数字化社会的需求。mMTC 场景中存在多种多样的物联网终端，如处于恶劣环境之中的物联网终端、技术能力低且电池寿命长（如超过 10 年）的物联网终端等。面向物联网繁杂的应用种类和千亿数量级的连接，5G 网络需要考虑其多样性，例如智能物流、环境监测、智慧城市等领域。未来不仅每个人都会连接进网络，而且每个家庭的各种电器、物流中的每件货物、每个交通工具等都会连接进网络。mMTC 让网络的覆盖向纵深发展，让智慧城市、环境监测、智能交通等以传感和数据采集为目标的应用场景得到发展。

随着物联网的普及，信息物理系统（Cyber-Physical Systems，CPS）的价值也随之提高，将逐渐实现虚拟网络世界和现实物理世界的融合，由此"数字孪生"成为热词。CPS 的发展为信息技术拓展了应用领域，由此虚拟仿真、大数据和人工智能等技术和数学建模等能力越来越重要。

3．超高可靠与超低时延通信（URLLC）

智能汽车被认为是下一个产业发展的引擎，而无人驾驶则是智能汽车的核心，华为、百度、阿里巴巴等企业早已布局，马化腾认为互联网的下半场是工业互联网。围绕汽车，从新能源汽车、辅助驾驶、无人驾驶，到车联网与城市大脑，一直是产业的热门话题。因此，3GPP 希望 5G 能够支持无人驾驶汽车、无人飞机、工业机器人和远程医疗这类应用场景，即 URLLC。它的特点是对可靠性与时延极其敏感，高可靠就是信息传输中的错误率很低，低时延即发出信息到反馈信息所需的时间很短。

超高可靠和超低时延是无人机器类业务的基本要求。5G 超低时延的实现需要在端到端传输的各个环节进行一系列机制优化，不只是在空中接口，也包括基站之间、网络层甚至应用层，才能确保未来众多的无人驾驶、无人物流等的安全运行。

无人机更是如此，要是数百架无人机编队飞行，极小的偏差就会导致相邻无人机之间的碰撞，这就需要在极低的时延中，把控制信息传递给飞行中的无人机。在工业自动化过程中，一个机械臂的操作，如果要做到精细化，保证工作的高品质与精准性，也需要极小的时延。这些特征，在传统的人与人通信，甚至人与机器通信时，要求都不会那么高，因为人的反应是较慢的（几百毫秒），也不需要机器那么高的效率与精细化程度（几毫秒甚至更快）。而无论是无人机、无人驾驶汽车还是工业自动化，都是高速运行的，还需要在高速中保证及时信息传递和及时反应，这就对时延提出了极高要求。

5G 与智能汽车等领域的结合，需要通信专业的毕业生快速理解交通、医疗、工业自动化等行业，才能充分发挥信息技术的潜力，同时也凸显了学习能力甚至跨界能力的重要性，传统专业的界线正在不断被突破。

1.6.1.2 性能指标——5G 之花

3GPP 已经定义了 5G 的三大应用场景，属于定性的描述，那么如何给出定量的性能指标？

2014 年，我国移动通信领域的专家们在描绘 5G 关键能力时画出了一朵美丽的"5G 之花"，如图 1.18 所示，其中每一个花瓣对应一项当时认为的极致通信要求，如用户体验速率达到 100Mb/s～1Gb/s，端到端网络时延达到毫秒级，每平方千米 100 万的连接密度。"5G 之花" 9 个技术指标中的 8 个被 ITU 采纳，虽然没有能够准确描述 5G 网络，但对于科普性了解 5G 是非常有益的。

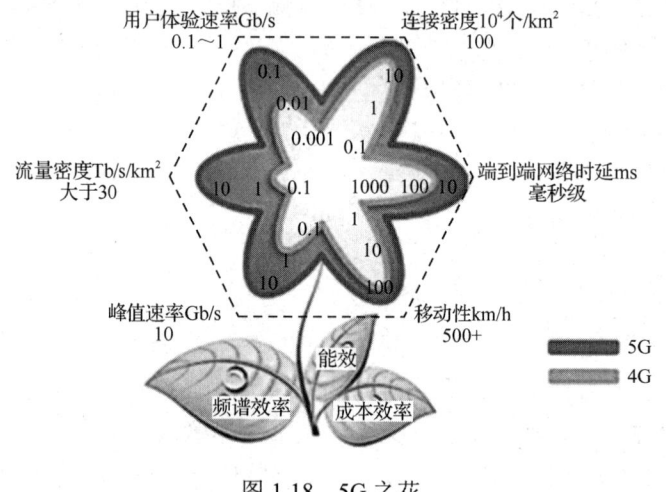

图 1.18 5G 之花

性能和效率需求共同定义了 5G 的关键能力，犹如一株绽放的鲜花，红花与绿叶相辅相成，符合我国文化传统。

其中花瓣代表了 5G 的六大性能指标，体现了 5G 满足未来多样化业务与场景需求的能力，而花瓣顶点代表了相应指标的最大值，黄色部分（花瓣内部在黑白图像中浅色部分）代表 4G 能够达到的指标值。如移动性，可支持时速 500km 以上，这可以满足高铁乘客的通信需求；连接密度每平方千米可达到 100 万个，可应对大规模物联网（mMTC）情景；端到端网络时延，最短可达到 1 毫秒，可应对超高可靠与超低时延（URLLC）情景。

绿叶（彩色图像中呈绿色，这里指三片叶子）则代表三个效率指标，分别是能效、频谱效率与成本效率，它们是实现 5G 可持续发展的基本保障。能效是 3G 以来明确提出的绿色通信目标要求，这源于电子产品已经成为能耗大户，电费已经成为运营成本的主要部分。因可用频谱资源的有限性与用户不断提高容量要求的矛盾，只有提高频谱效率，才能支持更多 5G 业务。而成本效率，也是发展更多 5G 业务的基本条件。

从 1G 到 4G，其系统设计目标是围绕人与人之间的通信，虽然自 2G 开始，基于移动通信开发了物联网应用，但是这些应用仅仅是锦上添花。5G 网络则与此不同，从设计之初就已经明确提出，其面向对象还包括物联网、工业自动化、无人驾驶等。

因此，在 4G 基础上，5G 对于移动通信提出了更高的要求，它不仅在传输速率而且还在功耗、时延等多个方面有了大幅度的提升。

1.6.2 5G 关键技术：无线、编码与网络

5G 作为新一代的移动通信技术，它的网络结构、网络能力和要求都与过去有很大不同，需要大量新技术，才能达到 5G 性能指标并满足约束条件。这里仅做简要介绍，初步感受 5G 面临的技术挑战。

1.6.2.1 先进的新型无线技术

5G 概念推进的同时，LTE 本身也在不断进化，5G 自然要继承、借鉴 4G LTE 的先进技术，如载波聚合、MIMO、非共享频谱等，包括众多成熟的通信技术。

大规模 MIMO 天线（Massive MIMO，M-MIMO）：MIMO（Multiple-Input Multiple-Output），即多输入多输出，就是使用多根发射天线和多根接收天线来提高频谱利用率，以实现空间分集的效果。MIMO 技术的核心就是将原单路的数据流分成多路数据子流，通过多根天线同时发射，并利用空时编码技术将这些数据子流区分开并解码，从而提高频谱利用率，提高无线信道容量和信道可靠性。M-MIMO 能充分利用空间资源，通过多根天线实现多发多收，在不增加频谱资源和天线发射功率的情况下，可以成倍地提高系统信道容量，显示出明显的优势，被视为下一代移动通信的核心技术。要想提高传输速率，MIMO 技术表明可以通过增加天线数量来实现，类似于在基站和手机之间建立了多个数据传输通道，可以让数据在多个通道中同时并行传输，这样，传输速率可以成倍地提升。所以，基站和手机天线使用 MIMO 技术的一个基本出发点，就是要提高数据传输速率。但是更多的天线也意味着占用更大的空间，要在空间有限的

智能手机中容纳更多天线是很难的，在基站端叠加更多 MIMO 天线相对容易。从现有天线实验来看，5G NR 可以在基站端使用最多 256 根天线，而通过天线的二维排布，可以实现 3D 波束赋形，从而提高信道容量和覆盖，如图 1.19 所示。频段越高、波长越短，在 5G 的高频段中可实现大规模 MIMO 传输，移动终端侧支持多达 32 根天线。

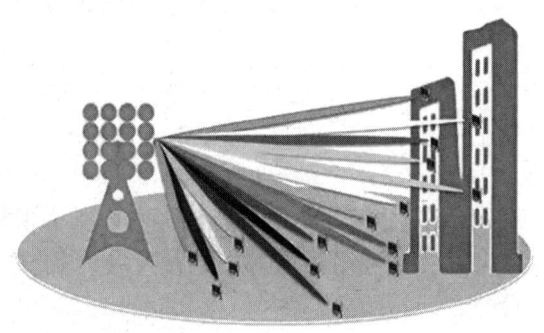

图 1.19　大规模 MIMO 天线

毫米波：与 4G 不同，5G 首次采用 24GHz 以上频段，即毫米波频段。毫米波，波长介于 1mm 与 10mm 之间，原本用于军事通信、雷达、卫星遥感等特殊应用领域，它的优点是带宽大，可用频谱资源丰富，可支持高速数据传输与大容量；波长极短，所需的天线尺寸很小，易于在较小的空间内集成大规模天线阵，等等。但是毫米波在室内传输也面临很多困难，高频会造成路径损耗增大，传播距离变短，缺乏绕射能力，路径更容易受阻，难以穿透墙体等问题。另外，毫米波器件、天线与馈线设计，也面临巨大挑战。对于路径损耗大的问题，目前主要通过天线阵列和密集布站来解决，以实现高增益，并通过波束扫描指向基站。当前，各国都在积极部署 5G 毫米波频段，通常很多国家的 5G 毫米波频段都由两个频段组成，例如我国的 5G 毫米波频段为 24.75～27.5GHz 和 37～42.5GHz。对于 5G 应用来说，通常也是两个频段同时使用。由于有两个频段需要覆盖，手机天线的设计难度增大。

1.6.2.2　先进的信道编码技术

信道编码是无线通信领域的重要技术，尤其在 2016 年，因编码标准化之争引起了广泛关注。在 5G 标准制定过程中，众多编码方案经过讨论、考核后，只剩下 3 个候选方案，分别是法国电信的 Turbo 码、美国高通主导的 LDPC 码，还有来自中国华为主推的 Polar（极化）码。这三者都有一个共同点，那就是非常接近香农限，它源自香农提出的信道容量定理。

2016 年 11 月 18 日，在美国内华达州里诺刚刚结束的 3GPP RAN 1#87 次会议上，经过与会公司代表多轮技术讨论，国际移动通信标准化组织 3GPP 最终确定了 5G eMBB（增强移动宽带）场景的信道编码技术方案。数据信道，用于传输数据的码块长度通常可达 8Kb，也称长码，其纠错编码技术采用 LDPC 码；控制信道，用于传输控制信令的码块长度通常不足 100 位，也称短码，其纠错编码技术采用 Polar 码。

 拓展阅读

三种逼近香农限的纠错编码：Turbo、LDPC 与 Polar

Turbo 码：20 世纪 80 年代末，两位当时名不见经传的法国电机工程师 C.Berrou 和 A.Glavieux，从电路反馈中得到启示，发明了 Turbo 码，仿真结果表明，它可以接近香农限。这项成果在 1993 年 IEEE 国际通信会议上报告后，很多与会人员猜测其仿真结果可能有误。自 1982 年以来，最好的编码离香农限差不多有 3dB 的差距，很多人开始怀疑香农限的可达性，已经放弃对香农限的追逐。由于 Berrou 等不是编码领域的专家，没有受到这些怀疑的影响，反而使其能够在无意中发明了 Turbo 码。也由于这个原因，许多专家觉得，这么好的成果怎么可能是在纠错编码领域内没有名气的人发明的？但是随后多个不同研究小组都独立验证了它的正确性。从此，Turbo 码就轰动了整个信息论领域，迅速应用于多个领域，并成为 Wi-Fi、3G、4G 的核心技术，甚至被称为 Turbo 革命。

LDPC 码：即低密度奇偶校验码（Low-Density Parity-Check，LDPC）。LDPC 码早在 1962 年由 MIT 的 Robert Gallager 博士提出，但受限于当年的计算能力，加之当时其缺乏形象的数学表示，这种编码没有引起学术界与工业界的重视。直到三十年后 Turbo 码被提出以后，人们才发现从某种角度上说，Turbo 码也是一种 LDPC 码，它才又回到大家的视野。LDPC 码是一种具有稀疏校验矩阵的线性分组码，与 Turbo 码相比，具有更低的误码平台（误码平台，类似于学习曲线，不再随信噪比的提高相应地降低误码率），译码过程简单高效，复杂度和时延都比较低，目前已经在广播系统、有线、无线甚至航空航天等通信系统有所应用，编译码的算法比较成熟。

Polar 码：即极化码。2007 年，Erdal Arikan 从编码后信道两极分化的现象出发，并提出了可行的极化编码和译码方案，2009 年正式发表论文。Polar 码是目前唯一可达香农限的编码技术，并且具有较低的复杂度。虽然极化码不是出自中国之手，但是由华为大力推动的，经过持续研究与开发，完成了商用化工作，成为 5G 控制信道的编码方案。与前两种编码相比，极化码发展历史较短，应用较少，许多性质有待进一步研究，故其知识产权存在发展的空间。华为抓住了这一时机，建立了相应的知识产权体系。据统计，5G 标准专利中，华为拥有约一半的极化码相关专利，为其在 5G 时代的发展提供了有力保障。为了表达对基础研究的重视和 Arikan 的敬意，2018 年华为举行隆重的仪式，任正非给 Arikan 颁奖。

巧合的是，Gallager 教授正是 Arikan 就读 MIT 博士时的导师。因此，2016 年信道编码方案的竞争，被人戏称为师徒间的"战争"。

对于 Gallager 教授来说，他与两种 5G 编码方案都颇有渊源，这无疑是一种荣耀。

1.6.2.3　超密集异构网络与网络的自组织

5G 系统是一个特别复杂的网络。考虑到三类应用场景的不同需求，尤其是要做到每平方千米支持 100 万个终端，这个网络必须非常密集，除了类似 4G 的基站，还需要大量的小基站支撑。这些特点决定了 5G 是一个超密集的异构网络。

同样，在 5G 网络中，不同类别的终端，其发射频率、传输速率、功耗以及服务质量（QoS）的要求也会有较大差异。这些特点，给 5G 网络的基站设置、频谱资源配置与业务调度带来了巨大挑战。为了应对挑战，需要引入自组织网络技术，甚至人工智能等技术。

自组织网络（Self-Organizing Network，SON）技术，即网络部署阶段的自规划和自配置，网络维护阶段的自优化和自愈合，尽量减少应用的复杂性。自规划是指动态进行网络规划并运行，可满足系统的容量扩展（建设阶段）、业务监测或优化结果（运行阶段）等方面的要求。自配置，如新增网络节点的配置可实现即插即用，由于系统的复杂性，仅靠安装维护人员的经验是不够的。自愈合，指系统能自动检测问题、定位问题甚至排除故障，5G 网络是连续不间断地提供服务的，自愈合可以大大减少运营商的维护成本，也可以改善用户体验。正如任正非所说，未来的胜利是极简的胜利，极简面向客户，而复杂留给自己。因此，自组织网络技术对 5G 网络来说是非常重要的。

1.6.2.4　网络虚拟化、网络切片与边缘计算

云计算已经越来越普及了，它可以应对计算、存储等资源需求的动态变化，其核心就是硬件资源的虚拟化。由此加快了软件定义网络（Software Defined Network，SDN）、软件定义存储（Software Defined Storage，SDS）、软件定义芯片（Software Defined Chip，SDC）、软件定义闪存（Software Defined Flash，SDF）等技术的发展，甚至有人提出将"软件定义"进行到底。5G 网络是不断发展的，包括网络规模不断增大、新技术不断引入、新业务不断开发，这就要求 5G 网络具有开放性与灵活性。因此，5G 网络资源的虚拟化为软件定义网络奠定了基础。硬件资源的软化，在芯片层面，就是专用芯片（ASIC）换成可编程芯片（FPGA）。

网络切片，就是把运营商的物理网络切分成多个虚拟网络，每个网络适应不同的服务需求，这可以通过时延、带宽、安全性、可靠性来划分不同的网络，以适应不同的场景，典型的划分就是按照三大场景划分。通过网络切片技术在一个独立的物理网络上切分出多个逻辑网络，从而避免为每一个服务建设一个专用的物理网络，这样可以大大节省部署的成本。类似的思想，在实时多任务操作系统等领域早就有成功应用的先例。

边缘计算，与云计算的思想不同，在靠近数据的源头一侧，采用网络、计算、存储、应用核心能力为一体的开放平台，就近提供服务满足时延敏感的 5G 业务要求。应用程序在边缘侧发起，可以实现更快的网络服务响应，满足行业在实时业务、应用智能、安全与隐私保护等方面的基本需求，如在 URLLC 场景中的无人驾驶业务。5G

要实现超低时延，如果数据都要到云端和服务器中进行计算与存储，再把指令发给终端，就难以实现超低时延。边缘计算要在基站上建立计算和存储能力，在最短的时间内完成计算、发出指令等。边缘计算与云计算的关系，就像人的条件反射与经过人脑思考后做出的反应类似。

5G 基站的虚拟化，进一步加速了通信技术与计算技术的融合。由此，我们可以理解 5G 基站设备供应商中出现通信、互联网与计算机企业的身影，作为通信企业的华为成为全球服务器前 3 名供应商。其实，智能手机的诞生，就标志着移动通信与计算机开始走向融合。

1.6.3　5G 标准与产业：突显中国的力量

1.6.3.1　5G 标准化中，中国的影响力

说到标准，最受媒体关注的可能是前面提到的纠错编码标准的竞争。其实 5G 标准涉及面非常广，根据 2018 年 12 月统计数据，全世界 5G 标准立项并且通过的企业中，中国移动 10 项，华为 8 项，领先于其他企业。按国家统计，中国 21 项，美国 9 项，欧洲 14 项，也领先于其他国家与地区。为什么中国移动一家企业占有 10 项，立项数量上甚至超过了美国？根据项立刚的文章分析，主要原因如下。

中国移动是唯一承担了 TD-SCDMA 商业化运营的企业，这是国家赋予的使命，当时承受了巨大压力，克服了很多困难，同时也积累了丰富的运营经验。在 TD-SCDMA 的基础上，我国发展出了 4G 标准 TD-LTE。在 TD-LTE 产业化过程中，中国移动于 2011 年成立了全球 TD-LTE 联盟（Global TD-LTE Initiative，GTI）来推动 TDD 技术，逐渐成为世界上 TDD 技术的领导者。同时在全世界电信运营商中，中国移动在长期运营中对 TDD 技术的理解最为深刻。到了 5G 时代，因为大带宽，需要更多的频谱资源，但高品质的频谱资源是非常有限的，因此全世界都转向了效率更高、利用率更高的 TDD 技术。对 TDD 技术和 TDD 组网技术有着深刻理解的中国移动公司，很自然地在 5G 技术中扮演了重要角色。回顾 TDD 技术的发展历程，可以看到中国移动的积极进取精神，在艰难困境中通过自身的不懈努力终于获得回报。

中国移动是世界上用户量最多的移动运营商，2022 年 12 月 20 日发布了 2022 年 11 月用户数据公告，其移动业务用户总数达 9.75 亿户，而且用户的层次多样，需求也有差异。中国移动在世界上建设了一张地域覆盖最广的网络，不仅在大城市全覆盖，而且在广大乡村地区、公路沿线的覆盖也很好，人们不用担心回到老家遇到手机信号质量问题，这是移动支付等快速普及的重要基础。在这张网络中，包括 2G 的 GSM、3G 的 TD-SCDMA、4G 的 TD-LTE，网络复杂度高，在网络上除了承载话音、数据等多媒体业务，也包括相当规模的物联网服务，因此中国移动对于复杂网络的建设与运营经验丰富、理解深刻。

以中国移动为代表的中国运营商集团，提出了独立组网（Stand Alone，SA）路线

图，从一开始就要建设一张真正的 5G 网络，而不是在现在网络上渐进过渡。这种建设方案，虽然初期投资规模大、网络建设难度大，但是它可以更好地支持大规模物联网、无人驾驶、远程医疗等新的业务。

中国企业在 5G 标准化中，除了中国移动，华为、中兴等公司也发挥着引领作用。特别让人高兴的是，中国企业在标准化过程中坚持团结协作，即使在市场上彼此是竞争对手。

1.6.3.2　5G 产业化中，中国企业渐入佳境

在未来的产业中，目前最受大众关注的还是智能手机，这是我们每天都在使用的。因此，从智能手机说起比较自然。

智能手机：从 2019 年销售情况来看，手机世界三强是韩国三星、美国苹果、中国华为，这三强中，唯有华为手机销量快速增长。华为在取得中国市场第一以后，向世界各地发展，而且已经进入欧洲及日本的中、高端市场。此外，我国的 OPPO、vivo、小米、联想、中兴等都非常有竞争力，本土市场前 5 名都是中国厂商，在全球市场上其销量都在上升。

智能处理器：它是智能手机的核心，不仅包含通用计算处理器 CPU，还包括负责通信的 BPU、负责图像的 GPU、负责 AI 的 NPU 等。智能处理器，与 PC、服务器中的处理器不同，其要求体积小、功耗低，因此即使像英特尔这样的 PC 处理器霸主，在进军智能手机领域时也困难重重，高通与苹果和解后，英特尔只好黯然退出基带处理器业务。在 4G 时代，面向所有手机厂家供货的企业是高通、联发科与紫光展锐，随着各手机厂商技术实力的增强，苹果、三星、华为旗舰机已经采用自研芯片，高通遇到了空前的挑战。

网络设备：包括支持移动运营商业务的所有硬件与软件，如基站通信设备、交换系统等。2020 年全球有 5 家企业提供网络设备，即中国的华为、中兴，欧洲的爱立信、诺基亚，韩国的三星。你一定会惊讶为什么没有美国企业。美国的朗讯早在 2006 年就被法国公司收购，另一个就是摩托罗拉，它的网络业务于 2011 年被诺基亚收购。2019 年美国对华为的打击，首先是打击移动运营商业务体系。任正非在记者招待会上自信地说："华为的技术至少领先世界两年。"

移动通信网络，其系统规模、技术复杂度远远超过终端，需要长期积累，但是从营业额、销售利润来说可能不如终端设备，因此可以理解为移动通信网络设备是战略制高点，不能仅仅满足于终端设备。这也是华为从移动运营商业务扩展到终端业务，不仅没有放弃移动通信网络设备，而且继续加大投资移动通信网络的研发力度，牢牢巩固其全球领先位置。

移动应用：5G 应用不仅包含移动网络和智能手机，还需要大量的业务与应用来支撑运营商的设备投入，这是 5G 能不能广泛应用的关键。

在移动互联网时代，我国的移动应用逐渐走出了自己的道路。今天的移动电子商务、移动支付、共享单车、打车业务、外卖业务，虽然其中某些产品推出的初期可能

有些美国产品的影子,但是在随后的发展中,根据中国市场的特点不断优化,已经形成了自己的个性化产品,而一些产品可以说完全超越了美国竞争对手。如微信,同样的社交产品美国不能说没有,但是微信作为社交产品后来发展成支付平台,迅速提升了用户数量,增强了用户体验,逐渐发展为一个服务平台。微信为用户提供了高效、方便的小程序,2019年,Facebook也开始效仿。阿里巴巴在电子商务中发展出的互联网金融,字节跳动在短视频领域形成的抖音、海外版的Tik Tok,也是全球领先的。

5G是智能互联网的基础,需要移动互联、智能传感、大数据、人工智能等技术的支持,这就需要智能硬件。目前就智能硬件产品的研发和生产能力而言,全球研发实力最强、生产的产品最多的是中国,智能手环、智能手表这样的产品,中国很快做到了世界第一,在中国生产这样的产品效率高、成本低。中国智能家居领域的小米公司,其整合产品能力远远超过苹果和谷歌,接入的产品数量也远超苹果和谷歌。华为目前也在这个领域发力,正在形成一个强大的华为智选产品系列,通过HiLink协议,把各种智能家居整合起来,它不是自己做所有产品,而是通过一个平台,输出整合能力,输出智能化能力,输出销售能力和服务能力。

不仅如此,2019年4月22日,在上海国际车展上,华为发布"全球首款"专为汽车行业设计的5G通信硬件——MH5000车载码块。2021年4月15日,配备华为自动驾驶技术的北汽新能源极狐阿尔法S的HI版车型,在上海进行公开试乘。华为与北汽新能源、长安汽车、广州汽车3家汽车厂商进行合作,共同打造三个子品牌。据报导,华为能够在市区做到1000km无干预的自动驾驶。2022年7月21日,百度发布了第六代量产无人车——Apollo RT6,具备城市复杂道路的无人驾驶能力。百度旗下自动驾驶出行服务平台"萝卜快跑"已经获准在北京、广州等地试点无人驾驶出行服务。

移动互联网领域的创新能力,资金和人才的积累,智能硬件的研发、生产能力,为智能互联网研发能力提供了基础,我国在这方面的综合实力和发展潜力是非常好的。这也许是美国打压华为、中兴公司的主要原因。对美国而言,5G不仅是一种技术、产业,还是未来互联网的中枢,甚至是数据传输的总平台。

 **拓展阅读**

战略企业家:任正非

1944年,任正非出生于贵州省安顺市镇宁县的一个知识分子家庭,是七兄妹之首。1963年,就读于重庆大学暖通专业,毕业后参军从事军事科技研发,历任技术员、工程师、副所长。工作期间有多项技术发明创造。1978年,他以军队科技代表的身份出席了全国科学大会。1983年转业,1987年年底创办华为公司。

他不时抛出凝聚着深刻洞见和教益的美文,虽然属于内部讲话,但是在网络上广泛流传。《华为的冬天》《华为的红旗能打多久》《北国之春》是危机管理的典范。《深淘滩,低作堰》《清晰的方向是在混沌中产生的》《华为的核心价值观》《在理性与平和中发展》都已成为许多中国企业的管理读本。

1994年,他提出在交换机领域华为要三分天下取其一、1998年制定《华为基本法》,后来引进集成研发系统、集成供应链系统、集成财务系统等,带领华为追求卓越,成为中国高科技企业成长的引领者,探索出既有中国特色又与国际接轨的商业模式和管理体系。

他是沉默、孤独、果决、不求闻达、坚持到底的人,具有敢于胜利的大勇、善于胜利的智慧。他具有超乎常人的视野,铸造了华为超乎寻常的武器。在5G产业化推广应用之际,面对美国政府的极限施压,任正非领导华为,沉着应对,将外部压力转化为内在动力。

1.7 总结与展望

半个多世纪以来,移动通信从诞生到繁荣、从模拟到数字、从窄带到宽带、从移动通信到移动互联,走过了非凡的发展历程。智能手机的推出,加速了移动通信与互联网的融合,推动产业的主导权从移动通信系统供应商、电信运营商,逐渐转移到智能终端、应用软件与服务提供商,但是移动通信系统业务还是根本。当移动通信大众化以后,创新的价值,也从技术创新拓展到设计创新、管理创新、商业模式创新。昔日标杆企业正在淡出我们的视线,新的企业不断崛起,一代通信技术、一代通信企业。中国通信技术标准与中国企业,从第三代移动通信(3G)开始登上国际舞台,进入第四代移动通信(4G)走向了国际前列,而到了第五代移动通信(5G),中国企业进入引领阶段。

2018年,就在5G的eMBB还处于测试推广阶段,mMTC、URLLC业务初露端倪,各国纷纷启动6G研究项目。欧洲、中国、日本、韩国、美国的产业界和学术界都在努力探索下一代无线网络的典型应用场景、关键能力和潜在技术。2021年华为推出了6G白皮书,同时还出版了《6G无线通信新征程》,详细描绘了未来的发展蓝图。华为白皮书指出,6G如同一个巨大的分布式神经网络,集通信、感知、计算等能力于一身,深度融合物理世界、生物世界和数字世界,将真正开启"万物智联"的新时代。在5G三大应用场景的基础上,6G新增人工智能(Artificial Intelligence,AI)和感知(Sensing)两大应用场景,将跨越人联、物联,迈向万物智联,把智能带给每个人、每个家庭、每个企业,引领新一波创新浪潮。

6G将以更大的带宽、更低的延迟、更宽的连接带来更富想象力的变化,它可能彻底改变整个有线和无线网络结构。6G 新技术解决方案可能包括卫星通信技术，这意味着大量未被通信信号覆盖的地方，如无法建设基站的广阔海洋，将来也有可能发送和接收信号，2022 年已有智能手机增添了卫星通信功能；另一项 6G 新技术就是太赫兹技术（0.1～10THz），它介于微波频段与红外线频段之间，电磁波频谱资源具有 100Gb/s 以上大容量传输能力，可支持高速大容量数据传输。

未来十年，在无线技术不断创新的同时，基于深度学习的 AI 应用将会崛起，大规模数字孪生应运而生，AI 和数字孪生形成双轮驱动，进一步助推技术的突破。由此产生的 6G 网络将重塑社会和经济，为未来的万物智能奠定坚实基础。

思 考 题

1. 无线电报通信：马可尼从构想、实验到商用化的发展历程，你有哪些启示？你如何理解弗莱克斯纳的演讲"无用知识的有用性"？
2. 香农有意避开"语义信息""情感信息"，提出"信息就是不确定性的减少"，选择用概率论研究信息，为什么说这正好体现了他的睿智？
3. 从摩托罗拉和诺基亚两个公司的兴衰，请你谈谈"成功也是失败之母"的认识，如何做到"空杯心态"？
4. 以海蒂·拉玛、艾文·雅各布为例，请你尝试解读"像外行一样思考，像专家一样实践"的科研之道。
5. 高通公司通过技术专利化、专利标准化、标准国际化和标准市场化，走出了一条技术标准的成功之路，对此你有何感想？
6. 乔布斯重新定义了手机，即智能手机，由此移动通信和互联网走向融合，并且成为信息产业发展的新引擎，请分析其最大创新是什么？对大学教育有何启示？
7. 移动通信的标准化与产业化，我国实现了从 3G 的突破、4G 的并跑，到 5G 的开始领跑，其发展历程对你有何启示？
8. 5G 标准新增两种应用场景，请分析大规模物联网、工业互联网的发展前景，并进一步探讨跨界能力的重要性。
9. 查阅任正非内部讲话、记者访谈，请分析一下作为曾经的工科生，他的人文修养和企业家精神是如何养成的。
10. 阅读华为 6G 白皮书，请你谈谈对"万物智联"的认识，进一步思考你的大学培养目标和学习计划。

参考文献

[1] 吉米·索尼. 香农传：从0到1开创信息时代[M]. 杨晔，译. 北京：中信出版社，2019.

[2] 詹姆斯·格雷克. 信息简史[M]. 高博，译. 北京：人民邮电出版社，2013.

[3] 戴夫·莫克. 高通方程式[M]. 闫跃龙，等，译. 北京：人民邮电出版社，2005.

[4] 沃尔特·艾萨克森. 史蒂夫·乔布斯传[M]. 管延圻，等，译. 北京：中信出版社，2011.

[5] 周圣君. 通信简史[M]. 北京：人民邮电出版社，2022.

[6] 邓斌. 华为成长之路[M]. 北京：人民邮电出版社，2020.

[7] 王建宙. 世界移动风云录：从1G到5G[M]. 北京：人民邮电出版社，2021.

[8] 童文，朱佩英. 6G无线通信新征程：跨越人联物联，迈向万物智联[M]. 华为翻译中心，译. 北京：机械工业出版社，2021.

[9] 李彦宏. 智能交通：影响人类未来10—40年的重大变革[M]. 北京：人民出版社，2011.

[10] 王志勤，刘晓峰，沈嘉，等. 5G+AI融合全景图[M]. 北京：人民邮电出版社，2021.

第 2 章

集成电路

如果你打开智能手机的外壳，或者你查看一下拆解手机的网页，就会发现智能手机除液晶屏与电池外，主要是由处理器、内存、闪存等芯片构成的。

由此，我们可以理解在 2021 年集成电路采购金额中，三星、苹果、联想位列全球前三。我国是智能手机、PC、电视机等电子产品的全球最大生产基地，也是最大的消费市场。自 2012 年以来，集成电路一直是我国单品贸易逆差最大的。根据海关总署公布的 2021 年全国进出口数据，集成电路的全年进口金额首次突破 4000 亿美元大关，高达 4325.54 亿美元，同比增长 23.6%；出口 1537.9 亿美元，同比增长 32%；尽管出口同比增长更快，但是贸易逆差还是高达 2787.64 亿美元。

2019 年 5 月 17 日，美国商务部将华为列入管制实体名单，华为海思 B 计划浮出水面。2022 年 8 月 9 日，美国总统拜登签署了《芯片和科学法案》，企图遏制中国半导体产业发展。这些事件凸显了集成电路对我国产业安全的重要性。

不仅如此，2013 年的"斯诺登"事件，暴露了美国的"棱镜计划"，表明集成电路还关系到国家安全，购买或者在海外加工的集成电路，面临被植入木马病毒的风险。因此，集成电路是智能化时代的工业基础、信息产业的基石，也是关系到国家安全的重大基础性产业。

本章先从电子管、晶体管和集成电路的发明谈起，随后介绍集成电路的制造工艺、设计与 EDA，最后探讨集成电路产业发展模式。

2.1 从电子管到晶体管

2.1.1 晶体检波器：电子器件的首秀

在第 1 章中，我们曾介绍了马可尼发明的无线电报，电子学的故事也从这里说起。

1888 年，赫兹用实验证实了电磁波的存在，科学界立刻轰动起来，麦克斯韦的电磁场理论终于获得承认，同时也为无线通信带来了希望。不过，赫兹制作的实验设备还不能用于实际通信，检测电磁波所使用的电波环过于简单，灵敏度太低，只能在非常近的距离才能检测到电磁波。当时并没有人想到电磁波能够用于无线通信，甚至有人问赫兹本人，他也持否定态度。用现在的概念来描述就是信号接收的灵敏度太低，以至于难以达到通信的要求，不过他的实验还是启发了后来的马可尼。

马可尼的短距离无线电通信实验取得了成功，但为了解决信号接收灵敏度的问题，必须对接收机的信号检测设备进行改进。马可尼采用的是金属屑检波器，这是一种在装有细铁屑的玻璃管两头都接上导线和电池的设备。这种信号接收装置提高了检测电磁波的灵敏度，使用这种装置，马可尼进行了第一次横跨大西洋的无线电报通信。

虽然金属屑检波器已经可以胜任越洋通信，但是相应的无线电报接收机，其可靠性依然不高，对微弱信号的检测能力依然不尽如人意。这时，德国物理学家布劳恩（K.F. Braun，1850—1918 年）利用其早在 1874 年就发现的金属半导体结的整流性质，研制了晶体检波器，很快这种更加灵敏可靠的器件就取代了金属屑检波器，成为接收机的主流检波装置。这是世界上第一个半导体的电子器件，具有划时代的意义，不过半导体器件的普及却是在电子管器件出现之后。

2.1.2 电子管：电子时代的来临

1883 年，爱迪生在实验电灯泡灯丝的材料时，无意中发现了这样一种现象：在碳丝灯泡内装入一块电极板并给电极加上正电压，灯丝与电极之间有电流流过；若给电极加上负电压，则没有电流。爱迪生那时正潜心研究电灯泡灯丝的材料，并没有重视这个现象，不过他还是为这个发现申请了专利，并将其命名为"爱迪生效应"。

爱迪生效应真正显示出价值是在 20 多年以后。1904 年，爱迪生曾经的助手——英国物理学家弗莱明（J.A. Fleming，1849—1945 年），在研究无线电接收机时，发明了真空二极电子管（简称二极管），他希望借此来改进无线电检波器的性能，可惜未能如愿。1906 年，美国发明家福雷斯特（L.D. Forest，1873—1961 年）通过在二极管的灯丝和板极之间巧妙地添加一个栅板，发明了真空三极电子管（简称三极管，如图 2.1 所示）。二极管、三极管，虽然都属于电子管，但与二极管相比，三极管的性能发生了质的飞跃。三极管可以工作在高频段，这意味着它有更高的灵敏度；三极管集检波、信号放大与振荡功能于一身，为无线电发射机、接收机的设计奠定了坚实的基础，是第一个大规模应用的电子器件。在此后的几十年中，各种各样的电子设备中都能找到电子管的身影，因此电子管的发明是电子工业的起点。

三极管可以对输入电压进行功率放大，可以实现用小电压控制大电压，把小信号放大为大信号。很快，根据三极管的特性制造的放大器开始应用于工程实践，人们第一次感受到，电路和电子管的结合就像一个神奇的魔法，将要完全改变电子世界的面貌，明确地预示着一个新时代的来临。到了 1912 年，阿姆斯特朗（E.H. Armstrong，1890—1954 年）将电子管接入布劳恩发明的谐振电路，产生了高频振荡信号，这是历史上第一次人工获得相干电磁辐射。这种振荡器的突出优点是能够产生振幅和频率均可控的高频振荡信号，使用非常方便，因此迅速取代了火花发射机，成为无线电发射机的主流。此后，电子管器件成为电子工业的核心，电子工业与电子器件也成为通信、广播、雷达、电视、控制系统和电子信息系统的核心。虽然百年后的今天，电子管已经不再是流行的元器件，但是在音乐发烧友的功放中，我们还能见到它的身影。

图 2.1 三极管

 拓展阅读

真空三极电子管工作原理

真空三极电子管的工作原理就是灯丝对阴极加热产生热电子，热电子在阳极高电压的作用下向阳极运动，在阴极与阳极间还有栅极，栅极电压的高低就控制了流向阳极电子的多少。如图 2.2 所示，当真空三极电子管工作时，灯丝亮起，阴极板被加热，板上有热电子溢出，此时阳极板维持 250V 左右的高压，阴极板溢出的电子受到高电压的吸引，向阳极板飞去，于是阳极和阴极之间就有了电流。栅极好比是一个开关，当栅极为正电压时，对电子有吸引的作用，起到增强电流的作用；若栅极电压为负，则会抑制电子的流动，使得电流减弱。当一个交流信号从栅极输入工作着的电子管时，流过电子管阴极和阳极之间的电流就会随着输入信号电压的变化而变化，这样就可以对输入的信号进行功率放大。

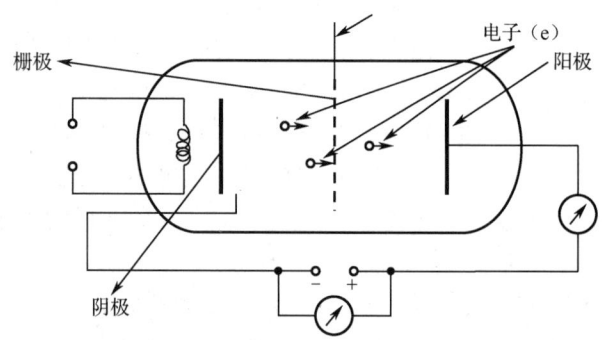

图 2.2 真空三极电子管工作原理

世界上第一台通用计算机就是由电子管组成的。

在第二次世界大战中,敌对双方绞尽脑汁地想要提高炮弹射击的精确度,从而更有效地对敌对军事目标进行打击。要想预知炮弹的落点,就必须经过精密的计算并绘制出"射击图表"。由于制约因素多,制约因素间相关性强,制表的计算量非常之大,表中一个数据往往要经过数千次运算,十几个人用手摇式机械计算机要算上好几个月,才能得到一张"射击图表"。

针对这种情况,人们开始研究把电子管作为"电子开关"来提高计算机的运算速度。许多科学家与工程师参加了实验和研究,终于在 1946 年制成了世界上第一台通用电子计算机,即电子数字积分计算机(Electronic Numerical Integrator And Computer,ENIAC),如图 2.3 所示。

图 2.3 第一台通用电子计算机 ENIAC

ENIAC,长 30.48m,宽 6m,高 2.4m,总重量达 30t,使用了 18800 只电子管、70000 个电阻、10000 个电容、1500 个继电器、6000 个开关,50 万条连线,耗电 150kW,可进行 5000 次加法/秒运算,这比当时最快的继电器计算机的运算速度要快 1000 多倍。这个庞然大物于 1946 年 2 月 15 日在美国举行了揭幕典礼,用于计算炮弹的弹道轨迹。

以我们今天的计算能力来看，这是微不足道的，但在当时可是很了不起的成就，能够大大缓解当时极为严重的计算速度落后于实际需求的困境。这台计算机的问世，标志着计算机时代的来临，具有划时代的意义。

ENIAC 是电子管最后一次辉煌的亮相，由于其体积大、能耗高、寿命短、噪声大、制造工艺复杂，工作前还需要预热，使用相当复杂。它的出现使得发明新的电子器件更加迫切。

其实，在第二次世界大战期间，电子管的缺点已经暴露无遗。肖克利（W. Shockley，1910—1989 年），在太平洋战争爆发后，与许多专家们一样都被征去为战争服务。作为雷达军官，他整天与大而笨拙的电子管雷达打交道，从此更加坚定了研发半导体器件的决心。

2.1.3 晶体管诞生：信息时代的开端

在电子工业迅猛发展的同一时期，量子理论在以普朗克、玻尔为代表的一批杰出科学家的努力下，实现了从生根发芽到枝繁叶茂的飞跃。新的量子理论颠覆了人们对金属中电子运动规律的认识，也酝酿着另外一次更伟大的跨越。

在传统理论中，人们认为金属中的电子如同慌忙聚集在一起的蜜蜂，疯狂地碰撞着原子核，并带着随机的能量及速率被反弹。而在新的量子理论图景中，电子分布在所有可能达到的带有确定的能量值的能级，直至某一个值，只有少数电子携带更多的能量（通常被称作"费米能级"）。这种新的模型就像是一个"电子海"，电子总是尽可能地占据原子内所有可能的能级，这就好比水分子尽可能充满整个水面。少数水分子获得能量后会变成水蒸气脱离水面，类似地，电子获得能量后会逃逸出"电子海"，跟水蒸气蒸发是相似的道理。

量子力学的出现，大大促进了固体物理学的发展，科学家们得以应用新的理论工具，解释那些困扰了他们很久的问题。前文提到过的晶体检波器，虽然人们大量使用这种器件，但是对其内在的原理却并不清楚，电子为什么会在某些材料中单向流动，这一直是一个悬而未决的问题，直到量子力学的出现，晶体内部原子运动的规律被揭示，科学家们才认识到单向导电现象出现的原因。

20 世纪 30 年代，一类新的物质——半导体材料进入了科学家的视野。这类材料不像绝大多数金属那样是导电体，也不像诸如玻璃、橡胶之类的绝缘体。半导体介于导体和绝缘体之间，拥有独一无二的特性。比如在某些特定点上，温度升高，其电阻下降，这与金属的电阻随温度的升高而升高是不同的。1931 年，英国理论物理学家威尔逊（A. Wilson，1869—1959 年）发表了论文《电子半导体理论》，给出了半导体导电的原理。

在论文中，威尔逊首先用量子力学观点研究晶体内电子的分布，认为在晶体内部，电子的分布受到能带的限制。能带分为导带、价带和禁带，是电子允许拥有的能量分布范围，导带是自由电子的能量范围，价带是被原子束缚的电子的能量范围，禁带则是不被允许的能量范围。按照这种观点，绝缘体和导体的区别在于：绝缘体的能带被电子填满，根据泡利不相容原理，每个分立的能带上只允许存在一个量子态，即一个能带只能有一个电子；绝缘体的能带被占满，即使电子获得能量，也没有可以占据的能带，所以不能产生电子的定向移动。导体不同，导体的导带没有被填满，当价带的电子受到激发就可以越过禁带到达导带，导带的电子若能量下降也可以进入价带中跃迁的电子留下的空穴，在外界电场的作用下，电子就会产生定向移动。

这就好比在宴会大厅中有多张桌子，每八位围坐一桌，如果有人起身并在周围频繁走动，那么餐桌旁就可能留下许多空位，其他人就能过去落座、聊天。这就会形成大量的交往活动，如果这种活动受到外界影响有一定的方向性，那这种状态就和电子的定向移动差不多了。要是大家都坐在椅子上，一刻也不离开，只与同桌伙伴闲聊，那就不会产生多少交往机会，这就好比不会有多少电流生成一样。

威尔逊在另一篇论文里指出，半导体的导电性能介于二者之间，在绝对零度下，半导体的价带被填满，导带中没有电子；当温度上升时，价带的电子受到热激发，获得能量进入导带，这样就具有了一定的导电性。

这里要着重指出的是，常见的半导体电子器件基本上都以掺杂的半导体作为材料，上面所描述的特性是本征半导体（不含杂质的半导体）的导电原理。掺杂的半导体材料是在本征半导体中掺入杂质原子，如掺入+5、+3价的元素。这些外来原子可以提供额外的电子和空穴（电子脱离共价键后形成的空位，被看作携带正电荷的载流子），使得掺杂后的半导体拥有更好的导电性能。威尔逊用量子力学的观点揭示了导体、半导体和绝缘体晶体内部电子运动的规律，为固体物理学理论奠定了坚实的基础。

我们的主角就是在量子理论大潮中成长起来的晶体管的三位发明者：肖克利、布拉顿（W.H. Brattain，1902—1987年）和巴丁（J. Bardeen，1908—1991年），他们都是固体物理科学家。布拉顿，实验物理学家，心灵手巧，1929年以来一直在贝尔实验室工作。巴丁则是一位年轻的理论物理学家，历史上只有他两次获得诺贝尔物理学奖。而肖克利则于1936年来到贝尔实验室，他认为"利用半导体而不用真空管的放大器是可行的"，并积极开展这方面的研究。

1945年初，肖克利带领一个小组开始研发一种新的固体器件。认识到在半导体内移动的既有电子又有空穴后，肖克利在脑海中产生一个类似"场效应"的想法：与真空三极电子管那样，如果也能在半导体内插入两个电极板的话，就有可能通过控制这两个电极板的电压，来影响半导体内电子与空穴的分布，从而改变电流达到放大的目的。靠着布拉顿一双灵巧的手，确实将两片平行的金属板插进了半导体内，但结果非常令人失望，他们没有观察到任何电流被放大的现象。

1945年10月，理论物理学家巴丁加入肖克利小组，如图2.4所示，与布拉顿共享一个办公室，参与到这个令人困惑的研究课题中来。巴丁潜心研究了这个问题，认为电场无法穿越半导体可能是由于受到金属板屏蔽

图2.4 肖克利、巴丁与布拉顿

之故。他进而提出了固体表面态和表面能级的概念，并与布拉顿一起朝这个方向去研究。巴丁和布拉顿真可谓珠联璧合，一个是理论天才，一个是实验高手。根据巴丁的表面态理论，不需要像肖克利的设想那样将两片平行的金属板插进半导体中，而是只需要在晶体的表面下功夫，形成两个位置精确的触点。用半导体做成的第一个器件——猫胡子探测器，一种用来探测和解调接收到的无线电信号的装置，不也就是靠着这种"接触点"的方式而工作的吗？能干的布拉顿反复实验，克服了一个又一个的困难，胜利的曙光似乎就在眼前。

根据理论计算，并结合他们多次实验的体会，锗半导体上两根金属丝的接触点靠得越近，就越有可能引起电流的放大。如何才能在晶体表面安置两个大约相距只有 $5×10^{-3}$ cm 的触点呢？布拉顿找来一块三角形的厚塑料板，从尖尖的顶角朝三角形的两边贴上了一片金箔，又小心仔细地用锋利的刀片在顶角的金箔上划了一道细痕，然后，将三角塑料板用弹簧压紧在掺杂后的半导体锗的表面上。最后，再将一分为二的金箔两边分别接上导线，作为发射极和集电极，再加上金属基底引出的基极，总共三条线，将它们分别接到了适当的电源和线路上。

经过不懈的努力，1947 年 12 月，布拉顿和巴丁终于制造出了世界上第一个晶体管，如图 2.5 所示，在首次演示实验时，它能将音频信号放大 100 倍。从图中看到，第一个点接触型晶体管并不是那么漂亮，甚至显得有些笨拙，但是它标志着电子技术从电子管进入到晶体管时代迈出的第一步。

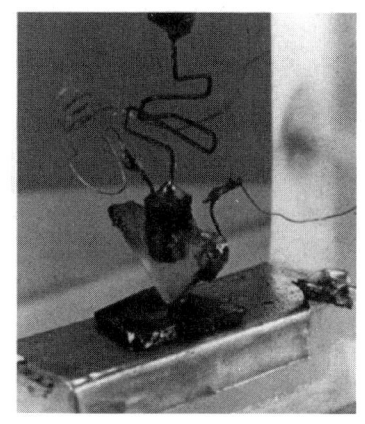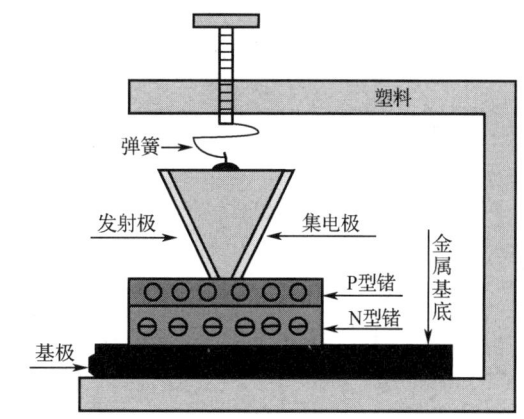

图 2.5 点接触型晶体管实物图及原理模型

巴丁和布拉顿的发明，不仅给整个研究小组带来了喜悦，同时也给贝尔实验室带来了荣耀。身为组长的肖克利自然很高兴，但是不久之后，他却陷入了深深的苦恼之中。从下面这一段回忆录中可以看出他内心的忧虑："点接触型晶体管发明的数周内，肖克利被一种复杂的情感折磨着。他认识到巴丁与布拉顿的发明对贝尔实验室来说是'伟大的圣诞礼物'，但他感到懊恼的是，在这项突破性的发明中，自己却没有扮演重要的角色。他在 25 年后的一次描述中说：'团队的成功给我带来了喜悦，但这种喜悦随即却被我不是其中的发明人而冲淡。'我感觉到非常沮丧,我个人在这个领域已经工作 8 年多了,但却没有做出属于我自己的显著发明和贡献。"

当然,肖克利毕竟是科学家,深知科学是来不得半点虚假的,他独自一人继续努力,奋发图强,立志要证明:只有他才是发明晶体管的真正"大脑"。他深入研究半导体中的电子和空穴理论,提出了利用"少数载流子"的工作机制。他认识到,点接触型晶体管是脆弱的、难以制造的,不适于商业化。经过近一年的努力,1948 年 11 月,肖克利终于发明了一种全新的、能稳定工作的"结型晶体管",这就是后来双极性结型晶体管(Bipolar Junction Transistor,BJT)的前身,BJT 在模拟电路中有它的优势,一直沿用至今。

肖克利也是最先认识到晶体管巨大潜力的科学家,称其为信息时代的"神经细胞"。但是,晶体管并没有如他想象中那样快速地得到普及,还在贝尔实验室从事研究工作的肖克利很快坐不住了。1955 年,他回到了家乡圣克拉拉谷(也即今天的硅谷),创办了肖克利实验室股份有限公司,这是一家以研发和生产晶体管为主营业务的企业,他希望能推动晶体管的商业化,让晶体管充分发挥其潜能,从而改变整个电子工业的面貌。肖克利在网罗人才上花了不少工夫,许多优秀的年轻工程师仰慕这位"晶体管之父"的学术地位,纷纷寄来应聘的简历,这其中不乏当时微电子领域的青年才俊。肖克利从中选取了 8 位,他们都是 30 岁以下的年轻人,充满了激情与干劲,潜力非凡,包括后来英特尔的创始人——诺伊斯和摩尔。

肖克利的到来,点燃了硅谷的晶体之火,虽然惠普公司是硅谷最早的企业,但是肖克利才是触发了硅谷半导体工业创业连锁反应的人。

2.2 集成电路的发明与发展

2.2.1 集成电路的诞生:基尔比与诺伊斯

晶体管的发明让那个时代的工程师和科学家们备受鼓舞,电子设备的体积可以大大缩小,可靠性也将得到进一步提升。1954 年第一台使用晶体管的计算机 TRADIC(TRAnsistor DIgital Computer)在贝尔实验室研制成功(见图 2.6)。晶体管计算机,不仅使计算机能力实现了一次飞跃,而且具有尺寸小、重量轻、寿命长、发热少、功耗低等优点。晶体管取代了电子管,但随着电路系统功能的增强,元件数量愈来愈多,工程师设计的电路累计需要几千米长的线路和数百万个焊点,设计与制造遇到了新挑战。

图 2.6　第一台使用晶体管的计算机 TRADIC

1950 年以来，航天工业、计算机和通信产业的迅速发展，迫切需要各种性能稳定、能实现更加复杂功能的半导体器件，而且还希望这种器件的体积越小越好。1957 年，当时的苏联第一颗人造地球卫星的成功发射，促使美国军方加快了实现电子器件微型化的步伐。

电路集成化的设想是在晶体管兴起后不久的 1952 年，由英国皇家雷达研究所的科学家达默（G. Dummer，1909—2002 年）首次提出。他认为："可以把电子线路中的电阻、电容、晶体管，以及其他必要的分立元件，集中制作在一块半导体晶片上，构成一块具有特定功能的电路。这样一来，电子线路的体积就可以大大缩小，可靠性大幅度提升。"

1958 年，杰克·基尔比（Jack Kilby，1923—2005 年）来到德州仪器（Texas Instruments，TI）工作，按照美国国防部要求，从事电子设备小型化研究。当时的 TI 公司有个传统，炎热的夏季员工可以享受两周长假。但是，初来乍到的基尔比无缘长假，只能待在冷清的车间里独自研究。在这期间，他渐渐形成一个天才的想法：电阻和电容可以与晶体管采用相同的材料制造；另外，既然所有元器件都可以用相同的材料制造，那么这些部件可以先在同一块材料上就地制造，再相互连接，最终形成完整的功能电路。

他在 1980 年接受采访时回忆说："我坐在桌子前，待的时间好像比平常晚一点，整个构想其实在当天就已大致成形，接着我将所有想法整理出来，并在笔记本上画出了一些设计图。等到主管回来后，我就将这些设计图拿给他看。当时虽然有些人略有怀疑，但他们基本上都理解这项设计的重要性。"

经过近 2 个月的努力，1958 年 9 月，集成在一块半英寸长、一把折叠刀那么宽的锗晶片上的相移振荡器终于完成，这个振荡器所包含的 4 个元器件已不需要用金属导线相连,是世界上第一个集成电路,如图2.7所示。TI公司的首脑们都聚集到实验室来,当基尔比接通电源,紧张地旋动同步调节旋钮,在示波器上终于出现了漂亮的正弦波形的时候,TI公司的首脑们意识到这位上岗不到半年的年轻人,为公司创造出了一个划时代的产品——集成电路诞生了。

图2.7 基尔比发明的第一个集成电路

 拓展阅读

集成电路之父:杰克·基尔比

杰克·基尔比,1923年出生于美国密苏里州。受父亲的影响,他从小就对各种电器很感兴趣。中学时,组装过收音机,拥有业余无线电报务员执照。在第二次世界大战中,担任陆军通信兵,负责无线电收发报工作。

1945年战争结束后,基尔比重返伊利诺伊大学完成电气工程学士学位。在工作期间朦胧地意识到将各种元件集成在一起使之微型化的价值。工作之余,他在大学旁听了有关晶体管的所有研究生课程,也听过巴丁的报告。1952年,他所在的公司从贝尔实验室购买了晶体管的生产许可证,并派基尔比参加培训。回来以后,基尔比全力投入晶体管的生产过程中。多年的工作实践与思考,意识到晶体管的局限性:太多的元件与复杂的连线,将影响它的应用价值。为此,1958年春天,基尔比决定前往TI公司工作。当时,TI公司硅晶体管的研发、生产与应用在业界声名显赫。正是在这里,他做出了一生最重要的贡献——发明了集成电路。2000年,也就是集成电路问世42年以后,他被授予了诺贝尔物理学奖。

正如TI公司董事会主席汤姆·恩吉布斯所说:"如果说有一项发明不仅革新了我们的工业,并且改变了我们生活的世界,那就是杰克发明的集成电路。"

就在基尔比发明集成电路之后不久,仙童公司(Fairchild)的诺伊斯(R. Noyce,1927—1990年)也宣布制成了集成电路。1959年7月,在霍尔尼(J. Hoerni,1924—1997年)开发的"平面型晶体管"生产工艺基础上,诺伊斯研究出一种二氧化硅的扩散技术和PN结的隔离技术,并创造性地在氧化膜上制作出铝条连线,使元件和导线合成一体,从而为半导体集成电路的平面制作工艺、工业大批量生产奠定了坚实的基础。与基尔比在锗晶片上研制集成电路不同,诺伊斯的目光直接盯住硅——地球上含量最丰富的元素,其商业价值更大、成本更低。基于硅的平面工艺一直沿用到现在,足以表明诺伊斯的战略眼光。

 拓展阅读

英特尔的圣人:罗伯特·诺伊斯

1927年12月12日,当人们沉浸在圣诞节的憧憬中时,在美国爱荷华州诞生了一位天才,他就是罗伯特·诺伊斯。诺伊斯从小就活泼可爱、聪明伶俐。文能出演话剧、小唱一曲,武能在地区游泳锦标赛上勇夺桂冠,攀岩、滑雪、驾驶飞机。

在他的成长过程中,一位老教授对他影响很大,当时诺伊斯做物理题总是尽快写出答案就不管了。有一次,老教授给了他很多红叉,因为诺伊斯的解题方法有点复杂,并寥寥几句给他列举了几种简单解法。这次教训,他一直牢记在心,凡事都尽量寻求更简洁的方法。

1956年诺伊斯仰慕"晶体管之父"的大名,加盟肖克利实验室。但一年后,被肖克利称为"叛逆八人帮",集体出走创办仙童公司。1968年,诺伊斯与摩尔带着格鲁夫离开仙童公司,一起创办了英特尔公司。他曾预言"晶体管具有改变所有顾客购买习惯的能力"。

EPROM器件的发明人弗罗曼(D.Frohman)说,诺伊斯的"那为什么不去做呢?"这句话指引了我一生。人们亲切地称诺伊斯为"硅谷之父""硅谷市长"。

与分立元件电路相比,集成电路具有突出的优点:(1)体积小、重量轻,是电路小型化的必经之路,在一块半导体上就能集成一个功能相对完整的电子系统。如果不是集成电路的出现,今天的计算机、智能手机、数码相机等电子产品都将停留在梦想之中。(2)由于可以大量集成元器件,尤其是通过平面工艺能大批量生产,电子元器件的成本得以大大降低。不仅如此,因为元器件都集成在一块芯片上,焊接点大大减少,电路可靠性也得以提高。自此,风险投资开始出现,半导体初创公司涌现,功能更多更强、结构更复杂的集成电路被发明,半导体产业由"发明时代"进入了"商用时代"。1961 年 3 月，仙童半导体公司推出了六个系列的互相兼容的微型逻辑线路元件，并开始将其出售给美国国家航空航天局和一些商用设备制造厂家。

这里提到的仙童半导体公司，曾经是世界上最大、最富创新精神的半导体生产企业，为硅谷的成长奠定了坚实的基础。更重要的是，仙童半导体公司还为硅谷孕育了成千上万的技术人才和管理人才，它不愧是信息产业领域的"人才摇篮"。乔布斯曾形象地比喻："仙童就像成熟了的蒲公英，你一吹它，这种创业精神的种子就随风四处飘扬了。"

2.2.2 集成电路的发展：摩尔与摩尔定律

自从集成电路发明以来，很快就被应用于美国的航空航天领域。IBM 于 1964 年推出了 IBM System/360 大型计算机，这是首台采用集成电路的计算机。该系列计算机的研发过程被视为一次世纪豪赌，IBM 为此投入了超过 50 亿美元经费，招募了六万多名新员工，创建了五座新工厂。该系列计算机的成功奠定了 IBM 在计算机行业的霸主地位，也极大推动了集成电路的快速发展。要想正确刻画集成电路产业的发展速度，就需要借助摩尔定律了。

2.2.2.1 摩尔定律：支配半导体产业半个世纪的规律

作为英特尔的三个创始人之一，戈登·摩尔（Gordon Moore，1929—2023 年）一直以来被看作是英特尔的"心脏"。他是解决技术问题的天才，在集成电路的扩散工艺改进中做出了重要贡献，然而大家最熟悉的是"摩尔定律"。

1965 年春天，摩尔在工作之余无意间发现：集成电路的集成度与时间的关系曲线呈现出很有规律的指数级增长。于是时任仙童半导体公司研究开发实验室主任的他，应邀为《电子学》杂志 35 周年专刊写了一篇他一生中最为重要的文章——《让集成电路填满更多元件》。在文中，基于对 4 个数据点的趋势分析，他指出：集成电路上能被集成的晶体管的数目，将以每 18 个月翻一番的速度稳定增长，并将在数十年内保持这个趋势。

集成电路的发展证实了摩尔的天才预测。1975 年摩尔的朋友米德（C. Mead，1934—），电子设计自动化的先驱，加州理工学院名誉教授，称这一现象为"摩尔定律"。

半个多世纪以来，新兴的电子信息产业把它奉为"第一定律"，企业的发展、规划和战略制定都要遵循它。在摩尔定律的指导下，英特尔不断地克服技术难关，进行技术创新来提高集成电路的集成度和性能，为整个产业带来了繁荣。同样，基于摩尔定律，罗斯·弗里曼（Ross Freeman，1948—1989 年）大胆地提出了可编程逻辑器件 FPGA，为集成电路设计产业提供了新的方向。

摩尔定律描述的速度有多快？18 个月翻一番，15 年就是翻十番，也即 1000 倍以上；30 年 100 万倍以上。再来看计算机的发展速度，1945 年，第一台电子计算机 ENIAC 每秒可以进行 5000 次加法运算，而 2019 年英特尔、英伟达、AMD 等 GPU 运算速度达到每秒万亿次浮点运算，是 ENIAC 的 2 亿倍以上，体积和耗电量却不及其万分之一。

早在 1960 年年初，图灵奖获得者汉明（R. Hamming，1915—1998 年）在哈佛大学演讲中就探讨了数量级变化对社会的影响。汉明认为，每当科技变化发生之时，其所产生的社会影响都是十分巨大的。在摩尔定律指引下，硅芯片上的晶体管数目在 50 年内提升了 8 个数量级，PC、互联网、云计算、智能手机、智能硬件诞生并在人们生活中普及，微处理器嵌入到工业设备、汽车、家电等所有的设备中，甚至延伸到各种物品，形成万物智能、万物互联的物联网。

摩尔定律主导着电子信息产业的发展，身处其中的科技公司必须全力以赴投入研发，追赶行业发展的速度。谷歌原董事长施密特指出，要是把摩尔定律反过来看，一个 IT 企业如果今天与 18 个月前卖掉同样多的产品，它的营业额就会下降一半。摩尔定律仿佛是悬在 IT 企业头上的一把达摩克利斯之剑，要是跟不上摩尔定律的节奏，企业将遭受灭顶之灾。进一步思考我们自身的职业生涯，唯有不断学习，拓宽视野，才能有立足之地。

那么摩尔定律会失效吗？摩尔在 2007 年接受采访时给出了肯定回答，"任何高速增长的物理量都会有上限，过去芯片产业已经克服了许多困难，但我认为，在未来 10 年或 15 年，芯片开发将遭遇上限。"近年来，不断有人预言摩尔定律即将失效，同时也不断有新技术出现并推动摩尔定律发展。我们相信，随着人们在新机理、新材料、新器件、新制造工艺和封测技术等领域的不断突破，集成电路技术将持续高速发展，并将继续影响我们生活的方方面面。

 拓展阅读

英特尔的心脏：戈登·摩尔

戈登·摩尔，1929 年出生在美国加州旧金山，他的童年比较温和，家庭幸福美满。1954 年获得加州理工学院物理化学博士学位。当时大名鼎鼎的肖克利正好需要一位化学专家，并找到了摩尔，仰慕已久的他备感荣幸。

摩尔是一位谦和、儒雅的长者，有点害羞，但条理清晰，有优秀的战略决策能力。在公司管理方面，他表现出非凡的才能，总能冷静地思考，做出最艰难的决策。他说："决策越难做，说明两者之间的差别越小，但最愚蠢的方法是什么也不做，有时候差别足够小，有一种最简单的方法，那就是抛硬币。"

2.2.2.2　登纳德缩放定律

摩尔定律描述了晶体管体积缩小的速度，而登纳德（R. Dennard，1932—）提出了晶体管性能改进的方案。登纳德，IBM 的科学家，于 1966 年发明了动态随机存取存储器（DRAM），也就是现在普遍应用的内存，关于 DRAM 的发明故事将在第 4 章详细介绍。他在 DRAM 的研究过程中，于 1974 年在发表的论文《设计极小物理尺寸的离子注入 MOSFET》中提出了缩放定律（Dennard Scaling）。

在该论文中，登纳德指出，晶体管面积缩小后，其所需的电压和电流会以差不多相同的比例缩小。也就是说，如果晶体管的大小缩减一半，该晶体管的静态功耗将会降至四分之一（电压电流同时减半）。芯片业的发展目标基本上是在保证功耗不变的情况下尽可能地提高性能。那么根据登纳德缩放定律，设计者可以大大地提高芯片的时钟频率，因为提高频率所带来的更多的动态功耗会与减少的静态功耗相抵消。于是，登纳德缩放定律与摩尔定律一起引领了集成电路行业 30 多年的飞速发展。因为在相同面积电路中集成更多晶体管的时候，提高芯片时钟频率成了一个"免费的午餐"。

集成电路发展到 2005 年前后，最先进的工艺尺寸已经达到 65nm。当晶体管越做越小时，量子隧穿效应（指像电子等微观粒子能够穿越位势垒的量子行为）开始慢慢发挥作用，导致晶体管漏电现象开始显现。漏电现象的出现打破了原先登纳德所提出的定律，使得晶体管在更小工艺制作时候的静态功耗不但不能按比例减少反而增加了，使得芯片的散热成了急需解决的问题。如果散热做得不好，芯片的寿命将大大减少甚至变得不稳定。在这种情况下，提高芯片的时钟频率不再是"免费的午餐"。相反，单纯增加芯片的时钟频率，由于伴随而来的散热问题，登纳德缩放定律将失效。

自此，芯片研发者纷纷停止提高频率的方向发展，转向低频多核架构——从 2001 年开始的第一个双核芯片，到后来的多核芯片乃至 64 核芯片，"核"数量还在继续增加。

2.3 集成电路的制造工艺

集成电路制造，简单地说，就是经过氧化、光刻、扩散、外延、蒸铝等制造工艺，把构成具有一定功能的电路所需的晶体管、电阻、电容等元器件及它们之间的连接导线全部集成在一小块硅片上，然后焊接、封装在一个管壳内的电子器件，形成集成电路产品。

要进一步了解集成电路制造工艺，首先从晶体管的发展说起。

2.3.1 集成电路的器件演进

在晶体管诞生以后的十年里，发明了多种新型晶体管。1950 年，日本的西泽润一（J. Nishizawa，1926—2018 年）和渡边宁（Y. Watanabe）发明了结型场效应晶体管（Junction Field-Effect Transistor，JFET）。1952 年年初，TI 公司以 25000 美元从西部电子公司（AT&T 制造部门）购买了生产晶体管的专利授权，到年末已经能够生产和销售晶体管。随后，在贝尔实验室工作的戈登·蒂尔（Gordon K. Till，1907—2003 年）在报纸上看到 TI 公司的招聘广告后，回到了故乡得州的 TI 公司工作，因其晶体管方面的研究经历,受到公司的高度重视,立即被委以重任,全面负责晶体管的研制任务。1954 年 2 月,蒂尔成功地研制出了第一个商用的硅晶体管,TI 成为当时唯一能够批量生产硅晶体管的公司。不过,当时硅晶体管的价格比锗晶体管要贵得多,直到 1959 年仙童公司的平面制造工艺的发明,硅晶体管的价格才降下来。

现在,集成电路最常用的晶体管则是 1959 年发明的金属氧化物半导体场效应晶体管(Metal-Oxide-Semiconductor Field-Effect Transistor,MOSFET)。

2.3.1.1 MOS 器件

MOSFET 是由贝尔实验室的姜大元(Dawon Kahng,1931—1992 年)和阿塔拉(M. Atalla,1924—2009 年)发明的,其概念原型则是李林菲尔德(J.E. Lilienfeld,1882—1963 年)于 1925 年提出的场效应晶体管。

追溯 MOSFET 的发展历史,首先要从 1949 年阿塔拉在普渡大学获博士学位后进入贝尔实验室开始说起,当时他的任务是研究半导体材料的表面特性。通过在硅片晶圆(Wafer)上培养出二氧化硅表层,他终于找到了帮助电流摆脱电子陷阱和散射的方法。后人称之为"表面钝化"的这项技术,因其低成本和易生产,成为硅集成电路发展史上的里程碑。

其后,阿塔拉提出了在场效应晶体管表面运用金属氧化物构想,并把这项任务指派给了组内的研究员姜大元,在他和姜大元的努力下将构想变为现实,并于 1960 年的一次学术会议上宣布了他们的成果。

MOSFET 由栅极(Gate)、源极(Source)与漏极(Drain)组成,如图 2.8 所示。

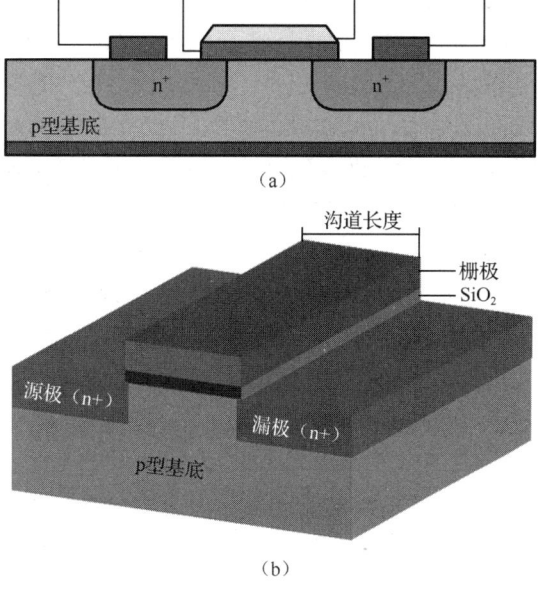

图 2.8 MOSFET 的组成

在MOSFET制作的早期，栅极由金属实现，这是MOSFET中"M"的来源；栅极与源、漏两极之间使用绝缘层隔离，绝缘层由二氧化硅构成，也是MOSFET中"O"的来源；源、漏两极是由半导体实现的，这是MOSFET中"S"的来源。根据衬底（也称基底）类型不同，MOSFET主要分为两种结构：n沟道与p沟道MOS，分别简称为NMOS与PMOS。

NMOS晶体管是制备在p型基底上。在器件的顶部中心部分，形成一个低电阻率的电极，它通过一个绝缘体与本体分开。通常，使用n型或p型重掺杂的多晶硅作为栅极材料，使用二氧化硅作为绝缘体。通过将供体杂质植入基板的两侧，形成源极和漏极。在图2.8（b）中，这些区域由n+表示，表示供体杂质的重掺杂。这种重掺杂导致这些区域的低电阻率。

如果两个n+区被偏置在不同的电位，则处于较低电位的n+区将作为源极，而另一个n+区将作为漏极。因此，漏极和源极端子可以根据施加到它们的电位进行互换。源极和漏极之间的区域称为具有宽度W和长度L的沟道，它们在MOS晶体管的特性中起重要作用。

虽然MOS器件非常重要，但在初期应用中遇到了极大困难，需要寻找新的结构形式，也即互补金属氧化物CMOS。

2.3.1.2 CMOS器件

互补金属氧化物（Complementary MOS，CMOS）结构是万拉斯（F. Wanlass，1933—2010年）与华裔萨支唐（Chih-Tang Sah，1932—）发明的。

万拉斯博士毕业后，于1962年加入了仙童公司，他被安排在半导体物理部主任经理萨支唐领导下的固态物理组。当时，万拉斯对场效应晶体管（Field-Effect Transistor，FET）非常感兴趣，可能因为他读博士期间曾在美国无线电公司（Radio Corporation of America，RCA）的工作经历。

在不到六个月的时间里，万拉斯就设计了多种分立的NMOS和PMOS器件，以及用PMOS器件制成简单的MOS集成电路。但是所有的NMOS都无法正常工作，只有少量的PMOS能够工作，因此迫切需要寻找新的结构改进其效果。

在1963年的固态电路大会上，万拉斯提交了一份与萨支唐合著的关于CMOS的构想报告，用了一些实验数据对CMOS技术进行了粗略的解释，也就是说关于CMOS的构想缺乏严谨的实验基础。但是关于CMOS的主要特征，在这份报告中就已经基本确定，比如，静态电源功率密度低；工作电源功率密度高，能够形成高密度的场效应三极管逻辑电路。但是这些特征，在当时主要停留在猜想阶段，要想投入巨资开展研究，就需要领导者的战略远见。

CMOS结构如图2.9所示，它由PMOS管和NMOS管共同构成，其最大特点是功耗低。CMOS低功耗的原因，是由于其结构中配对的MOS组成的门电路，在瞬间要么PMOS导通或NMOS导通，要么都截止，比线性的三极管（BJT）效率要高得多。此外，CMOS还具有速度快、抗干扰能力强、集成度高、封装成本逐渐降低等优点，不过这些特点，随着集成电路规模的增大，其重要性才逐渐显现出来。

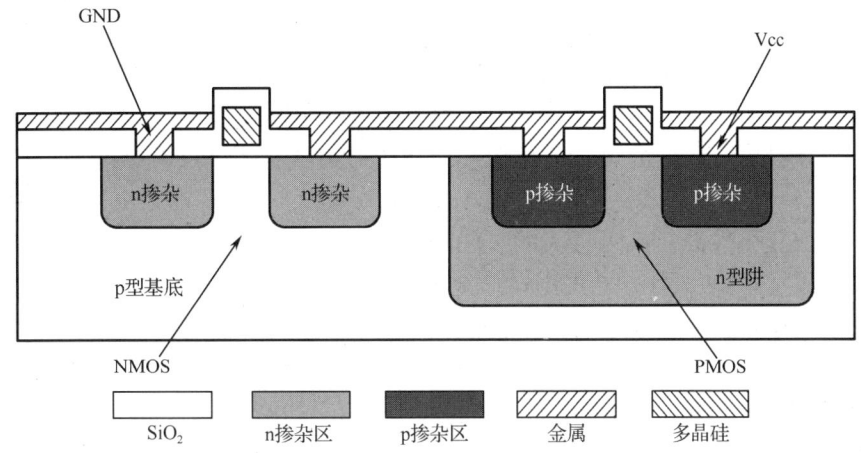

图 2.9　CMOS 结构

遗憾的是，万拉斯写完 CMOS 专利申请后不久便离开了仙童公司，原因是仙童公司宣布没有确切实验数据前不会采用新的技术。这是一般企业的典型决策模式，需要严格的实验基础，仙童公司并没有什么错误，但至少可以认为他们缺乏远见。此后，万拉斯，只好像蜜蜂般地迁徙，给花授粉那样传授自己的知识，才使得 CMOS 技术能够逐渐传播开来，没有被淹没在历史发展的长河中。在 CMOS 技术的早期发展中，鲍瑟尔（L. Boysel，1939—）、法金（F. Faggin，1941—）等做出了一系列的改进，1968年，终于由美国 RCA 公司的梅德温（A. Medwin，1925—）领导的团队成功开发出了第一个基于 CMOS 的集成电路。

2.3.1.3　延续摩尔定律的途径——新材料

前面提到的登纳德缩放定律，工艺节点到 90nm 阶段时，沿用已有材料与结构遇到了严重挑战。后续的 65nm、45nm、32nm、28nm 工艺节点，CMOS 器件的设计中需要寻找新的材料，下面以 45nm 工艺节点为例进行简要介绍。

在 45nm 工艺节点，引入了高 K（High-K，K 为介电常数）绝缘层与金属栅极两项技术，从而在很小的尺寸下能够保证栅极有效地工作，如图 2.10 所示。

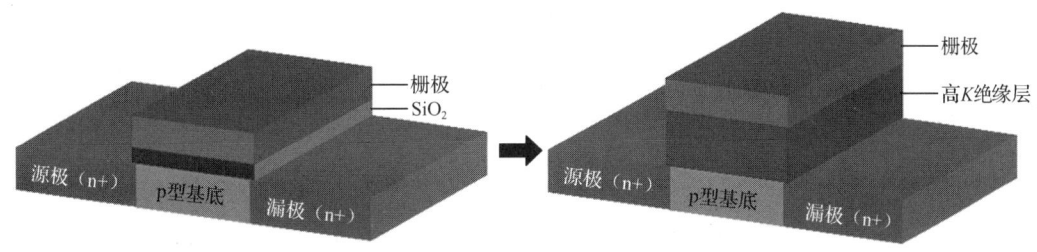

图 2.10　高 K 绝缘层与金属栅极组合

二氧化硅的绝缘性虽然很好，但是在尺寸缩小到一定程度时，遇到了量子隧穿效应，绝缘性不再保持，也即绝缘层厚度越薄，势垒越低，漏电流就越大，对晶体管性能越不利。另外，晶体管的开关性能、工作电流等，都需要有一个很大的绝缘层电容。这里说的电容都是指单位面积的电容，它等于介电常数除以绝缘层的厚度，厚度越薄，介电常数越大，对晶体管越有利。

由此可以看出，我们的设计目标出现了矛盾，那就是绝缘层的厚度要不要继续缩小？在这个节点之前，二氧化硅已经缩小到 2nm 厚度，也就是十几个原子层的厚度，漏电流已经取代了性能，成为最大的制约因素，对此英特尔称其为功率限制阶段。玻尔（M. Bohr，1953—），IEEE Fellow、美国工程院院士，因其大力推动技术进步以求半导体行业按摩尔定律的速度发展，2006 年入选半导体名人堂。自 1978 年加入英特尔之后，他一直从事半导体制造工艺，对工艺制程有很深刻的理解。他把摩尔定律的发展分为四个阶段，分别是 1986 年之前的内存阶段、1987 年至 2002 年之间的登纳德缩放定律阶段、2002 年至 2017 年的功率限制阶段以及 2018 年之后的微缩与异构整合阶段。

如何才能超越矛盾？必须寻找一种材料，既能保持大电容，又能避免漏电流。这种材料的介电常数必须远远高于二氧化硅的介电常数，被称为高 K 材料，如图 2.10 所示。经过很多工程师的努力，找到了很多种奇特的材料，经过验证，最后确定选用 HfO_2 材料，它是一种比较理想的高 K 材料。

引入高 K 材料后，也不是万事大吉。高 K 材料有两个副作用，一是会降低工作电流，二是会改变晶体管的阈值电压。阈值电压就是把晶体管的沟道打开所需要的最小电压值，这个值是非常重要的晶体管参数。高 K 材料会降低沟道内的载流子迁移率，影响在界面上的费米能级的位置。载流子迁移率越低，工作电流就越低，而所谓的费米能级，是从能带论的图像上来解释半导体电子分布的一种分析方法，简单地说，它的位置会影响晶体管的阈值电压。

这两个问题的产生，都与高 K 材料内部的偶极子分布有关。偶极子是一端正电荷、一端负电荷的一对电荷系统，可以随着外加电场的方向而改变自己的分布，高 K 材料的介电常数之所以高，就与内部的偶极子有很大关系。于是有人想到了用金属做栅极，因为金属的自由电荷浓度极高，而且有镜像电荷效应，可以对冲高 K 材料的绝缘层中的偶极子对沟道和费米能级的影响。

2.3.1.4 胡正明与鳍式场效应晶体管

延续摩尔定律的另一途径则是晶体管的结构。鳍式场效应晶体管（Fin Field-Effect Transistor，FinFET），是一种立体的场效应晶体管，属于多栅极晶体管，FinFET 在构造上与鱼鳍非常相似，所以称为"鳍式"。

FinFET 的发明可以追溯到 20 世纪 90 年代中期，当时以英特尔为首的芯片业界普遍认为：当栅极长度缩小到 25nm 以下的时候，MOSFET 将会遇到许多问题，其中最麻烦的是当栅极长度愈小时，源极和漏极的距离就愈近，栅极下方的氧化物也愈薄，量子隧穿效应产生的漏电现象越严重；另外一个更大挑战是，原本由源极流到漏极的电流大小是由栅极电压来控制的，但是栅极长度愈小，则栅极与通道之间的接触面积愈小，也就是栅极对通道的影响力愈小，要如何才能保持栅极对通道的影响力呢？

为此加州大学伯克利分校的胡正明教授发明了 FinFET，把原本 2D 构造的 MOSFET 改为 3D 的 FinFET，如图 2.11 所示，由图中可以看出原本的源极和漏极拉高变成立体板状结构，这样栅极与通道之间的接触面积变大了，即使栅极长度缩小到 20nm 以下，仍然可以保留很大的接触面积，因此可以有效地控制电流，同时降低漏电流和动态功率耗损。

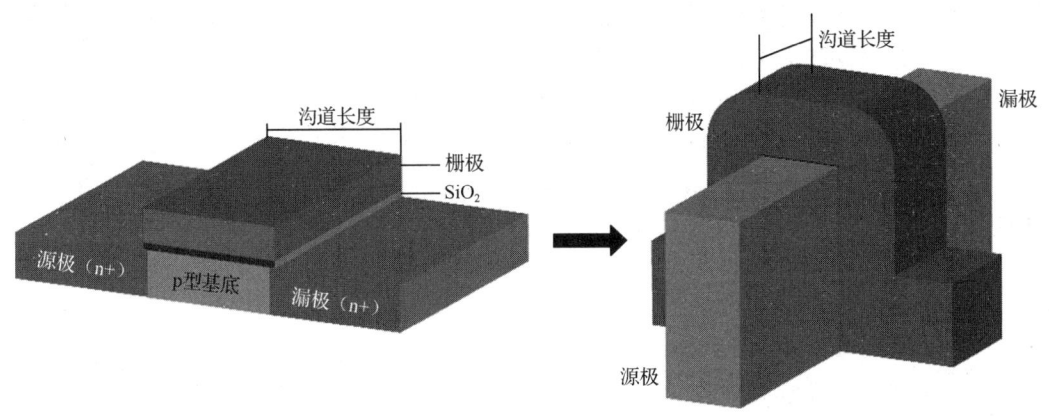

图 2.11　MOS 器件的立体化形成 FinFET

新型晶体管可使单个计算机芯片的容量比从前提高 400 倍，对此胡正明曾解释："过去我们一直用平面结构来思考晶圆的发展，因此尺寸的缩小就遇到瓶颈，最后在发现晶体管不必是平面之后，既有的定律就会打破。"FinFET 的主要思想是将场效应管立体化。

FinFET 加工过程中的一大难点是 Fin 的形成。这一过程一般采用自对准双重图形化即侧墙图形转移技术。采用这种方法，只需要一次光刻，再通过类似栅极侧墙的辅助工艺，就可以制造出 Fin 的形状。在技术节点进步到 22nm 以下时，还发展出了三重以上的多重图形技术。然而，在浸没式 193nm 光刻工艺条件下，7nm 已达到技术极限。2019 年，EUV 光刻机的商用促进了 7nm、5nm 和 3nm 工艺节点的发展。

在 2011 年年初，英特尔公司最先在 22nm 制程的第三代酷睿处理器 Core i7-3770 上使用了 FinFET 技术。2015 年，三星率先在 10nm 制程上使用 FinFET 技术。目前，台积电采用 EUV 光刻技术已经成功量产了 7nm 和 5nm 工艺芯片，且将在 3nm 制程继续采用 FinFET 技术。

拓展阅读

FinFET 的发明人：胡正明教授

胡正明，1947 年出生于北京，祖籍江苏省金坛市。1973 年获加州大学伯克利分校博士学位，后任该校杰出讲座教授。

他是微电子微型化物理及可靠性物理研究的一位重要开拓者，对半导体器件的开发及未来的微型化做出了重大贡献，领导研究出 BSIM（Berkeley Short-Channel IGFET Model），从实际 MOSFET 晶体管的复杂物理推演出数学模型，该数学模型于 1997 年被国际上 38 家大公司参与的晶体管模型理事会选为设计芯片的第一个且唯一的国际标准。1999 年发明了 FinFET，2000 年发明了 SOI。

1997 年当选为美国工程院院士。2001 年至 2004 年曾担任台积电首席技术官。2007 年当选中国科学院外籍院士。2000 年获 DARPA 最杰出技术成就奖，2015 年获得美国国家技术和创新奖，2016 年再获美国国家科学奖章。

2.3.1.5 环栅场效应晶体管

随着集成电路技术节点的不断进步，到 5nm 节点以后，基于 FinFET 结构的尺寸微缩愈发困难。环栅场效应晶体管（Gate-All-Aroud, GAA）技术被认为是非常具有潜力的下一代晶体管技术，这种技术的特点是栅极四面包裹着沟道，源级和漏极不与衬底接触，而是采用线状或者平板状垂直于栅极横向分布。图 2.12 所示为三星提出的纳米线结构和纳米片结构，源级和漏极分别为线状和平板状。对于纳米线结构，需要堆叠更多层数来增加沟道宽度，这会增加工艺复杂度。因此三星采用宽度更大的纳米片结构，并将该技术称为"多桥通道场效应管"（Multi-Bridge-Channel FET，MBCFET）。

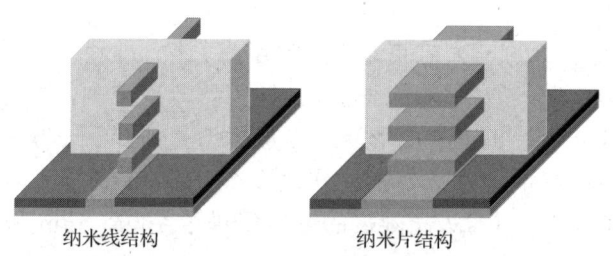

图 2.12 纳米线结构和纳米片结构

相比于 FinFET，GAA 具有以下优点。首先，由于 GAA 具有更好的开关特性，所以操作电压有进一步降低的空间，因此功耗更小；其次，GAA 可以采用更灵活的设计以优化芯片面积，同时在相同面积内也可以通过垂直堆叠提升性能；最后，GAA 技术中的纳米片结构和现有的 FinFET 工艺兼容，不会增加工艺复杂度。

三星首先在 3nm 节点使用 GAA 技术，并已于 2022 年 6 月底宣布量产，与 5nm 工艺相比，3nm 工艺功耗降低了 45%，性能提高了 23%，表面积缩小了 16%。台积电在 3nm 制程仍继续采用 FinFET 技术，预计在 2nm 转向 GAA 技术。其他国际知名厂商，如英特尔等也在致力于研究 GAA 技术。总体来看，虽然在工艺上仍存在挑战，但是 GAA 技术的发展，将继续促进集成电路先进制程的进步。

2.3.2 集成电路的制造设备

要将以上 MOS、CMOS 器件制造出来，就需要有合适的设备。以下简要介绍几种制造设备，对集成电路制造工艺及其相应的设备有些感性认识。

2.3.2.1 光刻机——ASML 与林本坚

光刻机，也称掩膜对准曝光机、曝光系统、光刻系统等，由紫外光源、光学镜片、对准系统等部件组装而成。在芯片加工过程中，光刻机投射光束，穿过印着图案的掩膜及光学镜片，将电路图案曝光在带有光感涂层的硅片上，通过蚀刻曝光的部分形成凹槽图案，再进行沉积、蚀刻、掺杂，形成集成电路。

作为全球最大的光刻机设备和服务供应商，总部位于荷兰的 ASML（Advanced Semiconductor Material Lithography）不但占据了全球光刻机 80%的市场份额，而且还是唯一能向客户供应高端极紫外（Extreme Ultra-Violet，EUV）光刻机的企业。当前，一台 EUV 光刻机售价超过 1 亿美元，被称为逆天价格，堪比最先进的战斗机。2018 年，中芯国际以 1.2 亿美元的价格抢购到一台 EUV 光刻机，这相当于中芯国际 2017 年的全部利润，但至今 ASML 还未交付这台光刻机。据说，一台 EUV 光刻机包含 10 万个零件，4 万个螺栓，重量达到 180t，如图 2.13 所示。光刻机的核心组件——镜头或反光碗是德国百年老店蔡司做的。浸润式光刻机是用镜头来做光刻的，一个 30 多片镜头的镜头组价值 5000 万美元以上。ASML 所独家拥有的 EUV 光刻机是科学、技艺和精益求精的工匠精神的完美结合，它使得半导体行业可以进行 10nm 以下制程的研发与生产。

图 2.13 ASML 的 EUV 光刻机

在深紫外 DUV 光刻机方面，长江存储和上海华虹半导体也分别订购了价值 7000 多万美元的 ASML 光刻机 NXT 1980Di，分别用于存储芯片、晶圆代工等业务。

要说 ASML 是半导体行业的王者并不夸张。2013 年，在摩尔定律开始失效、光刻技术停滞不前之时，正是 ASML 的 EUV 光刻机研发成功，为半导体行业带来了转机，摩尔定律得以延续。目前，集成电路制造领域前三杰——台积电、英特尔、三星都是它的股东和客户。

ASML 成立于 1984 年，起初仅有 31 名员工，在飞利浦大厦外面的木板简易房里工作。它超越对手的关键一步，与华裔林本坚的浸润式光刻技术有关。

回到 2000 年，光刻开始使用 193nm 波长的 DUV 激光，这就是著名的 ArF 准分子激光，包括近视眼手术在内的多种应用都是使用这种激光，相关激光发生器和光学镜片等都比较成熟，但谁也没想到，光刻机的光源被卡在 193nm 无法前进。英特尔及其设备供应商 ASML、尼康尽管已投资超十亿美元进行开发，对光源、显影剂、掩膜及蚀刻材料等进行多方位研究，但是仍然没有很好的解决方案。此前，业界一直利用空气为介质，也即"干式"微影技术，很难突破 193nm，将波长推进到 157nm 的微影技术。一种颠覆性的思路——浸润式微影技术被华裔林本坚提出来，他的想法是在晶圆光刻胶上方加 1mm 厚的水，水可以把 193nm 的光波长折射成 134nm，就可以成功跨越 157nm 大关。

据林本坚回忆，2002 年在比利时举行的一场国际光电学会技术研讨会上，他抛出了"浸润式"微影技术想法。林本坚受邀参会，原本只是想介绍浸润原理。但是林本坚在演讲结束时说了一句"我找到了 134nm 波长的光波"，大家听到 134nm，全都睁大眼睛。之后，大家把原本讨论的 157nm 技术都丢到一边了，全都围绕在 134nm 浸润式的话题上。不过研讨会后，业界一开始并不认可林本坚的思路。表面上看，反对方最初列举的理由，有很多是技术性的，例如，水作为介质容易被污染，而且水中的气泡会影响曝光等。但是，更深的层面看，这意味着他们已经投入数十亿美元研发费用的"干式"微影将前功尽弃。

"偏执狂"林本坚的设想得到了台积电领导人蒋尚义和张忠谋的支持，而他自己也在积极对外交流，强调下一代技术应该改变策略，使用浸润式光刻技术的性价比更高！林本坚团队在半年内发表了 3 篇论文，一一回应反对方质疑的技术难题。同时，还跑遍了美国、日本、荷兰与德国，与工业界开展了深入沟通，了解业界需求、争取合作伙伴，林本坚认为从张忠谋身上学到的重要一课就是沟通。他的努力终于有了回报，最终台积电和 ASML 于 2004 年共同研发成功第一台浸润式微影光刻机。

林本坚的事例表明，潜心钻研、矢志探索的专业技术人才，是企业发展的法宝。浸润式微影技术的发展，也极大地促进了台积电和 ASML 的发展。台积电是第一家实现浸润式量产的公司，随后终于追上之前工艺技术遥遥领先的英特尔。以水为介质的浸润式微影光刻机大受欢迎，而日本尼康与佳能投入巨资研发的 157nm "干式"微影技术从此被搁置，这也为后来 ASML 全面超越日本企业埋下了伏笔。ASML 首席执行官韦尼克（P.Wennink）在接受采访时曾说："iPhone 能出现，是因为浸润式微影技术。"

林本坚，因开拓了浸润式微影系统方法，持续扩展纳米级集成电路制造，将摩尔定律延续多代而荣获 2018 年未来科学大奖——数学与计算机科学奖。

2.3.2.2 刻蚀机——中微半导体与尹志尧

等离子体刻蚀机是芯片制造环节的一种关键设备，也是我国发展最好的集成电路装备领域，如图 2.14 所示是中微半导体研制的刻蚀机 Primo D-RIE。刻蚀机是在芯片上进行微观雕刻，刻出又细又深的接触孔或者线条，每个线条和深孔的加工精度是头发丝直径的几千分之一到上万分之一。这对刻蚀机的控制精度要求非常高。

图 2.14 中微半导体的刻蚀机 Primo D-RIE

据中微半导体创始人尹志尧介绍，等离子刻蚀机的难度在于有上千个刻蚀的工艺过程要开发，需要刻不同的材料、不同的形状。有的是刻存储器件，有的是刻逻辑器件，有的是刻传感器，所有的设计都不一样，每一个设计、每一种具体刻蚀应用都有其挑战性。刻蚀机要刻出很复杂的形状，在工艺开发上是很难的。

2017 年 7 月，中微半导体的刻蚀设备进入台积电 7nm 生产线，成为当时唯一进入全球最先进的台积电 7nm 制程刻蚀机的大陆本土设备商。据悉，中微半导体与台积电在 28nm 制程时便已开始合作，并一直延续到 10nm 和 7nm 制程。2018 年 12 月，5nm 刻蚀机也通过验证，2019 年第二季度进行试生产。目前，中微半导体的等离子体刻蚀设备已被广泛应用于国际一线客户从 65nm 到 5nm 及更先进工艺的加工制造中。

中微半导体成立于 2004 年，当时年满 60 岁的尹志尧辞去美国应用材料公司副总裁的职务，带领 30 多人的团队，回国创业，其目标是在芯片制造设备领域与国际巨头直接竞争。经过多年努力，中微半导体用实力打破了这一领域的技术封锁，成功跻身刻蚀机领域国际第一梯队。2016 年，中微半导体获得国家集成电路产业基金 4.8 亿元的投资，成为中国芯片制造领域的国家队。

除了中微半导体，多家国产半导体设备厂商也在一些相关领域的先进工艺设备上取得了突破。比如，在 14nm 领域，北方华创的硅/金属刻蚀机、薄膜沉积设备、单片退火设备和上海盛美的清洗设备已经开发成功。

2.3.2.3 分子束外延——薄膜材料制备

集成电路的发展离不开新材料与制备材料的仪器。分子束外延（Molecular Beam Epitaxy，MBE）是一种在晶体基片上生长高质量的晶体薄膜的新技术。在超高真空条件下，把所需要的结晶材料放入喷射炉中，将喷射炉加热，使结晶材料形成分子束，从炉中喷出后，沉积在温度保持在几百度的单晶基片上。如果设置几个喷射炉，就可以制备多元半导体混晶，又可以同时进行掺杂。分子束外延可制备高质量单晶薄膜，广泛应用于半导体器件的制备。

1968 年，由于在博士期间曾经有做离子喷射机的经验，卓以和毕业后选择了在贝尔实验室工作。卓以和发现，在超高真空容器中通过精细控制束流的大小和时间，能够按照需要生长不同层数、不同种类的均匀而极薄的薄膜，其原理是将一层层原子射上去，这就是分子束外延技术，如图 2.15 所示。

图 2.15　分子束外延技术的发明人——卓以和

20 世纪 70 年代，卓以和最先研究成功 10 多种极为重要的、性能优异的新型微波高速电子器件和光电子器件。而后他又带领贝尔实验室半导体研究室，开创性地研制成功量子阱级联式新型激光器，被认为是半导体激光器发展中的又一个"里程碑"。而其研究出的分子束外延技术，使半导体薄膜的厚度大大降低，半导体制造精度由几微米进入了零点几微米。小到手机里的微波电子零件如射频开关、前端放大器、功率放大器、CD 音响唱碟、DVD 放映机、个人计算机中读二元数据的半导体激光器，大到电子通信的发电站等微波高速电子器件和光电子器件，都是 MBE 技术的成果。另外，第 4 章中将介绍的巨磁阻（GMR）效应的发现也得益于 MBE 技术。

由于卓以和发明了分子束外延设备并制造出多种器件，他获得了一系列的荣誉。1985 年当选美国科学院、工程院院士，1989 年当选美国艺术与科学院院士，1996 年当选中科院外籍院士。1993 年获美国国家科学奖，2007 年获美国国家技术奖章，2009 年入选美国发明家名人堂，被誉为"分子束外延技术之父"。

卓以和成功的秘诀是把东方人的耐心与西方的技术结合起来。他说："艺术其实与科学、工程都有很密切的联系。比方说，土木工程专家在造桥梁时，一定要有很好的艺术观念，这样的桥造出来才漂亮。同样，在我开始做分子束外延研究时，同样离不开艺术的支持。"

除分子束外延以外，磁控溅射也是常见的薄膜生长方法，属于物理气相沉积方法的一种。溅射是指用带有几十电子伏以上动能的粒子或粒子束照射固体表面，靠近固体表面的原子会获得入射粒子所带能量的一部分进而向真空中放出的过程。磁控溅射是在磁控阴极上方形成一个环形磁场，从而实现对溅射过程中产生的二次电子的有效控制。这种方法具有沉积速率较快、基板温升小和膜层损伤小等优点，已被广泛应用于工业领域。目前国际上较为先进的磁控溅射系统厂商为德国 Singulus 和美国 AJA。北京航空航天大学集成电路科学与工程学院 2021 年孵化了合肥致真精密设备有限公司，自主研制了超高真空单原子层精度的磁控溅射设备，该设备可以实现单原子层级别的薄膜沉积，厚度精度可以达到 0.1nm，部分指标优于同类进口设备。

2.3.3 集成电路的工艺流程

上面介绍的光刻机、刻蚀机都是集成电路制造最重要的设备。英特尔曾经制作了相关的视频，形象地介绍了如何从一堆沙子转变为芯片。下面就借鉴其资料简要说明芯片的制造过程。

最常用的制造芯片的原材料就是硅材料。硅来源于最不起眼的沙子，不过从沙子到可用的芯片，需要一系列复杂的工艺过程，如图 2.16 所示。首先将沙子熔化，形成高度纯净的圆柱体单晶硅锭。接着将这个圆柱体硅锭切片得到晶圆，切片越薄，用料越省，可以生产的芯片就更多。切片后还需要对晶圆进行镜面精加工处理来确保表面绝对光滑，之后检查是否有扭曲或其他问题。这一步的质量检验尤为重要，它直接决定了成品芯片的质量。

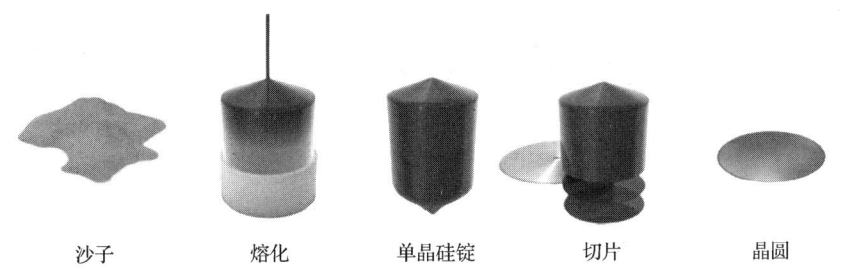

沙子　　　熔化　　　单晶硅锭　　　切片　　　晶圆

图 2.16　晶圆制造过程

新的切片中要掺入一些物质使之成为真正的半导体材料，而后在其上刻蚀代表各种逻辑功能的晶体管电路，过程如图 2.17 所示。首先通过离子注入技术实现掺杂，掺入的物质原子进入硅原子之间的空隙，彼此之间发生原子力的作用，从而使得硅原料具有半导体的特性。半导体制造多选择 CMOS 工艺，多数情况下，切片被掺入+3 价元素（如 B 等）而形成 p 型基底，在其上刻蚀的逻辑电路要遵循 NMOS 电路的特性来设计，这种类型的晶体管空间利用率更高也更加节能。同时在多数情况下，必须尽量限制 PMOS 型晶体管的出现，因为在制造过程的后期，需要将 n 型材料植入 p 型基底当中，而这一过程会导致 PMOS 管的形成。

在掺入完所需元素之后，标准的切片就完成了。然后将每一个切片放入高温炉中加热，通过控制加温时间而使得切片表面生成一层二氧化硅膜。通过密切监测温度、空气成分和加温时间，该二氧化硅层的厚度是可以控制的。这一层门电路（用以实现基本逻辑运算和复合逻辑运算的单元电路）也是晶体管门电路的一部分，晶体管门电路的作用是控制其间电子的流动，通过对门电压的控制，电子的流动被严格控制，而不论输入输出端口电压的大小。

准备工作的最后一道工序是在二氧化硅层上覆盖一个感光层。这一层物质用于同一层中的其他控制应用。这层物质在干燥时具有很好的感光效果，而且在光刻蚀过程结束之后，能够通过化学方法将其溶解并除去。

这是芯片制造过程中最复杂的一个步骤。光刻过程就是使用光刻机投射光束，穿过印着图案的掩膜及光学镜片，将电路图案曝光在带有光感涂层的硅片上。在此基础上，刻蚀机依据光刻形成的图案进行微观雕刻，刻出又细又深的接触孔或者线条，每个线条和深孔的加工精度是头发丝直径的几千分之一到上万分之一。当这些刻蚀工作全部完成之后，晶圆被翻转过来。光线透过石英模板上镂空的刻痕照射到晶圆的感光层上，然后撤掉光线和模板。通过化学方法除去暴露在外边的感光层物质，而二氧化硅马上在镂空位置的下方生成。

在残留的感光层物质被去除之后，剩下的就是充满沟壑的二氧化硅层以及暴露出来的在该层下方的硅层。这一步之后，另一个二氧化硅层制作完成。然后，加入带有感光层的多晶硅层。多晶硅是门电路的另一种类型。由于此处使用到了金属原料，多晶硅允许在晶体管队列端口电压起作用之前建立门电路。感光层同时还要被短波长光线透过掩膜刻蚀。再经过一步刻蚀，所需的全部门电路就已经基本成型了。然后，要对暴露在外的硅层通过化学方式进行离子轰击，生成 n 沟道或 p 沟道。这个掺杂过程创建了全部的晶体管及彼此间的电路连接，每个晶体管都有输入端和输出端，两端之间被称作端口。至此，晶体管器件形成了，主要过程如图 2.17 所示。

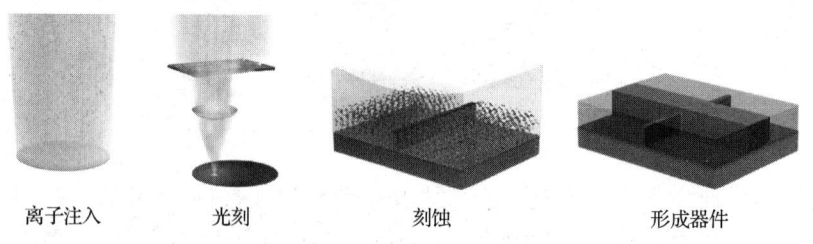

离子注入　　　光刻　　　刻蚀　　　形成器件

图 2.17　半导体器件形成过程

从这一步起，你将持续添加层级，加入一个二氧化硅层，然后光刻一次。重复这些步骤，然后就形成一个多层立体架构。在每层之间采用金属涂膜的技术进行层间的导电连接，如图 2.18 所示。

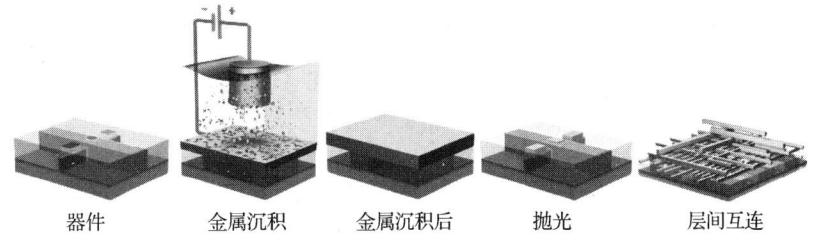

图 2.18　器件加工及层间互连

接下来就需要对晶圆进行一关接一关的测试，包括检测晶圆的电学特性，看是否有逻辑错误，如果有，是在哪一层出现的，等等。晶圆上每一个出现问题的芯片单元将被单独测试来确定该芯片有否特殊加工需要。

而后，整片的晶圆被切割成一个个独立的芯片单元。在最初测试中，那些检测不合格的单元将被遗弃。这些被切割下来的芯片单元将被采用某种方式进行封装，这样它就可以顺利地插入某种接口规格的主板了。图 2.19 所示为晶圆的测试、裂片及封装过程。在芯片成品完成之后，还要进行全方位的芯片功能检测。

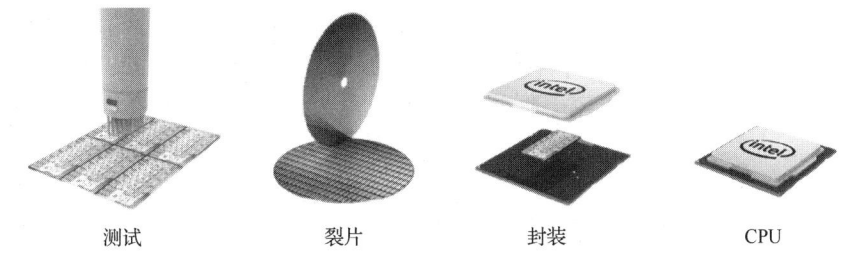

图 2.19　晶圆测试、裂片及封装过程

在芯片的包装过程完成之后，许多产品还要再进行一次测试来确保先前的制作过程无一疏漏，且产品完全遵照规格要求，没有偏差。

2.4　集成电路设计与 EDA

集成电路简称 IC（Integrated Circuit），按其功能、结构的不同，可以分为模拟集成电路、数字集成电路和数/模混合集成电路三大类。模拟集成电路又称线性电路，用来产生、放大和处理各种模拟信号，其输入信号和输出信号成比例关系。常见的模拟集成电路有功率放大器、运算放大器、模/数转换器（A/D）、数/模转换器（D/A）等。

而数字集成电路用来产生、放大和处理各种数字信号，如现场可编程门阵列（Field-Programmable Gate Array，FPGA）、数字信号处理（Digital Signal Processing，DSP）、中央处理器（Central Processing Unit，CPU）等。

集成电路，按其用途可分为通用集成电路与专用集成电路（Application Specific Integrated Circuit，ASIC）。通用集成电路，如 FPGA、DSP、处理器、存储器；专用集成电路（ASIC），是一种针对特定用户需求和特定电子系统的需要而设计和制造的集成电路。例如，华为 1993 年用于 C&C08 交换机的 SD509 芯片，该芯片使得华为交换机更加紧凑美观，凭借同类产品一半的价格迅速进入农村市场。同样，我国的海信、海尔、格力等家电企业，也都有自己的专用芯片。

2.4.1 集成电路设计流程与设计自动化

在集成电路发展初期，设计与制造是一体的，凭经验就可以完成设计与制造工作。随着集成电路的复杂程度加大，设计与制造逐渐分开，此时设计人员手工完成集成电路的设计、布线等工作。到了 20 世纪 70 年代中期，由于设计工作量快速增加，设计人员开始探索计算机辅助设计，并创造出了首批为电路布线、布局辅助设计的工具。设计自动化会议（Design Automation Conference，DAC）也在这一时期被创立，旨在促进电子设计自动化（Electronics Design Automation，EDA）的发展。

1980 年，米德等人发表论文《超大规模集成电路系统导论》，提出了通过编程语言来进行芯片设计的新思想，类似计算机软件的高级编程语言。计算机高级编程语言，如 C、C++等，可以不必关心底层硬件资源，从而大大降低程序设计人员入门的难度，同时也可以提高设计效率。

目前集成电路的规模普遍较大，必须借助 EDA 软件才能完成。以数字集成电路为例，可以分为以下基本步骤：系统定义、寄存器传输级设计、设计验证、逻辑综合、形式等效性验证、时序分析、物理设计等。之所以越分越细，是希望设计缺陷尽早地被发现，以便及时纠正，从而大大降低开发成本，这一点与软件开发非常类似。

系统定义阶段：也称为产品定义，它是集成电路设计的最初规划阶段。在此阶段，设计人员需要考虑系统的宏观功能。如几年前华为麒麟 980，应该在麒麟 970 基础上增加哪些功能？功能确定后要准确细致的技术描述，设计人员要用一些高抽象级建模语言和工具来完成硬件的描述，如 C 语言、C++、System C 等事务级建模语言，以及 Simulink 和 MATLAB 等工具对信号进行建模。除此之外，设计人员还需对芯片预期的工艺、功耗、时钟频率、工作温度等性能指标进行规划。

寄存器传输级设计阶段：利用硬件描述语言来描述数字集成电路的信号存储以及信号在寄存器、存储器、组合逻辑装置和总线等逻辑单元之间传输的情况。在设计寄存器传输级代码时，设计人员要把"系统定义"转换为寄存器传输级的描述，常用的硬件描述语言是 Verilog HDL、VHDL。借助硬件描述语言，设计人员可以把更多的精力放在功能的实现上，这比以往直接设计逻辑门级连线的方法学具有更高的效率。

设计验证阶段： 利用测试平台等方式来进行功能验证，检验项目设计是否与之前的功能定义相符，如果有误，则需要检测之前设计文件中存在的漏洞。当前超大规模集成电路的整个设计过程中，验证所需的时间和精力越来越多，甚至都超过了寄存器传输级设计本身，于是出现了专门针对"验证"开发新的工具和语言。

逻辑综合阶段： 硬件描述语言代码一般是寄存器传输级的，在进行物理设计之前，需要使用逻辑综合工具将寄存器传输级代码转换到针对特定工艺的逻辑门级网表，并完成逻辑化简。输入到自动综合工具中的文件，包括寄存器传输级硬件描述语言代码、工艺库、设计约束文件，这些文件在不同的 EDA 系统中的格式可能不尽相同。逻辑综合工具会产生一个优化后的门级网表，但是这个网表仍然是基于硬件描述语言的，在芯片中的走线将在物理设计中来完成。

形式等效性验证阶段： 通过使用形式证明的方式来验证一个设计的功能是否正确。形式等效性验证可以分为三大类：等价性检查、形式模型检查和定理证明。实际上，形式等效性验证还可以检查两个寄存器传输级设计，或者两个门级网表之间的逻辑等效性。

时序分析阶段： 集成电路的时钟频率达到兆赫（MHz）级别，而大量模块内、模块之间的时序关系极其复杂。因此，除了需要验证电路的逻辑功能，还需要进行时序分析，即对信号在传输路径上的延迟进行检查，判断其是否匹配时序收敛要求。

物理设计阶段： 逻辑综合完成之后，通过引入集成电路制造厂提供的工艺信息，前面完成的设计将进入布图规划、布局、布线阶段，设计人员需要根据延迟、功耗、面积等方面的约束信息，合理设置物理设计工具的参数，不断调试，以获取最佳的配置。

目前美国有三大 EDA 企业：新思科技（Synopsys）、楷登电子（Cadence）及西门子 EDA（Siemens EDA，其前身是 Mentor Graphics）。它们经过长达三四十年的积累，拥有强大的竞争实力。我国的华大九天等 EDA 企业正在追赶中，尤其在液晶显示驱动器等新兴领域逐渐积累技术资本并取得优势，有力支持京东方等半导体显示企业。EDA 企业，与设计企业、制造企业、系统集成商紧密合作，构建了自己的商业生态系统。

2.4.2 专用集成电路 ASIC：专用芯片

针对特殊应用任务设计的专用集成电路，其优点是面积、功耗、时序可以得到最大限度的优化，因此被称为"职业选手"或"领域专家"。对于量大面广、功能已经稳定的模块，采用 ASIC 方式是非常合适的，其芯片的体积、功耗可以优化，而且还能保持产品的个性化等，避免竞争对手快速跟进。例如，华为1993年研发出的第一颗自己使用 EDA 设计的芯片 SD509，支持其数字程控交换机 C&C08，成为行业内主流机型。

ASIC 的特点是面向特定用户的需求，品种多、批量少，要求设计和生产周期短，它作为集成电路技术与特定用户的整机或系统技术紧密结合的产物，与通用集成电路相比具有体积更小、重量更轻、功耗更低、可靠性提高、性能提高、保密性增强、成本降低等优点。

ASIC 只能在整个集成电路设计完成之后才能开始制造,而且需要专业的半导体工厂的参与。ASIC 可以基于标准单元库,也可以全定制设计。全定制设计,设计人员对于晶圆上组件的位置和连接有更多的控制权,当然设计的难度更高、设计周期也会变长。

虽然与通用芯片相比,ASIC 周期较短,但是与 FPGA 相比,它的设计周期较长,而且一旦由制造厂生产出来以后,再也不能修改。另外,由于流片费用较高,要是 ASIC 批量不够大的话,分摊到每颗芯片的成本将很高。

2.4.3 可编程芯片 FPGA:万能数字芯片

FPGA,与 ASIC 不同,用户可以通过编程语言来调整它,即使在运行中,也可以通过远程控制完成配置,因而应用起来更加灵活。它也被人称为"变形金刚""万能"数字芯片,能够模拟绝大部分数字逻辑芯片的功能,在 ASIC 流片之前用来模拟测试。

早在 1970 年,可编程阵列逻辑(Programmable Array Logic,PAL)就被发明了,后来又推出了通用阵列逻辑(Generic Array Logic,GAL)、复杂可编程逻辑器件(Complex Programmable Logic Device,CPLD)等,但是由于灵活性等因素,应用上受到限制。

1980 年年初,还在齐洛格(Zilog)公司工作的弗里曼曾向上司提出过 FPGA 的构想:"让芯片就像一个空白的磁带,可以任由工程师在上面编程增添功能,就好像画师在白布上任意涂鸦。"当时可编程器件是一个小众市场,并且 ASIC 设计的目标就是尽量节省晶体管的数量,因此弗里曼的想法与主流不符。据弗里曼的同事回忆:"当他介绍 FPGA 概念之后,我的第一个念头就是,疯了!这是历史上对晶体管最不靠谱的浪费了。"

不过,摩尔定律的信徒弗里曼坚定地认为,晶体管成本将随时间推移逐步下降,那时低成本、高度灵活的 FPGA 将成为各种应用中定制芯片的替代品。怀揣着这个信念,35 岁的弗里曼说服了 Zilog 副总裁兼微处理器部总经理,年届花甲的冯德施密特(B. Vonderschmitt,1924—2004 年)。他们于 1984 年共同创业,开启了集成电路的无晶圆厂设计模式(Fabless)。美国发明家名人堂评选副主席认为:"我们非常高兴弗里曼能在 2009 年入选名人堂。他的远见卓识和创造热情催生了可编程芯片,这项技术影响着之后 25 年的电子产业发展。"

FPGA 推出以后就逐渐成为数字芯片设计公司开发的必需品。在 FPGA 之前,数字芯片设计后只能直接在晶圆厂流片(试生产),如果设计时存在一些缺陷,那么流片回来后工程师们慢慢找问题,高昂的流片费用、漫长的流片时间很可能导致项目的失败。有了 FPGA,芯片设计的流程发生了变化,流片前先在 FPGA 上模拟、仿真以及评估功耗,问题完全解决后再到晶圆厂生产,流片的成功率得以大大提高,同时也能缩短芯片的开发周期。此外,当批量不够时,可以用 FPGA 先在实际产品中使用,待算法等成熟后再启用 ASIC。近年来，不仅仅是普通的企业，就是英特尔、高通、华为等大企业，在设计 CPU、GPU 等异常复杂的芯片时，也会先在 FPGA 上模拟仿真后再流片。

FPGA 相比 CPU、GPU 等通用芯片，具有低功耗优势；相比 ASIC，具有开发周期短，更加灵活编程等特点。近年来，在云计算的数据中心，过去用定制硬件来加速计算任务，然而快速变化业务又要求这些定制的硬件可被重新编程来执行新类型的计算任务，由此微软提出了一种硬件即服务（Hardware as a Service，HaaS）的理念。目前，FPGA 作为计算密集任务的加速卡，不再仅仅是硬件公司的产品，已经部署在阿里、百度、腾讯、微软、谷歌、亚马逊、脸书等互联网巨头的数据中心。在 5G 移动通信系统中，软件定义网络（Software Defined Network，SDN）、软件定义存储（Software Defined Storage，SDS）以及边缘计算等动态可编程、可配置的要求，也给 FPGA 创造了用武之地。

经过三十多年的发展，FPGA 硬件产品、开发软件工具及 IP 支持已经形成了庞大的生态系统。随着摩尔定律的放缓以及大数据、AI、5G、自动驾驶等的发展，对于计算能力和带宽提出了前所未有的要求，同时新的算法、新的框架层出不穷，要应对这一变化就需要灵活应变的架构，因为一种架构已无法独自完成大量的数据处理，并且传统芯片设计的周期也无法跟上创新的步伐。

2.4.4　系统级芯片 SoC：软硬件协同设计

系统级芯片（System on Chip，SoC）起源于 20 世纪 90 年代中期，随着集成电路技术的持续发展，可以将整个电子系统集成在一个芯片上。SoC 作为系统级集成电路，它可在单一芯片上实现信号采集、转换、存储、处理和 I/O 等功能，它将数字电路、存储器、MPU、MCU、DSP、A/D、D/A 以及各种外围器件等集成在一颗芯片上，从而实现一个完整的系统功能。SoC 的设计与制造涉及深亚微米技术、特殊电路的工艺兼容技术、设计方法的研究、嵌入式 IP 核（Intellectual Property）设计技术、测试策略和可测性技术以及软硬件协同设计技术和安全保密技术。SoC 以 IP 复用为基础，把已经优化并验证过的子系统、甚至系统级模块纳入新的系统设计之中。采用片内可编程技术，使得 SoC 内硬件的功能可以像软件一样通过编程来配置，从而可以实时地进行灵活而方便的更改和开发，甚至可以在系统运行过程中不停机地进行再配置，使相同的硬件可以按不同时段实现不同的功能，提高了系统的效率。这种全新的系统设计概念，使新一代的 SoC 具有较强的灵活性和适应性。它不仅使电子系统的设计和开发以及产品性能的改进和扩充变得十分简易和方便，而且使电子系统具有更好的性能、更低的功耗、更小的体积和更低的成本，带来了电子系统设计与应用的革命性新变革，可广泛应用于移动电话、硬盘驱动器、个人数字助理和手持电子产品、消费性电子产品等。

例如，2014 年 6 月，华为将应用处理器和基带处理器巴龙 720 集成在一个芯片上，构成 SoC 芯片，称为麒麟 920，采用 28nm 高性能移动工艺制程 HPM。随后，麒麟 970、麒麟 980 还集成了 GPU、AI 等子系统。类似地，高通骁龙系列、苹果 A 系列也都是 SoC 芯片。

2.5 集成电路产业发展模式

从 20 世纪 60 年代开始，集成电路产品从小规模集成电路逐渐发展到现在的特大规模集成电路，整个集成电路产品的发展经历了传统的板上系统到 90 年代的系统级芯片 SoC 的过程。在这个过程中，集成电路产业为适应技术的发展和市场的需求，其产业结构经历了三次变革。第一次变革是加工制造为主导的集成电路产业发展的初级阶段；第二次变革体现为以制造加工为主的代工型公司与专注芯片设计的集成电路设计公司协同发展；第三次变革则出现"四业分离"的集成电路产业，即形成了设计、制造、封装与测试业独立运营的局面。在此之后，根据分工的不同，集成电路产业形成了多种产业模式，并拥有了自身的产业生态系统。

2.5.1 集成器件制造（IDM）模式

集成器件制造（Integrated Device Manufacturing，IDM）模式是指集成电路制造商自行设计、销售由自己的生产线加工、封装、测试后的成品芯片，如早期的 TI（模拟集成电路）、仙童、摩托罗拉等公司。现阶段，英特尔、三星、东芝、英飞凌、TI 等公司采用 IDM 这种模式，国内士兰微在电源管理、功率半导体、射频、MEMS 传感器等领域也采取 IDM 模式。IDM 模式的优点是厂商可以根据市场特点制定综合发展战略，更加精细地对设计、制造、封装每个环节进行质量控制，如英特尔"嘀嗒"（Tick-Tock）战略模式，就是架构设计与工艺生产紧密结合，在 PC 处理器领域保持长期竞争优势。IDM 模式的不足之处是，它的投资额较大、风险较高，要有优势产品做保证；它的技术跨度较大，横跨了设计、制造以及封测三大环节，不仅要考虑每个环节的技术问题，而且要综合协调三大环节的职能。

由于半导体工艺更新换代或维护的成本和压力太大，众多 IDM 厂商已纷纷放弃自己制造，转向 Fabless 模式或介于两者之间的 Fablite 模式，即"轻晶圆"模式，如恩智浦 NXP（前身为飞利浦半导体部门）、英飞凌 Infineon（前身为西门子半导体部门）等。只有模拟 IC，由于其设计过程和性能与工艺关系密切，还有较多 IDM 公司保留自己的生产线，如 TI 公司还拥有模拟生产线。

2.5.2 集成电路 Fabless 与 Foundry 模式

Fabless（无制造工厂的芯片供应商）是 Fabrication（制造）和 less（无、没有）的组合，是指"没有制造业务、只专注于设计"的集成电路的一种运作模式，也用来指没有芯片制造工厂的纯集成电路设计公司,经常被简称为无晶圆厂。通常说的 IC 设计公司即为 Fabless,其主要特点是只负责芯片的电路设计与销售,将生产、测试、封装等环节都外包。因此,Fabless 的主要优点是资产较轻,初始投资规模小,创业难度相对较小,尤其是台积电(TSMC)等代工模式兴起,一批 IC 设计企业快速发展起来,如美国的博通、高通、英伟达、AMD,中国大陆的华为海思、紫光展锐,中国台湾地区的联发科(MTK)。

晶圆代工模式(Foundry)是指集成电路设计工作与标准工艺加工线相结合的方式,即 Fabless 将所设计芯片的物理版图交给芯片加工企业,也就是委托代工厂加工制造。同样,封装测试也委托专业厂家完成,最后的成品芯片作为集成电路设计公司的产品而自行销售。如今,除了集成电路设计公司,原来的 IDM 公司也逐渐把芯片交给晶圆代工厂来加工,甚至完全放弃自己的晶圆厂,如 IBM、TI、AMD 等。另外,部分 IDM 公司,如三星、英特尔也开始提供代工业务。

目前纯制造厂家只有很少几家,如中国大陆的中芯国际(SMIC)、华虹宏力,中国台湾地区的台积电(TSMC)、台联电(UMC),其中,TSMC 是全球最大的代工业务的企业,2021 年市场占有率达到 59.5%,包揽了高通、苹果的 5nm 智能手机处理器芯片的制造任务。

 拓展阅读

半导体代工模式的开创者:张忠谋

张忠谋,1931 年 7 月 10 日,生于浙江宁波,本科、硕士、博士分别就读于哈佛大学、麻省理工学院以及斯坦福大学。曾任 TI 公司资深副总裁,但当时 TI 总裁更重视消费电子,而张忠谋对半导体制造似乎有某种情结。1985 年,他辞了副总裁的高薪职位,回到中国台湾,1986 年创立台积电专心做半导体代工,开创了半导体代工(Foundry)模式的先河。如今,台积电成为全球最大的专业集成电路制造服务公司。

在哈佛上学期间,他发现人外有人,有的同学早已熟读亚当·斯密的《国富论》,有的同学则看完了爱因斯坦的《相对论》等。所谓见贤思齐,不管课内课外的书,张忠谋都拿来读,希腊罗马史诗、英国文学、美国文学……后来他在职业生涯中,常常引用古典文学,始终散发着人文情怀,在科技界人士中独树一帜。

2018 年 6 月 5 日,87 岁的张忠谋正式退休。张忠谋表示,这是他最后一次主持股东会,股东会结束后他就要正式退休。退休后,他不会再担任董事、顾问或董事长,实现完全"裸退"。张忠谋致辞时表示,相信新领导阶层能够顺利成功接班,并再一次创造奇迹。

2.5.3　集成电路设计的 IP 模式

随着系统级芯片 SoC 与可编程芯片 FPGA 的发展，在集成电路设计领域，又出现了无芯片（Chipless）模式，即仅仅出售半导体 IP 核（Intellectual Property core），并不销售芯片的企业，如 ARM 和 Imagination 等公司，故该模式又称 IP 模式。这种方式有点类似仅出售中间件的软件公司，自己不销售系统软件或应用软件产品。所谓 IP 核，就是在数字电路中常用但比较复杂的功能块，如 FIR 滤波器、SDRAM 控制器、PCI 接口，甚至中央处理器、图像处理器、智能处理器等设计成可修改参数的模块。

随着集成电路的规模越来越大、设计越来越复杂，设计者的主要任务是在规定的时间周期内完成复杂的设计。调用 IP 核能避免重复劳动，大大减轻工程师的负担，因此基于 SoC 的芯片设计企业购买 IP 核是一个发展趋势，IP 核的重用大大缩短了产品上市时间，如华为麒麟 970，购买寒武纪公司的 AI 核，成功地获得商业先机；苹果智能处理器 A10，选用 Imagination 的 GPU 核。

ARM 公司是一家 IP 核的供应商，其与一般的半导体公司的最大区别就是不制造芯片、不出售芯片，而是通过转让设计方案，由合作伙伴生产出各具特色的芯片。ARM 公司利用这种双赢的伙伴关系迅速成了全球性 RISC 微处理器的缔造者，几乎所有智能手机处理器都是基于 ARM 公司 IP 核或指令架构集的。这种商业模式也给软件开发者带来巨大的好处，因为开发者只需掌握一种 ARM 内核结构及其开发手段，就能够使用多家公司的智能处理器。

为了使 ASIC 芯片设计者与 FPGA 开发者能够集中精力于自己的业务，集成电路代工厂、EDA、FPGA、IP（如 ARM）等企业开始开发自己的 IP 核或者购买 IP 核，构建商业生态系统，尽量为芯片设计企业提供整套服务。

2.5.4　集成电路的封装与测试

封装就是指把硅片上的电路引脚用导线接引到外部接头处，以便与其他器件连接。封装形式是指安装半导体集成电路芯片用的外壳。它不仅起着安装、固定、密封、保护芯片以及增强散热性能等方面的作用，而且还通过芯片上的接点用导线连接到封装外壳的引脚上，这些引脚又通过印制电路板（Printed Circuit Board，PCB）上的导线与其他器件相连接，从而实现内部芯片与外部电路的连接。芯片必须与外界隔离，以防止空气中的杂质对芯片电路的腐蚀而造成电气性能下降。另外，封装后的芯片也更便于安装和运输。由于封装技术的好坏直接影响到芯片自身性能的发挥和与之连接的 PCB 的设计和制造，因此它是至关重要的。典型的封装工艺流程为：划片、装片、键合、塑封、去飞边、电镀、打印、切筋和成型、外观检查、成品测试、包装出货。具体封装过程如下：来自晶圆前道工艺的晶圆通过划片工艺后，被切割为小的晶片（Die），然后将切割好的晶片用胶水贴装到相应的基板（引线框架）架的小岛上，再利用超细的金属导线或者导电性树脂将晶片的接合焊盘连接到基板的相应引脚，并构成所要求的电路；然后再对独立的晶片用塑料外壳加以保护，塑封之后，还要进行一系列操作，如后固化、切筋和成型、电镀以及打印等工艺。封装完成后进行成品测试，通常经过入检、测试和包装等工序，最后入库出货。

封装技术分为叠层封装、多芯片封装和系统级封装。叠层封装（Package on Package，PoP）能将具有相同外形的逻辑和存储芯片的封装体进行再集成；多芯片封装（MultiChip Package，MCP）通常把 ROM（Read-Only Memory）和 RAM（Random-Access Memory）封装在一块儿，多数闪存都采用 MCP；系统级封装（System In a Package，SiP）将逻辑器件和存储器件都以各自的工艺制造，然后再通过 SiP 封装结合在一起。从封装技术的发展历史可以看出，自 21 世纪以来，封装技术正处于从有线到无线，从芯片级到晶圆级，从二维到三维，从元器件到系统级，目前正处于快速发展阶段。

从设计、制造、封测划分来看，中国封测业发展最好，与世界先进水平差距最小，根据 IC Insights 数据，2021 年全球前十大封测厂中有 3 家来自中国大陆，包括长电科技（第 3）、通富微电子（第 5）、华天科技（第 6）。2021 年，纵观全球封测市场，中国台湾占据了 40%左右的市场份额，中国大陆约占 20%。我国已形成长三角、京津冀环渤海湾、珠三角、西部地区等行业聚集地。其中，长三角地区是我国封装测试行业最发达的地区，占据了我国集成电路封测业约 55%的产值。

2.5.5 集成电路产业生态系统

如今，集成电路的产业生态系统已经非常庞大，如图 2.20 所示。

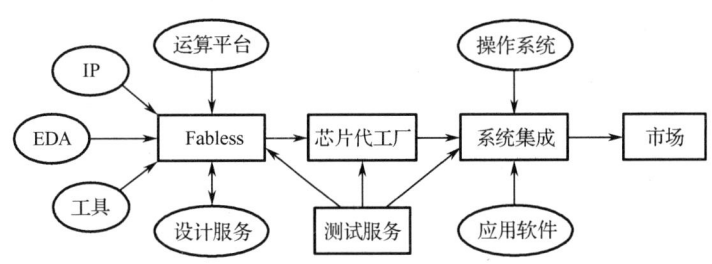

图 2.20　集成电路产业生态系统

例如，以芯片设计 Fabless 企业为中心，它需要与工具、EDA、IP、运算平台、设计服务、测试服务与芯片代工厂紧密合作。由于 EDA、运算平台等非常昂贵，不利于中小集成电路企业的发展，为此需要构建集成电路产业园区，如中关村集成电路设计园（IC-PARK），由园区出面组建服务平台，大家可以共享 EDA 工具，这样费用就降下来了。目前，在北京、深圳、上海、西安、成都、武汉等集成电路设计园建立了 EDA 与计算服务共享平台。

对于集成电路设计大企业来说，虽然也会借助产业园区的一些服务，但是要超越一般企业，还需要创造自己独特的合作方式。2006年高通率先提出了集成无生产线模式（Integrated Fabless Manufacturing，IFM），以期把 Fabless 模式推向更高的水平。IFM 要求 Fabless 与 IP、EDA、芯片代工厂和封装/测试公司紧密合作，以各自的技术特长共同推动设计与制造的一体化，其目标是为集成电路设计领域的各方之间建立紧密合作的技术接口，从而提高效率、降低成本并缩短新产品上市时间。

"协作"是这个模式的关键词，竞争激烈的集成电路市场要求在整个供应链上加强协作，如在设计与制造过程中尽早进行沟通与合作。具体来说，芯片设计公司负责设计和部署，EDA 公司提供工具，芯片代工厂开发工艺流程、提供产能和质量，随后是封装与测试。在这个流程中，对 EDA、芯片代工厂、封装与测试服务的选择、评估、资格审查是一项协作活动，Fabless 企业在设计阶段就提前参与到芯片代工厂的工艺研发，共同定义工艺等；EDA 企业提前研究 Fabless 所需要的相关功能等，开发出能满足设计所需的 EDA 软件。

这样一种虚拟联盟的协作关系让 Fabless 厂商可以获得 IDM 模式所具有的优点，从而可以与英特尔等 IDM 厂商直接竞争；也让产业链上的其他环节更有能力规避风险、更加灵活。可以预见，对无生产线模式的改进为整个生态系统带来了更具现实意义的好处，有助于新技术更快地走向市场，并让各个环节的厂商能从中获益。

2.6 总结与展望

本章首先回顾了电子管、晶体管、集成电路的诞生过程，然后介绍了集成电路的产业化，同时还讲述了肖克利、基尔比、诺伊斯、摩尔等多位著名科学家的探索发明历程，他们通过自己的卓越才能、创新思维和不懈努力为集成电路发展做出了不可磨灭的贡献。集成电路的制造，既有新器件结构与工艺的发展，如 MOSFET 器件、FinFET 器件等；也有工艺设备的重要贡献，如光刻机、刻蚀机、分子束外延等；期间也涌现出姜大元、阿塔拉、万拉斯、萨支唐、胡正明、林本坚、卓以和等众多著名发明家。

伴随集成电路的发展，从集成制造商模式（IDM），逐渐走向设计（Fabless）与制造（Foundry）分离模式，从手工设计走向电子设计自动化（EDA）。集成电路本身也从单一功能走向系统级芯片（SoC），从专用芯片（ASIC）扩展到可编程芯片（FPGA），由此发展出无芯片（Chipless）的靠出售 IP 的企业群。目前集成电路制造、设计、EDA 工具、FPGA、IP 等企业都在构筑自己的商业生态，确保自身的竞争力。

2022 年集成电路制造已经进入 3nm 阶段。硅基 CMOS 技术的进一步发展，面临一系列基本物理特性、工艺技术和投资巨大等问题的挑战。因此，在纳米级器件物理和新材料等基础领域不断创新，寻求突破超高速、超低功耗的器件与集成技术。后摩尔时代微纳电子学发展有三大趋势：

（1）延续摩尔定律（more Moore）：就是继续以等比例缩小 CMOS 器件的工艺特征尺寸、提高集成度，通过新材料的应用和器件结构的创新来改善器件与电路的性能，同时继续推进以信息处理数字结构为主的 SoC 技术。这是经典思路的自然延伸。

（2）扩展摩尔定律（more than Moore）：与延续摩尔定律的思路不同，其是增加系统集成的多功能性。比如系统级封装（SiP）技术，从二维集成向三维集成发展等。第 4 章将介绍的固态硬盘 SSD 已经实现 232 层、动态随机存储 DRAM 也已经多层堆叠了。

（3）超越 CMOS（beyond CMOS）。当硅基 CMOS 技术即将达到性能极限时，探索新的物理机理、新材料和新结构，向着纳米、亚纳米以及多功能化器件方向发展，如碳基纳米器件、基于石墨烯等二维材料的器件、量子器件、自旋电子器件甚至还有分子器件等。

近年来，在国家中长期计划重大专项以及集成电路大基金资助下，我国集成电路产业及其基础研究获得新的发展机会，设计、制造、测试、封装、装备与材料都取得了巨大进步，但是依然面临严峻挑战，需要有志之士不断努力！

思 考 题

1．肖克利、巴丁与布拉顿发明了晶体管。晶体管的发明体现出合作的价值，请分析三位科学家的特点及其贡献。

2．集成电路诞生于 1958 年，随后快速发展。请从应用需求与相关技术基础两个方面分析集成电路诞生的必然性。

3．请分析摩尔定律对 IT 产业，如 FPGA、PC、智能手机的影响。假如摩尔定律还能延续 30 年，那么你应该如何规划你的职业生涯？

4．随着晶体管特征尺寸持续减小，不断有人预言摩尔定律即将失效。请总结和分析延续摩尔定律的 3 种途径：发现新的物理机理、寻找新的材料、设计新的器件结构。

5．1963 年，万拉斯和萨支唐共同提出了 CMOS 构想，但因缺乏确切的实验数据而未被仙童公司采用，直到 1968 年才由 RCA 公司开发出第一个基于 CMOS 的集成电路。请分析该案例带给我们的启示。

6．总部位于荷兰的 ASML 不但占据了全球光刻机 80% 的市场份额，而且还是唯一能向客户供应 EUV 光刻机的企业。请分析 ASML 能制造 EUV 光刻机的原因。

7．EDA 是应对集成电路日益复杂的关键技术，请你选择一家全球领先的 EDA 公司，分析其发展历程及其对我国 EDA 软件发展的启示。

8．请分析推动集成电路产业分工的主要因素。请在 IDM、Fabless、Foundry 和 IP 模式中选择一种模式展开深入分析。

9. 1980年弗里曼提出了FPGA的构想，该构想与尽量节省晶体管数量的主流思路不符，但他坚定地认为晶体管成本将逐步下降并促使低成本、高度灵活的FPGA成为定制芯片的替代品。请谈谈该案例对你有何启示。

10. IDM、FPGA、EDA等厂家都在构筑自己的商业生态系统，请分析其原因以及商业生态系统的特征，对你的大学教育有何启示？

11. 华为麒麟系列、高通骁龙系列、苹果A系列等芯片都广泛采用了SoC技术，请分析软硬件协同设计技术在SoC芯片中起到的作用。

参考文献

[1] 曹天元. 量子物理史话——上帝掷骰子吗[M]. 长春：辽宁教育出版社，2011.

[2] 迈克尔·赖尔登. 晶体之火：晶体管的发明及信息时代的来临[M]. 浦根祥，译. 上海：上海科学技术出版社，2002.

[3] 张天蓉. 电子，电子！谁来拯救摩尔定律[M]. 北京：清华大学出版社，2014.

[4] 约翰·克雷斯勒. 硅星球：微电子学与纳米技术革命[M]. 张溶冰，等译. 上海：上海科学技术出版社，2012.

[5] 张大凯. 电的旅程——探索人类驾驭电子的历史过程[M]. 长沙：湖南科学技术出版社，2013.

[6] 谢志峰，陈大明. 芯事：一本书读懂芯片产业[M]. 上海：上海科学技术出版社，2018.

[7] 方兴东，王俊秀. IT史记[M]. 北京：中信出版社，2004.

[8] 赵巍胜，尉国栋，潘彪，等. 集成电路科学与工程导论（第2版）[M]. 北京：人民邮电出版社，2022.

[9] 瑞尼·雷吉梅. 克光刻巨人：ASML崛起之路[M]. 金捷幡，译. 北京：人民邮电出版社，2020.

第 3 章

计算之芯

1946 年，世界上第一台通用电子计算机 ENIAC 诞生了，它重达 30t，占地 170m^2，但计算速度只有每秒 5000 次加法运算。现如今，个人笔记本电脑的重量可以小于 1kg，厚度可以小于 1cm，但算力却可高达每秒几十亿次运算。个人计算机（PC）已广泛应用于我们工作、生活的各个方面，是现代社会办公和娱乐的重要工具。微处理器的成功研制和快速发展是推动 PC 诞生和全球普及的重要因素，IBM、苹果、微软、英特尔、AMD、英伟达等企业也随着 PC 的商业化而快速崛起。

智能手机，将计算机与手机融为一体，由此推动移动通信网与互联网的融合，催生移动互联网。与 PC 类似，在智能手机中，最重要的芯片，首推移动处理器。它不仅包含负责移动通信的基带处理器（BPU）、支撑应用软件的通用处理器（CPU），还包括实现高质量图像及视频显示效果的图形处理器（GPU 与 ISP）、提供 AI 计算平台的神经网络处理单元（NPU）等。由于对功耗、体积与移动通信的特殊要求，移动处理器与 PC 处理器有着重大差异，ARM、高通、华为等公司借助移动处理器这个新赛道获得快速发展，而苹果、三星、华为等智能手机厂商拥有了自己的移动处理器。

为了理解计算之芯，本章我们从图灵的逻辑计算概念与冯·诺依曼计算架构开始，追溯 PC 处理器与移动处理器的发展历程。

3.1 图灵、冯·诺依曼与大型计算机

计算的历史经历了漫长的旅程，不过现代意义上的计算概念可以从图灵的故事说起。

3.1.1 图灵与逻辑计算原型：图灵机

回到1928年，大数学家希尔伯特（D. Hilbert，1862—1943年）在国际数学家大会上，再次论述了3个数理逻辑上的大问题：首先数学是完备的吗？其次数学是相容的吗？最后数学是可判定的吗？其中第三个问题，也被称作希尔伯特的判定性问题。作为公理化运动的倡导者，他十分期待这些问题的答案都是肯定的，因为这将使数学建立在完美严谨的逻辑基石上，作为永恒不变的真理存在。

可惜，这个井井有条的逻辑美梦只延续了三年，时年25岁的奥地利青年学者哥德尔（K. Gödel，1906—1978年）发表了震惊数学界的不完备定理：也即数学不可能既是完备的，又是相容的。这个定理以十分有趣的形式否定了希尔伯特的第一、第二个问题，有兴趣的读者可以阅读科普书《GEB：一条永恒的金带》，它是《GEB：集异璧之大成》的简写版。

对于第三个问题，1935年春季，剑桥大学数学家纽曼（M. Newman，1897—1984年）教授在《数学基础》课堂上是这样阐释的：有没有一个明确的方法，能够用一种"机械的过程"来判定数学命题的真伪，并且自动给出令人信服的证明。这个问题激发了大学生图灵（A.M. Turing，1912—1954年）的探究热情，只要有空闲他就思考这个问题。他阅读了当时刚出版的冯·诺依曼的新著《量子力学的数学基础》（1932年出版），严谨的数学方法和逻辑推理，使得图灵第一次对这个"机械的过程"有了清晰的认识。

1935年初夏，沿着康河长跑之后躺在草地上休息的图灵，经历了一场头脑风暴，他想出了否定希尔伯特第三个问题的办法。他设想有一种虚构的"图灵机"，将这种设想写成论文递交给纽曼教授。

大约在纽曼教授阅读图灵论文手稿的过程中，他又收到美国数学家邱奇（A. Church，1903—1995年）教授寄来的论文"判定性问题的笔记"。邱奇教授已经给出了"判定性问题"不可解的结论，通常这意味着图灵的论文不能发表。但纽曼教授意识到，图灵的方法更具创新性，并且与邱奇的方法有着很大的差异，于是仍然建议图灵提交论文发表。

纽曼向邱奇介绍了图灵的工作，同时请他帮助图灵争取普林斯顿大学的奖学金："我应该指出，图灵的工作是完全独立进行的，一直没有得到任何人的指导或者评判。因而，让他尽早接触本领域的顶尖人员变得非常重要，这样他才不至于孤独成性。"

同年 11 月，图灵的《论可计算数及其在判定性问题上的应用》论文终于发表了，12 月图灵应邀在普林斯顿数学俱乐部介绍这篇论文。在论文中，图灵提出了一种十分简单但运算能力极强的理想计算装置，用它来计算所有能想象得到的可计算函数，如图 3.1 所示。它由一个控制器和一根假设两端无界的工作带组成，工作带起着存储器的作用，它被划分为大小相同的方格，每一格上可书写一个给定字母表上的符号。控制器可以在带上左右移动，读写头可以读出控制器访问的格子上的符号，也能改写和擦除这一符号。

图 3.1　图灵机构想

这一装置只是一种理想的计算模型，或者说是一种理想中的计算机。图灵的这一思想奠定了现代计算机的理论基础，被称为"图灵机"。为了纪念图灵对计算机的伟大贡献，1966 年美国计算机学会（Association for Computing Machinery，ACM）设立了"图灵奖"，每年颁发一次，每次只奖励一名计算机科学家，只有极少数年度有两名合作者或在同一方向作出贡献的科学家共享此奖。如 2019 年图灵奖颁发给了三位深度算法之父 Y. Bengio、Y. LeCun 和 G. Hinton。

2000 年华裔学者姚期智荣获了图灵奖，他是迄今（2022 年）为止唯一的亚洲裔获奖者。2004 年他全职回到清华大学任教，推动我国计算机教育的改革。他在致清华全校同学的一封信中掷地有声地写道："我们的目标并不是培养优秀的计算机软件程序员，我们要培养的是具有国际水平的一流计算机人才。" 2017 年 2 月，姚期智放弃美国国籍成为中国公民。

 拓展阅读

计算机之父：图灵

图灵，1912 年出生于英国伦敦一个知识分子家庭，家庭成员有 3 位当选英国皇家学会会员。图灵从小就表现出非凡的才能，特别喜欢数学和智力游戏。1931 年图灵考进了剑桥大学国王学院，专攻数学，这是他一生学术生涯的起点。在大学期间，他阅读了刚出版的冯•诺依曼的《量子物理的数学基础》、罗素教授的《数学哲学导论》，选修了维特根斯坦教授的课程"数学的哲学"。

1935 年春季，他选修了纽曼教授的课程"数学基础"，整个课程的高潮是哥德尔不完备性定理的证明。1936 年，他来到普林斯顿攻读数学博士学位，他的办公室与冯·诺依曼正好门对门，据说他们两个只有神交而没有对话。

图灵思维活跃，但不擅长交际，有点内向。1936 年，他率先提出了"图灵机"模型。在第二次世界大战期间，图灵帮助英国军方破解德军的哑谜机（the Enigma Machine），他也是高速密码破译机炸弹机（Bombe）的主要设计者。1950 年，图灵提出了"图灵测试"，因此也称其为人工智能创始人。1951 年，图灵被英国皇家学会遴选为会员，那年他 39 岁。

他热爱运动，是能跑赢奥运会选手的马拉松健将。

3.1.2 ENIAC 与冯·诺依曼计算体系架构

图灵提出了计算机的逻辑模型，同一时期还有其他科学家与工程师也在探索计算机。

3.1.2.1 第一台电子数字计算设备——ABC 机

1935 年，保加利亚裔的阿塔纳索夫（J.V. Atanasoff，1903—1995 年）在爱荷华州立大学物理系任副教授，给学生讲授如何求解线性偏微分方程组时，不得不经常面对繁杂的计算，需要消耗大量时间，工作十分枯燥……于是他尝试新的计算思路，也即运用数字电子技术进行计算工作。经过长达两年的反复研究试验，思路越来越清晰，如逻辑电路、二进制码、存储元件……但他还需要一位聪明并且懂得机械、动手能力强的工程师共同完成这项发明，于是他找到当时正在物理系攻读硕士学位的研究生贝瑞（C. Berry，1918—1963 年）。

经过几年努力，1939 年 10 月，他们装配出一台样机，称其为阿塔纳索夫-贝瑞计算机（Atanasoff-Berry Computer，ABC），最后于 1941 年基本定型。这台计算机是电子与电气的结合，电路系统中装有 300 个电子管执行数字计算与逻辑运算，使用电容器来进行数据存储，数据输入采用打孔读卡方法，还采用了二进制。不过该计算机只能用于求解线性方程组，并不能编程。由于 ABC 机的设计中已经包含了现代计算机中四个最重要的基本概念，从这个角度来说它是一台真正现代意义上的电子计算机。

阿塔纳索夫和贝瑞的开创性工作直到 1960 年才被重新发现并广为人知，由此引发了谁才是第一台计算机的争论。当时，ENIAC 被普遍认为是第一台现代意义上的计算机，但是在 1973 年，美国联邦地方法院注销了 ENIAC 的专利，并给出结论：ENIAC 的发明者从阿塔纳索夫那里继承了电子数字计算机的主要思想。因此，ABC 机被认定为世界上第一台计算机，而 ENIAC 是第一台通用电子计算机。

3.1.2.2 第一台通用电子计算机——ENIAC

在 ABC 机研究期间，另一组计算机的发明者也在开展相应的研制工作。

1941 年夏，34 岁的莫奇利（J.W. Mauchly，1907—1980 年）是宾夕法尼亚大学莫尔电机工程学院的讲师，遇到了22岁的研究生埃克特（J.P. Eckert，1919—1995年）。莫奇利有多年使用手摇计算机实现天气预报计算的经验，深知快速计算的重要性，他数学功底很好，又从阿塔纳索夫那里听到了电子计算机的初步构思。埃克特才华横溢，精通电子学，有能力领导实现近2万个电子管组成的庞大系统，这在当时属电子领域最前沿。这两人合起来站在了技术和需求的最前沿，1942年莫奇利提出了"高速电子管计算装置的使用"的构思，期望用电子管代替继电器以提高机器的计算速度。

早在第一次世界大战时期，美国已有马里兰州、阿伯丁试验场的弹道实验室研究火炮的弹道计算，这是武器研发最重要的课题之一，但是缺少能快速处理大量数据的计算机。因此，美国军方得知莫奇利关于通用电子计算机的设想时，马上拨款大力支持，成立了一个以莫奇利、埃克特为首的研制小组——莫尔小组，预算经费为15万美元，随后研制经费追加到48万美元，这在20世纪40年代可是一笔巨款！

1946年莫尔小组制成了世界上第一台通用电子计算机，这就是第2章介绍的ENIAC。它的问世标志着计算机时代的来临，引发了工业界的极大关注。

3.1.2.3 冯·诺依曼与计算体系架构

在ENIAC的研制过程中，另一位重要人物的出现，极大地推动了计算机的发展，他就是冯·诺依曼（John Von Neuman，1903—1957年）。冯·诺依曼是研制原子弹的曼哈顿工程的重要成员，也是阿伯丁试验场的顾问，一个偶然的机会，他加入了ENIAC研究小组中。

1944年夏天，正在火车站候车的冯·诺依曼巧遇戈德斯坦（H. Goldstine，1913—2004年）。戈德斯坦见到仰慕已久的大科学家，自然十分高兴，热情地与冯·诺依曼攀谈起来。当时，戈德斯坦是美国弹道实验室的军方负责人，他正参与ENIAC的研制工作。在交谈中，戈德斯坦给冯·诺依曼介绍了ENIAC的研制情况，冯·诺依曼很感兴趣，表示会尽快参观ENIAC的研究实验室。

1944年8月初，冯·诺依曼参观了ENIAC原型机后，他毛遂自荐要做ENIAC研制的数学顾问，这让埃克特和莫奇利受宠若惊。从那时起，冯·诺依曼就成了莫尔电机工程学院的常客，他同ENIAC的首批研制者们进行认真而活跃的讨论，问题集中在ENIAC的不足之处，冯·诺依曼敏锐地抓住了它的最大弱点——没有真正的存储器。ENIAC只有20个暂存器，它的程序是外插型的，指令存储在计算机的其他电路中。这样，计算之前，必须先准备好所需的全部指令，通过手工把相应的电路联通。这种准备工作要花几小时甚至几天时间，而计算本身只需几分钟。计算的高速运行与程序的手工操作产生巨大矛盾，针对这个问题，冯·诺依曼提出了存储程序的思想。他认为：把运算程序保存在计算机的存储器中，程序设计员只需要在存储器中寻找运算指令，计算机就会自行计算，这样就能够大大加快运算进程。这一思想意味着自动运算的实现，它标志着电子计算机的成熟，成为电子计算机设计的基本原则。

1945年6月，冯·诺依曼写出了长达101页的《关于离散变量自动电子计算机的草案》，提出了程序与数据一起存放在计算机内存储器中，并给出了通用电子计算机的基本架构，如图 3.2 所示，由运算器、控制器、存储器、输入设备、输出设备五部分组成，这就是现代计算机采用的"冯·诺依曼存储程序结构体系"。

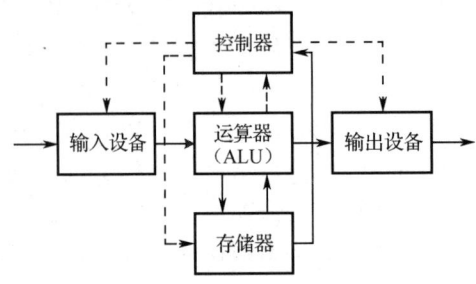

图 3.2　冯·诺依曼计算机体系架构

也就是说，图灵理论证明了制造通用计算机的可行性，而冯·诺依曼系统化、逻辑化地描述了电子计算机的系统结构，现代计算机就是把两者结合起来的产物。计算机科学一直存在两条互相交错的路线，工程路线可以追溯到冯·诺依曼，而理论的起源则是图灵。他们共同关注的课题是大脑和智能。

 拓展阅读

计算机之父：冯·诺依曼

冯·诺依曼，1903 年 12 月 28 日，出生于匈牙利布达佩斯的一个犹太人家庭。冯·诺依曼从小就受到良好的家庭教育，并且表现出过人的天赋，对知识的吸收与对数字的速算有着惊人的能力。1921 年秋天，他来到德国首都柏林，听过爱因斯坦关于统计力学的讲座，但是兴趣主要在集合论方面。1926 年春天，他获得了布达佩斯大学的数学博士学位，论文题目是《集合论的公理化》。1933 年，普林斯顿高等研究院首批聘请的 5 名终身教授中有爱因斯坦和冯·诺依曼，他是最年轻的终身教授，年仅 29 岁。

冯·诺依曼善于交际与合作，在多个领域做出了杰出贡献。1932 年出版了《量子力学的数学基础》。推动了算子环理论的发展，被称为冯·诺依曼代数。1928 年证明了博弈论的基本原理，宣告了博弈论正式诞生，并于 1944 年发表了著名的《博弈论与经济行为》。此后将精力投入到计算机与自动化理论，1945 年提出了存储程序计算架构，被称为"冯·诺依曼体系"。1958 年出版了《计算机与人脑》，诠释了计算机数学运算与人脑思维的关系，为计算机的创新与发展以及机器人的研究指明了方向。

3.1.3 大型计算机与 IBM System/360

3.1.3.1 大型计算机的产业化

第二次世界大战结束后,计算机市场初露端倪,IBM 作为最大的商用机器公司自然充当急先锋,率先攻占计算机市场。

早在 1933 年,IBM 就曾为哥伦比亚大学设计了一种高速运算器。1937 年,IBM 资助哈佛大学的计算机专家霍华德·艾肯(Howard Hathaway Aiken,1900—1973 年)博士,历时 6 年,研制成功了世界上第一台自动顺序控制计算机,名为"马克 1 号"。1948 年,推出了一台部分电子部分电机的数字计算机,这台机器安装在 IBM 纽约总部,直接向参观者进行实际操作表演。这一时期,IBM 开始涉足电子计算机领域,但还不能说自己是该领域的领导者。

兰德公司几十年来一直是 IBM 的竞争者,该公司是 IBM 在打卡机行业唯一的对手,然而始终屈居第二,即使当它能够提供比 IBM 更为先进的技术时也是如此。只有在电子计算机方面,兰德公司才找到了一个突破口。1950 年,兰德公司花巨资买下了二位 ENIAC 发明人创立的埃克特·莫奇利计算机公司。收购后,兰德公司极为重视埃克特和莫奇利的技术才华,加大研发力度。在他们的率领下,兰德公司的通用计算机正式打入市场,1951 年推出了一台 Univac 计算机出售给美国审计局。这件事让 IBM 创始人沃森之子,时任 IBM 执行副总裁的小沃森感到 IBM 的地位受到挑战,因为审计局自 19 世纪 80 年代起就一直是 IBM 打孔机的忠实用户。到了年底,埃克特和莫奇利的小组又成功制造出两台 Univac 机,并且还收到了 3 台订单,兰德公司在电子计算机行业取得了领先地位。更为轰动的是 1952 年 11 月,兰德公司利用通用计算机对一部分美国总统选举的选票进行统计,之后进行预测,与最终结果完全吻合。全美国都为之震撼,顷刻间兰德公司成了电子计算机的代名词。

面对兰德公司的挑战,小沃森立即对研究机构进行改革。在公司发展方向上做出了重大变革,IBM 开始跨越传统。1950 年 5 月,任命麦克道尔为实验室负责人,并让他在全球各地大量招聘电子技术方面的人才。1951 年,IBM 决定开发商用电子计算机,并聘请冯·诺依曼担任公司的科学顾问。在不到两年的时间里,IBM 的研究小组开发并建造了极其复杂的 701 型机,而且在设计上取得多项突破。

1953 年 4 月 7 日早晨,IBM 的总部敞开大门,沃森邀请了全美 150 位精英科学家和商人,首次向公众展示了 701 型机,一种与 Univac 针锋相对的通用型计算机。701 型机采用的是备受顾客喜爱的组合式设计原理,安装非常方便,运行速度也比 Univac 快得多。另外,IBM 在自动机械时代积累下来的声誉,以及与各用户高层建立的良好关系,在此时发挥了巨大威力,而兰德公司在企业形象上处于下风。尽管兰德公司先行进入电子计算机时代,然而 1955 年 IBM 在计算机市场上超过了兰德公司,IBM 拿到了 193 台计算机的订单,而兰德公司只有 65 台。两者之间的差距就此拉大。

虽然 IBM 暂时取得胜利，但很快新的挑战者出现了。1957 年，后被誉为超级计算机之父的西摩·克雷（Seymour Cray，1925—1996 年），率领他的科研人员离开了兰德公司，创建控制数据公司。当年，克雷就发布了当时世界上运转速度最快、运算能力最强、信息存储最多的计算机——1604 型计算机。美国无线电公司（Radio Corporation of America，RCA），曾经发明了收音机和电视机，在戴维·萨诺夫（David Sarnoff，1891—1971 年）的领导下经营业绩很好，手握大量现金，急需找到新的利润增长点，经过一段时间的思考，他选中了电子计算机行业。1957 年，RCA 推出了军用库存管理方面的 BIZMAC/1 型计算机，并成功进入陆军兵器工厂领域。不久，纽约生命保险公司也订购了 BIZMAC/1 型计算机。1958 年，凭借晶体管计算机 RCA/501，RCA 正式进入商用计算机市场。1960 年，又推出了 RCA/301 计算机（中型机）和 RCA/601 计算机（大型机）。

此外，还有美国通用电气、霍尼韦尔等大公司强势进入电子计算机领域。这一时期，IBM 虽然处于领先地位，但是没有拉开差距，随时有被超越的危险。20 世纪 60 年代初，霍尼韦尔公司在兼容机方面采用了当时最先进的硬件和编程语言，使兼容机迅速成长，对 IBM 形成强大的挑战。

3.1.3.2　世纪豪赌研发 IBM System/360

面对强敌环伺，是小打小闹，还是一战定乾坤？1956 年接任董事长的小沃森预见到大型计算机时代即将到来，于是决定进行一场空前的大赌博。

公司首席副总裁文森特·利尔森（V.Learson，1912—1996 年）毕业于哈佛大学，1935 年就加盟了 IBM，不屈不挠的性格使他从一名推销员逐步跻身于 IBM 领导层。面对挑战，公司许多人并不支持更新换代的决策。但利尔森坚定地说："要干！无论如何我们都要干！"他组建了一个工程师委员会研究新计算机的方案，这个小组的名称是"研究、生产、发展系统工程委员会"，由于难以取得共识，两个月过去后，还是没有完成研发方案。利尔森只好派车把工程师们送进一家汽车旅店，相当于封闭式开发，终于在 1961 年 12 月 28 日完成了开发计划 IBM System/360 电子计算机。新计算机系统用 360 为名，既代表着 360 计算机从工商业到科学界的全方位应用，也表示 IBM 为用户提供全方位服务的宗旨。利尔森估算的费用是：研制经费 5 亿美元，生产设备投资 10 亿美元，推销和租赁垫支 35 亿美元——360 计划总共需要投资 50 亿美元，这是美国研制第一颗原子弹的"曼哈顿工程"的 2.5 倍！作为一个企业来说，可见其投资力度之大，被称为世纪豪赌一点也不为过。

IBM 为 360 系统任命布鲁克斯（F. Brooks，1931—2022 年）为工程设计总管，同时具体负责 360 操作系统的开发。他是第一批计算机科学博士，博士论文题目是"自动数据处理系统的分析设计"。360 系统研制成功后，1964 年布鲁克斯离开 IBM 回到其故乡，为北卡罗来纳大学创建了计算机科学系，担任该系系主任长达 20 年。卸任以后仍在该系任教，因此他培养的学生很多，可谓桃李满天下。他留下的著作有软件工程领域家喻户晓的《没有银弹》和《人月神话》，还编著了《计算机体系结构：概念与发展》。他被人称为 IBM System/360 之父，1987 年当选为美国工程院院士，1999 年荣获图灵奖。

IBM System/360 开创了多项第一，如图 3.3 所示。它是第一台采用集成电路的计算机，借助集成电路的优势，其体系结构既适于事务处理，又便于科学计算；首次采用标准的输入输出接口和通用的输入输出设备，它们与中央处理器相对独立，有利于系统升级；软件既有兼容性又有可扩充性，可最大限度地保护用户的软件投资。这些特征大多都成为以后计算机设计与开发所遵循的基本原则，如英特尔处理器也是极力维护兼容性。

图 3.3　IBM System/360 开创计算机兼容时代

1964 年 4 月 7 日，50 亿美元的"世纪豪赌"为 IBM 赢得了 360 系列计算机，共有 6 个型号的大、中、小型计算机和 44 种新式的配套设备，从功能较弱的 360/51 型小型机，到功能超过 51 型 500 倍的 360/91 型大型机，都是清一色的"兼容机"。

IBM System/360 标志着第三代计算机正式登上了历史舞台。为庆祝它的诞生，IBM 公司分别在美国 63 个城市和 14 个国家举行记者招待会，盛况空前，近万人莅临。小沃森向全世界庄重宣布："这是本公司自成立以来最重要的划时代产品。"

1966 年年底，IBM 年收入超过 40 亿美元，纯利润高达 10 亿美元，跃升到美国十大公司行列。这是小沃森领导 IBM 进行的一场世纪豪赌，毫无疑问，如果 360 系统没有取得成功，那么 IBM 将会面临灭顶之灾。幸运的是，360 系统推向市场后取得了巨大成功，在其基础上衍生出来的后续型号彻底把竞争对手们赶出了大型计算机市场，为 IBM 此后的 20 多年里"独孤求败"——几乎垄断计算机市场打下了坚实基础，不过长期的优越感也埋下了危机的种子。

3.2 个人计算机与微处理器

在计算机发展的初期,整个计算机产业就已发展到了相当的规模,但是计算机只有一些资金雄厚的公司和机构才能用得起,因为大型计算机体积大、成本高、操作不便。美国数据设备公司(Digital Equipment Corporation,DEC)1965 年推出了世界上第一台真正意义的小型计算机 PDP-8(Programmed Data Processor,PDP),1970 年又推出了第一款 16 位小型机 PDP-11。PDP 系列计算机使 DEC 公司成了小型机时代的引领者。小型机的广泛使用,降低了计算机产品的使用成本,大大促进了计算机产业的发展,并直接催生了个人计算机(Personal Computer,PC)。

3.2.1 英特尔与微处理器的诞生

微处理器的诞生可追溯到 1969 年的春天。当时全世界的计算机公司都在寻找能够为他们生产芯片的半导体企业,得益于诺伊斯和摩尔这两位科学家型创始人的名声,一家名为 Busicom 的日本计算机公司找上门来,希望英特尔能为他们设计和制造计算器芯片。英特尔将这个项目交给了霍夫(T. Hoff,1937—)。Busicom 要求他设计 12 块功能各异的专用芯片,但霍夫并没有按照这个思路开发,他认为这种想法并不能有效降低芯片的成本,而且用起来还非常复杂。他只开发了四种芯片——代号为 4004 的简单但拥有多种功能的 4 位逻辑芯片,两个存储器芯片(4001 为 ROM、4002 为 RAM),以及一个移位寄存器芯片 4003。4004 芯片集成了 2250 个晶体管,能够处理 4 位数据,每秒运算 6 万次,频率为 108kHz。1971 年 1 月,第一个真正可以运行的微处理器问世了,定名为"4004"。第一个"4"是指以 4 位为单位的设计思想,后一个"4"是指由英特尔制造的第 4 种专用芯片,如图 3.4 所示。

图 3.4 英特尔 4004 微处理器

1971年年初，4004芯片被送到Busicom公司，立即遭到拒绝。由于当时计算器市场大面积减价，这个一年前签订的合同现在看来价格太高了，Busicom要求重新协商价格。霍夫听到这一消息，就对公司销售部的人说："谢天谢地！你们要从Busicom那儿要回将'4004'卖给其他客户的权利。"为降低价格，Busicom同意放弃它对4004芯片的独享权。

但英特尔销售部并不认为微处理器有市场，他们认为不值得花力气生产和推销。霍夫等人每个月都向他们提出这个要求，但每次商议的结果都是暂不公布。最后曾在TI任职的格尔·贝克出任销售部主任，态度才积极起来。英特尔终于在《电子新闻》上刊登了4004芯片的广告："一个集成电子新纪元的到来——能把一个微型程序控制计算机放进一颗半导体芯片。"但电子行业对4004芯片反应谨慎。当年秋季的展销会上，一位顾客说英特尔真能吹牛，竟敢声称把一台计算机放进一颗芯片，霍夫的合作伙伴麦卓尔（S. Mazo）给他看了芯片，他才很勉强地同意这玩意儿叫计算机。

1972年年初，霍夫和麦卓尔出差三周，巡回到一些公司举办讨论会。人们最常向他俩提的问题是："如果坏了，你们怎么修理它。"人们无法想象计算机竟然也可以像电灯泡似的，用坏后一扔了之。还有的顾客冷言嘲讽："你们怎样确保它是在工作呢？"

1972年3月，也即英特尔发布4004后不到4个月，TI公司也推出了8位微处理器，两家公司产生了争执，最后英特尔获得了专利。但霍夫说："我并不认为一旦为微处理器申请了专利后，就可以声称拥有了微处理器的一切。"确实，取得专利权与成为受用户欢迎的产品之间有很长的距离。

霍夫等人继续加以改进，1973年8月，推出了8位微处理器Intel 8080。它首次采用MOS工艺，集成了4800个晶体管，主频为2MHz，运算速度比4004快20倍，可访问64KB存储器，成为有史以来最成功的微处理器之一，也是第一个真正的通用微处理器。最初售价360美元，批发价为275美元，这也是真正推动微型计算机市场发展的产品，它被应用于世界第一台微型计算机"牵牛星"。

3.2.2 牵牛星：PC的雏形

微型计算机"牵牛星"的发明人罗伯茨（E. Roberts，1942—2010年）原本是一家微型仪器与自动测量系统（MITS）公司的老板。当市场上的手持计算器售价395美元时，MITS公司推出了低于100美元的同类产品，因此业务发展非常迅速。但是不久之后，由于TI等大公司突然闯进手持计算器市场，产品价格大幅度下降，甚至降低到了MITS公司的成本价以下，导致MITS的市场所剩无几，账面上出现25万美元的亏损。

1974年夏天，深陷困境的罗伯茨准备孤注一掷，通过开发一款新产品来赢得市场。他想能不能开发一种很便宜、能让个人使用的计算机呢？计算机爱好者有很多，但能供他们尽情摆弄的东西不多。罗伯茨看中了英特尔刚刚问世的8080微处理器，他向英特尔的一个经销商表示准备订购1000块8080微处理器。经销商非常高兴，消息传到英特尔，公司高管喜出望外，这是他们接到的8080微处理器最大的一笔订单。8080

刚推出来的时候，业界不为所动，英特尔公司也不免有些灰心。盖茨曾这样评价："即使英特尔的科学家们也未能预见到它的全部潜力。对于他们而言，8080只不过代表了芯片技术方面的一种改进而已。"

罗伯茨的1000块订单给了英特尔极大的鼓舞，当即表示给予特别的优惠价，每块单价从359美元降低到75美元。于是，世界上第一台装配微处理器的微型计算机——牵牛星Altair 8800就此诞生，如图3.5所示。

图3.5　牵牛星Altair 8800

罗伯茨所发明的微型计算机，看起来并不像大家熟悉的个人计算机，充其量不过是一堆电子元器件的组合，没有键盘、没有屏幕、没有鼠标，也没有软件，只能连接打印机输出。用户需要什么，得自己动手配置。它最大的好处是：可以让计算机爱好者以它为基础，自己买其他配件后，动手攒出一台让自己满意的个人计算机。

此时，MITS资金短缺、时间紧迫，一切都要从简，罗伯茨甚至连名字都没什么心思想，为了拯救公司，他必须在最短的时间内将脑海中的设想变为现实。恰逢《大众电子》的编辑所罗门正在苦寻新闻选题，听到罗伯茨的想法后，新闻人的敏锐让他意识到，这是一个不可错过的爆炸性新闻事件。因此，所罗门与罗伯茨约定，把他的计算机安排成1975年1月的封面故事（1月是《大众电子》发行量最大的月份）。

作为媒体人，所罗门觉得必须要有一个响亮的名字，以便让自己的读者记住。晚上，他在房间踱步琢磨，影响了正在看《星际旅行记》电视剧的女儿，不耐烦地问他在想什么。他说出了自己的问题，女儿随口一句："为什么不叫牵牛星（Altair）呢？"就这样，划时代的计算机就有了响亮的名字。另一边，罗伯茨正抓紧时间把机子做出来。万万没想到，答应给所罗门当封面的计算机却在邮寄过程中阴差阳错给弄丢了。杂志就等着拍封面发行了，无奈之下，罗伯茨加班加点做了一个"空壳"重新邮寄。

1975年1月，印有世界第一台微型计算机的《大众电子》发行了，而封面上那台Altair 8800，其实不过是一个空壳。但就是这个封面报道，这个划时代的产品，引起读者们的极大兴趣。MITS公司打了个漂亮的翻身仗，仅一年就卖出了2000台，比罗伯茨当初最乐观估计800台翻了一番多。虽说Altair的售价才400美元，但这个价格却不是所有人都承担得起的，于是，爱好者们自发组成一个俱乐部——家酿计算机俱乐部，一起凑钱购买 Altair。

乔布斯曾说："当时，俱乐部的所有人都围绕一款名为 Altair 的计算机开展活动。居然有人能够开发出一款个人计算机，这令所有人感到惊异，这在先前是不可想象的。要知道，我们在上中学时，大型计算机都是在电视里才能见到。"

1975 年 3 月 5 日，俱乐部举办了一场车库聚会。主题就是讨论 Altair 8800 和它采用的英特尔 8080 微处理器。一开始，在受邀之列的沃兹尼亚克（S.G. Wozniak，1950—）内心并不想去的，但就是这次聚会，改变了他和乔布斯两个人，甚至是计算机历史的发展轨迹。"仿佛我一生中就在等这一时刻的来临，噢，我终于能制造自己的计算机了，终于能拥有一台计算机并用余生去设计它，让它做到我想要的事情。"沃兹尼亚克曾回忆。那一夜过去后，兴奋不已的沃兹尼亚克找到乔布斯，乔布斯当即决定"我们应该创办一个公司来推广这款产品"。

1975 年 7 月，比尔·盖茨（B. Gates，1955—）在成功为 Altair 配上了 BASIC 语言之后从哈佛大学退学，与好友保罗·艾伦（P. Allen，1953—2018 年）共同创办了微软公司，并为公司制定了奋斗目标："每一个家庭每一张桌上都有一部微型计算机运行着微软的程序！"

有人说，Altair 是照亮苹果、点燃微软、指引英特尔的 PC 始祖。1977 年 5 月 22 日，罗伯茨以 600 万美元把公司卖给了佩特克公司。对此，保罗·艾伦认为："罗伯茨是一个有远见的人，但在执行中却存在缺陷，他开创了一种革新却没能让自己的公司保持领导者的地位。"确实不是每个技术发明人都能成为企业家。

罗伯茨淡出 IT 产业后，决定实现自己童年的梦想，成为一名医生。1982 年，他上了医学院，1986 年获医学学位后，成为佐治亚州乡村小镇的一名医生。

3.2.3 Apple-Ⅱ：PC 商业化

受 Altair 启示，沃兹尼亚克与乔布斯开始研制个人计算机。1976 年 3 月，他们两人成功开发出个人计算机 Apple-Ⅰ。1976 年 4 月 1 日，乔布斯、沃兹尼亚克、韦恩（R. Wayne，1934—　）决定成立苹果计算机公司。他们在车库内开始攒起了 PC，同时乔布斯还负责推销，经过一段时间的努力，零售商特雷尔终于决定订购 50 台，他要求一个月内交货。出人意料，个人计算机 Apple-Ⅰ，投放市场后很快销售一空，沃兹尼亚克与乔布斯特别振奋。消息传开后，电气工程师出身的投资人马尔库拉（M. Markkula，1942—　）敏锐地认识到这是全新的机会，主动找到乔布斯，愿意为苹果公司撰写商业计划书，并获得了银行 69 万美元贷款。于是，1977 年 1 月，苹果公司正式挂牌成立。

1976 年，一些离开 Motorola 公司的部分工程人员，成立 MOS Technology 公司，并且开发出了 6502 微处理器。它的位宽为 8 位，频率只有 1MHz。沃兹尼亚克与乔布斯以该处理器为核心，研制成功个人计算机 Apple-Ⅱ，这是第一个带有彩色图形的 PC，在 1977 年西岸计算机展首次发布会上受到极大关注。Apple-Ⅱ只有 11kg 左右，当时最轻的 PC 也要 40kg，如图 3.6 所示。他们很快就获得了上万台的订单，每台售价 1290

美元,成为当年最火的计算机产品。1980年,《华尔街日报》的全页广告上写着:"苹果计算机就是21世纪人类的自行车"。同年12月12日,苹果公司股票上市,一个小时内,460万股全被抢购一空,苹果高层内产生了4名亿万富翁和40名以上的百万富翁。

图 3.6　Apple-Ⅱ——1977 年最畅销的计算机产品

如果查看一下 Apple-Ⅱ 的配置,仅有 1MHz 的 CPU、4KB 内存、24 行×40 列单色屏幕,你可能会怀疑它是计算机吗?但就是这样一款今天看来配置如此之低、设计如此简陋的 Apple-Ⅱ,却打开了计算机从实验室通往办公室、学校甚至普通家庭的大门。

虽然苹果推出的 Apple-Ⅱ 不是最早的 PC,然而它是第一台为市场广泛接受的 PC。它从 1977 年出现到 1993 年 11 月正式隐退,历经 16 年之久,共售出了超过 6 百万台,每年为苹果公司贡献了十亿美元的收入。即使在麦金塔计算机上市数年之后,Apple-Ⅱ 仍然是苹果最主要的收入来源,堪称历史上最著名的百亿美元级畅销品之一。

3.2.4　IBM PC 与兼容机的普及

早在 1975 年前后,IBM 的一些科研人员便私下加入研制 PC 的行列。当牵牛星、苹果计算机出现后,IBM 董事长克里就注意到这个市场。1979 年,克里在公司高层会议上不断发问:"我们的苹果呢?我们的苹果呢?"

苹果公司仅仅成立一年,利润就达到 1500 万美元,在当时看起来真是不可思议。因此,IBM 的高级经理沃克对 PC 市场非常有信心。当克里对 PC 流露出兴趣之后,沃克迅速提交了 PC 的研制计划,克里也非常高兴地批准了。IBM PC 的研制工作于 1979 年开始进行。

1979 年 7 月 4 日,沃克成立了工作小组,任命俄格布莱赫特为总设计师。他认为,IBM 的科研实力都在大型计算机上,要快速推出 PC 并击败苹果公司,必须借助市场的力量,而不是限定在公司内部获取技术。

克里不但同意 PC 研制计划,而且还同意展开广告战的动议,以及选择零售渠道推销 PC 的动议。随后，克里将俄格布莱赫特所在的项目小组升级为"产品开发部"，拥有独立的拨款和预算。从此，这一秘密进行代号为"跳棋计划"的开发项目（第一台 IBM PC），由董事长克里亲自督办。不久，沃克被提升为罗彻斯特工厂的总经理。在前往罗彻斯特之前，他提名埃思里奇作为总负责人。

1980 年 9 月，埃思里奇开始领导主要针对 PC 研发的博卡雷顿实验室的"13 人小组"。他迅速采纳俄格布莱赫特的建议和做法，通过一系列评估，IBM 决定采用英特尔 8080 微处理器作为该计算机的中枢，与此同时，操作系统选用微软的 DOS。

1981 年 8 月 12 日，IBM 在纽约宣布 IBM PC 诞生。公开表示放弃独自制造所有软、硬件的策略，使广大用户认可了 PC。1982 年 IBM PC 卖出 25 万台。1983 年 5 月 8 日，IBM 公司再次推出改进型 PC/XT，增加了硬盘装置，当年的市场占有率就超过 76%。

康柏（Compaq）公司是由原 TI 公司的卡尼恩（R. Canion，1945—）等三位工程师于 1982 年以 3000 美元创立的。康柏的成功在于它找到了 IBM PC 的命门。攻破这个命门后，康柏就可以完全兼容 IBM PC。经过研究，他们发现 IBM PC 与众不同的地方是基本输入和输出系统（Basic Input Output System，BIOS），PC 启动时加载的第一个软件。它是一组固化到计算机内主板上一个只读存储器（ROM）芯片上的程序，它保存着计算机最重要的基本输入输出的程序、开机后自检程序和系统自启动程序，它可从 CMOS 中读写系统设置的具体信息。通过这个 BIOS，它可以保证 IBM 拒绝一切竞争对手。因此，康柏研究分析 IBM 的 BIOS 后，自己设计了新的 BIOS 版本，研制出 100% 的兼容机。

第一批康柏 PC 在 1982 年 12 月的圣诞节销售旺季推出，售价 3590 美元。在 IBM PC 无法满足市场的情况下，康柏极大地填补了这部分市场需求，此外它的 PC 更为轻便。康柏的成功，让许多人看到新的机会，加入兼容机行业，研制自己的 BIOS。最终，兼容机如雨后春笋般地出现了，加快了 PC 普及的速度。

3.2.5　Wintel 商业生态的形成

IBM 的第一款个人计算机有许多"偶然"，如操作系统并没有选用更好的 CP/M-86，而是选择了当时名副其实的小微软件企业——微软公司的 MS-DOS 操作系统；CPU 没有选择当时更为先进的摩托罗拉 68000，而是选用了英特尔 8088。

这些"偶然"的真实历史情形已经无从考证，因为当时 IBM PC 并没有历经长时间技术积累，IBM 自身的主要精力集中在大型机，然而 IBM PC 的市场定价却很高，因此在产品推出前业界人士并不看好。但随后这款个人计算机引发了公众的极大关注，销售数量直线攀升，不仅塑造了自身的品牌，而且各种符合 IBM 开放架构的兼容机像雨后春笋般出现，IBM PC 成为有史以来最成功的计算机之一。IBM PC 曾经的"偶然"成就了后来的两大巨头——英特尔和微软。而 IBM PC 铸就的这段因缘，也成为 Wintel（Windows 和 Intel 组合的新单词）联盟的开端。

1985 年英特尔公司发布了一款 32 位的 CPU，型号为 80386，也就是后来大众熟知的

"386"。80386 是英特尔公司发展史上的一座里程碑——不仅将位宽升级到 32 位，同时也是英特尔向人们承诺其未来生产的 CPU 都向下兼容的起始点，更是英特尔摆脱 IBM 限制的起点。当 IBM 留恋于 286、担心高性能 PC 对大型机业务的冲击时，英特尔果断扶持康柏公司率先推出 80386 计算机、帮助 DELL 率先推出 486 计算机等，此外中国大陆的联想、台湾地区的宏碁等众多 PC 厂家获得快速发展。英特尔在格鲁夫领导下一路高速发展，这段经历成为其管理著作《只有偏执狂才能生存》《十倍速时代》的重要素材。

20 世纪 80 年代，由于英特尔不仅为 IBM 的个人计算机提供 CPU，同时也为 IBM 的竞争对手所生产的个人计算机提供 CPU。PC 整机厂商相互间形成了激烈竞争局面，推动个人计算机爆炸式发展，占据 PC 产业顶端的英特尔公司也迎来了高速发展和增长的时期。

同样是 1985 年，微软公司推出 Windows 1.0。虽然 Windows 1.0 只是 MS-DOS 的扩展，本身还不是一个完整的操作系统，但 Wintel 联盟开始形成，PC 基于 Intel X86 兼容处理器并运行 Microsoft Windows 操作系统。硬件的升级为软件提供了可能性，而功能丰富、图形化软件的易用性的软件，又能产生对高性能处理器的需求，不断强化 Wintel 事实上的联盟。

1993 年英特尔推出奔腾处理器，1995 年微软发布 Windows 95，两者珠联璧合，形成各自领域的霸主地位。踌躇满志的比尔·盖茨指点江山，出版了《未来之路》。

PC 的快速发展和普及，大大拓宽了计算机的应用范围。有科学家作家之称的卡斯蒂对仿真做了深入思考，形成了科普名著《虚实世界：计算机仿真改变科学的疆域》，他试图引领读者穿越硅化微世界，探索复杂自适应系统新疆域。从 20 世纪 60 年代开始，出现了计算数学、计算物理学、计算电磁学等，"计算"逐渐渗透到科学研究各个领域；同时，计算机辅助设计（CAD）、电子设计自动化（EDA）等进入工业设计领域，逐渐形成计算机仿真驱动产品开发。2006 年华裔计算机科学家周以真教授提出了"计算思维"，通俗地说，就是像计算机科学家一样思考。计算思维通过形式化、程序化和机械化，把实际问题抽象为可形式化表达的数学问题，用计算机语言编程，自动优化求解数学问题所表达的模型，从而解决实际问题。

3.3 计算机体系架构与指令集

2017 年轩尼斯（John Hennessy）和帕特森（David Patterson）荣获图灵奖，以表彰两人开创了一种系统的、定量的方法来设计和评价计算机体系结构。此前，他们为人所知的就是共同完成的计算机体系结构经典著作《计算机体系结构：量化研究方法》。计算机体系结构，它的范围很广，从大型计算机、PC 到嵌入式系统。这里，我们从微处理器开始谈起。

3.3.1　英特尔的第一个 X86 体系

牵牛星的成功，让英特尔的创始人诺伊斯对微型计算机产生了兴趣。诺伊斯感叹："在电力只被用来驱动工厂中的电动机时，它并没有在很大程度上改变这个世界。只有开发出微型且能放在人们手中的小电动机时，譬如缝纫机、风扇等，变化才会真正体现出来。"从此以后，英特尔开始大步向 PC 领域进军。

1978 年 6 月，英特尔推出 4.77MHz 的 8086 处理器，标志着第三代微处理器问世。16 位寄存器、16 位数据总线和 29000 个 3μm 技术的晶体管。8086 处理器也标志着采用 X86 架构 CPU 走上历史舞台。因为之前的所有英特尔 CPU 产品都是以"86"作为结尾的，所以 X86 是英特尔开发制造的一种 CPU 体系结构的泛称。

40 多年来，在 CPU 性能不断增强之外，我们看到了这样一条清晰的发展轨迹——CPU 从集成协处理器、到集成缓存，再到集成内存控制器，一直走到集成 GPU，未来还将集成更多功能。其背后是摩尔定律发挥了重要的作用。

通俗地说，CPU 的位数是指一种 CPU 的运算能力，它主要取决于 CPU 内部寄存器、算术逻辑单元（Arithmetic and Logic Unit，ALU）。

1985 年英特尔推出的 386 处理器，它集成了 27.5 万个晶体管。但是它的浮点运算能力并不强，难以满足科学计算等越来越重要的应用，于是英特尔专门为 386 处理器设计了一颗辅助芯片，名为 80387 的协处理器，可供用户选择。科学计算，如第 2 章中 MATLAB、EDA 等软件以及我们看到的计算数学、计算物理、计算化学、计算电磁学等，"计算+"的名单越来越长。以计算为基础的仿真技术，已经成为与数学、实验并列的第三种科学研究手段。

实际上协处理器早在 1978 年就出现了，它就是配合 8086 处理器使用的 8087。因为这一时期受集成电路技术的限制，一般只能将协处理器做成另外一颗芯片，供用户选择。这样可以降低制造成本、提高良品率，对于计算要求不高的用户可以节省成本。他们可以暂时不买协处理器，需要的时候再扩展。

80387 协处理器与 80386 微处理器并行连接，可以构成一个高效的 386 处理器系统。80387 相对于 80386 的改变就是增加了 8 个 80 位的浮点寄存器，以及 16 位的控制寄存器、状态寄存器和标志寄存器。这样 387 协处理器就为 386 处理器扩充了七十多条指令和多种数据类型，使得 386 处理器的浮点运算能力大大加强。

1989 年，英特尔发布了 486 处理器，它在性能上有很大提高，首次在复杂指令（Complex Instruction Set Computer，CISC）体系 X86 架构中使用了精简指令（Reduced Instruction Set Computer，RISC）内核，提高了指令执行速度。关于 CISC 与 RISC 的关系将在 3.3.3 节中叙述。486 处理器的最大意义在于它集成了协处理器，协处理器的概念从此消失而变为 CPU 内部的浮点处理单元（Float Point Unit，FPU）。

自 486 处理器之后，协处理器的功能也不再局限于增强浮点运算，含有内置协处理器的 CPU，可以加快特定类型的数值计算，某些需要进行复杂计算的软件系统，如高版本的计算机辅助设计软件（CAD），它能够绘制二维制图和基本三维设计，应用于土木建筑、装饰装潢、工业制图、工程制图、电子工业、服装加工等多个领域。

3.3.2 融合GPU的CPU系列产品

美国超威半导体公司（AMD），与英特尔一样，也起源于仙童公司。创始人杰里·桑德斯（Jerry Sanders，1936—）大学毕业后顺利进入仙童半导体公司，在他担任副总经理这段时期，公司业绩下滑，人才纷纷外流，尽管他不想走，但是因公司管理层重组，他下岗了。经历一段艰难的时期后，他与朋友一起创立AMD公司，从事处理器研发与生产。他自嘲地说："英特尔只花了5分钟就筹集了500万美元，而我花了500万分钟才筹集到5万美元。"

图形处理器（Graphics Processing Unit，GPU），最初是英伟达（NVIDIA）于1999年推出的。随后，ATI（Array Technology Industry）等图形图像加速卡公司快速跟进。到2003年ATI的产品与英伟达打成平手，然而到2005年英伟达棋高一着全面领先。ATI无力抗争后，只好寻求其他公司的帮助。

AMD为了寻求新突破，摆脱被动局面，收购ATI获得了GPU技术。2005年10月25日，AMD发布了代号为融合（Fusion）的研发计划，期望将CPU与GPU整合在一起，共享物理资源构成强大的逻辑芯片。业界普遍看好AMD制订的融合计划，并且一致认为AMD的图形核心技术比英特尔强。然而，历史发展表明，首先实现CPU与GPU融合的厂商，竟然是这个领域长期沉默的英特尔。

在AMD提出融合计划的5年内，英特尔取得了一系列技术突破。2010年初，英特尔率先推出了两款融合GPU的CPU系列产品。与原来的CPU相比，英特尔的GPU架构拥有更加灵活的单指令多数据（Single Instruct Multi Data，SIMD）操作模式，图形图像能力更强。

3.3.3 复杂指令集与精简指令集

掀开处理器的面纱，我们会看到处理器的两张面孔，外向的指令集，内向的微架构，如图3.7所示。

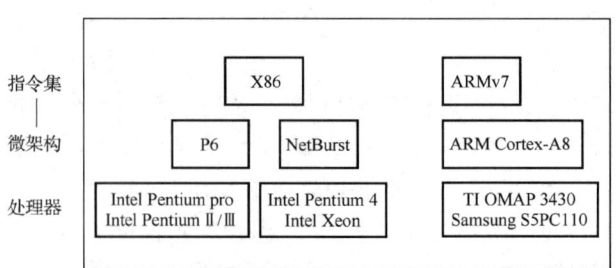

图3.7 指令集、微架构、处理器的关系

在早期计算机发展过程中，程序员们必须要面对一个棘手的问题：不同厂商之间由于处理器的设计不同，其控制指令也有着不同的定义方式，同样一个任务，在不同的计算机上需要设计不同的程序来执行。这种不便极大程度地制约了程序员们的生产力。为了解决这个问题，IBM 在其研制的计算机中引入了指令集体系结构（Instruction Set Architecture，ISA）的概念，将编程所需了解的硬件信息从硬件系统中抽象出来，让程序员可以面向 ISA 进行编程。ISA 相当于给计算机制定了一套标准的指令，无论硬件如何变化，只要采用了 ISA 架构，那么面向 ISA 开发的程序就可以在硬件平台上运行。指令集体系结构可以理解为处理器底层硬件与运行于其上的软件之间的桥梁与接口。

指令集的出现，计算机的通用性问题得到了解决。指令集技术也随着计算机的普及而快速发展，到目前为止，指令集的发展大致经历了三个时代：复杂指令集计算机（CISC）时代、精简指令集（RISC）时代，以及后 RISC 时代。

计算机发展早期，由于存储资源紧张，处理器性能低，计算机部件昂贵，为了提高计算机的处理效率，人们把许多复杂的指令加入指令体系中，逐渐形成了复杂指令集（CISC）。最著名的 CISC 是当下还在使用的英特尔的 X86 指令集，从最初的 8086 开始，每出一代新的处理器，都会加入新的指令，而考虑到兼容性问题，又必须保留已有处理器的指令集，所以处理器指令集越来越复杂。可以看出，随着 CPU 的推陈出新，CISC 指令集一直在做加法。

到了 20 世纪 70 年代中期，IBM 在研究指令系统合理性问题时发现，处理器中 80% 的复杂指令并不会被经常用到，20% 的简单指令占到了程序总指令数的 80%，这完全符合当前流行的"八二法则"，或"抓主要矛盾"。基于这种思想，一种新的指令集设计思路应运而生，去掉那些不常用的复杂指令，只保留常用的简单指令，这样处理器就不需要浪费太多的资源去做那些很复杂又很少使用的功能，这就是精简指令集（RISC）。精简指令集处理器具有功耗低、成本低、结构简单、编译码简单、易学易用等优势，获得了用户的青睐。现在智能手机通常采用的处理器就是基于精简指令集（RISC）的。

RISC 处理器出现后，一直以来开发 CISC 处理器的英特尔坐不住了。眼看服务器越来越多地采用 RISC，虽然 PC 市场有应用软件向后兼容的特点，受到 RISC 处理器的冲击较小，但是英特尔还是感到了压力，照这样的势头发展下去，RISC 处理器会在 PC 以外的领域全面超越英特尔。为了扭转颓势，英特尔推出了 Pentium Pro 处理器，在这颗处理器中，X86 指令集被先解码为类似于 RISC 指令的微操作，再用 RISC 内核来执行。这种巧妙的设计让古老的 CISC 获得了新的生机，成为一代经典，延续至今。

CISC 在精简，而 RISC 在增肥，随着应用软件环境的变化，越来越多的指令被添加到 RISC 指令集中，RISC 也不可避免地走上了 CISC 当年走过的道路。

进入后 RISC 时代，CISC 越来越多地向 RISC 的设计思想汲取营养，RISC 也渐渐变得丰满起来。这些改变，也不同程度地改善了处理器的性能。可以说，指令集的精简化和复杂化都只是手段，提高处理器性能才是王道。

如果说指令集的作用是告诉处理器怎么做的话，那么微架构就定义了处理器能做什么。微架构包含处理器内部的构成以及这些构成起来的部分如何执行指令集架构，通常用图来表示，其描述了处理器内部元件的连接关系，每个微架构的元件都被表示成由数个逻辑门组成的工具，我们常常听到的"多核""超线程"都属于处理器微架构的范畴。微架构涉及具体的数字电路的知识，在这里就不展开叙述了，感兴趣的读者可以参阅处理器设计的相关资料。

3.3.4　ARM 的诞生及其生态系统

2016 年 7 月 18 日软银集团正式宣布将收购 ARM，引发轩然大波，但交易进展十分顺利，很快就得到了双方董事会、股东和相关监管机构的批准。9 月 5 日收购正式达成，成交价为 320 亿美元（约 2135 亿元）。2015 年 ARM 的营业收入达到 14.89 亿美元，采用该公司架构的芯片全年的出货量达到 150 亿颗，超过英特尔有史以来出售的芯片总和。

ARM 的创始人豪瑟对于这次并购深感痛心，他认为，ARM 给了英国真正的优势，ARM 被软银收购的当天将成为英国科技行业最令人难过的一天。

同样，其他国家的企业也对未来的 ARM 能否坚持初心不变保持怀疑。尤其是 2019 年 5 月 ARM 对华为的断供事件后，虽然随后又供货了，但是这种疑虑并没有消除。

ARM 的发展历史，可以追溯到 1978 年 12 月 5 日，物理学家赫尔曼·豪瑟（Hermann Hauser）和工程师克里斯·柯里（Chris Curry），在英国剑桥创办了 CPU（Cambridge Processing Unit）公司，主要业务是为当地市场供应电子设备。1979 年，CPU 公司改名为 Acorn 计算机公司。

在 20 世纪 80 年代初，Acorn 用 6502 系列 CPU 制造的 BBC Micro 计算机在英国大获成功。IBM PC 推出后，6502 系列 CPU 的性能逐渐落伍了。Acorn 准备基于 80286 开发新的计算机，但是不知何故，英特尔连样片都不给。于是 Acorn 只好自己开发 ARM（Acorn RISC Machine），1985 年 ARM1 诞生了，这是第一款定位中低端的 RISC 处理器，可惜没有实现商业化应用。后来 Acorn 在 1986 年和 1990 年分别推出了 ARM2 和 ARM3，1987 年还推出了操作系统和计算机，它在英国教育市场获得了成功，但 1990 年之后，很快被 Wintel 的生态击败了。

1990 年前后，一些企业开始研发掌上计算机。Active Book 公司基于 ARM2 开发 Personal Communicator 产品。就在产品处在研发阶段中，Active Book 被 AT&T 收购了，可怜的 ARM2 被换成了 AT&T 自家的 Hobbit 处理器。幸运的是，不久之后 ARM2 被苹果公司选中，作为牛顿（Newton）平台的处理器。这个故事听起来是否有点"塞翁失马"的味道？

可是 ARM 前身 Acorn 公司与苹果在计算机市场上有竞争。如何化解矛盾？苹果公司花了 6 周时间说服 Acorn 把 ARM 独立出来经营。1990 年 11 月 27 日，合资公司 ARM 正式成立，苹果、Acorn 和 VLSI 分别出资，Acorn 把 ARM 处理器相关的知识产权和 12 名员工放在了新成立的公司里。此后，ARM 的缩写被解释为 Advanced RISC Machine。ARM 新公司的使命是"设计有竞争力的、低功耗、高性能、低成本的处理器，并且使它们成为目标市场中广为接受的标准"，目标市场包括三大领域：手持设备、嵌入式系统和汽车电子。

为了节省成本，新公司在剑桥附近租了一间谷仓作为办公室，全力为苹果的 Newton 研发 ARM6 处理器。Newton 是苹果花大力气研发的触控屏移动技术平台，大家都听过苹果、牛顿和万有引力的故事，能够领会苹果公司对 Newton 平台有多么高的期望。1993 年，苹果的 Newton 计划失败了，ARM 无奈之下选择了 ARM 处理器的源代码授权这一商业模式。

受益于这一商业模式，1993 年 ARM 成功地拿到了大公司 TI 的订单，年底实现了盈利。员工数量也由 12 人增长到了 42 人。有了 TI 公司的成功应用，1994 年 ARM 拿到了三星的订单，员工数量增长到 70 多人，终于搬出了谷仓，改善了研发工作环境。这里可以看到三星的战略眼光，对新技术十分重视，同样在这个阶段三星跳过 GSM 直接拥抱 CDMA 技术。

除了源代码授权模式，ARM 也做指令集授权。1995 年，ARM 把指令集授权给 DEC，DEC 很快设计出了性能更好的 StrongARM 处理器。1997 年，StrongARM 产品线被卖给英特尔，更名为 XScale。

开放授权的商业模式，使得整机厂商在选择芯片时，可以找到支持同一指令集的多种芯片产品，不容易被绑架。诺基亚作为与摩托罗拉旗鼓相当的手机制造商，自然不愿意选择竞争对手的 Dragonball 处理器，而 ARM 的技术实力和商业模式，正好符合诺基亚的需求。针对诺基亚的特殊要求，ARM 公司专门开发出 16 位的定制指令集，缩减了占用的内存空间。诺基亚 6110 是第一部采用 ARM 处理器的 GSM 手机，1997 年上市后获得了极大的成功，成为一代经典。1998 年，借助诺基亚 6110 的东风，ARM 成功地在纳斯达克上市了。

3.3.5　ARM 的商业模式：IP 授权

在 ARM 的发展历程中，逐渐形成并完善其商业模式。他们以 IP（Intellectual Property）授权的方式，将芯片设计方案转让给其他公司，如图 3.8 所示。

ARM 的 IP 授权方式可以分为以下三种模式。

（1）POP（Processor Optimization Pack）处理器优化包授权是处理器授权的高级形式。如果客户没有足够的能力调整配置，ARM 可以卖给客户一个处理器优化方案，然后客户拿着这个优化方案就可以直接找代工厂商生产，生产出性能有保证的处理器。这样可以快速完成产品设计，自由发挥的空间就小了，处理器类型、代工厂、工艺都是规定好的。POP 授权模式就是卖给那些希望获得处理性能强化，但自己又没有足够的能力来消化的客户。如 Cortex-A12 处理器，就要求你在台积电使用 28nm HPM 工艺生产，或者在 Global Foundries 使用 28-SLP 工艺。

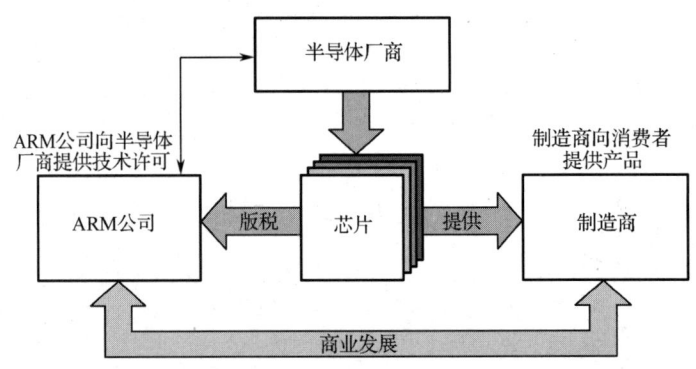

图 3.8　ARM 商业模式

（2）处理器授权（内核）是指授权合作厂商使用 ARM 设计好的处理器，对方不能改变原有设计，但可以根据自己的需要调整：核数量、缓存、频率、功耗、工艺、代工厂商等。如三星的 Exynos 5 Octa，配置了 4 个 ARM Cortex A7 内核和 4 个 ARM Cortex A15 内核——这些就是处理器授权。ARM 同时还向客户提供将设计整合的指南，不过最后的设计整合和实体整合还是需要你自己的团队去做。ARM 也会给你提供指导，但如何将方案变成芯片、设定在什么规格，就看你的了。

（3）架构授权是 ARM 授权合作厂商使用自己的架构，方便其根据自己的需要来设计处理器。如果客户实力雄厚，只要购买 ARM 的架构/指令集即可，费用自然较低。这些自行设计的处理器和 ARM 的指令集是兼容的。ARM 提供一些帮助，但设计、整合和测试的过程都需要客户自己完成。例如，高通 Krait 架构、苹果 Swift 架构，就是在取得 ARM 的授权后设计完成的。所以,授权费和版税就成了 ARM 的主要收入来源。除此之外，就是软件工具和技术支持服务的收入。

针对 ARM 的商业模式，有人用房地产销售来比喻，第一种相当于精装修，你选择好户型可以拎包入住；第二种类似毛坯房，可以根据你自己的偏好来装修；第三种只卖给你设计图纸，如何盖房、装修都是你自己的事情，自由度更大，当然挑战性也大。

苹果公司的成功很大程度上应当归功于其产品优良的性能表现和电池的长时间的续航能力，而这正是苹果公司在 ARM 设计的基础上进行调整的结果——这些调整让苹果的软硬件更紧密结合。尽管苹果公司具有如此庞大的芯片设计团队，但其芯片的基本架构选自 ARM 而无须从头设计，这样每年可以节省数亿甚至数十亿美元的成本。

3.3.6　ARM 搭上智能手机的快车

2007 年苹果推出了 iPhone，乔布斯宣称这是一个革命性的产品，它颠覆了移动手机的设计，计算机与移动手机开始融合，推动了移动互联时代的到来，也为 ARM 带来了全新的机会。苹果第一代 iPhone 就采用了 400MHz 的 ARM11；2009 年的 iPhone 3GS，升级为 600MHz 的 Cortex A8，其处理器是由三星设计与制造的。2010 年推出 iPhone4，苹果开始自研 A4 处理器，采用 ARM 公司 1GHz 的 Cortex A8。

为了 A 系列处理器的发展，2008 年至 2018 年苹果累计投入十几亿美元收购了 76 家公司，其中超过 40 家与半导体、AI、AR 有关。如 2008 年，苹果以 2.78 亿美元收购了加州高性能低功耗处理器设计企业 P.A.Semi。这家公司于 2003 年创立，领头人是 Dan Dobberpuhl，曾于 20 世纪 90 年代在 DEC 公司领导设计了著名的 StrongARM 处理器，他还是包括 Alpha 处理器在内众多构架的核心设计师之一，因此 P.A.Semi 的实力不容小觑。除了 P.A.Semi，2010 年苹果以 1.21 亿美元收购了得州 Intrinsity，其专注于设计较少晶体管、低能耗，同时具备高性能的处理器。2011 年以 3900 万美元的价格收购了以色列闪存控制器设计公司 Anobit。2013 年收购了加州 Passif，其专长于低功耗无线通信芯片。2015 年以 1820 万美元收购了加州一家芯片制造工厂，让苹果终于拥有了芯片制造能力。2017 年收购了传感器公司 InVisage，其基于点阵图像的传感器是 FaceID 技术的升级来源。

2018 年苹果推出的 A12 集成了 ARM 架构的 64 位 6 核 CPU，其中有两个大核（性能核），比 A11 处理速度提高 15%，功耗降低 30%；有 4 个小核（能效核），比 A11 功耗降低 50%。苹果 A12 与华为麒麟 980 都采用了台积电 7nm 工艺制造，巧合的是，它们都集成了 69 亿个晶体管，而且在宣传口径上都不约而同地都提到自己是全球首款 7nm 手机芯片。

3.3.7 ARM 的挑战与 RISC-V 的机遇

RISC-V 是一个全新的指令集架构，该架构最初由美国加州大学伯克利分校三位教授领衔研发，其中"V"表示从 RISC-I 开始设计的第五代指令集。

2010 年，加州大学伯克利分校的研究团队分析了 ARM、X86 等多种指令集。当时，英特尔对 X86 的授权限制很严，ARM 的指令集授权也不便宜。这些指令集不仅复杂度不断提升，还存在知识产权风险，而处理器架构种类和处理能力并无直接关联。针对以上问题，该小组设计并推出了一套基于 BSD（Berkeley Software Distribution）协议许可的免费开放的指令集架构 RISC-V，其原型芯片也于 2013 年 1 月成功流片。

RISC-V 指令集具有性能优越、免费开放两大特征。它的设计目标是能够满足从微控制器到超级计算机等各种复杂程度的处理器需求，可支持从 FPGA、ASIC 乃至未来器件等多种实现方式，同时能够高效地实现各种微结构，支持大量定制与加速功能，并可与现有软件及编程语言良好适配。

国内的 RISC-V 产业也发展迅速，包括华米、芯来、平头哥、中兴、华为等一批优秀企业选择 RISC-V。自 2018 年以来成立了多家围绕 RISC-V 产业的组织，如中国开放指令生态（RISC-V）产业联盟、上海集成电路行业协会 RISC-V 专业委员会联盟等。对于 RISC-V 在国内发展的意义，中国 RISC-V 产业联盟理事长戴伟民认为：首先，是安全可控，由于 RISC-V 并不是打包好的 CPU IP 核，而是指令集，需要自己写 RTL，所以拥有完整的源代码；其次，RISC-V 的开源开放，非常适合中国市场；再次，RISC-V 具有高品质、高性能的特性；最后，可以积累大量 CPU 人才，从过去我国多年的 CPU 发展来看，无论是产业界还是学术界，都培养了一大批 CPU 开发人才，但是数量与质量都有待提高。RISC-V 开源开放，为 CPU 人才培养创造了有利条件。

2019 年 5 月，作为非美国本土企业的 ARM 公司对华为断供事件，凸显了供应链的安全问题，虽然不久之后又恢复了供应。由此，我国开始拥抱开源架构 RISC-V，并致力于开发自己的计算体系架构。2021 年 12 月 17 日，在首届滴水湖中国 RISC-V 产业论坛上，先楫半导体、芯昇科技、凌思微电子等十家本土 IC 企业共推介了十款国产 RISC-V 芯片产品。中国工程院倪光南院士出席 2022 第四届汽车电子大会时指出，国内产业界应抓住新一代信息技术发展机遇，聚焦开源 RISC-V 架构发展中国汽车芯片产业，通过充分发挥我国举国体制和超大规模市场优势、人才优势，大力发展壮大 RISC-V 产业生态，增强 RISC-V 产业链供应链自主可控能力。

3.4 基带处理器

自 2019 年 3 月以来，关于 5G 的消息接连不断，华为、小米先后发布了 5G 手机。然而苹果却始终沉默，据说没有找到合适的 5G 基带处理器。到 2019 年 4 月 17 日，长达 2 年的高通与苹果之间专利授权纠纷终于达成和解，苹果无奈地支付了 45 亿美元专利费。同时，英特尔宣布退出 5G 基带处理器。从此全球 5G 基带处理器厂家仅剩下 5 家：中国的华为海思和紫光展锐、中国台湾的联发科美国的高通、韩国的三星。你可能会问，什么是基带处理器？为何这么困难？

3.4.1 基带处理器概述

基带处理器（Baseband Processing Unit，BPU），包含模拟基带、数字基带，还可能包含射频、电源管理等功能。模拟基带模块与射频模块、音频模块连接，具备数字与模拟转换等功能。数字基带模块完成业务信息和控制信息的信道编码、加密，调制解调等移动通信标准的物理层、链路层等功能。射频模块负责射频收发、频率合成、功率放大等功能。基带处理器决定了通信质量、数据传输的速度等。

由于 5G 与 3G、4G 标准要求大为不同，5G 不仅要追求更高的数据吞吐量，还要具备更大的网络容量与更好的服务质量（QoS），因此 5G 基带处理器的研发设计更为复杂。以往，移动通信技术的升级换代，重点都放在带宽升级。但是在 5G 时代，为满足各种物联网应用的需求，移动网络不仅要支持更宽的带宽，还要具备更大的网络容量与更低延时、更稳固的通信链路。这对基带处理器的设计来说，意味着处理器本身必须具备极高的弹性，以便支持 eMMB、uRLLC 与 mMTC 等不同的 5G 场景，但同时又要有很好的性能表现，否则数据吞吐量将无法达到 5G 要求的水平。

多频段兼容带来的设计复杂度，3GPP 制定的 5G NR 频谱有 29 个频段，据了解这些频段既包含了部分 LTE 频段，也新增了一些频段。而且各个国家和地区的频段也不相同，所以芯片厂商需要推出的 5G 基带处理器是在全球各个区域都能使用的通用芯片，即支持不同国家和地区的不同频段，多频段兼容增加了在芯片设计上的难度。

支持的模式数增加也使得设计难度有所增加，5G 基带处理器需要同时兼容 2G/3G/4G 网络，目前国内 4G 手机所需要支持的模式已经达到 6 模，到 5G 时代将达到 7 模，测试一颗芯片要跑遍全球运营商。为什么需要兼容多模？就拿 4G 时代来说，如果用户购买一部支持 6 模的手机，便可以支持中国电信、中国联通、中国移动的 4G/3G/2G 网络，用户可以在不更换手机的情况下，方便地更换运营商。另外，初期阶段运营商在网络搭建上还没完成，一部搭载 5G 基带处理器的 5G 手机，虽然可以支持 5G 网络，但是在某些 5G 网络还未搭建完善的区域，还是需要 4G 网络支持使用。这一点用户应该有体会，我们现在使用的手机，在有些地域或某些时刻会提示 2G、3G 网络服务。

5G 时代对于数据传输量和传输速率的要求都非常高，除了上述提到的几点，像 5G 基带处理器内置的 DSP（或 FPGA）能力是否足以支持庞大的数据量运算，芯片在满足运算效率时还牵涉到系统散热问题。对于 5G 的终端来说，由于处理能力是 4G 的 5 倍以上，功耗也是必须要攻克的难题，这些都是设计难点。

3.4.2　高通基带处理器

在第 1 章中已介绍，CDMA 成为第二代移动通信技术标准后，1995 年 10 月高通成立了 CDMA 专用芯片部门。高通开始向合作伙伴们供应网络基础设施和芯片，并对自己的技术专利进行授权。随着 CDMA 技术在全球的推广，高通把手机部门卖给了日本京瓷，把基站部门卖给了瑞典爱立信，仅保留了芯片设计部门、技术标准研究与知识产权部门。

到 2000 年，高通在自己的多媒体 CDMA 芯片和系统软件中集成了 GPS，即将 GPS 和互联网、MP3 和蓝牙功能结合在一起。在随后的几年里，高通大幅提升芯片处理性能和改进电源管理。2007 年成为世界领先的移动芯片提供商，从此一直霸占 Fabless 排行榜的状元之位。2012 年高通的市值甚至一度超越英特尔公司，被人称为手机领域的英特尔。

2013 年 2 月，在世界移动通信大会（MWC）上高通展出了全网络芯片 RF360，支持的网络制式包括 FDD-LTE、TD-LTE、WCDMA、CDMA、TD-SCDMA、EV-DO、CDMA1x、GSM 及 EDGE 网络等约 40 种全球各地运营商所运营的网络制式，开创了全网络芯片的先河。

2019 年 2 月，在 MWC 上高通又发布了第二代 5G 基带"骁龙 X55"，支持 2G 到

5G 制式，覆盖全球主要频段，传输速率可达 7Gb/s。高通认为，骁龙 X55 可以明显提升网络容量和效率，主要有两点：①4G/5G 频谱共享，即在同一小区里面，使用骁龙 X55 可以同时共享 4G 和 5G 的重叠频谱；②全维度 MIMO，小区的天线阵列除了水平方向，还可以在垂直方向上进行波束成形和波束导向，提升整个空间的覆盖和效率。

也正是高通在基带处理器领域的优势，"没有许可，就没有芯片"，要求苹果等用户支付智能手机销售价约 5%的专利许可费，被人戏称为"高通税"，然后才能购买高通基带处理器。高通曾经在多个国家与地区遭遇到反垄断调查，但是除了交罚款，并没有限制其商业模式。美国联邦贸易委员会（FTC）指控高通滥用市场支配权，2019 年 5 月美国地方法院做出了有利于 FTC 的裁决。未来高通的商业模式是否还能继续，还有待进一步观察。

3.4.3 华为基带处理器

图 3.9　巴龙 5000

2019 年 1 月，华为推出了 5G 多模终端芯片巴龙 5000（见图 3.9）与基站芯片天罡。巴龙 5000 支持多种终端形态，支持 5G 车载终端（车联网）、5G 模组（物联网）、5G 家庭宽带终端（家庭网络）以及智能手机。

巴龙 5000，在单芯片内也能实现 2G、3G、4G 和 5G 多种网络制式，可有效降低多模间数据交换产生的时延和功耗。该芯片还在全球率先支持 SA（5G 独立组网）和 NSA（5G 非独立组网，即 5G 网络架构在 4G LTE 上）组网方式，率先实现业界标杆的 5G 峰值下载速率，在 Sub-6GHz（低频频段，5G 的主用频段）频段实现 4.6Gb/s，在毫米波（高频频段，5G 的扩展频段）频段达 6.5Gb/s，是 4G LTE 可体验速率的 10 倍。

基站芯片天罡，具有以下特点：首先是极高集成度，在极低的天线口面尺寸规格下，支持大规模集成有源 PA（功放）和无源阵元；其次是算力，实现 2.5 倍运算能力的提升，搭载最新的算法及波束赋形，单芯片可控制高达 64 通道；第三是极宽频谱，支持 200MHz 运营商频谱带宽。同时，该芯片可让基站尺寸缩小、重量减轻和功耗减小，这对于人口密集的城市来说意义很大。

华为基带处理器研发工作起始于 2007 年，据说这件事还涉及高通公司和中兴公司。当年华为最早做出了 3G 数据卡，很快畅销全球，一度占到了全球市场份额的 70%。数据卡芯片与手机芯片相比更为简单，只需要基带处理器。最初，华为的数据卡设计方案是基于高通的基带处理器，华为与高通公司每年都要讨价还价，高通面临降价压力，希望扶持华为的竞争对手中兴公司来减轻压力。给中兴供货，华为也能接受，但当时高通的策略是优先支持中兴，而给华为供货不及时甚至会断供。当华为了解这一事实后调整了策略，凡是关键性技术，在有钱的情况下都要自主研发，这也许是华为"备胎计划"的开始。

2007年，海思决定成立"巴龙"项目组，专攻通信基带处理器研发。据悉，巴龙在品牌建立之初选择西藏海拔7013米高的巴龙雪山来为品牌命名，正是因为他们知道基带处理器研发注定是一条陡峭崎岖的攀登之路。当时，国内3G还未正式商用，华为就开始做4G LTE的相关研发，并在2008年9月正式成立LTE UE开发部门。2009年华为推出了第一款面向公开市场的K3处理器，因为其产品不够成熟等因素，这款芯片没有取得成功。

2010年，苹果自研的A4处理器在iPhone 4上大获成功，海思备受鼓舞，于2012年推出K3V2处理器和巴龙710，下行速率达到了150Mb/s，支持五模及国际通用频段，该处理器还用在了自家旗舰机型Mate 1和P6手机中，取得了初步成功。

2014年年初，海思发布了麒麟910芯片，它用中国神话的瑞兽麒麟命名，并首次将基带处理器巴龙710和应用处理器集成在一块SoC里，采用台积电28nm工艺，主频为1.6GHz，支持LTE 4G网络，在TD-LTE网络下最高可达到112Mb/s下行速度，搭载910的旗舰机型是Mate2、P6S等。

2015年11月，华为发布麒麟950。值得赞赏的是，在研发麒麟950之前，海思团队做出了大胆决定——跳过20nm，直接挑战更为先进的工艺，也即业界首款采用台积电16nm FinFET工艺制程的移动处理器，比采用三星14nm FinFET工艺制程的高通骁龙820提前了几个月。从麒麟950开始集成海思自研的图像信号处理（Image Signal Processing，ISP）模块，使其吞吐率性能提升4倍，高达960Mixel/s，支持双1300万像素图像传感器和最大3200万像素图像传感器，混合对焦技术，首发主力机型Mate8。

2016年2月23日，华为麒麟950荣获"2016世界移动通信大会GTI创新技术产品大奖"，同年10月，海思发布麒麟960，GPU性能较上一代提升180%，主要搭载于华为Mate9。2017年1月，麒麟960被Android Authority评选为"2016年度最佳安卓手机处理器"。多年的持续努力，麒麟系列芯片终于获得市场认可。据用户的实际体验，华为手机的信号是最好的，也就是当其他手机收不到信号时，华为手机信号还是清晰的。

3.4.4 其他基带处理器

高通是突破基带技术而逐渐走向移动处理器高端的，被戏称为买基带送CPU。乔布斯最初选择的英飞凌基带处理器，在诺基亚、三星、LG等客户处也只是个备用的低成本货源。加上iPhone前三代的销量并不高，因此英飞凌无线部门一直亏损。到了iPhone 4推出时，虽然英飞凌仍是WCDMA版基带处理器的主要供应商，但是苹果已经选择高通作为CDMA2000版基带处理器的提供者。英飞凌基带处理器的主要优点是单芯片集成度高，可满足iPhone紧凑设计的需要。

iPhone前三代都存在信号弱的问题，导致第四代乔布斯把天线在手机外面整整包了一圈来提高信号强度，结果还闹出了"天线门"事件。虽然极其不喜欢高通收费方式，乔布斯还是被迫放弃英飞凌转到高通平台，在接下来的4G LTE平台高通的优势更加突出。

2010 年，英飞凌把无线部门以 14 亿美元卖给英特尔，应该说是个良好的结局。因为飞思卡尔、TI 等公司的基带处理器部门，都是没人买而自己关门的。作为 PC 端的半导体霸主，英特尔从 2011 年开始组建移动通信业务部门，原计划通过收购英飞凌的无线通信部门进入 iPhone 4S，然而苹果却转向了高通。

在 2016 年 iPhone 7 之后，苹果开始选择英特尔作为第二家基带处理器供应商。不过当时英特尔的基带处理器存在一个很大的问题，那就是不支持 CDMA 网络。2017 年苹果与高通闹翻后，英特尔迎来了历史性机遇，苹果在 4G iPhone 上使用的基带处理器全部换成了英特尔的，双方还宣布在 2020 年推出 5G 版 iPhone。搭载英特尔基带处理器的苹果 iPhone XS 和 XS MAX 长期以来因信号问题受到用户的抱怨，动摇了苹果在智能手机里天下第一的位置。英特尔开发基带处理器的经历表明，没有对移动通信技术的长期积累，凭通用处理器的优势难以奏效。

在 2019 年的世界移动通信大会上，各手机厂商纷纷亮出 5G 商用计划，唯有苹果按兵不动。当业界揣测英特尔搞不定 5G 基带处理器，苹果和高通为了专利打得难解难分时，华为任正非在接受 CNBC 采访时表示："考虑向包括苹果在内的其他智能手机制造商提供 5G 基带处理器。"这种表态被业界戏称"华为又打了一手好广告"。事实上，在美国联合盟友对华为进行封锁和打压的现实情况下，苹果采用华为芯片的可能性是不存在的。

3.5 图形处理器

3.5.1 什么是图形处理器

图形处理器是一种专门在个人计算机、工作站、游戏机和智能手机上进行图形图像运算工作的微处理器。GPU 是专为执行复杂的数学和几何计算而设计的，这些计算是图形渲染所必需的。让我们从其发展历史中去一窥 GPU 的真谛。

黄仁勋大学毕业后直奔硅谷就业，先后在 AMD（1983—1985 年）、LSI Logic（1985—1993 年）工作过，积累了丰富的图形图像以及芯片设计经验。在这期间，他在设计部门工作两年之后主动转到了销售部门，并最终成为集成芯片部门的总经理。这种经历，让他对于产品开发与市场都有了更深刻的认识，也为英伟达之后的成功奠定了基础。

1993 年，30 岁的黄仁勋与两位曾经在 SUN 工作过的技术人员联合创立了英伟达（NVIDIA）。因为既有技术背景又懂销售和管理，黄仁勋被推举为总裁兼 CEO，这两个职务他一直担任至今。英伟达立志于制造速度更快、画面感更加真实的专用芯片。1995 年英伟达发布了第一代 NV1 芯片，可惜销售情况并不理想。由于几乎耗尽了开发费用，这家年轻的公司濒临破产，黄仁勋被迫解雇了将近 70%的员工，只留下了核心人员。但是黄仁勋承诺，如果将来英伟达取得了成功，依然会将他们重新召回公司。

1997 年，英伟达发布的第三代芯片 RIVA128 终于得到了市场和消费者的认可，它率先支持微软制定的多媒体编程接口 Direct X5，搭上了 Windows 大平台。公司也从此找到了自己的定位，走上了正确的发展道路。1999 年底，黄仁勋又出人意料地推出全新架构的显卡芯片，即 GeForce256，率先将显卡芯片业带入 GPU 时代。

GPU 是显卡的大脑，GPU 决定了该显卡的档次和大部分性能，同时 GPU 也是 2D 显卡和 3D 显卡的区别依据。2D 显卡芯片在处理 3D 图像与特效时主要依赖 CPU 的处理能力，称为软加速。3D 显卡芯片把三维图像和特效处理功能集中在显卡芯片内，也就是所谓的硬件加速功能。GPU 使显卡削减了对 CPU 的依赖，并实行部分原本 CPU 的工作，特别是在 3D 图形处理时。GPU 所采用的核心技术有硬件坐标变换与光源（Transform & Lighting，T&L）、立方环境材质贴图与顶点混合、纹理压缩及凹凸映射贴图、双重纹理四像素 256 位渲染引擎等，而硬件 T&L 技术能够说是 GPU 的标志。

英伟达长期致力于图形和并行计算技术研发，2006 年推出图形处理开发环境 CUDA（Compute Unified Device Architecture）。并行处理能力的持续提升以及良好的开发环境，终于为英伟达迎来了业绩的大爆发。2016年深度学习的崛起，GPU 因其强大的并行计算能力，成为 AI 硬件首选，在云端作为 AI "训练"的主力芯片。2023 年 2 月，ChatGPT 爆火，英伟达市值重登美股半导体板块第一，超过英特尔、AMD 和高通三家公司总和。

3.5.2 苹果的图形处理器

乔布斯最初非常看好英伟达的 GPU，可惜黄仁勋并没有意识到移动 GPU 的重要性，于是苹果选择了英国的 Imagination 公司。随着 iPhone 智能手机的畅销，Imagination 的业务蒸蒸日上，度过了快乐的八年。2018 年苹果宣布终止与 Imagination 的合作，开始研发自有 GPU，Imagination 的艰难时刻终于降临了。

苹果的 iPhone 和 iPhone 3G，其 GPU 选用的正是 Imagination 设计的 PowerVR MBX Lite 3D 技术，主频为 103MHz。苹果与 Imagination 直接合作是从 2010 年 A4 处理器开始的。苹果的 iOS 系统从一开始就非常重视利用 GPU，搭载了一个动画丰富、用 GPU 加速的 UI，这让 iOS 系统具有视觉美感、图形富有趣味，由于这方面的原因 iPhone 十分适合游戏。iPhone 风靡全球的一个原因就是 AppStore 提供了许多有趣的游戏，让 iPhone 成为一个娱乐工具而不只是手机。

苹果一直都是采用 Imagination 定制的 PowerVR GPU，由于苹果持有 Imagination 近 10%的股份加上其销量极大，因此 Imagination 一直致力于为苹果提供定制化的高性能 GPU。iPhone 6S 上采用的 GT7600 其理论浮点性能可以达到 115.2GFlops。iPhone、iPad 都采用同样的 GPU，让苹果在优化 iOS 的时候节省许多功夫，在升级每一代产品的时候都可以更好地做好兼容和升级工作，同时这也简化了为 iOS 开发应用的开发者工作。

苹果对产业链的控制欲很强，随着 iPhone 增长势头放缓以后，利润丰厚、自己又有技术积累的 IP 或者芯片，都会采取自己的技术。自己打造 GPU 只是一个小插曲，苹果早就开始从 AMD 甚至 Imagination 等企业挖 GPU 人才。终于在 A12 处理器开始，苹果不再与 Imagination 合作，Imagination 的股价直线下降。其实，所有 IP 厂家都存在这样的风险，唯有不断创新，持续引领才是唯一的王道，最终 Imagination 被中资企业收购。

3.5.3 高通的图形处理器

高通以基带处理器见长，为巩固发展优势，不断拓展技术领域。它的 GPU 技术来源于 AMD Imageon，原名为 ATI Imageon，于 2002 年发布。

ATI 公司成立于 1985 年 8 月，10 月率先推出全球第一款图形芯片和图形卡。1992 年 4 月 ATI 发布的 Mach32 图形卡集成了图形加速功能。1998 年 4 月 ATI 被 IDC 评选为图形芯片工业的市场领导者，ATI 一直把图形处理器称为 VPU，直到 AMD 收购 ATI 之后其图形芯片才正式采用 GPU 名称。在 2008 年西班牙巴塞罗那举行的 3GSM 大会上，AMD 宣布了新的 Imageon 手机处理器产品线。AMD 的产品共有 3 颗 Imageon 芯片以及 2 款 IP，包括 3D 图形 IP 和矢量图形 IP。

高通开展 GPU 业务，可以追溯到 2004 年。高通与 ATI 达成了合作计划，决定把 ATI 公司的 3D 图形技术集成到高通移动处理器中，看中的就是 ATI Imageon。2009 年，AMD 由于资金面临困难，准备出售 AMD Imageon，早已垂涎 GPU 技术的高通果断出手以 6500 万美元现金收入囊中，取得了 AMD 的矢量绘图与 3D 绘图技术、相关知识产权。由此高通形成自家的 Adreno 图形处理器。

3.5.4 华为的图形处理器

华为，与高通一样，也是从基带处理器开始。2013 年，华为收购了 TI 开放式多媒体应用平台（OMAP）在法国的业务，并以此为基础成立了图形图像研究中心。OMAP 是一种为满足移动多媒体信息处理及无线通信应用开发出来的高性能、高集成度嵌入式处理器。也是在这一年，华为全新品牌麒麟诞生，从命名看大有与高通骁龙一争高下之意。

GPU Turbo 是华为手机针对手游体验的一种优化措施。Turbo，借用汽车中的涡轮增压之意，它是一种移动图形计算加速技术。GPU Turbo 打通了 EMUI（Emotion UI）操作系统以及 GPU 和 CPU 之间的处理瓶颈，通过软硬件协同，提升 GPU 运算效率。

相对于其他同配置机型，搭载 GPU Turbo 的机型图形处理效率可提升高达 60%，功耗减少高达 30%。在实际使用场景中，长时间玩游戏导致手机发热、功耗增大甚至游戏卡顿是常有之事。尽管性能、功耗和发热之间的矛盾本质上无法调和，但 GPU Turbo 技术可以大大缓解矛盾。华为是一家真正能沉下心来研发技术的企业，其在技术上所取得的一点一滴的进步都是非常难得的，能够帮助华为手机日渐强大。

3.6 移动处理器与人工智能

在2017年德国柏林国际消费类电子产品展览会上，华为率先发布人工智能（AI）芯片麒麟970，其搭载了寒武纪的NPU（神经网络处理单元）。随后，苹果处理器A11 Bionic携带了NE（神经网络引擎）、高通骁龙加载了NPE（神经网络处理引擎）。那么什么是AI？AI加持智能手机有什么用？

3.6.1 人工智能简介

如果说2016年3月，阿尔法狗（AlphaGo）与李世石的那场人机大战只在科技界和围棋界产生较大影响的话，那么2017年5月，AlphaGo与排名第一的世界围棋冠军柯洁的对战则将人工智能技术推向了公众视野。AlphaGo是第一个击败人类职业围棋选手、第一个战胜围棋世界冠军的人工智能程序。一直以来，围棋被认为是人类智力的高峰，因此这一场人机大战具有极大的冲击力。

那么什么是人工智能？其为什么如此重要？

1956年夏，麦卡锡、明斯基等科学家在美国达特茅斯学院开会研讨"如何用机器模拟人的智能"，首次提出"人工智能"（Artificial Intelligence，AI）这一概念，标志着人工智能学科的诞生。

1959年，IBM的亚瑟·塞缪尔（Arthur Samuel，1901—1990年），被称为机器学习之父，给出了人工智能的一个子领域——机器学习的定义，即"它能让计算机不依赖确定的编码指令来自主地学习工作"，这也是目前公认的对机器学习最早最准确的定义。而我们日常所熟知的神经网络、深度学习等都属于机器学习的范畴，都是深受大脑机理的启发。

人工智能是研究开发能够模拟、延伸和扩展人类智能的理论、方法、技术及应用系统的一门新的技术科学，研究目的是促使智能机器会听（语音识别、机器翻译等）、会看（图像识别、文字识别等）、会说（语音合成、人机对话等）、会思考（人机对弈、定理证明等）、会学习（机器学习、知识表示等）、会行动（机器人、自动驾驶汽车等）。

信息技术的快速发展，我们正在面临的一个巨大挑战就是过量的信息和复杂的系统，如何才能找到其中的规律和结构。比如，我们每天收到的信息都来不及处理，如今日头条的个性化推荐就用到了人工智能，5G网络的动态优化也需要人工智能，无人机编队协同完成任务，甚至我们个人相册中保存的数以千计的图片、视频也需要人工智能辅助管理，等等。

目前，专用人工智能取得重要突破。从可应用性看，人工智能大体可分为专用人工智能和通用人工智能。面向特定任务（如下围棋）的专用人工智能系统由于任务单一、需求明确、应用边界清晰、领域知识丰富、建模相对简单，形成了人工智能领域的单点突破，在局部智能水平的单项测试中可以超越人类智能。人工智能的近期进展主要集中在专用人工智能领域。例如，人工智能程序在大规模图像识别和人脸识别中达到了超越人类的水平，你一定体验过刷脸支付、刷脸门禁、刷脸签到等应用。2018年英文与中文同步出版一本专著，就是借助机器翻译完成的，据说仅需要30分钟就将英文原著翻译成中文。

到目前为止，人工智能依旧存在明显的局限性，还有很多"不能"，这也是人类自豪的地方。人工智能的发展也给教育带来挑战，教育应该更加关注人工智能难以代替的那些能力与素质，同时也要充分了解人工智能的优势领域，借助人工智能优势为人类服务。

3.6.2 华为麒麟与神经网络处理器

华为麒麟970是海思半导体推出的一款采用台积电10nm工艺的芯片，也是全球首款内置独立神经网络处理单元（Neural Network Processing Unit，NPU）的智能手机AI计算平台，其中NPU使用了来自寒武纪公司的技术。寒武纪CEO陈天石认为："这一成功合作已成为全球手机和智能芯片发展史上的标志性事件，吹响了手机进入智能时代的号角，为中国高科技公司的商业合作树立了典范。"

北京中科寒武纪科技有限公司，成立于2016年3月，陈天石担任公司CEO，陈云霁担任寒武纪公司的首席科学家。陈天石介绍："'寒武纪'这个地质纪年是生物多样性大爆发的时代，公司之所以取这个名字，就是希望人工智能也能像生命一样大爆发。"

寒武纪1A处理器支持视觉、语音、自然语言处理等多种智能任务，一经推出便被华为看中，经过双方努力很快集成到华为海思的麒麟970。寒武纪1A是在计算机里用虚拟的神经元和虚拟的突触把它们联结在一起，构成多层次的人工神经元网络。这些神经元网络具有非常好的效果，在语音识别和视频识别领域里，它的识别精度已经超越了人类。为了让这个深度神经元网络联结更快，设计了专门的存储结构，还设计了完全不同于通用CPU的指令集，因此它变得非常快，每秒可以处理160亿个神经元和超过2万亿个突触，功耗却只有原来的1/10。智能处理器，其应用范围包括智能手机、安防监控、可穿戴设备、无人机和智能辅助驾驶等各类终端设备与系统。

2017年10月，首款采用麒麟970的华为手机Mate 10正式发布，搭载寒武纪1A的华为麒麟970以每分钟识别2005张照片击败了苹果A11芯片每分钟的889张照片，要是没有NPU，则只能处理100张照片。

2018年10月华为再次推出麒麟980，其NPU核心数已增加至两个。双核NPU的性能可达到每分钟处理4500张照片，较前一代提升了120%的辨识速度。可以快速执行人脸识别、物体识别、影像分割和智能辨识等人工智能的应用。

在强大 AI 性能的支持下，麒麟 980 可利用 AI 调频调度技术，实时学习帧率、流畅度和触屏输入变化，预测手机任务负载，动态智能感知手机使用过程中存在的性能瓶颈，及时进行调频调度，实现更快的程序加载速度、更高的性能以及更低的功耗。在游戏场景下，使用 AI 调频调度技术预测游戏每帧负载，预测准确性可以提升 30%以上，有效提升了游戏平均帧率，大幅降低游戏抖动率，减少游戏卡顿，为手机游戏用户带来操作流畅、不卡顿的优秀游戏体验。AI 也将加强人机交互的自动化，使得人机交互更为简便。

2019 年 6 月 21 日，华为发布了麒麟 810 芯片，基于 7nm 工艺制程，与麒麟 980 不同，其采用华为自研的达·芬奇架构 NPU，应用于 nova5 系列手机。据华为介绍，麒麟 810 的 NPU，不同于以往的二维运算模式，达·芬奇架构以高性能 3D Cube 计算引擎为基础，针对矩阵运算进行加速，大幅提高单位面积下的 AI 算力，充分激发终端侧 AI 的运算潜能。

2019 年 9 月 6 日，华为在德国柏林和北京同时发布麒麟 990 和麒麟 990 5G两款手机芯片，基于 7nm 工艺制造，在整体性能表现上会比麒麟 980 提升 10%左右。

3.6.3 苹果处理器与神经网络引擎

2017 年，苹果 A11 Bionic 处理器上首度引入神经网络引擎（Neural Engine，NE）。这个神经网络引擎是一个双核设计，每秒运算次数最高可达 6000 亿次，能大幅提升机器学习的效能。NE 主要是面向特定机器学习算法、人脸识别 FaceID 及其他一些功能设计的。

按照苹果的描述，新技术用 3 万个红外光点给面部绘图，这些图像存储起来，当你解锁设备，系统会将存储的图像与它看到的脸部图像对比。整个过程有大量数据需要处理，而且还不能消耗太多的电能。iPhone X 的面部追踪和人脸识别 FaceID，以及增强现实 AR 中所用到的目标检测等功能都要用到神经网络、机器学习，这类神经处理可以在 CPU 上运行，在 GPU 上更好。但是对这种神经网络类的程序模型来说，用针对这类应用定制的芯片专门执行同样的任务，能效会更好一些。

A11 Bionic 神经网络引擎多达八个核心，每秒可以处理 5 万亿次操作，提升了 AI 能力。

2020 年 11 月，苹果公司发布了具有里程碑意义的 M1 芯片，采用 5nm 工艺制程制造，内置 8 核 CPU，集成 4 个高性能大核心以及 4 个高效能小核心。此外，M1 还内置了 8 核 GPU 以及神经网络引擎。M1 芯片是 Apple 迄今为止创建的最强大的芯片，也是第一款用于 Mac 的 SoC 芯片。2022 年 6 月，苹果公司进一步发布了全新的 M2 芯片，仍然采用 5nm 工艺，内部共计集成 200 亿只晶体管，相比 M1 芯片增加了 25%。M2 全方位地提升了芯片的各项性能，包括实现 100GB/s 统一内存带宽的内存控制器，较 M1 芯片高出 50%以上。M2 采用了 8 核 CPU+10 核 GPU 的架构，支持每秒 15.8 万亿次的神经网络引擎运算，相比于 M1 芯片多出 40%。得益于最高达 24GB 的高速统一内存，M2 芯片能够处理规模更庞大、复杂度更高的任务。

3.6.4 高通骁龙与神经网络处理引擎

高通的骁龙处理器搭载了神经网络处理引擎（Neural Processing Engine，NPE）。根据高通的资料，骁龙的 NPE 集成了多种软硬件技术，用来加速终端上的 AI 功能，以改善用户体验。

从 2016 年起，高通发布了骁龙神经处理引擎 SDK，吹响了向终端侧人工智能进军的号角。骁龙 NPE 旨在帮助 AI 开发人员在优化骁龙设备上运行受过训练的神经网络的性能时，节约更多时间与精力。它提供了模型转换和执行工具，以及针对核的 API，利用功率和性能配置文件匹配所需的用户体验，从而实现优化，节约开发人员的时间和精力。

3.7 非冯·诺依曼架构

3.7.1 存算一体技术

近年来，物联网、人工智能和 5G 等大数据应用带来了数据的爆发式增长，根据国际数据公司（International Data Corporation，IDC）的预测，到2025 年，全球物联网设备数量将达到约 416 亿台，将产生 79.4ZB 的数据，且该体量仍将以每 40 个月翻倍的速度持续增长。海量数据的高效存储与处理成为当前信息领域的重大挑战之一。但是，在当前主流的冯·诺依曼架构中，计算单元和存储单元物理分离，数据通过总线在两者之间进行频繁搬运，带来巨大的延时和功耗，主要表现在以下两个方面：(1) 存储单元的性能远远落后于计算单元，且数据总线带宽有限，从而带来巨大的延时，形成"存储墙"；(2) 数据搬运功耗远远大于计算功耗，形成"功耗墙"，两者统称为冯·诺依曼架构瓶颈。据英伟达的研究报告统计，在 22nm 工艺节点下，浮点运算所需的数据搬运功耗是数据处理本身功耗的约 200 倍。因此，冯·诺依曼架构瓶颈产生的根本原因是计算单元和存储单元之间频繁的数据搬运。新型存储与计算融合一体化架构（简称存算一体架构），直接在存储器中进行计算，从而极大地减少了数据搬运，降低了延时和功耗。同时，基于存储单元阵列矩阵化的结构特点，可实现大规模并行计算，大幅提高芯片的算力与能效。

3.7.2 类脑计算技术

虽然在海量标注数据和快速增长的计算力的驱动下，以深度学习为代表的人工智能技术迅猛发展并在许多领域已进入实用阶段，但人们也越来越认识到：深度学习还有"需要海量人工标注数据、通用智能水平弱"等许多局限性,难以成为解决通用人工智能问题的终极手段。而且,随着摩尔定律放缓,能效问题日益成为计算机系统发展的重要制约因素,深度学习高度依靠计算力的方式面临严峻挑战。近年来,模拟人脑的新型计算技术得到人们的广泛关注。人的大脑是由约 10^{11} 个神经元、10^{15} 个突触构成的复杂的生物体,具有很高的智能水平,但功耗只有 25W 左右,其计算模式值得借鉴。因此,从 2004 年起,欧洲各国纷纷推出"脑计划",希望通过解析大脑工作机理,发展类脑计算,克服现有智能芯片的不足。类脑计算的基础是脉冲神经网络(Spiking Neural Network,SNN),相比深度神经网络(Deep Neural Networks,DNN)等第二代神经网络,SNN 工作机理更接近于生物大脑,因此被认为是第三代神经网络。类脑计算研究的一个重要任务是探索最适合 SNN 运行的类脑体系结构,研制高性能、低功耗的类脑计算机。

3.8 总结与展望

本章首先回顾了图灵提出的计算模型"图灵机",该模型奠定了现代计算机的理论基础。随后介绍了世界上第一台通用电子计算机 ENIAC,在其研制过程中,冯·诺依曼系统化、逻辑化地描述了计算机的系统结构,提出了著名的"冯·诺依曼计算机体系架构"。此后,美国 IBM、兰德、RCA、通用电气、霍尼韦尔等公司纷纷进入电子计算机领域,逐步实现大型计算机的产业化。期间,IBM 面对多家竞争对手时斥巨资研制成功了 IBM System/360 大型计算机,为 IBM 此后 20 年里称霸计算机市场打下了坚实的基础,它的成功推出也标志着大型计算机的成熟。

随着大型计算机的发展,计算机产业规模不断增大,但大型计算机体积大、成本高、操作不便的特点使其应用场景受到极大限制。小型计算机的成功研制及推广促进了计算机的广泛应用,也使计算机产业得以快速发展。随后,微处理器的诞生为 PC 的研发提供了基石,PC 的推广和普及则使计算机进入了千家万户。在此期间涌现出乔布斯、沃兹尼亚克、比尔·盖茨等一批计算机领域弄潮儿,IBM、苹果、微软、英特尔、英伟达、AMD 等企业也抓住机遇快速崛起,成为了至今仍举足轻重的大型科技企业。计算机仿真成为科学研究、工业设计的重要手段,而计算思维成为大学生的核心能力素养之一。

随着智能手机的诞生,移动处理器不断发展,逐步集成了 CPU、BPU 并融合了 GPU、AI 等功能,高通、苹果等公司也凭借其 BPU、GPU 等产品上的技术优势获得快速发展,以 IP 授权为商业模式的 ARM 也应运而生并快速发展,ARM 体系架构成为移动处理器的首选。可喜的是我国华为麒麟芯片、巴龙基带处理器脱颖而出,成为 5G 时代的领先者。

随着后摩尔时代的来临，体系架构创新成为提升算力的重要途径。为了摆脱 ARM 的垄断，基于精简指令集原则的开源指令架构 RISC-V 近年来受到大家的关注。RISC-V 的出现，为定制个性化的指令架构与培育相关人才提供了良好途径。在大数据、AI 时代，冯·诺依曼体系面临"存储墙"困境，存算一体、类脑计算等技术都是提高计算效率的可行途径。

此外，未来值得期待的还有量子计算，这是基于量子技术的全新计算模式。然而，虽然多家公司开展了一系列有关量子计算机的研究，也展示了各自研究成果，但量子计算机离大规模商用化还有较长时间。

思 考 题

1. 请简述图灵与冯·诺依曼两位科学家对计算机的贡献，如可计算性理论、存储程序计算机框架以及计算数学等。

2. 请问：IBM System/360 为现代计算机贡献了哪些新思想？其工程设计总管布鲁克斯获图灵奖的原因是什么？

3. 请简述第一台微型计算机"牵牛星"的发明历程。为什么说"牵牛星"是照亮苹果、点燃微软、指引英特尔的 PC 始祖？

4. 请简述微处理器 Intel 4004 的发明历程。英特尔在微处理器发展中做出了哪些贡献？它与微软公司形成的 Wintel 商业生态系统是如何主导 PC 产业的？

5. 英伟达长期致力于图形和并行计算技术研发，算力的持续提升使 GPU 成为 AI 时代算法训练的主要载体。请谈谈你对"选择难而正确的方向前进"的认识。

6. 请简述 ARM 的发展历程。它是如何成为智能处理器的体系架构的？对我国发展 RISC-V 有何启示？

7. 高通与华为海思为什么能成为 5G 基带处理器的领先者？半导体霸主英特尔为什么退出 5G 基带处理器竞争？

8. 苹果、高通在图形处理器领域的优势是如何形成的？失去苹果后的 Imagination 公司为何困难重重？华为的图形处理器又是如何快速发展的？

9. 华为是如何率先推出 AI 处理器的？它与寒武纪公司的合作有何意义？苹果、高通公司的 AI 解决方案有哪些特点？

10. 请分析两种非冯·诺依曼架构——存算一体技术和类脑计算技术的特点。它们与传统处理器的关系是替代还是共存？

参考文献

[1] 沃尔特·艾萨克森. 创新者:一群技术狂人与鬼才程序员如何改变世界[M]. 关嘉伟,等,译. 北京:中信出版社,2017.

[2] 乔治·戴森. 图灵的大教堂:数字宇宙开启智能时代[M]. 盛杨灿,译. 杭州:浙江人民出版社,2015.

[3] 安德鲁·霍奇斯. 艾伦·图灵传:如谜的解谜者[M]. 孙天齐,译. 长沙:湖南科学技术出版社,2012.

[4] 冯·诺依曼. 计算机与人脑[M]. 甘子玉,译. 北京:北京大学出版社,2010.

[5] 诺曼·麦克雷. 天才的拓荒者:冯·诺依曼传[M]. 范秀华,等,译. 上海:上海科技教育出版社,2008.

[6] 詹姆斯·格雷克. 信息简史[M]. 高博,译. 北京:人民邮电出版社,2013.

[7] 李连利. IBM 百年评传:大象的华尔兹[M]. 武汉:华中科技大学出版社,2011.

[8] 顾长怡. 基于 FPGA 与 RISC-V 的嵌入式系统设计[M]. 北京:清华大学出版社,2020.

[9] 吴军. 计算之魂:计算科学品位和认知进阶[M]. 北京:人民邮电出版社,2021.

[10] 张臣雄. AI 芯片:前沿技术和创新未来[M]. 北京:人民邮电出版社,2021.

第 4 章

信息存储

近年来，智能手机的功能越来越强，拍摄的照片清晰度越来越高，安装的 App 越来越多，搜集的音乐、小视频也更加丰富……你是否经历过这样的情景："你的手机存储空间即将耗尽，请……"，由此你是否意识到了大容量存储器的价值？

智能手机越来越大的存储容量，意味着可以装下更多的照片、音乐、电影、游戏和应用程序。存储技术还关联着电子设备的启动速度与功耗，PC、笔记本电脑，由于采用了基于闪存的固态硬盘，其系统的启动、运行和关机的速度明显地加快了。智能手机采用了低功耗的闪存，从而获得更长的待机时间。

如果说集成电路是信息产业的基石，那么信息存储就是大数据的基础。随着 5G 业务的普及，大规模物联网、数字孪生，甚至元宇宙都在快速发展，数据量呈指数级增长，进一步彰显了信息存储的重要性。存储技术也是制约我国发展的卡脖子技术之一，从嵌入末端的智能传感器、智能终端、移动通信基站到数据中心，无智能不存储。

为了理解存储技术，本章从机械硬盘、固态硬盘与内存技术三个方面介绍其发展历史，然后探讨正在发展的阻变式随机存储（RRAM）与磁性随机存储（MRAM）这两类新型非易失存储技术。按照科学发现、技术发明、产业创新三个维度诠释信息存储技术和产业的演化规律，适当穿插人物故事和创业案例，尤其是我国近年来存储领域的新进展。

4.1 机械硬盘发展简史

机械硬盘,在计算机的发展史上发挥了重要作用,与早期的磁带机相比,在读写速度、存储容量等方面都有很大提高。硬盘的小型化、大容量化,为 PC 的普及与互联网的发展提供了强有力的支撑。

4.1.1 机械硬盘的诞生与 IBM 350

1956 年 9 月 13 日,IBM 向全世界展示了由工程师雷诺·约翰逊(Reynold Johnson,1906—1998 年)发明的第一套磁盘存储系统——IBM 350 RAMAC(Random Access Method of Accounting and Control)。如图 4.1 所示,该系统将近半人高,共有 50 个直径为 24 英寸的磁盘片,总质量约 900kg,其存储总容量却只有 5MB,据说它的造价高达 100 万美元。这些盘片表面涂有一层磁性物质,它们被叠起来固定在一起,绕着同一个轴旋转。盘片由一台电动机带动,磁头可以上下前后运动去寻找要读写的磁道,与电唱机的磁头类似。盘片的数据密度为每平方英寸仅 2Kb,磁头运行高度为 20320nm,数据处理能力为 1.1Kb/s。RAMAC 与大型机或小型机一起组成计算系统,主要应用于机票预订、自动银行、医学诊断及太空领域等,不过由于其体积庞大、性能不高,使用和制造都不太方便。

图 4.1 磁盘存储系统——IBM 350 RAMAC

4.1.2 温彻斯特技术与 PC 硬盘

随着大型机的小型化趋势,硬盘也迫切需要缩小体积、增大容量。

1968 年,IBM 首次提出了温彻斯特(Winchester)硬盘的技术构想,在密封的容器内,配置高速旋转的镀磁盘片,磁头沿盘片径向移动,磁头悬浮在高速旋转的盘片上方而不与盘片接触,通过磁头来读取和写入存储在磁盘上的信息。这一构想就是机械硬盘的原型。

温彻斯特技术的主要内容有:磁头、盘片、主轴等运动部分密封在一个壳体中,形成一个"头盘"组合件,与外界环境隔绝,避免了灰尘的污染。采用小型化轻浮力的磁头浮动块,盘片表面涂润滑剂,实行接触式启动与停止。即平常盘片不转时,磁头停靠在盘片上;当盘片转速达到一定值时,磁头浮起并保持一定的浮动间隙,这样简化了机械结构,缩短了启动时间。

经过多年努力,1973 年 IBM 终于制造出了第一台基于温彻斯特技术的硬盘 IBM 3340,如图 4.2 所示。这款硬盘,其盘片直径为 14 英寸,单面存储容量可达 30MB(1B=8b),运用先进的气动学磁头技术将磁头运行高度缩小到 430nm,缩小高度可提高磁头的读写灵敏度。虽然温彻斯特技术使硬盘的容量和体积都得到了大幅度改进,但还不能被用于个人计算机。

图 4.2 温彻斯特硬盘——IBM 3340

从温彻斯特硬盘的结构来看,要提高硬盘驱动器(Hard Disk Drive,HDD)的速度、容量等性能指标,关键在于转速、盘片数据密度、随机读写能力和持续读写能力,其中,转速是核心指标,盘片数据密度同时影响了容量和读写能力。

1979 年,IBM 发明了薄膜磁头(Thin Film Head)技术,这项技术能显著减少磁头和盘片的距离,增加数据密度。它可以使硬盘体积进一步缩小、读写速度更快、容量更大。不久 IBM 就推出了第一款基于薄膜磁头技术的硬盘 IBM 3370(7 张 14 英寸盘片），以及第一款 8 英寸硬盘驱动器 IBM 62PC（6 张 8 英寸盘片）。

1979 年 9 月底，实业家费纳斯·考纳（Finis Conner，1943—　）找到赋闲在家已近 5 年的阿兰·舒加特（Alan Shugart，1930—2006 年），提议开发一种尺寸与小型软盘驱动器（mini-floppy）相当，但具有 15 倍存储容量而成本只提高 2 倍的硬盘驱动器。两人一拍即合，于当年年底成立了 Shugart Technology 公司，1985 年改名为 Seagate Technology，即希捷公司。舒加特曾参与 IBM 350 RAMAC 的研发，后来又领导了 5.25 英寸的 SA-400 软盘驱动器的研发，并为统一硬盘接口做出了巨大的贡献，在存储领域赫赫有名。

在舒加特看来，IBM 的 8 英寸硬盘驱动器还是太大了，难以满足正在兴起的 PC 要求。1980 年 6 月 26 日，希捷推出了世界上第一款 5.25 英寸、容量为 5MB 的硬盘驱动器 ST-506，如图 4.3 所示，其首次引入了计算系统中独立磁盘控制器的概念。1981 年，又推出了容量为 10MB 的硬盘驱动器 ST-412，并给接口加入了被称为缓冲寻道的特性。1983 年，ST-412 被选为 IBM 5160 PC/XB 驱动器，从此 PC 进入了飞速发展的时代。

图 4.3　希捷 5.25 英寸硬盘驱动器——ST-506

4.1.3　硬盘的快速发展与 GMR 技术

磁头是硬盘中决定其性能的最重要部件。早期的磁头基于电磁感应原理，其读写合一。但是，硬盘的读和写却是两种截然不同的操作，为此，这种二合一磁头在设计时必须要同时兼顾到读和写两种特性，从而带来了硬盘设计上的局限。而磁阻磁头（Magneto Resistive，MR）采用分离式磁头结构：写入磁头仍采用磁感应原理，而读取磁头则采用新型的 MR 技术，即所谓的感应写、磁阻读。

这样，在设计时就可以针对读和写两者的特性分别进行优化，获得最好的读/写性能。另外，MR 磁头是通过阻值变化而不是电流变化去感应信号幅度的，因而对信号变化相当敏感，读取数据的准确性也相应提高。由于读取的信号幅度与磁道宽度无关，故磁道可以做得很窄，从而提高了盘片密度，达到每平方英寸 200MB，而使用传统的磁头只能达到每平方英寸 20MB，这也是 MR 磁头被广泛应用的主要原因。1991 年，IBM 基于 MR 磁头生产出了 3.5 英寸的硬盘 0663-E12，其容量首次达到了 1GB。从此硬盘容量开始进入了 GB 数量级，3.5 英寸的硬盘也由此成为现代计算机硬盘的标准规格。

1994 年，巨磁阻（Giant Magneto Resistance，GMR）磁头技术出现了。GMR 磁头与 MR 磁头一样，都是利用特殊材料的电阻值随磁场变化的原理来读取盘片上的数据，但是 GMR 磁头使用了磁阻效应更好的材料和多层薄膜结构，比 MR 磁头更为灵敏，相同的磁场变化能引起更大的电阻值变化，从而可以实现更高的存储密度，MR 磁头可达到的盘片密度为每平方英寸 3～5Gb，而 GMR 磁头能达到 10～40Gb。基于 GMR 的磁头与硬盘如图 4.4 所示。

（a）GMR 磁头　　　　　　　　　　（b）GMR 硬盘

图 4.4　基于 GMR 的磁头与硬盘

 拓展阅读

GMR 的发现与产业化

1988 年，法国科学家费尔（A. Fert，1938—　）和德国科学家格伦伯格（P. Grünberg，1939—2018 年）独立地在纳米结构材料中观察到 50%的磁阻效应，比各向异性磁阻效应（Anisotropic Magneto Resistance，AMR）高十倍，故命名为巨磁阻效应（Giant Magneto Resistance，GMR）。

1990 年，IBM 研究员帕金（S. Parkin，1955—　）敏锐地意识到它的潜在价值，开展了一系列的研究，发现铁磁体和非磁性金属的结合在室温下可以产生同样的效应。随后，1991 年法国原子能研究所研究员伯纳德•迪尼（B. Dieny）发明了可以实现 GMR 效应的自旋阀。帕金用这种精巧的结构，设计出了自旋阀硬盘磁头。1994 年，他研制的新型磁头，在相同体积下，将磁盘记录密度提高了 17 倍。1997 年自旋阀硬盘磁头正式商用，随后的 10 年内，基于 GMR 的硬盘技术不断改进，硬盘容量累计提高了 852 倍，相当于每年翻一番，比著名的摩尔定律还要快，形成了年产值超过 300 亿美元的产业。

4.1.4　微硬盘与音乐播放器 iPod

硬盘，除了追求大容量，还有另一个目标，即微型化，其尺寸没有止步于 3.5 英寸。微硬盘，其尺寸为 1.8 英寸、1.0 英寸乃至 0.8 英寸，比笔记本电脑配置的硬盘还要小。东芝公司的 1.8 英寸微硬盘如图 4.5 所示。据说最初东芝公司在研制过程中，并不知道这个宝贝用在哪里。可能你听说过第一代 iPod 的广告语"将 1000 首歌装进口袋"，那就从它的诞生说起。

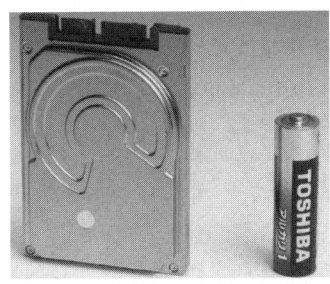

图 4.5　1.8 英寸微硬盘

1997 年乔布斯回归苹果公司以后，如何开拓新业务？经过一段时间的思考，他把目光投向了数字音乐。据统计，2000 年美国空白光盘（CD）的年销量高达 3.2 亿张，人均超过 1 张，这说明人们刻录 CD 的热情非常高。乔布斯很快意识到数字音乐将是一个巨大商机，如何将音乐刻录——从 CD 把音乐复制到计算机，用计算机管理音乐然后刻录——这一过程将变得非常简便，这是因为计算机的操控性比 MP3 播放器要好得多。

乔布斯于是决定开发能够管理与播放数字音乐、数字视频的软件，同时再开发便携式播放器让收听音乐变得更简便。由管理能力强、操控方便的计算机来完成数字音乐任务，而音乐播放器的功能必须非常简便。2000 年秋天，乔布斯开始督促研制便携式音乐播放器，但是项目负责人鲁宾斯坦认为还缺少一些重要的部件，他让乔布斯再等等。几个月之后，鲁宾斯坦找到了合适的液晶屏幕和可充电的锂电池。不过，最大的挑战在于要找到一个尺寸小但存储容量大的硬盘。随后，2001 年 2 月，他去日本例行走访苹果公司的供应商东芝公司。

在与东芝公司开完例会之后，工程师们偶然提到，他们正在研发一款新产品，到 6 月可以完成。那是一个 1.8 英寸见方的硬盘，存储容量高达 5GB，但他们还不知道它的用途。当东芝公司的工程师把这个小硬盘展示给鲁宾斯坦时，他立刻就想到了该怎么利用它。把 1000 首歌装进口袋！这主意太棒了！但他当时不动声色。乔布斯此时恰好也在日本，他正在东京的 Macworld 大会上做主旨演讲。他们当晚就在乔布斯下榻的酒店见面。鲁宾斯坦告诉他："我现在知道该怎么做了，我只需要一张 1000 万美元的支票。"乔布斯马上就批准了。后来鲁宾斯坦开始与东芝谈判，希望买下所有小硬盘的专有权，这是一种垄断性采购策略，目标是阻止竞争对手快速跟进。然后，他便开始物色能够领导开发团队的人选。

2001 年 10 月，苹果发布了 iPod 数字音乐播放器，如图 4.6 所示，售价为 399 美元。它不但简洁漂亮，而且拥有人性化的操作方式以及巨大的存储容量。"将 1000 首歌装进口袋"的宣传标语，让无数音乐爱好者为之欣喜若狂。在 iPod 出现之前，音乐行业还在自娱自乐，物理媒体是获得音乐的最佳方式，消费者被迫购买仅能装 30 首歌的音乐播放器 MP3，这是因为此时主流闪存型 MP3 的容量不超过 128MB，而一首质量较好的歌曲需要 4MB 存储容量。

图 4.6　乔布斯与第一代 iPod 数字音乐播放器

iPod 的推出，改变了人们收听音乐的方式，不仅对零售行业产生了影响，而且改变了音乐行业的发展方向。推出 iPod 后，乔布斯又进一步推动音乐管理软件 iTunes 的发展，他提出了建立在线音乐商店的想法，力求简单易用但功能全面，使强大的 iTunes 与时尚的 iPod 相结合，将视频、图片、电子书等电子文件打造成随时随地的视听享受。

随着便携式设备的迅猛增长，微硬盘的需求量也大大增加。为了使数字设备更加易于携带，也要求微硬盘具备更小的体积、更大的容量。2005 年东芝公司的 1 英寸微硬盘容量达到 4GB，iPod mini 使用的就是 4GB 容量的微硬盘，而普通 iPod 使用的则是 1.8 英寸硬盘。自 2000 年 1.8 英寸硬盘问世起，东芝 5 年内累计销售了超过 4000 万块 1.8 英寸硬盘。到 2007 年 1 月 iPhone 推出时，iPod 累计销售超过 1 亿台，为 iPhone 的成功奠定了基础。

在 GMR 磁头技术之后，2007 年开始出现垂直记录（Perpendicular Magnetic Recording，PMR）技术，该技术使得 3.5 英寸硬盘的容量达到 1TB。随后研究人员又提出了叠瓦式磁记录（Shingled Magnetic Recording，SMR）技术，该技术进一步提高了磁盘存储密度，2013 年希捷推出了 8TB 容量的 SMR 硬盘。为进一步提高硬盘容量，西部数据公司和希捷公司分别推出了微波辅助磁记录（Microwave-Assisted Magnetic Recording，MAMR）技术和热辅助磁记录（Heat-Assisted Magnetic Recording，HAMR）技术。2019 年，西部数据公司正式推出了容量高达 20TB 的商用 MAMR 硬盘；2020 年，希捷向其主要客户送样并供应容量为 20TB 的第一代 HAMR 硬盘，并宣言其正在研制的第二代 HAMR 硬盘的容量将达到 30TB 左右。

固态硬盘（Solid State Disk，SSD）技术的快速发展使得机械硬盘面临严峻挑战，2013 年机械硬盘的销量下跌到 2010 年水平，笔记本电脑等应用场景中的机械硬盘逐渐被速度更快、体积更小的固态硬盘取代。随着技术的不断发展，机械硬盘的存储容量已经走向几十 TB 的"海量"，为大数据、云计算、高清视频等技术的发展提供了重要支撑。未来固态硬盘和机械硬盘可能以"和平共存"的方式存在，固态硬盘主打移动和高性能，机械硬盘则提供海量存储空间，固态硬盘与机械硬盘组合将成为未来主流的数据存储方式。

4.2 固态硬盘发展简史

机械硬盘在 PC 发展中发挥了重要作用，也为大数据的发展奠定了基础。但是由于其读写速度较慢、存储容量的优势在减小等因素的影响，再加上半导体工艺技术的快速发展，半导体固态存储逐渐抢占固态硬盘的市场。固态存储技术，经历了漫长的发展历史。

4.2.1 浮栅晶体管与 EPROM

4.2.1.1 只读存储器 ROM 与 PROM

还记得第 3 章关于 IBM PC 中的 BIOS 软件吗？它就是被保存在只读存储器（Read Only Memory，ROM）中的引导程序。ROM 中的程序或数据是在 ROM 的集成电路制造过程中用特殊的方法被烧录的。烧录后用户只能验证写入的程序或数据是否正确，不能再做任何修改。如果发现程序或数据有任何错误，则只能报废，然后重新制作。

由于 ROM 的制造与应用很不方便，后来人们发明了可编程 ROM（Programmable ROM，PROM）。这样，从集成电路工厂中制作的 PROM 没有内容，用户可以用特殊的编程器将自己的程序或数据写入，但是这种机会只有一次，一旦写入再也无法修改，要是出了错误,已写过的芯片只能报废。PROM 的特性与 ROM 类似,但是其生产成本较高,写入数据的速度比 ROM 的量产速度要慢,一般只适用于需求量少的场合或是 ROM 量产前的验证。

4.2.1.2 弗罗曼与可擦除 PROM

能否有一种可重复使用的 ROM?这是当时很多半导体企业,如摩托罗拉、德州仪器、英特尔等,都想开发的重要产品。可擦除 PROM(Erasable PROM,EPROM)的问世要从一次质量控制任务说起。1969 年秋天,英特尔的 1101 静态随机存储器(Static Random-Access Memory,SRAM)出现了可靠性问题,它是第一款使用 MOS 技术的量产芯片。当时刚刚离开仙童加入英特尔的多夫·弗罗曼(D. Frohman, 1939—)受命调查这一问题。在调查中他发现,在某些情况下,1101 芯片中的二氧化硅绝缘体会从金属部件中吸收电子并保存下来,当电荷数达到一定程度后就会影响 SRAM 的性能。他开始着手解决这个问题,同时他逐渐意识到,这一现象的发现也许可以为他所用。如果他能够引导并掌控二氧化硅保存电荷的能力,那么就可以制造出一块既可以实现电子编程,又能在没有持续供电时保存信息的芯片,即 EPROM,如图 4.7 所示。强紫外光透过小玻璃窗,能够擦除芯片内存储的数据,以便对芯片重新编程。一些工程师在回忆使用 EPROM 经历时调侃"拿 EPROM 在太阳下照射几个小时,就可以重写了!"

据弗罗曼回忆:当时我一直在想,如果我提议在封装芯片上加个盖子,以便能够用紫外线进行数据擦除,那么生产人员一定会把我赶出大楼,因为这种事简直前所未闻。所以,一直停留在思考和想象阶段,就是没有勇气提出来。有一天,弗罗曼遇到了董事长诺伊斯,他说:"你今天早上看起来心事重重,有什么事吗?"我告诉他我的想法。诺伊斯看着我说:"那为什么不去做呢?"他说话的声音很大,几乎整个办公楼都听到了。这句话,可以说,指引了我一生。

图 4.7 第一款可擦除 PROM

1971 年 2 月,弗罗曼在费城的固态电路会议上首次展示了 EPROM 的原型,受到戈登·摩尔等专家的高度赞扬,并获得最佳会议论文。EPROM 让微处理器能够方便地编程和重复编程,对微处理器的发展起到了至关重要的作用。

4.2.1.3 浮栅晶体管与 EEPROM

EPROM 虽然解决了可重复使用问题，但是擦写还是不太方便。1978 年，在研制 8086 微处理器的过程中，英特尔的乔治·珀列格斯（G. Perlegos）提出了新的解决方案。在 EPROM 技术的基础上，他改用较薄的栅极氧化层，可以不用紫外光照射，照样可以擦除数据，设计出型号为 2816 的 16Kb 电可擦除 PROM，即 EEPROM（Electrically EPROM）。EEPROM 的好处是动态可编程与可擦除，即不用将 EPROM 从设备中拔出来就能实现程序与数据的更新。

在 EPROM 和 EEPROM 两种器件中，都包含了浮栅晶体管，如图 4.8 所示。从图中可以看出，浮栅晶体管（Floating Gate MOS，FGMOS），与普通 MOSFET 类似，但它在栅极和沟道之间增加了一个电绝缘浮栅。浮栅的引入，充满了偶然性。据华裔科学家施敏回忆，1967 年的某一天，他与美籍韩裔科学家姜大元（D. Kahng，1931—1992年）一起吃午饭，饭后甜点是夹心蛋糕，施敏凝视着蛋糕中间的那一层奶油，突然想到如果 MOSFET 中间加一层金属，结果会怎样呢？这个创意，很快被实验证实是可行的，浮栅晶体管就这样发明了。1967 年 5 月两人在《贝尔系统科技期刊》上发表了第一篇关于非易失性内存的论文《浮栅非易失性半导体内存细胞元件》，阐述了存储数据的原理，随后由贝尔实验室取得了发明专利。

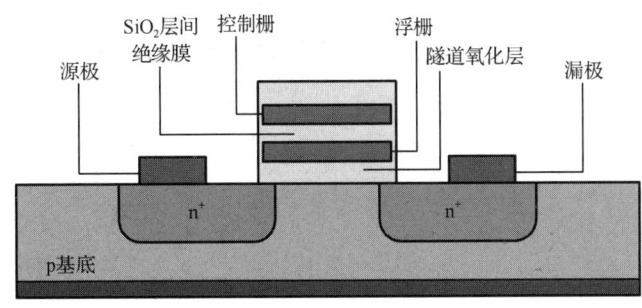

图 4.8 浮栅晶体管

半导体教父：施敏

施敏，美国工程院院士、中国工程院外籍院士。1936 年出生于中国南京，1957 年毕业于中国台湾大学，之后赴美留学；1960 年获美国华盛顿大学电机工程硕士学位，1963 年获美国斯坦福大学电机工程博士学位后进入贝尔实验室工作，直到 1989 年退休。1990 年至今，在中国台湾新竹交通大学电子工程系任教授。1991 年获得 IEEE 电子器件领域最高荣誉——艾贝斯（Ebers）奖。在 2014 年的

闪存峰会上,浮栅晶体管的发明人施敏被授予终身成就奖,以表彰他发明了浮栅晶体管。2021年,他荣获了未来科学大奖——数学与计算机科学奖。

他所著的教材《半导体器件物理》是目前全世界所有工程及应用科学领域最畅销的书之一,曾被翻译成6种语言,销售超过100万册,被引用次数达2万多次,有"半导体界的圣经"之称。

4.2.2 NAND的发明与产业化

NOR闪存(NOR Flash)是舛冈富士雄博士于1984年在东芝公司工作时发明的,其原理图如图4.9所示。据东芝公司介绍,之所以命名为"Flash",是由舛冈富士雄博士的一位同事建议的,因这种存储器的擦除流程让他想起了照相机的闪光灯。舛冈富士雄博士在1984年的旧金山IEEE国际电子器件大会(IEDM)上公开了这项发明。

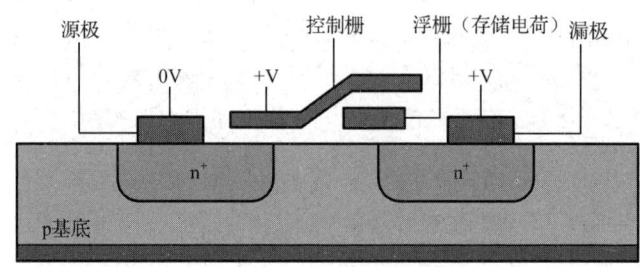

图4.9 NOR闪存原理图

NOR闪存需要较长的时间进行擦写,但是它提供完整的寻址与数据总线,并允许随机读取存储器上的任何区域,这使得它非常适合取代EPROM、EEPROM芯片。NOR闪存的编程次数可达百万次,并且可以在芯片内执行,这样应用程序可以直接在闪存内运行,不必再把代码读到系统内存(RAM)中,因此常用于保存应用程序。其应用领域包括智能手机、数码相机及玩具等。

虽然NOR闪存是由东芝公司舛冈富士雄博士发明的,但是第一款NOR闪存产品则是英特尔公司推出的。1985年英特尔放弃内存业务全力转向微处理器,然而它是靠内存起家的,此外,还发明了EPROM、EEPROM等可编程存储器,对存储领域具有深刻的理解。看到舛冈富士雄博士的NOR闪存后,英特尔立即觉察到它的潜在价值,并与东芝公司签订了交叉授权许可协议,成立了300人的事业部,迅速推进闪存的产业化工作,于1988年推出了第一款商业化的NOR闪存产品。当时英特尔技术制造本部副社长、中国香港出身的Stefan Lai评价称,英特尔改进了东芝发明的NOR闪存,并成功实现批量生产和低价格。

然而东芝公司此时正聚焦于内存DRAM,并没有推进闪存技术的产业化。看到英特尔NOR闪存产业化的快速推进,舛冈富士雄博士很不服气,他在思考另一种闪存方案,"降低性能以降低成本",在 1987 年又提出 NAND 闪存的概念,并与 10 位各具特色的同事共同研发,仅 3 年时间就获得成功,随即推动新发明实现产业化。1989 年的国际固态电路学会(ISSCC)上公开发表了 NAND 闪存。

 拓展阅读

闪存之父:舛冈富士雄

舛冈富士雄,1943 年 5 月 8 日出生于日本群马县高崎市。1971 年获日本东北大学工程系博士学位后加入东芝公司。最初,他被分配到半导体的研究开发部门,1977 年被调至营销部门。当时,虽然他针对 IBM 和英特尔等开展了各种推销活动,但是没有取得销售业绩。一年后,舛冈富士雄博士被调离营销部门转入半导体工厂的制造技术部门。

舛冈富士雄博士在发明 NOR 闪存之后又发明了 NAND 闪存,但 NAND 闪存的数据读取速度是 NOR 闪存的 1/1000,对此情形,许多人都"瞠目结舌"。然而考虑"生产低成本存储器"的舛冈富士雄在当时可能是"打破常规"的人,他的"独具慧眼",也许与其推销工作经历有关。

据说舛冈富士雄博士是一个极具个性的工程师,下班回家之后会整夜撰写专利,在公司工作期间经常睡觉。在东芝公司的 22 年里,他提交了 500 多件专利申请,平均一个月 2 件,其专利的申请频率非常惊人。

1994 年他辞职离开东芝公司,成为东北大学教授。目前担任名誉教授,继续研究三维构造半导体(Surrounding Gate Transistor,SGT)。

与 NOR 闪存相比,NAND 闪存具有较快的擦写速度,而且每个存储单元的面积也较小,这让 NAND 闪存相较于 NOR 闪存具有较高的存储密度与较低的成本。同时它的可擦除次数也高出 NOR 闪存十倍。然而 NAND 闪存的 I/O 接口并没有随机存取外部寻址总线,它必须以区块方式进行读取,NAND 闪存典型的区块大小是数百至数千比特。NAND 写入和擦除速度虽比 DRAM 大约慢 3 至 4 个数量级,但是比传统的机械硬盘快 3 个数量级。

因为多数微处理器与单片机要求字节级的随机存取,所以 NAND 闪存不适合取代那些用以装载程序的 ROM。从这个角度来看,NOR 闪存有其优势,可以取代 ROM,应用于电子设备,如液晶屏幕、液晶电视。NOR 闪存,甚至可以用于存算一体的 AI 芯片,如北京知存科技公司的存算一体芯片中就使用了 NOR 闪存。而 NAND 闪存非常适合用于存储卡之类的存储设备,包括数码相机的存储卡、记忆棒、MP3 存储器、固态硬盘等。

4.2.3　闪存早期应用：优盘的发明

优盘，也称 U 盘，其全称是 USB Disk，它是我国工程师邓国顺发明的。

让我们回到 1997 年，英特尔不断引领 PC 的发展，从"Intel inside"到"Intel outside"，不仅提供 CPU，还出售主板芯片组甚至完整的计算机主板，让 PC 的设计得以简化，可吸引更多企业加入 PC 产业。比如，惠普公司，原本是研发和生产仪器的，这个时期也加入 PC 制造商行列。英特尔在主板芯片组方面对通用串行总线（Universal Serial Bus，USB）的支持不断加强，大量计算机外设开始采用 USB。

1998 年，邓国顺在多次出差时遭遇到"软盘出现故障导致数据无法读取"的窘境。他当时就在思考，有没有一种全新的产品可以替代软盘？1999 年一个非常偶然的机会，他在新加坡认识了湖南老乡成晓华，两人一见如故，谈到了一个共同感兴趣的话题：计算机从主板、CPU 到鼠标键盘都在不断更新换代，唯有软盘驱动器多年顽固不变，始终都是标准配置。能不能抛弃软盘驱动器，做一款小巧、稳定且容量比软盘大许多倍的移动存储器呢？他们为这一想法兴奋不已！

32 岁的邓国顺与成晓华从新加坡回国，在深圳市罗湖区租了一套房子，开始探索"闪存+USB"移动存储器。经过一年多的摸索，一个名为"优盘"的移动存储器终于在他们手中诞生了。在第二届中国国际高新技术成果交易会上，邓国顺把一只比钥匙稍大的"优盘"样品挂在脖子上展示时，马上得到了多家公司的青睐。

他们创立的朗科公司，不仅拥有优盘专利，还注册了商标"U 盘""优盘"。2002 年以后，由于闪存的成本直线下降，大量中国企业先后加入优盘行业，我国跃升为全球最大的 U 盘制造国和消费市场，开创了优盘时代。

仅仅用了三年，优盘就取代软盘，成为 PC 的标准配置，3.5 英寸软盘插口自 2005 年起被全面取消。2005 年有人评论说"优盘是近年来中国人对 PC 最具有原创性的贡献"。

优盘的普及，也为早期闪存的发展提供了重要的推动力。

4.2.4　闪存大规模应用：固态硬盘

前面提到 2001 年苹果推出 iPod，它的成功带动了机械微硬盘的快速发展。但随着闪存技术的发展，机械微硬盘面临极大挑战。

2005 年 9 月，采用闪存的 iPod nano 取得了巨大的成功，它是曾经辉煌的 iPod mini 的替代品。它的成功意味着机械微硬盘时代将被闪存所终结。随着闪存容量提高、成本下降，其体积小、读写速度快等优点逐渐凸显，应用领域越来越广阔。2006 年闪存技术应用于笔记本电脑硬盘。2007 年苹果的 iPhone 选用闪存作为存储器，智能手机的快速发展带动闪存成为一个重要产业。

由于闪存硬盘存取速度相比机械硬盘提升大约 3 个数量级，随后闪存开始进入台式机、数据中心等原本属于机械硬盘的领地，到 2013 年机械硬盘开始出现衰退。到 2018 年，NAND 闪存的年销售额达到 570 亿美元，NOR 闪存达到 50 亿美元，中国市场消耗了全球产能的 32%，这意味着中国已成为全球主要市场。为了摆脱长期对外采购的依赖，国内闪存的自主发展成为当务之急。

4.2.5　大容量闪存：MLC 与 3D NAND

闪存在发展过程中，阻碍其快速发展的主要因素有容量与成本，如何突破？下面介绍两种技术途径，一种是每个单元存储 1 比特发展到多比特的 MLC（Multi-Level Cell），另一种是立体堆叠技术。

4.2.5.1　从 SLC 到 MLC

早期的闪存，每个存储单元仅存储 1 比特信息。存储容量的提高，主要通过缩小存储单元的特征尺寸，由于摩尔定律放缓后，不得不借助其他方式，其中之一就是提高每个存储单元的比特数量。

SLC（Single-Level Cell）闪存：在 SLC 闪存中，每个存储单元仅存储 1 比特信息——逻辑 0 或逻辑 1。单元的阈值电压与单个电压电平进行比较，如果电压高于这一电平，则被视为逻辑 0，反之则为逻辑 1。由于只有两个状态，因此它们之间的电压裕量可以非常高。这使得读取存储单元的信息更容易、更快捷。原始误码率（Raw Bit Error Rate，RBER）也很低，因为较大的电压裕量，在读取操作期间受泄露或干扰的影响较小，而低 RBER 还减少了给定数据块所需的错误检测和纠错码（Error Correcting Code，ECC）位数。

大电压裕量的另一个优点是磨损的影响相对较小，因为微小的电荷泄露影响较低。分布更宽的逻辑电平有助于以更低的电压对单元进行编程或擦除，可增加单元的耐久性，进而增加寿命，即可擦写循环的数量。

它的缺点是每个存储单元的成本更高。SLC 闪存通常用于对成本不敏感且需要高可靠性和耐用性的场合，如需要大可擦写循环次数的工业和企业应用。

MLC（Multi-Level Cell）闪存：在 MLC 闪存中，每个存储单元存储两位信息，即 00、01、10 和 11，在这种情况下，阈值电压与 3 个电平进行比较（总共 4 个电压带）。

通过更多状态进行比较，读取操作需要更加精确，与 SLC 闪存相比，读取速度更慢。由于较低的电压裕量，RBER 也相对较高，给定数据块需要更多的 ECC 位数。磨损的影响更为显著，任何电荷泄露都会产生更大的影响，从而缩短寿命。

由于需要仔细编程以将电荷存储在每个逻辑电平所需的紧密窗口内，因此编程操作也要慢得多。其主要优点是每比特成本更低，是 SLC 闪存的 1/4～1/2。MLC 闪存通常用于成本更敏感的应用,如消费电子或游戏系统,其性能、可靠性和耐用性不是那么关键,并且所需的可擦写循环次数相对较低。

在三层单元 TLC（Triple-Level Cell）闪存中,每个存储单元存储 3 比特信息,以此类推,可以进一步提高存储容量。随着每个单元的存储位数的增加,ECC 开销以及纠错技术的难度也相应地提高。如果把存储介质看作信道,那么这里的纠错技术与第 1 章介绍的通信的差错控制技术非常相似。

4.2.5.2 从 2D NAND 到 3D NAND

为了提高存储密度,2007 年东芝公司率先提出了 3D NAND 或 V-NAND（垂直 NAND）设想,也被称为立体堆叠。对此,英特尔用盖楼做形象比喻,如果说普通的 NAND 是平房,那么 3D NAND 就是高楼大厦,由此建筑面积一下子就多了起来,理论上可以无限堆叠。在 3D NAND 中,多层存储单元在垂直方向进行堆叠,同一区域中的存储单元数量明显更多,这也使制造商能够采用更大的制程工艺节点来制造更可靠、容量更大的闪存。

2013 年,三星推出具有 24 层堆叠结构的第一代 V-NAND（三星自称 3D NAND 为 V-NAND）闪存,打破了平面技术的瓶颈,并使 3D NAND 技术从概念推向了商业市场。在第一代 V-NAND 闪存商业化之后,3D NAND 领域技术快速发展,第二代（32 层）、第三代（48 层）、第四代（64/72 层）、第五代（92/96 层）、第六代（128 层）、第七代（176 层）技术纷纷涌现,堆叠层数逐渐成为各大闪存企业的竞争焦点。

2022 年 2 月,三星发布公告称将在 2022 年年底或 2023 年上半年推出 200 层以上的 3D NAND 闪存,并在 2023 年上半年开始量产。在大家都认为三星这个 3D NAND 闪存的缔造者将继续引领技术潮流的时候,美光打了三星一个措手不及。2022 年 7 月 26 日,美光发表公告称已量产全球首款 232 层 3D NAND 芯片,预示着 3D NAND 芯片进入 200+层时代。2022 年 12 月,美光宣布已正式向全球个人电脑原始设备制造商客户出货基于 232 层 3D NAND 闪存芯片的 SSD 模组——美光 2550 SSD,这也是全球首款采用 200+层堆叠 3D NAND 闪存的客户端 SSD。该 SSD 提供 22mm×80mm、22mm×42mm 和 22mm×30mm 三种规格,以及 256GB、512GB 和 1TB 三种容量品项,如图 4.10 所示。美光宣称,与同类竞品相比,美光 2550 SSD 在传输速度上提升了 112%,办公类生产力应用程序的执行速度可提升 67%,载入大型游戏的速度提升 57%,执行内容创作应用程序的速度则提升 78%;同时它提供每秒高达 5 GB 的连续读取性能,及每秒高达 4 GB 的连续写入效能,分别较上一代 SSD 提升了 43%和 33%。美光在闪存领域的技术突破,将 3D NAND 闪存技术提升至新高度。除了美光和三星之外,SK 海力士、西部数据、铠侠（2020 年东芝存储器正式更名为 Kioxia,中文名称为"铠侠"）等厂商也在积极推进闪存层数迭代。围绕着更高的层数,各家闪存企业的竞争日趋白热化。

图 4.10　美光 2550 SSD

4.2.6　长江存储与闪存国产化之路

闪存是智能手机、PC 的核心部件，过去几年来闪存产业经过多次产业调整，主导权一直掌握在韩国、日本等国家的少数几个企业手中。为了摆脱闪存产品受制于他人的困境，中国大陆现在也把存储芯片作为重点来抓。清华紫光集团控股的长江存储，其 32 层 3D NAND 已顺利问世，并进入小批量生产。2019 年 9 月初，长江存储开始量产基于 Xtacking 架构的 64 层 256Gb 3D NAND，如图 4.11 所示。

图 4.11　长江存储的 Xtacking 架构

2020 年 4 月，长江存储宣布其采用 Xtacking2.0 架构的 128 层 3D NAND 闪存研发成功，并已在多家控制器厂商 SSD 等终端存储产品上通过验证。2022 年 10 月，长江存储推出新款消费级固态硬盘产品——致态 TiPlus7100。该产品采用基于 Xtacking3.0 架构的长江存储闪存芯片，拥有 2400MT/s（Million Transmission per Second，百万次传输每秒）的单颗芯片接口速度，与上一代相比提高 50%，使四通道方案可实现高达 7000MB/s 的顺序读取速度。随着长江存储 3D NAND 技术的不断进步以及产能的不断提升，未来将有机会抢占全球市场占有率。我国闪存领域的突破，将会摆脱缺乏闪存定价权的被动局面。

4.3 计算机内存：SRAM 与 DRAM

从冯·诺依曼的计算体系架构中，我们看到了内存的重要性。CPU 从内存中取出指令，因此要求内存的存取速度很快，通常 SRAM 小于 1ns，DRAM 小于 10ns。2018 年 DRAM 的总销售额超过 1000 亿美元，体现了它的重大商业价值。

4.3.1 静态随机存储器与存储体系架构

静态随机存储器（Static Random-Access Memory，SRAM）是由仙童公司 1964 年提出来的，最初的产品是基于 MOS 的 64bit SRAM。SRAM 是随机存储器的一种，所谓"静态"，是指这种存储器只要保持通电，里面存储的数据就可以一直保持。断电后，SRAM 存储的数据还是会消失，也称易失性存储器。"静态"是为了区别于后面介绍的动态随机存储器 DRAM。

采用一种"锁存器"（与门闩类似）的基于晶体管的电路技术，它将稳定状态（关门上锁），直到将一个新的状态写入存储器，如图 4.12 所示。

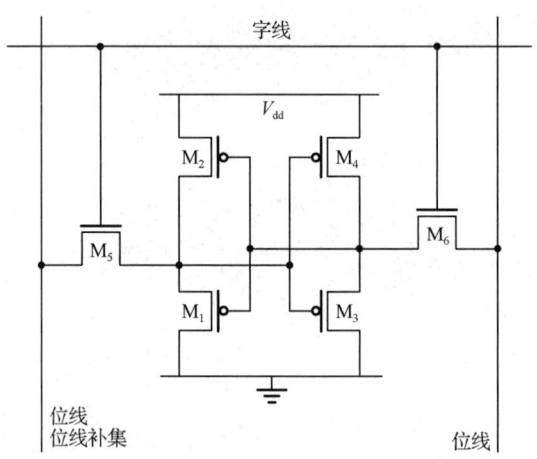

图 4.12 经典的六晶体管 SRAM 单元

SRAM 的优点是读写速度快，达到 1ns 量级；缺点是集成度较低，存储 1bit 信息的存储单元，SRAM 需要用 6 个晶体管来实现，占用的硅片面积较大。因此，SRAM 主要用于容量较小、读写速度要求高的场合，如 CPU 中的一、二级高速缓存（Level-1、

Level-2 Cache）。

1968 年英特尔成立之初，继承了仙童的技术能力，决定研制晶体管存储器芯片，这是一个全新的市场。当时的半导体工艺主要有双极型晶体管和场效应晶体管，但是用哪一种工艺来生产芯片更好，他们并不清楚，于是英特尔公司成立了两个研发小组。1969 年 4 月，双极型晶体管小组率先推出了 64bit 容量的 SRAM 芯片 C3101，仅能存储 8 个英文字母，如图 4.13 所示。这是英特尔的第一款产品，客户是霍尼韦尔。此时在美国计算机市场上，IBM 经过"世纪豪赌"，已经成为无可争议的霸主，被称为蓝色巨人。霍尼韦尔公司为了提高其计算机性能，正在寻找 SRAM 存储器，这就为英特尔带来了发展机会。

1969 年 7 月，场效应晶体管小组研制成了 256bit 容量的 SRAM 芯片 C1101，如图 4.14 所示，并于 1971 年正式推出产品，霍尼韦尔很快下了订单。英特尔的 C1101 是全世界第一个大规模生产、并利用硅半导体技术的 MOS 内存储器，被视为"现代内存储技术发展的奠基石"。

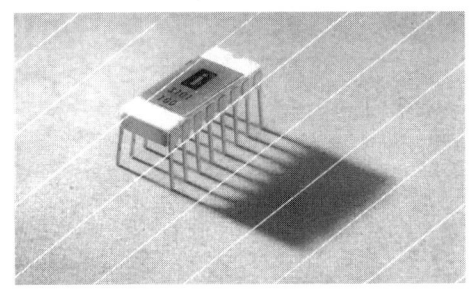 

图 4.13 基于双极型晶体管的 SRAM C3101　　图 4.14 基于场效应晶体管的 SRAM C1101

现在，SRAM 主要用于 CPU 的高速缓存，通常与 CPU 集成在一起，如苹果的 A12、麒麟 980 等芯片。SRAM 存在的主要问题是面积与功耗都比较大，因此存储容量很难做大。即使是 2018 年推出的苹果 A12，其一级 L1 指令缓存也就 128KB，二级 L2 指令缓存也只有 6MB。

至此，已经介绍了机械硬盘、固态硬盘与 SRAM，我们可以看到，不同存储技术在存储容量、访问速度、生产成本等指标存在冲突。由于存储技术的限制，我们可以制造出存储容量很小但读写速度很快的内存 SRAM，也可以制造出容量很大但读写速度较慢的外存储器——机械硬盘与固态硬盘，但不可能两边的好处都占着，制造出访问速度快容量又大的存储器。因此，把存储器分成若干级，称为 Memory Hierarchy，按照离 CPU 由近到远的顺序依次是寄存器、高速缓存、主存、硬盘等，越靠近 CPU 的存储器容量越小但访问速度越快，图 4.15 给出了各种存储器在存储体系结构中的地位。

要是用我们自己的记忆来比喻，内存就像自己的大脑，保存在大脑中有利于思考，经常用的知识，或者最近用过的知识立刻能想起来，有些知识虽然记住了，但是需要想很久才能想起来，寄存器、一级缓存、二级缓存、三级缓存与主存的区分大体上也是如此。我们知道大脑的记忆力是有限的，需要身边的记事本、手册、图书来辅助，这些相当于存储体系架构中的本地二级存储器，即硬盘。身边辅助资料不够，我们可以去图书馆借，这就相当于远程二级存储了。你一定会根据自己的经验，来安排哪些知识需要记忆，哪些书需要自己购买，而不常用的书去图书馆借阅一下。

图 4.15 存储体系架构

4.3.2 登纳德与动态随机存储器的发明

内存的重要性，大家已经认识到了，要想提高计算机的性能，就需要制造出大容量的内存。因此，如何提升内存的容量，成为 20 世纪 60 年代各大公司迫切需要解决的问题。

1966 年，在 IBM 托马斯·沃森研究中心工作的登纳德（R. Dennard，1932— ）博士，提出了用 MOS 晶体管制作存储器的构想，称为动态随机存取存储器（Dynamic Random Access Memory，DRAM）。基本原理就是利用电容内部存储电荷的多少来代表 0 和 1，每 1 比特只需要 1 个晶体管加 1 个电容，简称 1T/1C 结构，如图 4.16 所示。为了保持数据，DRAM 使用电容存储，必须隔一段时间刷新一次，如果存储单元没有被刷新，存储的信息就会丢失。它的优点是只需要 1 个晶体管加 1 个电容，与 SRAM 的 6 个晶体管才能存储 1 比特相比简单多了，有利于集成与降低功耗等。

据登纳德回忆，1966 年的某一天，他在位于纽约西切斯特郡的家里欣赏克罗顿河峡谷的落日余晖时，在客厅沙发上突然灵感闪现，从而提出了上述想法。那天上午，他参加了为期一天的 IBM 研究员会议，在会上，大家互相分享了改进存储器的想法。当时，登纳德正在研究用于计算机的 MOS 晶体管存储器，尝试改进磁芯存储器的一个小组向他介绍了情况。登纳德自己正在进行的工作，以及他在检查中看到的情况让他感到困扰：与他竞赛的研究员正在开发的磁性存储器存在缺点，但极为简单；相反，他的 MOS 晶体管存储器项目非常有希望，但相当复杂，因为保存 1 比特信息需要使用 6 个晶体管。

登纳德回忆说："我认为，我能做的事情的确很简单。"在沙发上，他仔细研究了 MOS 技术的特征——这种技术能够制作电容，在电容上存储电荷量多少表示 1 比特，1 个晶体管可以控制将电荷写入电容。登纳德越想越有信心，他认为自己能够设计出结构非常简洁的存储器。

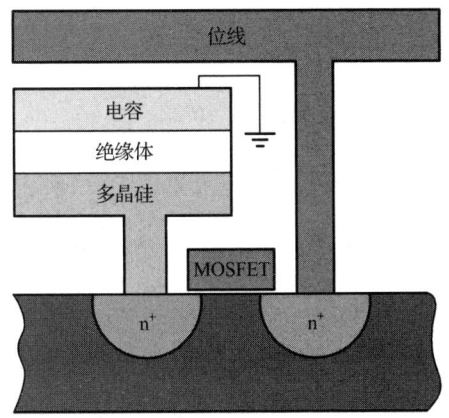

图 4.16　基于 1T/1C 结构的 DRAM 存储单元

1967 年，登纳德将他的 1 个晶体管、1 个电容（1T/1C）结构的 DRAM 申请了发明专利，并在 1968 年 6 月获批。

 拓展阅读

DRAM 发明人：登纳德

罗伯特·登纳德，1932 年出生于美国得州。1958 年加入 IBM 工作，1961 年转入 IBM 新成立的托马斯·沃森研究中心。1966 年，34 岁的登纳德发明了 DRAM。1974 年在研究存储技术的过程中，提出了登纳德缩放定律，它为摩尔定律提供了实现途径。

因其在 DRAM 领域的杰出贡献，1988 年获美国国家技术勋章，2001 年获 IEEE 爱迪生奖章，2007 年获本杰明·富兰克林勋章，2009 年获美国工程院查尔斯·斯塔克·德雷珀奖。2009 年还获得 IEEE 荣誉勋章，这是电子领域的最高荣誉。2013 年荣获京都奖（尖端技术）。

这一阶段，由于 IBM 正在遭受美国司法部的反垄断调查，拖延了 DRAM 项目的商业化进程,这给其他公司带来了发展机会。

第一个已知的 DRAM 芯片(256 比特)由仙童半导体公司的工程师鲍瑟尔,CMOS 技术推动者之一,于 1968 年研发成功。1969 年,他创立了四象限(Four Phase Systems)公司,成功开发出 1024 比特和 2048 比特 DRAM 内存储器芯片。

1969 年,加州桑尼维尔(Sunnyvale)的 Advanced Memory System 公司,最早生产出 1KB 容量的 DRAM,并出售给计算机厂商霍尼韦尔。但是由于这些 DRAM 芯片在制造工艺上存在缺陷,霍尼韦尔转向新成立的英特尔公司寻求帮助。

4.3.3 动态随机存储器的快速发展之路

图 4.17　DRAM 芯片 C1103

英特尔研究小组采用 3 个晶体管单元的设计方法,通过不断解决生产工艺中的缺陷,于 1970 年 10 月,推出了第一个 DRAM 芯片 C1103,其有 18 个引脚,如图 4.17 所示,容量为 1Kb,售价仅为 10 美元。C1103 芯片是首个大批量生产并且被广泛应用的内存芯片,它的成功标志着 DRAM 内存时代的到来,它也被业界称为磁芯存储器杀手,为后来计算机大容量存储芯片与个人计算机的发展奠定了坚实的基础。

1972 年前后,英特尔公司为美国 Prime 计算机公司的微型计算机主板焊接了 128 颗 1Kb 存储容量的 C1103 DRAM 内存,组成 128Kb 容量的内存,以便运行类似 DOS 的操作系统。

当时的大中型计算机上,还在使用笨重昂贵的磁芯存储器。为了向客户宣传 DRAM 的性能优势,英特尔开展全国范围的营销活动,通过广告语"1 比特仅需 1 美分"向计算机用户宣传 DRAM 比磁芯更便宜。C1103 主要用于惠普的 HP9800 系列、DEC 公司的 PDP-11 小型计算机,销量累计达到几十万颗。

1972 年,凭借 1Kb DRAM 取得的巨大成功,英特尔已经成为一家拥有 1000 名员工,年收入超过 2300 万美元的产业新贵。C1103 也被业界称为磁芯存储器的杀手,成为全球最畅销的半导体芯片。同年,IBM 在新推出的 S370/158 大型计算机上,开始使用 DRAM 内存。到 1974 年,英特尔占据了全球 82.9%的 DRAM 市场份额。然而到 1985 年,面对日本 DRAM 的崛起,英特尔只好暂时放弃 DRAM,主要精力转向微处理器。到 1998 年,韩国三星超越日本企业,成为 DRAM 产业的领导者,2018 年韩国企业的 DRAM 市场份额超过 75%。

受摩尔定律与登纳德缩放定律的推动,集成电路领域出现了一波接一波的创新浪潮。据登纳德回忆,在发明 DRAM 时,他并没有预测到其重要性。他说:"我知道这会是一件大事,但并不知道它会有今天如此广泛的影响。"

DRAM 的简单性、低成本和低功耗与第一款低成本微处理器相结合，开启了个人计算机的时代。如今，每台 PC、笔记本电脑、游戏机和其他计算设备都装载了 DRAM 芯片，还有大型机、数据中心服务器及运行互联网的大多数机器也都需要 DRAM 芯片。

智能手机的推出，使得移动终端内存条增长迅速，成为 DRAM 的重要新领域。得益于近几年来电子产品移动化的消费趋势，移动终端 DRAM 市场增长很快，2009 年，移动 DRAM 出货量还仅占整体 DRAM 的 5.1%，到了 2018 年，这一比例已经达到 50% 以上。2018 年，DRAM 全球销售额达到 996 亿美元，同比增长 39%，创历史新高，而我国此时 99%以上的 DRAM 依赖进口，没有定价权，甚至进口权都受到要挟。2018 年 11 月 3 日美国制裁我国福建晋华，晋华的 DRAM 刚刚进入量产阶段就被迫停止生产。同年，合肥长鑫存储建成中国大陆第一座 12 英寸 DRAM 生产厂。2019 年 9 月 20 日，长鑫存储内存芯片自主制造项目宣布投产，与国际主流 DRAM 产品同步的 8Gb DDR4 首度亮相，可应用于 PC、笔记本电脑、服务器、消费电子类产品等领域。2021 年 6 月 3 日，兆易创新宣布已量产首款自有品牌 4Gb DDR4 产品——GDQ2BFAA 系列，标志着兆易创新成功将业务延伸到了 DRAM 这一主流存储市场，该系列产品由长鑫存储代工，实现了从设计、流片到封测、验证的全国产化。2022 年 9 月 8 日，兆易创新宣布推出公司首款自研 DDR3L 产品——GDPxxxLM 系列，该系列产品采用长鑫存储先进制程，提供 2Gb 和 4Gb 容量选择，在满足消费类市场强劲需求的同时，兼顾工业及汽车市场应用，可为国产自主供应生态圈的构建发展提供支撑。通过近年来的不懈努力，以长鑫存储、兆易创新为代表的国产 DRAM 厂商初步建立，打破了国外企业在 DRAM 领域的长期垄断。

4.3.4 动态随机存储器的大容量化方法

与 NAND 闪存技术类似，DRAM 的平面微缩也一步步接近极限并向垂直方向扩展。在 18/16nm 工艺节点之后，由于薄膜厚度无法继续缩减，以及不适合采用高 K 材料（K 为介电常数）和电极等原因，继续在二维方向缩减尺寸已不再具备成本和性能方面的优势。与闪存的 3D 技术路线不同的是，DRAM 的 3D 技术体现在芯片层面，而非晶体管层面，即其 3D 指的是 3D 封装——采用硅通孔技术（Through Silicon Via，TSV）将多片芯片堆叠在一起，如图 4.18 所示。随着电子产品对 DRAM 容量和性能要求的提升，未来 3D DRAM 比重将呈上升趋势。

与 3D NAND 类似，垂直方向的扩展能力使得 DRAM 对平面微缩的要求降低，从而可以在较大工艺制程下大幅提升内存条的容量。改用 3D 封装之后，很多芯片之间的连接由水平面上交杂的铜线变成了垂直方向的通孔，互连线长度大大降低，从而极大地改善了后道线间延时和串扰，对芯片性能的提升有很大的帮助。

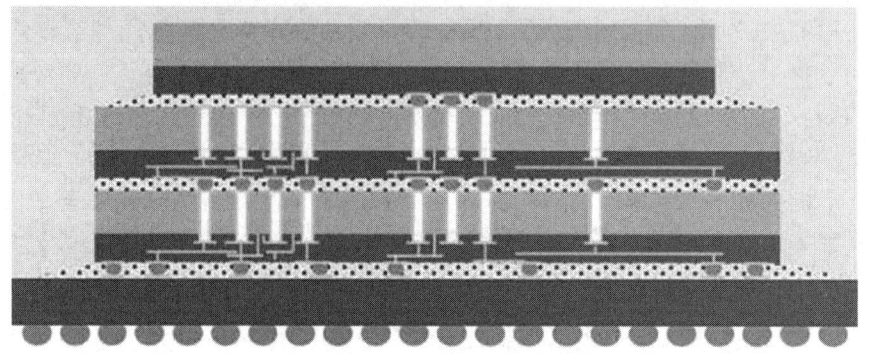

图 4.18　3D IC 堆栈

4.4　忆阻器与阻变式随机存储器

机械硬盘（HDD）、固态硬盘（SSD）与主存（DRAM），是三种应用最广泛的存储器，共同构成经典的计算机存储架构。其中，主存的特点是容量小、读写速度快、易失（掉电后数据也就丢失了）；而固态硬盘的特点是容量大、读写速度较慢、非易失（掉电后数据继续保存）。如何兼顾主存与硬盘的优点？阻变式随机存储器（Resistive Random Access Memory，RRAM 或 ReRAM）就是其中有发展潜力的一种途径。

2008 年，惠普实验室制作出了忆阻器（Memristor），并把其创新思想发表在了《自然》杂志上，从而引发世界性的轰动！许多人不禁发出感叹，这是迷失了 37 年的器件，终于被发现了！忆阻器到底是什么？为什么让科学家们如此兴奋？这件事还得从头说起。

4.4.1　蔡少棠教授与迷失的第四元件

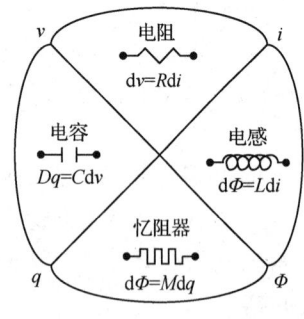

图 4.19　忆阻器的理论模型

早在 1971 年，加州大学伯克利分校的华裔教授蔡少棠先生在研究电路理论时，发现一个问题——似乎遗漏了什么？在经典的电路理论中，有四个基本变量：电荷 q、电流 i、电压 v 与磁通量 Φ，它们两两组合，就能得到六种关系，如图 4.19 所示。电压与电流的变化关系称为电阻 R，电荷与电压的变化关系称为电容 C，磁通量与电流的变化关系称为电感 L，电荷流动形成电流，磁通量的变化形成电压（法拉第电磁感应定律），唯独还剩下磁通量与电荷没有直接关联,所以蔡教授进一步考察了磁通量与电荷的变化关系所带来的器件性质:这种器件通过改变内部的电荷(或磁通量),可以改变器件的电阻,正向电流能增大电阻,负向电流能减小电阻。形象的比喻就是一个水表,水正向流,读数就增加,反向流读数就减小。同时电阻性质不因外加的电流和电压而变,类似记忆电阻的功能,所以称它为忆阻器(memristor),英文是 memory(记忆)与 resistor(电阻)的合成词。正如蔡教授自己所说,他的工作很像门捷列夫的元素周期表,依理论蓝图去找到藏在深处的真理。

 拓展阅读

忆阻器之父:蔡少棠

蔡少棠(Leon O. Chua),华裔,1936 年 6 月 28 日出生于菲律宾。1959 年大学毕业后,他不想继承家族企业,独自前往美国继续学习。1961 年获麻省理工学院硕士学位,1964 年获伊利诺伊大学厄巴纳-香槟分校博士学位。1964—1970 年在普度大学任教,1971 年后任职于加州大学伯克利分校,此时蔡少棠已获八个学校的荣誉博士学位,当选为 IEEE Fellow。

1971 年,蔡少棠提出了忆阻器猜想,被人称为"忆阻器之父"。不仅如此,他在很多领域取得了重大成就,比如,提出了细胞神经网络的概念,被称为细胞神经网络之父;1983 年,一次偶然机会实现了混沌的电路,即蔡氏电路,由此开展了一系列的相关研究工作,又被称为非线性电路之父。

2005 年成为电气与电子工程师学会(IEEE)电路与系统领域最高奖——古斯塔夫·罗伯特·基尔霍夫奖(Gustav Robert Kirchhoff Award)首位得主。

很多人因为《虎妈战歌》知道蔡美儿,却很少有人知道虎妈她爸蔡少棠的学术成就。

忆阻器是无源元件,即它工作时不需要电源支持,就像电阻一样。虽然蔡教授在他的论文《忆阻器——迷失的第四元件》(Memristor-The Missing Circuit Element)中给出了几种可能的应用,但是限于 20 世纪 70 年代的技术,没有人能制造出忆阻器,所以"第四元件"在那时只是人们仰望星空中一颗耀眼却无法企及的明星。

4.4.2 无心插柳:忆阻器元件的发现

惠普实验室,其实也没有把寻找忆阻器作为研究目标。大约在 2005 年,库克斯(P.J. Kuekes)领衔的研究小组,正在开发一种称为 Crossbar Latch 的技术。Crossbar

Latch 的原理是由一排横向与一排纵向的电线组成的网格，在每一个交叉点上，要放一个开关连接一条横向与纵向的电线，如图 4.20 所示。如果能让这两条电线控制这个开关状态的话，那网格上的每个交叉点都能储存 1 比特数据。这种存储器系统的数据密度和存取速度都是前所未有的，问题是，什么样的材料能充当这个开关？这种材料必须要有"开""关"两个状态，这两个状态必须要能操控。更重要的是能在不改变状态的前提下，发挥其开关的效果，允许或阻止电流的通过。寻找这样的材料难住了惠普工程师，谁也没有想到，他们寻找的材料，正是忆阻器！

图 4.20 惠普忆阻器构架

这个难题的突破来自另一个研究小组。威廉姆斯（R.S.Williams）领导的小组在研究二氧化钛时，意外地发现它在某些情况下的电子特性有些异常，他的同事斯奈德（G.S.Snider）猜测，这或许就是忆阻器，即 Crossbar Latch 正在寻找的材料。

二氧化钛当作忆阻器应用时是这样的：一块极薄的二氧化钛被夹在两个电极中间，这块二氧化钛又被分成两个部分，一部分是正常的二氧化钛，另一部分进行了"掺杂"，少了几个氧原子。因此"掺杂"的那一部分带正电，电流通过时电阻比较小，而且当电流从"掺杂"的一边流向正常的一边时，在电场的影响下缺氧"掺杂物"会逐渐往正常的一侧游移，使得以整块材料而言，"掺杂"的部分会占比较高的比重，整体的电阻也就会降低。反正，当电流从正常的一侧流向"掺杂"的一侧时，电场会把缺氧的"掺杂物"回推，电阻就会随着增加。因此，整个器件就相当于一个滑动变阻器一样。

二氧化钛有这种特性，并不是惠普最先发现的，但是因为 Crossbar Latch 研究的关系，惠普是第一个把它与忆阻器联系起来的。惠普关于忆阻器的发现成果在 2008 年发表于《自然》杂志上，离忆阻器概念的提出，相距 37 年。2010 年，惠普宣布与韩国 SK 海力士合作，共同研发相应的存储器。同年，据威廉姆斯称，忆阻器还能够进行布尔逻辑运算，这一发现震动了整个行业，因为这意味着忆阻器理论上可以完全替代现在所有的数字逻辑电路，也就是说基于忆阻器有可能实现存储与计算一体化，从而突破冯·诺依曼计算体系。

2012 年，美国电气与电子工程协会邀约 3 位国际知名学者共同撰写了一篇长文《超越摩尔》,其中,忆阻器这种可记忆电流的非线性电阻,凭借其优越的特性,将成为未来极有希望的存储元件。

4.4.3 阻变式随机存储器:非易失性

为什么忆阻器让人如此兴奋呢?主要是这个神奇的"第四元件"将会拓展人们对电路的认识。忆阻器最基本的应用就是做非易失性存储器,通过改变电流可以改变电阻,并且断电后仍然被记忆;加上惠普实验室提出的多层堆叠式结构,使第一个存储单元的开关切换时间只有 0.1ns,它比 SRAM 的读写速度还快。在 4.3 节中已经介绍,SRAM 的优点是读写速度快,但集成度不高;而 DRAM 则相反,读写速度较慢。但以忆阻器为存储单元的阻变式随机存储器(Resistive Random Access Memory,RRAM),速度、集成度、功耗三项全能,不得不让科学家们青睐!尤其是忆阻器的记忆功能,如果用作计算内存代替 SRAM、DRAM,可以实现待机零功耗。

RRAM 还有可扩展性、CMOS 兼容性等优点,便于扩展到先进工艺节点,能够进行大批量生产。东芝、索尼、松下、美光、海力士、富士通等存储器厂商都在开展 RRAM 的研究工作。另外,中芯国际、台积电和台联电都已经将 RRAM 纳入自己未来的发展线路图中。

2017 年中国科学院微电子研究所刘明院士团队在 1Mb 28nm 嵌入式 RRAM 测试芯片以及 8 层堆叠的高密度 3D RRAM 研究方面取得新进展。在中芯国际 28nm 平台上完成了工艺流程的开发与验证,并在此基础上设计实现了规模为 1Mb 的测试芯片。

4.4.4 忆阻器与存内计算、类脑计算

忆阻器的应用不只是存储器。惠普实验室提出的忆阻器结构,其多重的井字形交叉处的切换开关,可以被用作集成度更高的 FPGA 式的集成逻辑器件。基于忆阻器的人工神经元是一种更像人脑的计算结构,集计算与存储为一体,也称存算一体化或存内计算,而不是传统的冯·诺依曼存储程序计算体系结构。存内计算对大数据、人工智能的计算来说非常重要。2012 年,比勒菲尔德大学托马斯博士及其同事制作出了一种具有学习能力的忆阻器,如图 4.21 所示。2013 年,安迪·托马斯利用这种忆阻器作为人工大脑的关键部件,研究结果发表于《物理学学报 D 辑:应用物理学》。

人们还注意到忆阻器的连续变化特性,这是传统晶体管所不具备的。与其用一个阈值去限定忆阻器的状态是 0 还是 1,不如干脆用"模拟"方法去应用它。这个思想呼应了模糊数学概念,即除了"0"和"1",从 0 到 1 的各个值都有逻辑含义。忆阻器可以用于模拟计算机的组成或应用到模糊运算的领域,如图像识别等,因此也被称为类脑计算。

图 4.21　比勒菲尔德大学研制的忆阻器

4.5　自旋电子与磁性随机存储器

一直以来,电子学都是基于电子的"电荷"属性,用电场调控电子的运动,从而设计出从电子管、晶体管到超大规模集成电路,奠定了人类社会信息化的基础。然而随着摩尔定律面临的挑战不断加大,迫切需要寻求新的物理机理来延续摩尔定律。自旋电子学就是基于电子的"自旋"特性,探索新的器件、电路与系统。

4.5.1　巨磁阻效应与自旋电子学的诞生

1988 年巨磁阻效应(GMR)的发现以及随后的应用,让电子工程师们认识到自旋的价值,使他们恍然大悟:原来电子的自旋属性如此有用,由此开启了自旋电子学的大门。

2001 年,自旋电子学(Spintronics)这一概念被正式提出,它是在电子的输运过程中,除了利用电子的"电荷"属性,还利用其"自旋"属性进行信息的存储、传输与处理。对电子"自旋"属性的操控可以在铁磁、半导体甚至纯金属材料中实现,这个新增的自由度有助于大幅度提高器件集成度、降低芯片能耗、提高运算速度。

2007 年瑞典诺贝尔奖评选委员会授予费尔(Fert)教授与格伦伯格(Grünberg)博士诺贝尔物理学奖,同时指出:"巨磁阻效应的发现打开了一扇通往技术新世界的大门,在这里,将同时利用电子的'电荷'和'自旋'属性。新兴的纳米技术是发现巨磁阻效应的前提条件,而自旋电子学反过来也成为促进纳米技术迅速发展的动力。这为研究领域树立了一个异常清晰的例子:基础研究和新技术是如何交互作用和互相支持的。"

 **拓展阅读**

自旋电子学的先驱：艾尔伯·费尔

1938 年，在法国卡尔卡松，一个小婴儿降生了，父亲给他取名为艾尔伯·费尔（Albert Fert）。生下孩子后这位父亲参加了第二次世界大战，将费尔留给乡村的祖父照顾。深受祖父影响，费尔从小就养成了正直坚强的性格。费尔的橄榄球打得特别棒，他在图尔兹打了 20 年。费尔在数学和物理方面很有天赋，但也喜欢文学，研习了拉丁语和希腊语，还钟情于爵士乐、摄影和电影。但最后费尔还是决定像父亲和哥哥一样做一个物理学家。1970 年费尔从南巴黎大学获得物理学博士学位，之后一直在该校工作，与液晶之父德热纳是同事。

除了研究与教学，费尔还一直热衷于推动公共实验室和工业界的联系。2007 年获诺贝尔物理学奖后，费尔也没有停止工作，继续推动自旋电子学的发展。2014 年受北京航空航天大学邀请担任费尔北京研究院首席科学家，指导青年教师与学生开展自旋电子的研究工作。2017 年费尔教授凭借其对北京航空航天大学自旋电子学科的建设发展以及在促进中法高等教育合作方面所做出的杰出贡献获得中国政府"友谊奖"。

在同事眼中，费尔热情、谦逊、儒雅，是典型的唯美主义者，永不停止前进。虽然现在已经 80 多岁，仍然奋斗在科研的最前线，为推动人类科学事业的发展奉献自己的力量。

4.5.2 隧穿磁阻效应与磁性随机存储器

磁性随机存储器（Magnetic Random-Access Memory，MRAM）是一种非易失性存储器。MRAM 拥有静态随机存储器（SRAM）的高速读写能力，以及动态随机存储器（DRAM）的高集成度，而且可以实现近乎无限次的重复写入。

与传统的 RAM 技术不同，MRAM 不以电荷或电流存储数据，而是利用磁隧道结（Magnetic Tunnel Junction，MTJ）中的磁化状态存储数据。磁隧道结是 MRAM 的基本存储单元，其核心部分是由两个铁磁金属层（典型厚度为 1~2.5nm）夹着一个隧穿势垒层（绝缘材料，典型厚度为 0.8~1.5nm）构成类似于三明治结构的纳米多层膜。其中一个铁磁层被称为参考层或固定层，它的磁化沿易磁化轴方向固定不变。另一个铁磁层被称为自由层，它的磁化有两个稳定的取向，分别与参考层平行或反平行。当两个铁磁金属层的磁化方向平行排列时，磁隧道结具有较低的电阻，可以存储数据"0"；当两个铁磁金属层的磁化方向反平行排列时，磁隧道结具有较高的电阻，可以存储数据"1"。

对于磁隧道结薄膜的研究可追溯至 1975 年，当时法国学者米歇尔·朱利艾尔（Michel Julliere）在低温条件下，在 Fe/Ge/Fe 材料构成的薄膜结构中观察到隧穿磁阻（Tunnel Magneto Resistance，TMR）效应，但在当时并未引起较多的关注。此后的研究进展也极其缓慢，原因是当时的工艺水平难以制备出高质量的纳米薄膜。

直到 1995 年，雅加迪许·莫德拉（Jagadeesh Moodera）以 Al_2O_3 作为势垒层制备了 $CoFe/Al_2O_3/Co$ 磁隧道结，并在室温下获得了高达 18%的隧穿磁阻效应。这一成果重新唤起了人们对 TMR 的研究热情。随后，为进一步推动磁隧道结在硬盘磁头和 MRAM 领域的应用，学术界进行了大量探索以获取更高的 TMR 值。2001 年研究者通过第一性原理（First Principle）计算方法理论预测了 Fe/MgO/Fe 结构可实现高达 1000%的隧穿磁阻比率，其原因是 MgO 晶格的对称性对隧穿电子的波函数具有筛选作用，该机制对 TMR 产生了额外的贡献。这一理论预言在 2004 年得到了证实：IBM 的帕金等人成功制备了基于单晶 MgO 势垒的磁隧道结，其 TMR 值达到 200%左右。此后，基于单晶 MgO 势垒磁隧道结的 TMR 实验值不断提高。2008 年，研究人员在 CoFeB/MgO/CoFeB 结构中获得了在室温下高达 604%的隧穿磁阻比率。

第一个商用的 MRAM 被称为 Toggle MRAM，它依靠外加磁场实现数据的写入。该产品诞生于美国 DARPA 基金资助项目，1996 年摩托罗拉、IBM、霍尼韦尔三家公司承担了 MRAM 研制任务。2004 年摩托罗拉将半导体业务剥离出来创建了飞思卡尔半导体公司，2006 年飞思卡尔首次推出商业产品 Toggle MRAM，容量为 4Mb。为了加快发展，飞思卡尔于 2008 年又成立了 Everspin Technologies，专门从事 MRAM 的研发与生产。

MRAM，由于其具有非易失、抗辐射、低功耗、高速度、长寿命等优点，特别受到航空航天和国防等重要应用领域的青睐。美国航天电子领域两大供应商霍尼韦尔和艾法斯同时把磁性随机存储器作为核心存储器，并围绕其设计、开发未来抗辐射产品用于代替非易失存储器 EPROM、EEPROM、NOR 闪存等。其中艾法斯磁性随机存储器如图 4.22 所示。

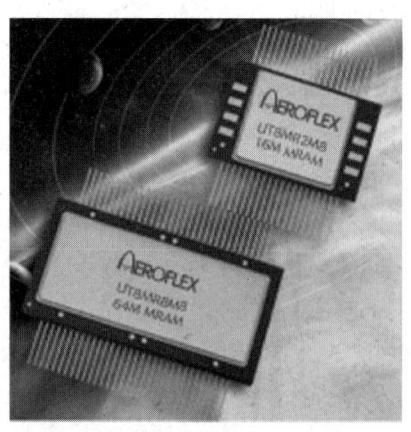

图 4.22　艾法斯磁性随机存储器

目前，宝马公司在发动机控制模块中采用 MRAM 以保证数据在断电情况下不丢失。鉴于 MRAM 具有抗辐射的优势，空客公司在 A350 飞机的飞行控制系统中采用 MRAM 以防止射线造成数据破坏，如图 4.23 所示。

图 4.23　MRAM 在 A350 中的应用

4.5.3　自旋转移矩磁性随机存储器

由于第一代商用 MRAM 采用外加磁场来实现数据写入，其数据写入速度、功耗、体积等指标与 DRAM 差距较大，因此需要继续寻找新的物理效应与读写机理。

1996 年，IBM 的材料物理学家约翰·斯隆切夫斯基（John Slonczewski）[2012 年获 IEEE 磁学分会成就奖，如图 4.24（a）所示]和卡耐基·梅隆大学教授露西·伯杰（Lucy Berger）[如图 4.24（b）所示]，通过理论计算提出猜想，当自旋极化电流流过纳米尺寸的铁磁薄膜或金属磁性多层膜中时，极化电流与多层膜中的散射会带来由极化电子到铁磁薄膜磁矩的自旋转移矩，从而对铁磁薄膜磁矩产生自旋矩，引起铁磁薄膜磁矩的不平衡，使之发生转动、进动甚至使磁化方向翻转。这种效应就是自旋转移矩效应（Spin Transfer Torque，STT），很快于 1999 年在 Co/Cu/Co 结构中被实验观测到。运用极化电流改变磁性膜的磁化方向，为我们提供了一种全新的"电流驱动"纳米器件，即采用电流直接穿过元件，而不是利用电流导线产生的环形磁场来改变磁性存储元件的记忆信号。

自古代发现磁铁矿以来，实践和理论均认为，只有磁场才能改变磁矩方向，从而使铁磁体改变其磁化。电流能直接引起磁化翻转，而无须通过外加磁场，无疑是物理学上一个历史性的突破！由此磁性器件微型化问题得以克服，根据目前的研究表明，STT 效应对于新型逻辑器件和存储器件以及微波器件的设计具有非常重要的意义，它可以为人类带来新一代低能耗、高密度、高速度的"电流驱动"器件。

2013 年基于自旋转移矩写入的新型磁性随机存储器（STT-MRAM）开始商用，容量达到 64Mb，称为第二代磁性随机存储器。区别于传统的磁性随机存储器，其不需要依赖任何外界磁场，因而具有超低功耗、大容量、高速读取等优点，并受到整个微电子产业的关注。

（a）John Slonczewski　　　　（b）Lucy Berger

图 4.24　提出自旋转移矩效应的两位物理学家

随着晶体管生产工艺缩小到几纳米尺寸，整个微电子产业的发展将受到量子效应的限制而停滞。比如，近几年遇到的难以逾越的能耗及稳定性等瓶颈，使计算机系统的计算能力无法继续提高，移动计算设备的待机时间也过短。STT-MRAM 被广泛认为有望突破这个技术瓶颈并带来新的产业革命。首先，因为其具有掉电非易失、高速读取的特点，计算机系统可以在待机的时候彻底关机，在需要的时候快速启动，从而彻底解决当前集成电路的高静态功耗问题。根据高通 2013 年研究报告，基于 STT-MRAM 的移动计算设备，其待机时间可由当前的几天显著延长到几个月。进一步研究表明，基于 STT 技术，还可以设计 RF 振荡器、存储器以及逻辑器件，甚至有可能制造出全磁性的通信设备，为绿色通信带来新的机会。最后，计算与存储相结合，与忆阻器类似，可以设计出人工神经元、存内计算体系与类脑计算体系。

2013 年另一个重要进展是垂直磁各向异性磁记录的商用化，这项技术是 2010 年日本东芝最先提出来的。在 2013 年 11 月磁性材料和磁学会议上，有 IBM、东芝、TDK 三家公司同时报告该技术，其性能指标为：工艺尺寸达到 10nm、写入电流 10μA、写入时间小于 1ns、数据保存时间达到 10 年之久。

2019 年 3 月 6 日，三星宣布已在基于 28nm 全耗尽型绝缘体上硅（Fully Depleted Silicon On Insulator，FD-SOI）工艺的生产线上，开始大规模生产嵌入式 MRAM（Embedded MRAM，eMRAM），存储容量可达 1Gb。eMRAM 的特点是可大幅度降低晶体管运行过程中产生的漏电流。该解决方案结构简单，可以通过在当前基于逻辑流程的设计中添加最少的层数来实现，从而减轻了企业进行新设计的负担，降低了生产成本。

2019 年 6 月 25 日，Everspin 宣布已完成 1Gb 的独立式 STT-MRAM 的研发工作，基于 28nm 制程工艺，将进入试生产阶段，如图 4.25 所示。Everspin 在 2018 年就已经批量生产了 256Mb 的 STT-MRAM 存储芯片。此次试生产的 1Gb 容量产品大幅提升了存储容量，同时还提供了更有效的 I/O 流管理，提高了其延迟确定性并允许存储 OEM

提供商为他们的产品显著提升服务质量。

图 4.25 Everspin 1Gb STT-MRAM

2017 年 4 月，北京航空航天大学集成电路科学与工程学院赵巍胜团队与中科院微电子所赵超团队联合，设计并优化了一整套兼容 CMOS 半导体先进工艺制程的磁隧道结制备方案，成功制备了国内首个直径为 80nm 的 STT-MRAM 磁隧道结器件，如图 4.26 所示。2018 年，通过不断优化，该团队可实现直径小于 40nm 的 STT-MRAM 磁隧道结器件，随后于 2019 年便开始与国内集成电路制造企业合作，共同推进 STT-MRAM 的产业化工作。此外，北京航空航天大学集成电路科学与工程学院孵化了致真精密仪器（青岛）有限公司、合肥致真精密设备有限公司，致力于磁光克尔显微镜、高精度薄膜沉积设备等国产设备的研发和产业化，为我国磁性随机存储器的研发提供支撑。同时，国内中电海康集团有限公司、浙江驰拓科技有限公司、致真存储（北京）科技有限公司、深圳亘存科技有限公司等企业也纷纷投入到 MRAM 的研发和产业化中。

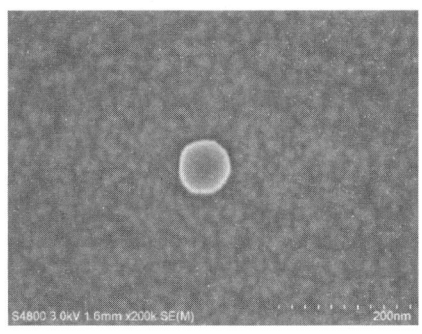
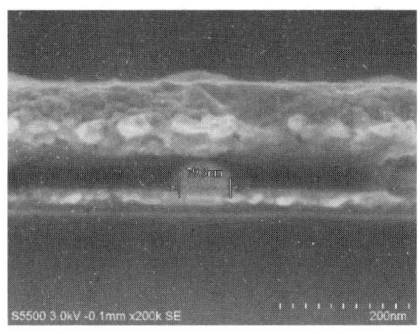

图 4.26 直径为 80nm 的 STT-MRAM 磁隧道结器件

4.5.4 自旋轨道矩磁性随机存储器

虽然第二代磁性随机存储器 STT-MRAM 已实现商用，但自旋转移矩写入技术具有内禀的孵化延迟（Incubation Delay），写入延时通常为 2～10ns，写入速度较慢；同时，STT-MRAM 的数据写入电流和数据读取电流都会经过磁隧道结器件的势垒层，较大的数据写入电流会击穿势垒层，器件寿命较短。因此，STT-MRAM 难以在高性能嵌入式存储器和存内计算等领域得到广泛应用。

为进一步提高速度、降低功耗、延长寿命，目前国际领军科研单位普遍关注基于自旋轨道矩（Spin-Orbit Torque，SOT）的第三代磁性随机存储器写入技术。在 SOT-MRAM 磁隧道结器件中，自由层下方有一个自旋轨道矩电极层，如图 4.27 所示，该层通常由重金属材料组成。当面内电流流经自旋轨道矩电极时，由于重金属和铁磁层界面的强自旋轨道耦合（Spin-Orbit Coupling，SOC），在两层金属的界面会产生自旋积累，由此产生的自旋力矩作用于相邻磁性层，使其磁矩发生翻转。因为写入时电流不经过隧穿层，读取时只使用小电流经过隧穿层从而获取磁阻状态，这样就实现了读写通道的分离，有效避免了数据读取操作带来的误写入，同时显著降低对势垒层的损伤，极大地延长了磁隧道结的使用寿命。同时，自旋轨道矩写入过程中的孵化延迟显著降低，可实现亚纳秒（Sub-ns）级别的数据写入，从而极大地提升了数据写入速度并降低了数据写入功耗。相比于自旋转移矩写入，自旋轨道矩写入技术在速度、功耗等方面具有很大提升，SOT-MRAM 有望在计算机系统中作为一级或二级缓存；同时，自旋轨道矩器件是三端口器件，可以更灵活地实现逻辑计算功能，这为实现存内逻辑操作带来了电路设计上的便利。因此，SOT-MRAM 在高速大容量缓存和存算一体等领域具有广阔的应用前景。

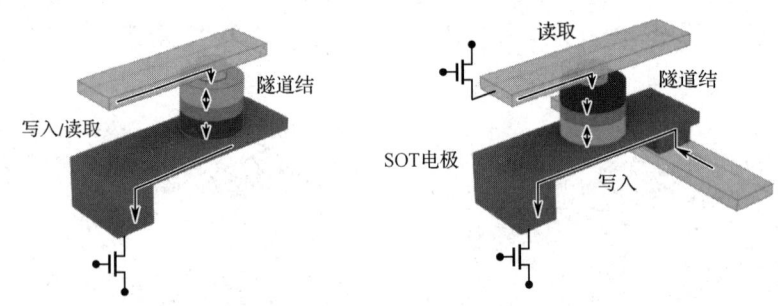

(a) 自旋转移矩磁性随机存储器存储单元　　(b) 自旋轨道矩磁性随机存储器存储单元

图 4.27　自旋转移矩和自旋轨道矩磁性随机存储器存储单元对比

然而，自旋轨道矩写入技术在材料、器件、工艺等层面还存在一些亟待解决的问题。例如，自旋轨道矩写入过程中往往需要面内外磁场的辅助才能实现垂直磁各向异性（Perpendicular Magnetic Anisotropy，PMA）磁隧道结的确定性磁化翻转。利用反铁磁/铁磁结构的面内交换偏置场可实现无需外磁场的自旋轨道矩写入，但该结构的自旋轨道矩写入效率和交换偏置场往往较小，导致较大的写入电流密度和数据写入功耗，有待对材料及工艺进行优化。北京航空航天大学集成电路科学与工程学院赵巍胜教授团队于 2014 年首次理论预测通过自旋转移矩与自旋轨道矩的协同效应可以实现垂直磁矩的磁化翻转，并于 2018 年进行了实验验证，该写入方法被称为自旋协同矩写入。

在该写入方法中，利用自旋转移矩效应可以实现确定性磁化翻转，从而解决垂直磁矩的自旋轨道矩翻转过程中对面内外磁场的依赖；同时，利用自旋轨道矩效应可以大幅降低自旋转移矩临界写入电流密度，从而显著降低数据写入功耗并提高器件寿命。自旋协同矩写入技术与现有磁性随机存储器制造技术完全兼容，被磁性随机存储器领域的多家知名研究机构采纳。除了与自旋转移矩协同作用外，自旋轨道矩也可以与电压调控磁各向异性（Voltage Control of Magnetic Anisotropy，VCMA）协同作用，利用电压对垂直磁各向异性和能量势垒的调控作用实现选择性写入并降低数据写入功耗，如图 4.28 所示。除了上述材料与器件方面的挑战外，SOT-MRAM 在制造工艺方面也面临一些挑战。例如，SOT-MRAM 器件制备过程中需要严格控制刻蚀终点和刻蚀条件：若刻蚀过度，自旋轨道矩电极层的厚度过低，则会导致电极断路，无法实现数据写入；而若刻蚀不足，自由层未被完全成型，则会导致自由层膜堆不规整，严重影响器件的磁阻效应。此外，在导线互连、前后道工艺兼容等方面，SOT-MRAM 也面临一些关键挑战。

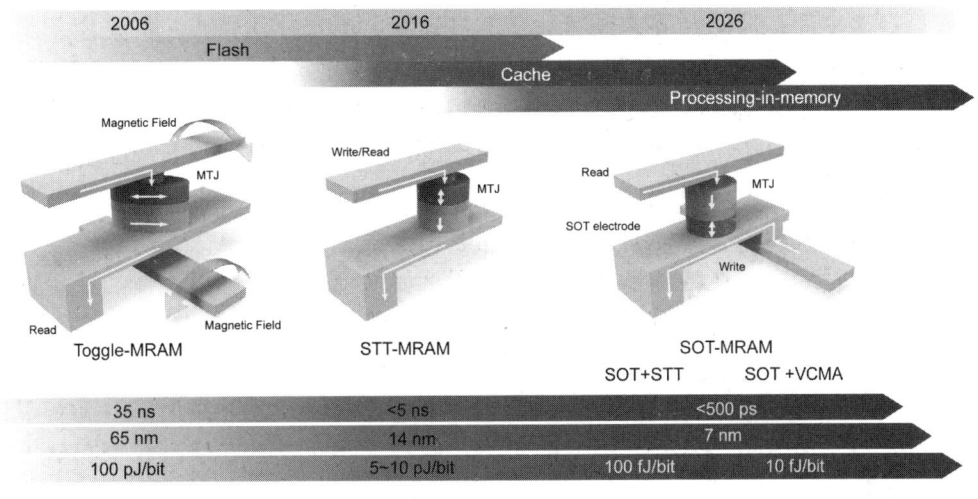

图 4.28 磁性随机存储器件发展路线图

总之，虽然 SOT-MRAM 仍旧面临诸多的设计难点与工艺挑战，但是其分离的读写路径所带来的高可靠性、自旋轨道矩效应本身的高速翻转性能、三端口结构提供的设计灵活性等优点都为 SOT-MRAM 作为下一代非易失存储器关键技术奠定了基础。2020 年第一款 SOT-MRAM 测试芯片被公开发布，随后越来越多的科研机构报道了 SOT-MRAM 测试芯片研究进展。SOT-MRAM 的应用将为非易失存储器带来更进一步的性能提升和更广阔的发展空间，未来的 SOT-MRAM 不仅有望替代芯片中的高速缓存，在存内计算架构中也具有广阔应用前景。

4.6 总结与展望

本章先回顾了机械硬盘、固态硬盘、内存技术的诞生与产业发展历史。机械硬盘的核心是"磁头"技术：它以 AMR、GMR 等物理效应为基础，通过信息材料与器件结构的持续创新提高存储容量，1997 年至 2007 年间硬盘容量累计提高了 852 倍，提升速度超过了摩尔定律，支撑了 PC、iPod 等产品的迅猛发展，也为大数据、云计算的发展奠定了基础。然而，2013 年以来机械硬盘遇到了固态硬盘快速发展的挑战。固态硬盘具有体积小、读写速度快等优点，因摩尔定律与堆叠技术的发明和快速发展，其容量不断提升、成本不断下降，2013 年固态硬盘超越机械硬盘，成为笔记本电脑、PC、服务器与数据中心的首选存储器。近年来，随着 MAMR、HAMR 等技术的应用，机械硬盘的存储容量已提升到几十 TB，为云计算、AI 等场景提供了海量存储空间；同时，固态硬盘凭借其高速度、小尺寸的特点，广泛用于笔记本电脑、手机等产品，机械硬盘和固态硬盘在不同的应用场景发挥着各自的重要作用。此外，计算机内存 SRAM 和 DRAM 也在计算机体系架构中发挥着至关重要的作用，它们的容量比硬盘小，但其读写速度远超硬盘。受益于摩尔定律及 3D 封装等技术的进步，内存性能也获得快速提升。随后介绍了两种极具发展前景的新型非易失存储技术，阻变式随机存储与磁性随机存储。由于容量大、非易失、抗辐射等特点，这两类存储技术先期在特殊情景中获得应用，如航空航天抗辐射存储、民用嵌入式内存等，并在不断的迭代中获得发展。面对大数据、AI 等计算需求，探索基于非易失存储器的存算一体、近存计算等非冯·诺依曼计算体系，有望突破计算中的"存储墙"难题。通过进一步探索新的物理机理、新型材料及器件结构，甚至新型计算体系，有望实现通用存储器。类似的新型存储技术还有铁电存储、相变存储等，在本书中不做详细介绍。

本章内容主要侧重于介绍存储介质，其实在存储介质之上，还有存储差错控制技术、存储管理技术等。更复杂的存储体系，则是企业级存储管理体系，尤其是互联网公司的云存储系统，其对容量、可靠性、速度等性能具有很高要求。在大数据时代，数据存储是至关重要的，不仅影响经济安全，也关乎国家安全。近年来，我国长江存储、兆易创新、中电海康等企业逐步打破国外企业的长期垄断，分别在固态硬盘、DRAM、MRAM 等领域取得突破。随着我国科技的不断进步，相信不久的将来会有越来越多的国内存储器企业走上世界舞台。

思 考 题

1．从 1956 年存储容量仅 5MB 的第一套磁盘存储系统 IBM 350 RAMAC，到如今存储容量达到几十 TB 的 MAMR 和 HAMR 硬盘，硬盘技术在过去半个多世纪中得到快速发展。请简述机械硬盘发展历程中的几个关键技术。

2．微硬盘技术的应用使 iPod 得以"将 1000 首歌装进口袋"，iPod 销量的迅猛增长则推动微硬盘技术的快速发展。请结合该案例分析产品发明、发展与市场需求之间的关系。

3．在 4.2 节中，我们了解了弗罗曼发明 EPROM 的故事、施敏发明浮栅晶体管的故事、邓国顺发明 U 盘的故事，请选择其中一个故事谈谈你从中获得了哪些启示。

4．舛冈富士雄博士于 1987 年提出了 NAND 闪存的概念，其数据读取速度是他三年前发明的 NOR 闪存的 1/1000，令许多人瞠目结舌，但 NAND 闪存却得到广泛应用。请分析 NAND 闪存得以广泛应用的原因及该案例给我们带来的启示。

5．通过近年来的不懈努力，国产固态硬盘和 DRAM 厂商逐步打破国外企业的长期垄断。2022 年，长江存储推出新款消费级固态硬盘产品；同年，兆易创新推出首款自研 DDR3L 产品。请分析存储器国产化进程中面临的机遇和挑战。

6．1971 年，加州大学伯克利分校蔡少棠先生利用结构化思维从理论上提出了忆阻器猜想；2008 年，惠普实验室研究人员从实验中偶然发现了忆阻器器件。请谈谈这对学习和科研有何启示。

7．诺贝尔物理学奖获得者、自旋电子学创始人费尔教授爱好广泛，不仅喜欢数学、物理和文学，还钟情于爵士乐、摄影和电影；同时，他几十年如一日地进行自旋电子学研究，80 多岁仍奋斗在科研第一线。请谈谈你从中获得的启示。

8．STT-MRAM 和 SOT-MRAM 分别被称为第二代和第三代磁性随机存储器，请对比分析 STT-MRAM 和 SOT-MRAM 各自的优缺点。

9．计算机、数据中心等应用场景通常采用闪存、DRAM、SRAM 等多种存储技术来组成存储体系，请分析这么做的原因是什么。

10．请谈一谈你生活中接触过哪些存储器。请结合你的使用体验分析这些存储器分别具有什么样的特点。

参 考 文 献

[1] 施敏. 半导体器件物理：第 3 版[M]. 耿莉，等，译. 西安：西安交通大学出版

社，2010.

[2] 冬瓜哥. 大话计算机：计算机系统底层架构原理极限剖析[M]. 北京：清华大学出版社，2019.

[3] 方兴东、王俊秀. IT 史记[M]. 北京：中信出版社，2004.

[4] 张天蓉. 电子，电子！谁来拯救摩尔定律[M]. 北京：清华大学出版社，2014.

[5] 沃尔特·艾萨克森. 史蒂夫·乔布斯传[M]. 管延圻，等，译. 北京：中信出版社，2011.

[6] 缪向水. 忆阻器导论[M]. 北京：科学出版社，2018.

[7] 翟宏如. 自旋电子学[M]. 北京：科学出版社，2013.

[8] 赵巍胜，王昭昊，彭守仲，等. STT-MRAM 存储器的研究进展[J]. 中国科学：物理学、力学、天文学，2016，46：107306.

[9] 赵巍胜，张博宇，彭守仲，等. 自旋电子科学与技术[M]. 北京：人民邮电出版社，2022.

[10] Guo Z, Yin J, Bai Y et al. Spintronics for energy-efficient computing: an overview and outlook[J]. Proceedings of the IEEE, 2021, 109(8): 1398-1417.

第 5 章

数码影像

"百闻不如一见""一图胜千言",这两句短语清晰地诠释了图像的重要性。手机与照相机,原本是井水不犯河水的两类产品,如今却相爱相杀。现在,数码影像已经成为智能手机的核心竞争力,其摄影能力直逼数码相机,甚至有人将智能手机戏称为"具有通信能力的数码相机"。2010 年图片社交软件 Instagram 的迅速走红,2012 年微信视频、朋友圈图片分享以及短视频与视频博客(Vlog)的相继流行,可见数码影像在智能手机中的重要性与日俱增。随着 5G 时代 8K 高清、虚拟现实(VR)与增强现实(AR)等业务的快速发展,甚至元宇宙时代的到来,数码影像的价值不可限量。

美丽的影像需要有合适的显示技术才能彰显其价值,也可以说显示技术和影像获取与处理技术是相互促进的。液晶技术起源于美国,液晶物理学却诞生于法国,液晶的产业化发展是日本完成的,而液晶的大规模产业化则转移到了韩国。我国企业通过引进、消化、吸收,实现了液晶的大规模生产,有力支持着整机产业的发展。到 2023 年,从基础研究到规模化生产,液晶产业正在从追赶阶段迈向引领阶段。

本章围绕数码影像的获取、处理、显示,分别介绍摄影镜头、图像传感器(CCD、CMOS)、图像引擎(ISP)、数码影像自动化与人工智能(AI)、液晶显示(TFT-LCD)、有机液晶显示(OLED)、可折叠的柔性 OLED 的基本原理与产业发展历史。展望未来,显示技术继续快速发展,迎接无智能不显示、万物皆显示(DOT)时代的到来。

5.1 摄影与摄像：留住精彩瞬间

通过使用图片资料讲述近代上海徐汇发展的《百年影像历史回眸》，让我们有机会重温一座城市的悠久历史。老照片，总能勾起我们的遥远记忆，也能见证世事沧桑。时至今日，每每遇到有纪念意义的活动，如毕业典礼、学术会议，都会留下影像作为纪念，给未来的人们，也包括我们自己，能够一窥历史的进程。自从手机中搭载数码相机以来，随手拍摄、即时分享已经成为一种习惯，尤其是节假日，在微信朋友圈中美丽的图片纷至沓来。手机摄影的崛起，艺术与科技交融获得新的动力。影像，作为一种超越语言的表达方式，正在成为一种"流行语言"，这是因智能手机而兴起的移动影像文化所带来的独特魅力。

5.1.1 影像系统的基本结构

让我们先来了解一下拍摄与成像过程，影像系统原理框图如图 5.1 所示。当我们按下快门，光线就透过镜头与光圈，发生折射并传递到 CMOS 图像传感器时，产生光电效应，由图像传感器负责采集、记录光线，并把它转换成电信号，这些原始数据传递给图像引擎（Image Signal Processing，ISP），由 ISP 完成图像信号处理，然后通过 App 软件调用 GPU、AI 等处理器后显示在屏幕上，成为我们肉眼可见的数码影像。

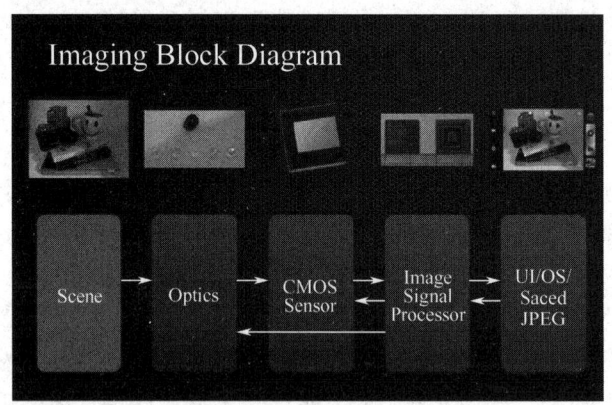

图 5.1　影像系统原理框图

要是将影像系统与人类比，那么镜头相当于我们的眼睛，这是成像的基础；图像传感器相当于视网膜，要是视网膜脱落或者变异，效果也是可想而知的；而图像引擎 ISP、GPU、AI 相当于大脑，正所谓"看到"与"看见"是不一样的，要理解图像的意义，就需要对原始图像进行加工处理，提取你想要的"意义"。

接着，我们简要介绍镜头及其相应的性能指标，即光圈与焦距。

镜头，历来是照相机中非常重要的部件，要是见过专业相机的镜头，你可能会大吃一惊，其价格可以高达几十万元。通常，镜头由几片透镜组成，如图 5.2 所示，光线信号通过时，镜片会层层过滤杂光（红外线等），所以，镜片数量越多，成像就越真实，当然镜片本身的质量也是非常重要的，不是简单地比数量。表征镜头性能的重要参数有两个：光圈和焦距。对于智能手机来说，光圈和焦距这些参数能够自动调节，不像专业相机可以发挥你独特的摄影技巧，不过了解一下也有一定的价值。

图 5.2　镜头结构

光圈是安装在镜头上控制通过镜头到达传感器的光线多少的装置。光圈开得越大，通过镜头到达图像传感器的光线就越多，成像画面就越明亮，反之画面就越暗。因此，在夜拍或暗光环境下，大光圈的成像优势就更明显。光圈通常用 f/2.2、f/2.4 来表示，数字越小，光圈就越大，两者成反比例关系，如 f/2.2 的数字比 f/2.4 小，但是其光圈要大。

除了控制通光量，光圈还具有控制景深的功能，光圈越大，景深越小。在传统光学照相机时代，我们时常会看到背景虚化效果很强的照片，不仅突出了拍摄焦点，还具有唯美的艺术感，这就是所谓的景深。景深是指拍摄主题前后之间的距离，在拍人像时背景的朦胧效果就是小景深的一种体现，这也是智能手机非常期待的效果——人像模式。

焦距是从镜头的中心点到传感器平面上所形成的清晰图像之间的距离，单位是毫米（mm）。根据成像原理，镜头的焦距决定了该镜头拍摄的物体在传感器上所形成图像的大小。比如，在拍摄同一物体时，焦距越长，拍到该物体的图像就越大，长焦距类似于望远镜。一般来说，焦距的数字越小，则表示相机的焦距越短，拍摄的视角则越广，取景的范围也越广阔。因此，随着焦距的变化，背景就会出现虚化的情况，这种方法还可以用在当你没有大光圈，但是又想要虚化背景的时候，可以通过焦距变化来实现。

5.1.2 数码摄影与智能手机

照相机与手机的最初相遇,是由日本企业促成的。21世纪初,日本企业长期主导傻瓜相机、数码相机市场,竞争十分激烈,如何寻找新的"蓝海"?移动通信的快速发展为其提供了机会。不仅如此,录音笔、随身听、计步器、扫描仪、卫星导航仪等许多曾经辉煌的电子产品,也"傍上"了智能手机,为 App 软件提供了无限的可能性。类似这一发展过程,20 世纪 80 年代王安的文字处理机、四通的打字机、任天堂的游戏机等专用设备,也很快演变为通用 PC 中的应用软件。

最先配置数码相机的手机是日本夏普的 J-SH04,开启了手机拍摄功能的先河。2000 年 9 月底,夏普联合当时的日本移动运营商 J-PHONE 发布了一款手机 J-SH04,它内置了 11 万像素 CCD 摄像头。尽管发展方向正确,但是由于其拍摄效果、配套应用软件等因素,该手机在当时并没有引起多大的轰动效应。随后,三星、诺基亚等企业也相继推出了带摄像头的手机,数码相机市场开始萎缩。2007 年苹果推出了第一代智能手机 iPhone,其摄像头的像素达到 200 万,并配备了大屏幕,引入触控交互与影像处理等功能,影像的用户体验有了明显的改进。

这一时期,对于多数用户来说,手机拍照就是走到一个景区的时候,随手掏出手机拍摄几张风景照或者几张自拍照;听报告需要记录 PPT 时,掏出手机拍几张;偶遇有趣的情景拍一张。这些都是因为手机的便携性、操作的方便性。没有期望手机摄影超越数码相机,更不用说专业相机。因此,要想照片效果好一点,还得背上数码相机。

2010 年 6 月,当 iPhone 4 发布时,500 万像素的分辨率以及先进的图像处理软件给用户带来了巨大震撼,但是数码影像还不足以成为智能手机的核心竞争力。智能手机摄影,从分辨率与光圈竞争转向多镜头竞争,只是在强调硬件的重要性。正如一个好的产品,还需要价格、广告、商业模式的配合一样,摄影功能也需要 App 软件、通信网络、显示屏的支持。

2010 年 Instagram 图片社交软件的推出,2012 年腾讯微信朋友圈图片分享功能的推出,使得人们将智能手机拍摄到的照片只要简单地编辑处理就可以分享到全球各地。影像的魅力,借助社交媒体得以迅速放大,从此社交媒体成为更强、更快的情感表达与分享工具,也改变了手机与摄像头之间的关系,推动了 4G 的发展。2012 年 4 月,Facebook 宣布以 10 亿美元收购 Instagram,这个公司成立不到两年,员工数量仅 13 人,这确实是一个奇迹。

前置摄像头真正流行起来是从 iPhone4 开始的,其初衷不过是为了视频通话——这是典型的社交应用场景。最初,这些前置摄像头的传感器并不大,分辨率通常只有 30 万像素到 130 万像素,同时也没有太多额外的功能,甚至不支持视频录制。随后,前置摄像头的社交应用得到新的拓展,即"自拍",想拍自己再也不用求人了,即使独自旅行也可以"人在景中"。伴随自拍功能的流行，也带火了自拍神器"自拍杆"这一配套产品。

早在 2012 年，我国的 OPPO 就在拍照上积极布局，将前置摄像头的分辨率提升到 500 万像素，其广告语"无美颜、不自拍"，深得年轻人的青睐。2013 年推出了多款自拍能力很强的智能手机，其前置摄像头甚至可以媲美一些智能手机的主摄像头了。OPPO、三星、HTC 等公司的旗舰产品甚至配备了 800 万～1600 万像素的前置摄像头，并且光圈等各种参数都已经与主摄像头看齐，自拍效果也因此大幅提升。除了硬件的进步，自拍功能和软件也在发生着重大变化，几乎所有的厂商都在自拍功能中融入了滤镜、美颜等功能，让自拍照片看起来更漂亮。"自拍"也成为 2013 年的"热词"。

2016 年后抖音、快手等短视频社交软件的走红，将社交媒体从文字、图片进一步拓展到视频，同时也推动了视频录制、编辑等一系列功能的发展。短视频业务的流行，极大地丰富了社交媒体的表达形式与传播内容，也给 5G 提供了新的发展动力。

2019 年华为 Mate30 系列智能手机，加入了 4000 万像素电影摄像头，具备全高清 1080P 下的 960fps（帧每秒）慢动作摄影，更有超高速摄影能力，能够完成 7680fps（帧每秒）超高速摄影，每秒定格 7680 个瞬间，开启了人眼前所未见的超高速世界，比如，子弹穿过物体、泡沫破裂、颜料相互碰撞等以往只有专业超高速摄像机才能拍摄的精彩画面。影像器材曾经分化的专业性和便携性正在走向融合，技术创新正在不断提升智能手机摄影的专业性，而手机的便携性不仅让人们可以随时记录生活中的精彩瞬间，更从不同的角度记录了社会变迁的细节。

随着智能手机的快速发展，数码影像也进入飞速发展阶段。早期苹果、三星引领智能手机的发展，2019 年以来我国的华为、OPPO、小米等企业已经从跟踪、并跑阶段开始走向超越阶段，在多摄、潜望式镜头与高倍光学变焦，夜景等暗光领域，AI 与摄影等领域，取得了瞩目的业绩，同时带动了摄影镜头、图像传感器甚至人工智能等相关产业链的发展。

5.1.3 多摄：量变引发质变

在体积有限的条件下，如何提高智能手机的拍摄能力？多摄的组合是一种有效途径。早在 2011 年就有智能手机使用多个摄像头实现 3D 效果。2014 年开始有多款智能手机配置双摄像头，借助图像处理技术提高图像质量，用两个普通摄像头代替一个高端摄像头，再加上强大的后期处理，来提升拍照质量。

到了 2015 年，苹果、华为与 OPPO 等纷纷采用双摄。多摄的组合，可以超越单摄，实现新的功能，如大光圈的浅景深虚化效果。多摄，不仅能够提供更精细的图像和更广泛的摄影范围，同时还可以根据拍摄环境快速且智能地优化照片设置，无论是暗光、广角、远景、还是近距离拍摄人像。多摄的组合方式有很多种，下面选两种组合来说明多摄的价值。

（1）广角镜头与长焦镜头组合：侧重点在于光学变焦，通过在两个不同焦距的镜头之间切换，来实现 2 倍光学变焦，以 2017 年苹果的 iPhone 8 Plus 为代表。如果需要拍出虚化的照片，手机与拍摄主体之间需要一定的距离，另外周围光线不能太弱。

（2）彩色镜头与黑白镜头组合：通过彩色镜头记录整体画面，黑白镜头记录画面细节及增加曝光量，这种方案的侧重点是提升画面细节及暗光环境成像效果。2017 年华为 Mate10 系列发布时，Mate10 搭载的黑白与彩色组成的双摄，在弱光拍照上的优势更强大，同时黑白、彩色双镜头可以完善照片的细节，凸显华为 Mate10 系列在拍照上的功能和优势。

2018 年，华为的 Mate20 系列手机率先采用后置三摄的矩阵造型，如 Mate 20 Pro 拥有 4000 万像素广角镜头、2000 万像素超广角镜头和 800 万像素长焦镜头。在 Matrix Camera 矩阵多焦图像系统中，用超广角镜头取代黑白镜头，能够更加从容地囊括进更大的场景，创造出更好的"超广+超微"拍摄体验。当我们将镜头拉近到极限时，手机会自动识别并调节到"超微距"模式。2000 万像素超广角镜头拥有独特的微距拍照效果，达到 2.5 厘米的对焦距离。

2019 年，华为的 Mate30 Pro 又有了重大提升，配备了超感光电影四摄，4000 万像素的电影摄像头（录制视频，主摄）、4000 万像素的超感光摄像头（拍摄照片，主摄）、800 万像素的长焦摄像头以及 3D 深感摄像头，能拍出夜晚超广角视频、4K 级别的延时摄影。在摄像头的选用上，不仅大胆使用电影摄像头，还率先采用双主摄设计方案。此外，前置摄像头为 3200 万像素的 3D 深感摄像头，可以获得更好的自拍体验。4000 万电影摄像头拥有华为手机 1/1.54 英寸感光元件，呈现了前所未见的高清、高感、高速世界；4000 万超感光摄像头采用 RYYB 滤色阵列，可实现 ISO 409600 的照相感光值、ISO 51200 的视频感光度。

其实，在华为 P30 Pro 上，夜景拍摄已经有了突破性的进展，被很多用户和专业媒体称之为"夜视仪"。2019 年中秋之夜，几位朋友同游前门的北京坊，有朋友拿出了华为 P30 Pro 手机，看到其步行街口广角夜景、前门箭楼与中秋月亮的拍摄效果后，手持其他品牌智能手机的我，再也不好意思拍摄了。

在 Mate30 Pro 中又有两项突破：更好的夜景视频拍摄、暗光下广角照片拍摄。在这款手机中，其长焦摄像头可实现 3 倍光学变焦、5 倍混合变焦，以及最高 30 倍数码变焦。而超感光摄像头、长焦摄像头均支持光学防抖（Optical Image Stabilization，OIS），更有华为智能防抖技术（AI Image Stabilization，AIS）加持，大幅提升了稳定性和成片率，可以不用三脚架，一部手机就可以轻松拍到清晰的夜景视频与照片。

在分辨率和大光圈的竞争中，智能手机的清晰度和图像质量都得到了明显的提升，而双摄让智能手机的拍照效果与单反相机的差距进一步缩小。从双摄，再到三摄、四摄，对不同场景下的高质量拍照效果的追求，一路引领着行业发展的方向。以前，在手机上难以实现的超广角、微距、暗光拍照、逆光拍照，华为逐一攻克，手机对于专业相机的替代性也越来越强。同时，OPPO、小米等企业也竞相展示自己的实力。

5.1.4　人像模式与 ToF 镜头

2017 年是"人像模式"元年,华为、小米、苹果等企业的新机型都支持。"人像模式"是指手机模拟专业相机的大光圈浅景深效果,通过算法,抠取对焦主体,然后对背景进行虚化处理,达到突出人像的效果,整体会表现出一种更加唯美,更有距离感的效果,这是单摄手机无法做到的。这种环境虚化模糊、人像清晰、极具表现力的柔美照片,以往通常由摄影爱好者用单反相机才能拍摄成功。

在使用单反相机时为了更好地拍摄人像,需要手动调整光圈的大小。通常使用更大的光圈,以便得到更好的背景虚化效果,突出人像。同时也可以轻微降低饱和度,再现人像真实、细腻的效果。因此好的人像,过去只有经验丰富的摄影爱好者或专业摄影师才能拍摄出来。然而用智能手机的人像模式,却不需要如此复杂。

比如,华为 Mate 10 在人像模式下,会有艺术效果的选项,实际效果就是把背景进行虚化,突出人像,让画面看起来更有层次感,同时也可以对人像进行适当的美颜。照片通过人脸美肤、背景模糊(大光圈效果)、背景色彩增强(饱和度、对比度、亮度)、四角压暗处理,实现了突出人像、美化人像的特殊艺术效果。尤其是背景灯光的光晕效果,可以与单反相机的拍照效果媲美了,而且达到这种艺术效果的人像照片,拍摄并不复杂。

虽然"人像模式"已经普及了,但拍摄效果各有千秋,其核心技术在于人物边缘的判断、如何将人像从背景中"抠"出来等。如果用"彩色镜头+ToF(Time of Flight,飞行时间)镜头"代替"彩色镜头+长焦镜头"方案,它可以在保证画面质量的同时,让照片更有层次感。这是因为 ToF 所采集的景深数据要比普通摄像头精细得多,因此后期在算法上可以做到更细腻、更准确的虚化效果。

ToF 镜头的作用就是获取整幅图像的深度信息。它主要应用于增强"人像模式"的照片,提供更好的主体与背景的分离,以及一个更自然的背景虚化效果。

ToF 技术的原理如图 5.3 所示,就是用一个发射器向物体发射激光,再由另一个传感器接收反射回来的激光信号,然后再根据光线往返的时间来计算物体与手机之间的距离,从而可以确定反射点。当发射的激光数量足够多的时候,所有的点就能连成一个立体面。与前置摄像头中采用结构光 3D 传感器相比,其作用距离更远,因此结构光 3D 传感器主要用于自拍或者 3D 人脸识别。与 ToF 镜头原理类似的还有智能汽车用的激光雷达、毫米波雷达等。

ToF 技术的应用范围非常广泛,如手势识别、人脸识别、空间测距、三维重建、增强现实(AR)等领域。手势识别(将在第 6 章介绍)是未来人机交互的重要发展方向,可以用于智能手机隔空操作,也可以用于智慧屏等应用领域。

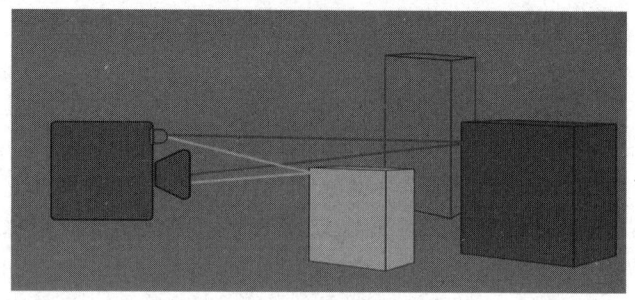

图 5.3 ToF 技术原理

5.1.5 高倍变焦与潜望式镜头

2019 年,智能手机的技术之争,从"全面屏大战""AI 芯片大战"转向"潜望式镜头",它是高倍光学变焦的必由之路。潜望式镜头(如图 5.4 所示),这场竞争是在华为与 OPPO 两个中国企业之间展开的,他们的理念是把"专业级镜头"装进口袋。

长焦摄影,与数码相机相比,一直是手机摄影的短板。最先发布"潜望式镜头"的中国企业 OPPO 在 2017 年世界移动通信大会上展示了 5 倍无损变焦技术,并将该项技术率先应用于潜望式双摄镜头。同时,还有光学防抖技术,使摄像头在 5 倍变焦的情况下确保画质无损,从而最终实现更清晰的成像质量和更好的拍照体验。

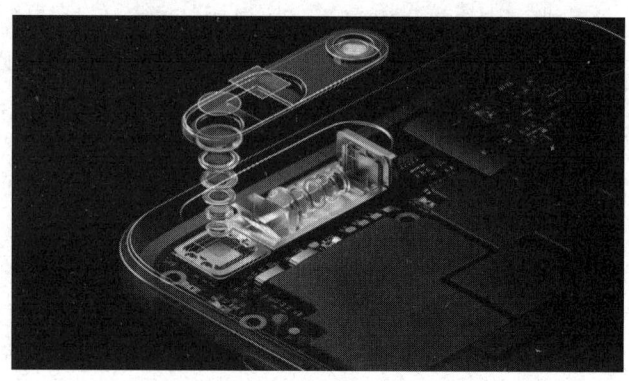

图 5.4 潜望式镜头示意图

变焦镜头在照相机中十分重要,其最大的价值是在不改变拍摄距离的情况下,通过变动焦距就能改变拍摄范围,实现了镜头焦距可按摄影者意愿变换的功能。变焦倍数越高,摄像头的高度也相应地增加,这与智能手机的厚度产生冲突,潜望式摄像头是解决这个问题最为直接有效的方法。通过内置光学棱镜,如同潜望镜一般,让光在遇到棱镜时发生 90°垂直偏转,随即进入可拍摄更长距离的长焦镜头内,从而实现 5 倍无损变焦。

通常情况下，变焦又分为数码变焦和光学变焦两种方式。其中，数码变焦是通过相机内的处理器，把图片内的每个像素面积增大，从而达到放大图像的目的；而光学变焦则是通过改变镜片之间的距离，进而改变镜头的焦距实现变焦。这种变焦方式就是利用镜片移动来放大或缩小你需要的物体，变焦的倍数越大，那么物体所占画面也就越大，它是利用镜头、物体、焦点三个位置发生变化而产生的。

混合变焦可以理解为是另一种形式的数码变焦，它是在数码变焦后再通过一个镜头来补偿之前损失的像素，尽量去补偿损失的画质。所以，如果给这些变焦方式来排序的话，那它就在数码变焦和光学变焦之间。

潜望式镜头与常规摄像头模组元件组成差异不大，结构区别较为明显：以 OPPO 在 2017 年推出的潜望式摄像头为例（如图 5.4 所示），潜望式摄像头模组与常规摄像头模组差异不大，均含有感光芯片、镜头组、红外滤光片、音圈马达等基本元件，只是多了一到两个光线转向元件，包括棱镜外壳、棱镜、棱镜座、支承轴套、支承轴、支承卡座。有明显差异的是，潜望式镜头镜片与智能手机平面垂直放置，而常规摄像头镜头镜片则与平面平行放置，因此潜望式摄像头为镜头组提供了更长的空间选择。2019 年华为 P30 Pro 配备的潜望式镜头，其数码变焦可高达 50 倍。

5.2 图像传感器与智能处理

图像传感器是一种将光学图像转换成数字图像的电子设备。它的发明将照相机产业与电子信息产业紧密地关联起来，照相机产业由此走向了数字化、智能化快速发展的道路。伴随 CCD、CMOS 图像传感器的逐渐成熟，数码相机因其所见即所得以及后期处理获得用户的青睐，搭上了智能手机的发展快车。

图像系统的灵魂则是图像引擎，它与 AI 技术一起，完成图像美化、多镜头协作、人脸识别、情景识别以及后期智能处理，使得智能手机能够方便地拍出满意的图像与视频。

5.2.1 开启数码影像的大门：CCD 图像传感器

CCD，全称为电荷耦合器件（Charge Coupled Device），它使用一种高感光度的半导体材料制成，其作用是将光学信号转换为数字信号。1969 年，它由美国贝尔实验室的波义耳（Willard Boyle，1924—2011 年）和史密斯（George Smith，1930—   ）共同发明。他们俩同在半导体部门工作，当时贝尔实验室正在开发一种图像电话和半导体气泡式内存，当他们尝试将这两种新技术结合起来后，获得了一种新的装置，将其命名为电荷气泡元件（Charge Bubble Devices）。这种元件的主要特性是能沿着半导体的表面传递电荷，他们便尝试用来作为记忆装置，当时只能从暂存器用"注入"电荷的方式输入记忆。随后，一个偶然机会，他们发现光电效应能使此种元件表面产生电荷，这就是电荷耦合器件（CCD），它可以把光学图像转化为数字信号。

这一发现立刻引起了工业界的关注，美国的仙童、RCA 和 TI 等多家公司展开了深入研究。1974 年仙童公司率先推出了 500 单元的线性装置和 100×100 像素的平面装置的 CCD 产品。由于 CCD 图像传感器（如图 5.5 所示）的高量子效率、高灵敏度、低暗电流、高一致性、低噪声，到 2000 年为止，一直都是图像传感器市场的主导者。

图 5.5 CCD 图像传感器

CCD 原理结构示意图如图 5.6 所示，从上往下看，第一层是微透镜，第二层是彩色滤光片（CF），第三层是感光层。数码相机成像的核心是感光层，为了扩展 CCD 传感器的采光率，必须扩展单一像素的受光面积，但是提高采光率的办法也容易使画质下降。首先，微透镜，相当于在感光层前面加上一副眼镜，因此感光面积不再由传感器的开口面积决定，而由微透镜的表面积来决定。微透镜将光收集起来并将其聚焦到彩色滤光片。其次，彩色滤光片，以 RGB 三原色分色法为例，几乎所有人类的眼睛可以辨别的颜色，都可以通过红（Red）、绿（Green）和蓝（Blue）三种颜色生成，因此 RGB 分色法是通过这三个通道的颜色调节而成的。第三，感光层，其主要功能是将穿过彩色滤光片的光源转换成电子信号，并将信号传送到图像处理芯片。

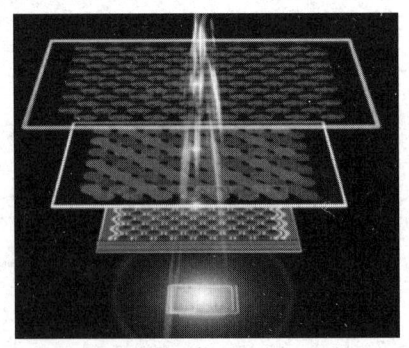

图 5.6 CCD 原理结构示意图

CCD 技术的发展初期,由于其成本高,主要应用于航天成像领域。例如,2010年我国发射的嫦娥二号探月卫星,其立体成像的有效载荷采用的是 CCD 技术(如图 5.7 所示);2013 年欧空局发射的盖亚(GAIA)探测器,搭载的 CCD 相机阵列(如图 5.8 所示)其分辨率高达 10 亿像素。盖亚探测器的目标是以前所未有的精度对银河系中的 10 亿颗恒星进行观测,测量其位置、距离和运动,用于获取有关暗物质和暗能量的线索。

图 5.7　嫦娥二号 CCD 立体相机　　　　图 5.8　盖亚探测器搭载的 CCD 相机阵列

由此,我们可以理解航空航天工程确实能够带动民用技术的发展。很多早期成本要求比较高,但是有发展前景的技术,都在航空航天等特殊领域率先应用,然后经过一系列的技术改进,条件成熟后转入民用。借鉴这一理念,阿里巴巴曾提出 NASA 计划,2018 年将其改为达摩研究院,它的任务就是探索非常超前的科学理论与技术。

 拓展阅读

数码影像大门的开启者:波义耳与史密斯

波义耳(左)、史密斯(右):CCD 发明者,2009 年获诺贝尔物理学奖。

波义耳 1924 年出生于加拿大新斯科舍省安默斯特市,3 岁时北迁至一个小村庄,地处荒远,高中以前波义耳都是在母亲指导下自学的。他大学毕业后,在皇家军事学院工作,1953 年进入贝尔实验室。史密斯 1930 年出生于美国纽约海特普莱恩斯,在宾夕法尼亚大学获学士学位,在芝加哥大学获硕士和博士学位,1959 年博士毕业后进入贝尔实验室。

同样都是 29 岁进入贝尔实验室,只是相差六年,但这并没有阻止他们合作,对科学的热衷让他们走到了一起。1969 年,他们俩都在半导体部门工作,本来是要研究一种信息存储技术,无意间,他们发现光电管矩阵发射电子的数量与入射光强成比例,从而发明了电荷耦合装置（CCD）。这是一种全新的发现，它催生了数码相机，颠覆了照相产业，让一个风靡全球的胶卷产业没落，百年老店柯达公司也被数字化浪潮卷走了。

5.2.2 数码影像跃上新台阶：CMOS 图像传感器

CMOS 图像传感器（CMOS Image Sensor，CIS）最早可以追溯到 1963 年莫里森（Morrison）发表的可计算传感器，这是一种可以利用光导效应测定光斑位置的结构。随后，美国西屋电气、仙童、IBM、RCA 等公司以及英国学者推进了 CMOS 图像传感器的研究工作。1969 年，美国喷气推进实验室首次研制成功 CMOS 图像传感器，但是由于其成像质量差等缺点，多年来占市场主导地位的还是 CCD 图像传感器。

但是，CMOS 图像传感器与主流 CMOS 集成电路工艺兼容，能够将图像的采集单元与信号处理单元集成在同一块芯片上，是典型的数模混合集成电路。随着 CMOS 大规模集成电路和数字信号处理技术的迅速发展，1995 年，新创公司 Phontobit 完成了 CMOS 图像传感器的商业化。1998 年，日本佳能公司在专业单反相机中率先采用 CMOS 图像传感器。CMOS 图像传感器与 CCD 相比，具有更低的功耗、更高的集成度、更低的成本、更小的体积和更快的光电转换速度，这些特性非常贴近便携式数码相机的需求，由此开启了数码影像的新时代。

进入 21 世纪，以 CMOS 图像传感器为核心的数码相机开始全面普及，并搭上智能手机发展的快车道。2007 年，苹果推出的第一代 iPhone 其摄像头的分辨率为 200 万像素，到 2018 年，华为、OPPO 等智能手机的分辨率高达 4800 万像素，而 2019 年 11 月小米发布了 CC9Pro，首次搭载高达 1 亿像素的 CMOS 图像传感器。

目前，智能手机是 CMOS 图像传感器的最大应用市场，此外汽车电子、安防监控、医疗/科研、工业系统等新应用领域高速成长，带来了 CMOS 图像传感器超过 10%的年均增长率。如对于智能汽车，车载摄像头是必不可少的，车道偏离预警（LDW）、前向碰撞预警（FCW）、交通标志识别（TSR）、车道保持辅助（LKA）、行人碰撞预警（PCW）、全景泊车（SVP）、驾驶员疲劳预警等众多功能也都需要借助摄像头实现。如安防监控，城市道路交通监控，仓库、厂房等重点区域室内监控，野外重点区域监控等摄像头需求量也很大，我国的海康威视、大华科技、宇视科技是这个领域全球市场上的佼佼者。

2022 年，CMOS 图像传感器的年销售额达到 241.6 亿美元。从全球市场份额来看，日本、韩国在该领域掌握着绝大部分的份额，尤其是索尼控制了一半的市场份额，排名第 2 位的三星，超过 15%份额，我国的豪威、格科微、思特威、思比科与比亚迪微电子等企业正在加快发展，尤其在细分领域，如思比科在安防领域表现优异、比亚迪微电子在智能穿戴及低像素市场成绩斐然。5G 的到来，使智能手机从三摄发展为多摄，摄像头的增加为图像传感器的发展增加了发展动力。

5.2.3 镜头背后的影像功臣：ISP 与图像信号处理

图像引擎，它的任务是对图像传感器输入的数字信号进行处理，最基本的处理功能有：线性纠正、噪点去除、坏点修补、颜色插值、白平衡校正、曝光校正等。由于这些功能在 ISP 中直接处理，用户在使用过程中感觉不到它的存在，因此 ISP 被称为镜头背后的影像功臣。近年来，全景模式、高清模式、夜景模式、人像模式等功能流行，这些功能虽然需要镜头与应用软件配合，但其主要工作也是由 ISP 来完成的。

前面提到双摄、多摄系统，首先多个镜头之间、镜头与光学防抖之间的协作是由 ISP 负责的，其次多个镜头拍摄的数据融合，也是由 ISP 完成的。比如，使用彩色和黑白的双镜头同时捕捉画面，彩色镜头捕捉色彩，而由于黑白镜头的进光量是普通镜头的 3 倍，它能捕捉更多细节，两者获取的信息各有所长，ISP 配合相应的算法进行实时处理，使得呈现的照片具备更高的动态范围、更锐利的画质和更少的弱光噪点。

同样，处理双镜头捕捉的景深信息，并利用这些信息达到实时背景虚化、先拍照后对焦的有趣功能。协调双摄取景，光学变焦与数码变焦的自然过渡，人像模式等也是 ISP 的功劳。

随着智能手机摄像头分辨率的提高，高速连拍、全高清视频录制等功能的加入，对影像 ISP 的处理性能要求越来越高，ISP 性能也随之提升，不仅可以有效提升相机动作的响应速度，人脸识别与自动场景的识别等复杂功能也可以通过 ISP 来实现。

目前 ISP 分为独立 ISP 与集成 ISP 两种形式，其中，绝大多数智能手机厂家都将 ISP 集成在智能处理器芯片中，苹果、华为、高通、联发科等公司都是自己定制 ISP，如华为麒麟 980 配备了第四代自己研制的 ISP。由于智能手机厂家的偏好，不同品牌、机型的定位差异，对于拍摄性能存在明显区别，因此要求 ISP 不仅有处理功能，还具有可编程性，经过不同方法调试后的新算法会与集成原厂算法拉开距离。因此，即便是华为采用麒麟 980 的不同型号智能手机，其拍摄效果也是有区别的。

5.2.4 数码影像自动化核心：AI 智能处理技术

手机拍照最大的好处就是方便，随身携带、随手拍照。要让普通用户能够随手拍摄出原本属于专业摄影爱好者的效果，如人像模式、夜景模式、月亮模式等，那就需要请 AI 来帮助了。

2017 年 9 月初，华为推出了麒麟 970 处理器，内置独立 NPU（神经网络单元），宣称可以实现"知你""懂你""帮你"。具体来说，AI 能够自动感知用户的摄影偏好、镜头状态与周边环境，提供精准服务的全新交互方式。据报道，华为 Mate10 通过 1 亿张的图像识别已经可以判断相应的照片主题，自动进行相应的调整，帮助用户轻松拍摄最佳照片。这一切都发生在你打开相机对准想要拍摄的物体（或场景）在按下快门之前的时间里，这充分体现了任正非提出的"极简是对准客户的，留给自己是极其复杂的"。

随后，苹果发布 A11 Bonic 处理器（仿生），也内置了 NE（神经网络引擎）。苹果认为，通过机器学习，iPhone 可以了解用户使用习惯、识别人物、地点和物体。苹果在 iPhone8 Plus 和 iPhone X 中，借助 A11 Bonic 处理器不仅能够识别用户习惯、背景虚化边缘识别更精准，还可以在人像拍摄时模拟摄影室灯光、轮廓光、舞台光和单色舞台光。这些都是借助 AI 技术实现的，它不仅能提升拍摄自动化，还能够增加多种摄影艺术效果。

2018 年，华为推出了 Master AI，它具有类似于神经网络的学习能力，对成千上万种图片进行学习，找出共性并归类。不仅如此，华为还与摄影师深度合作，把摄影艺术融入 P20 系列的基础拍照效果中。与不同的人像、食物和风光摄影师进行合作，在拍摄技巧和风格定义上进行现场指导，联合优化。得益于麒麟 980 强悍的 AI 算力（每分钟识别图片 4500 张），AI 运算能力的大幅度提升，让手机的拍照能力也水涨船高。在创新上，华为 Mate 20 系列手机做了一系列工作，比如，Mate 20 系列手机的超级 AI HDR 技术，通过 AI 强大的算力支持，将高达 10 帧的 RAW 格式照片融合优化，最终呈现出一张逆光人像照片。麒麟 980 处理器的双核 NPU 实现了"实时图像识别功能"，也就是说，AI 算法的应用不再局限于拍照的后期处理，AI 算法已经从幕后走到台前，可以达到实时的优化效果。比如，Mate 20 系列手机的"AI 人像留色"功能，在录像过程中，可以实时识别出人物的轮廓，然后通过 AI 优化实现只保留人物身上的颜色，将周遭景物全部黑白化，这样更加突出人物主体。强大的 AI 算法升级，让 AI 优化从照片时代走进了视频时代，在这个"短视频"爆发的时代，Mate 20 系列手机通过 AI 视频，能够拍出更多有趣的短视频来丰富我们的生活。

由于绝大部分用户对相机的拍摄模式缺少了解，或者说需要练习很长时间才具备在实际场景下选择合适的拍照模式，因此，为了提高用户体验、帮助消费者拍出更加令其满意的照片并逐渐了解各种拍照模式，Master AI 便应运而生。

华为在算法架构维度上设计了一个推荐引擎来实时获取取景画面的信息。根据场景识别、人脸检测的结果，按照预定义的规则执行推荐，上报到用户操作界面，同时记录当前使用者的操作行为并反馈给推荐引擎。通过不断学习用户的使用习惯，逐渐达到能够向该用户推荐对其量身定制的、令其满意的拍照模式的目的。

Master AI 根据识别的结果，进入针对该场景的图像质量调教环节，进行定制化的效果优化，向用户展现更专业的拍照效果。比如，在蓝天下，开启鲜艳模式，增加整体对比度，让蓝天更蓝，展现天空的蔚蓝之美；在日出日落时刻，调节饱和度以及对比度，针对太阳区域进行高光抑制，并对云彩和阳光反射范围做黄色光的保护度增强，从而让日出日落的氛围更浓，展现日出日落的壮丽景色。据华为介绍，P20 系列手机的拍照系统已经可以识别十九种场景，并给出相应的参数改变，方便用户拍摄。甚至在构图上，AI 都可以变成摄影师来进行调整，较好地消除学习拍照的烦恼。

智能手机摄影自动化的提升，将影像创作得以简化，让思想表达更自由。以技术叩响艺术的大门，影像科技的发展，打通了普通人与科技之间无形的墙，让普通人能用更多方式更简单地记录生活中的点滴，可以凭借自己对生活的感悟，去创作属于自己的摄影艺术作品。智能手机的普及，催生了一个全民摄影时代，人们的创造力被无限激发。正如华为新影像大赛获奖及优秀作品展的评审专家李昌竹所说："很多照片，能打动人，不一定关乎拍摄技巧，而是充满了故事和情感，一眼看上去，它的故事和情感仿佛要从照片中溢了出来。"他还补充了一句："消费者对生活记录方式及艺术创作尝试上的不懈追求，促进了华为加速手机影像能力的创新。"

当然 AI 技术不只是应用在智能手机，在自动驾驶、安防监控、无人机、工业机器人等领域同样需要借助 AI 技术。

5.3 薄膜晶体管-液晶显示（TFT-LCD）

显示屏是人机交互的窗口。它是智能手机、计算机、电视机的核心部件，也是现代汽车、高铁、飞机驾驶舱，甚至智能家居等各种设备的操控界面。面对物联网时代，显示屏的重要性进一步提升，甚至达到"万物皆显示"（Display of Thing，DOT），即任何地方都需要显示，任何形式都可以显示。2019 年，在中华人民共和国国庆 70 周年大典上，各省市制作的精美彩车，在艺术造型中融入了液晶显示，当夜色降临时，不仅十分靓丽，而且随着播放内容的变化，彩车更加灵动有趣。

回顾历史，显示技术经历了早期的阴极射线管（Cathode Ray Tube，CRT），即非常笨重的电视机与计算机监视器，发展到现在大规模应用的薄膜晶体管-液晶显示（Thin Film Transistor-Liquid Crystal Display，TFT-LCD）。即将普及的有机发光二极管（Organic Light-Emitting Diode，OLED）、可折叠的柔性 OLED 等新技术使我们正在迈向"万物皆显示"的新目标。

5.3.1 TFT-LCD 的概念与早期发展

5.3.1.1 什么是 TFT-LCD

TFT-LCD 的基本结构（如图 5.9 所示）是在两片玻璃基板中间夹一层液晶。最前端是偏光片，在前端 LCD 面板上贴彩色滤光片，在后端 TFT 面板上制作薄膜晶体管。当电压施加于晶体管时，液晶转向，光线穿过液晶后在前端面板上产生一个像素。背光模块位于 TFT 面板之后负责提供光源，彩色滤光片给予每一个像素特定的颜色，结合每一个不同颜色的像素所呈现出的就是面板前端的图像。

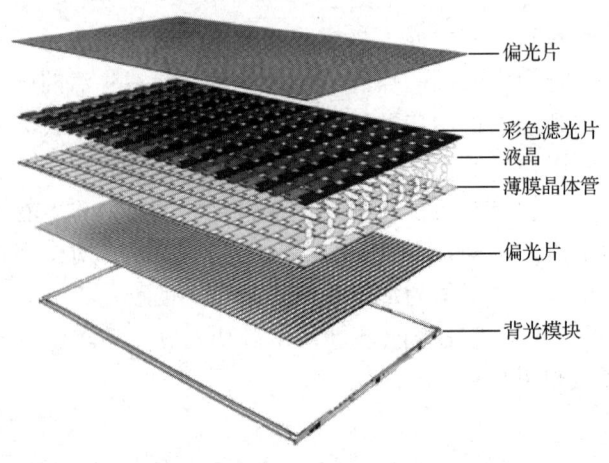

图5.9　TFT-LCD 的基本结构

其中，最核心的技术就是液晶显示（LCD）与薄膜晶体管（TFT）。追溯这两项技术的发展，就必须提到美国 RCA 公司以及西屋电气公司的早期贡献。

5.3.1.2　液晶显示（LCD）的诞生

1962 年春天，美国 RCA 公司的威廉姆斯（Richard Williams）在做液晶实验时，他的目标并不是制造显示屏，而是想了解液晶的电光特性。他制作了一个像三明治似的透明导电电极，两块玻璃之间夹有黏糊状的液晶。当他将液晶放置在 1000V/cm 的电场中时，出现了一种奇怪的"褶皱效果"，同时液晶吸收光的能力也相应地提高了；电场移除之后，液晶又恢复为稳定透明状态。在将上述褶皱效果向同事展示之后，他意识到可以将液晶用于制作显示屏，并且将其创意申请为专利。

尽管威廉姆斯在实验中取得了初步成功，但他的研究工作却很难获得公司的支持。要不是海尔迈耶（G.Heilmeier，1936—　）当时正在寻求一种方法来调制激光以应用于电信行业，RCA 公司的液晶研究工作到此为止也就结束了。当时的晶体调制器要么难以人工合成，要么能耗过高，海尔迈耶便想到使用液晶作为一种替代品。他在两片透明导电玻璃之间加入掺有染料的液晶，当在液晶层的两面施以几伏电压时，液晶层就由红色变成了透明态。出身于电子学的他立刻意识到这就是"彩色平板电视"，兴奋的小组成员与他立即开始了夜以继日的研究，他们相继发现了"动态散射"和"相变"等一系列液晶的电光效应，如图 5.10 所示。

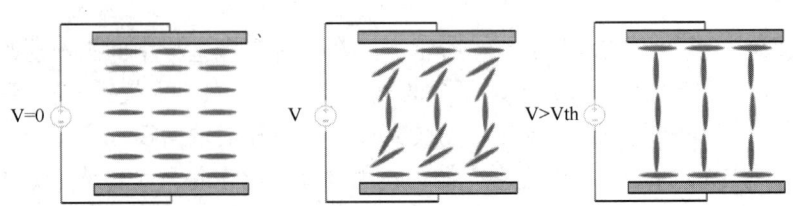

图5.10　施加偏置电压下液晶分子偏转情况

基于海尔迈耶的研究成果，1965 年年初，RCA 公司决定启动一个绝密的液晶研究项目，寻找一种能够制造平板显示设备的室温液晶材料，终极目标是研制"挂壁电视"。挂壁电视，即将电视挂在墙上，虽然今天我们已经司空见惯，当时却是电视人的梦想。1966 年，RCA 的两位化学家合成出能在常温下工作的液晶材料，液晶朝着实用化方向迈出了重要的一步。

液晶技术出现后，最感兴趣的是美国军方，他们认为液晶平板显示器可以取代笨重的 CRT 显像管，尤其对空军来说非常重要，为此美国国防部开始资助液晶技术的研究工作。1966 年，RCA 公司启动了"矩阵显示项目"，为美国空军的战斗机研制一种电致发光矩阵寻址平板显示器，用于显示实时变化的黑白电视图像。

1968 年 5 月 28 日，在纽约 RCA 大厦召开了著名的 LCD 新闻发布会，隆重介绍了 LCD 显示器的研究进展并展示其在电子产业中的重要性，并展示了 2×18 像素的矩阵显示器样品。这次发布会，立刻引起了科技界与工业界的重视，特别是法国原子能委员会与日本工业界。

5.3.1.3 薄膜晶体管（TFT）的诞生

随着液晶显示器研究工作的推进，迫切需要寻找一种控制液晶发光的方法，TFT 技术很快进入工程师的视野。液晶本身并不发光，LCD 的光亮来自液晶晶胞后面的光源，也称背光源。每个晶胞起小快门的作用，这些快门由纵横矩阵排列的透明电极来控制。两块玻璃中间是液晶，透明电极放在玻璃基板的面上。所谓的主动矩阵 TFT（Active Matrix TFT），就是可以"主动地"对屏幕上的各个独立的像素进行控制。

TFT 概念的引入，最初的动机并不是因为 LCD，而是集成电路。1958 年集成电路发明之后，MOS 和 TFT 是两种替代双极型晶体管的候选方案。经过多年努力，20 世纪 60 年代后期 MOS 技术成为设计与制造集成电路的主要方法，而 TFT 技术也找到了新的用途，RCA 的工程师将其引入液晶显示领域。1964 年，RCA 推出了自己的大型计算机，可惜生不逢时，与 IBM 形成了正面竞争。在竞争中 RCA 落败，由此元气大伤，被迫于 1971 年卖掉计算机业务，同年也终止了 TFT 技术的研发。

RCA 的退出，使研发 TFT 技术的企业只剩下西屋电气公司。西屋电气的工程师布罗迪，受 RCA 的启示，于 1963 年开始 TFT 的研究工作，但是这项工作没有获得集成电路事业部和公司管理层的重视。随着研究的进展，布罗迪研究小组争取到了电视事业部的支持，但到 20 世纪 70 年代中期，西屋电气因为业务转型裁撤了电视事业部。1979 年，由于布罗迪研究小组的 TFT-LCD 技术离"挂壁电视"非常遥远，西屋电气也放弃了液晶的开发工作。

至此，那些曾经涉足过液晶显示的美国大企业都退出了，由于"挂壁电视"目标过于远大，没有找到合适的消费电子产品来支撑液晶显示技术的持续改进直到目标的达成。任正非说：我们要在攀登珠峰的征程中"沿途下蛋"。获得阶段性成果，既能增加投资人的信心，也能给工程师们提供必要的技术积累并获得市场需求的反馈。对于企业来说，技术领先一步可能成为先烈，而领先半步也许能大获成功。

5.3.2 液晶的发现与液晶物理学

5.3.2.1 液晶的发现

回顾液晶的早期历史,可以追溯到 1888 年。当时奥地利植物学家莱尼茨尔(Friedrich Reinetzer)在研究中意外发现了一种奇怪物质。这种物质,当温度加热到 145.4℃时,它熔解为一种混浊黏稠的液体,并发出多彩而美丽的珍珠光泽;如果继续加热到 178.5℃时,它似乎再次熔化,光泽消失,变成清澈透明的液体;当温度下降时,再次出现浑浊状态并变成紫色,最终又恢复成白色的固体。

莱尼茨尔就这种现象请教晶体学家诺发斯基(Van Zepharovich),诺发斯基也无法回答他的疑问,建议他向德国物理学教授雷曼(Otto Lehmann)求教。雷曼教授了解这一情况后,自己制造了一座具有加热功能的显微镜,仔细观察这些脂类化合物结晶的过程,后来还在显微镜中加上了偏光镜。此后雷曼对这些物质进行了系统性研究,发现了100多种类似性质的材料。他发现,这类物质外观上虽然属于液体,但具有晶体特有的双折射性,于是将其命名为液晶。不过此后几十年,没有人知道这种液晶材料究竟有什么应用价值。

5.3.2.2 德热纳与液晶物理学

1968 年,在 RCA 大厦的 LCD 新闻发布会,引起了法国原子能委员会的高度关注。在巴黎市郊的奥赛,原子能所的科学家德热纳组织了一个由结晶学、化学、光学等方面专家组成的多学科研究小组,开始了液晶、湿润动力学、黏着机制的物理化学研究。

他们的工作得益于超导体的研究经验,发现液晶与超导体这两种软、硬物质存在着相似性,由此德热纳意识到"序参数""相变"等概念是处理复杂系统的统一物理基础,进而获得了许多新发现,如近晶相液晶的弹性结构等。在此基础上,他编写了《液晶物理学》一书,这是液晶领域的经典理论著作。

1971 年,液晶显示技术实用化后,德热纳又开始研究更复杂的软物质——聚合物(Polymer)。他利用当时理论物理刚提出不久的重整化群方法,找出相变理论与聚合物统计两者之间的关系,从而引发物理与化学工作者对聚合物物理基础与应用的研究热潮。在此基础上,德热纳又编写了《高分子聚合物物理标度性概念》一书,成为该领域的开创性著作。聚合物,也是 OLED 与柔性显示技术的重要材料。

作为一位物理学工作者,德热纳能够同时在差别如此之大的不同物理领域,如磁学、超导体、液晶和聚合物,都做出了开创性的研究成果,确实显示出他非凡的天才。1991 年,在德热纳获诺贝尔物理学奖的新闻发布会上,瑞典科学院发言人宣称,"在审定时,有一些科学家将德热纳称为当代的牛顿"。

戴上"当代牛顿"这顶荣耀的桂冠,德热纳自然成为法国的民族英雄。自 1991

年年底开始,他不断受邀到中学演讲,在连续一年半时间内,他向中学生宣传科学技术,以激发年轻人热爱科学、追寻他的足迹。他的演讲特别精彩,内容丰富,远远超出对"软物质"的阐述,还包括对法国中学教育的评价、个人研究生涯的发展历程、一般科学家的工作对近代文明的影响,以及对当前世界性的科学重大问题,如环境保护、宇宙与生命起源的看法。在这些演讲基础上编写的《软物质与硬科学》一书,很快成为畅销科普书。

他在书中说:"法国知识界曾有一个不幸的缺陷,就是认为基础研究人员更加高尚和聪明。事实上,来自工业研究的许多产品表明,工业界的研究者至少具备了与基础研究者相当的创造天赋……学术界与工业界的合作能开辟一些潜在的硕果累累的途径。"

有人问,液晶的概念不是德热纳提出的,液晶的技术也不是他突破的,为什么他被称为"液晶之父"呢?对此,专家们认为:"美国人海尔迈耶提出了液晶显示的概念,但是只有在德热纳搞清液晶和液晶显示的物理原理之后,人们才找到现在的液晶显示技术。"可以说,液晶显示器的关键性技术突破,与德热纳研究的液晶物理学是分不开的。

1989年5月,德热纳为《液晶物理学》中文版撰写序言,"液晶于100年前由德国学者发现,后来法国科学家建立了结构分类的基本方案,美国人最先注意到液晶在显示器件中的应用潜力,今天的液晶应用技术大部分掌握在日本人手中……"。要是德热纳今天再写中文序言,一定会补上一句"液晶显示技术的未来在中国"。

生活中,德热纳还是个非常有趣的人。他高大、善谈、幽默,喜欢爬山、划船等运动,也很喜欢艺术。他总是随身带着一个速记本,无论在科学之内,还是科学之外,都有着开放、宽容的心态。就是这种心态,不仅让他取得了令人意想不到的成就,也让冷峻的科学融入消费电子产品中。

 拓展阅读

液晶之父:皮埃尔-吉耶·德热纳

1932年10月,德热纳生于浪漫之都法国巴黎,从小兴趣广泛,喜欢绘画,演过电影,还出版过讽刺文集《小点》。29岁任巴黎大学助理教授,开展超导体研究,1968年转入液晶研究。1971年任法兰西公学院物理学教授,领导法国三大实验室的高分子物理学联合研究。他是推动"软物质"这门跨物理、化学和生物学三大学科的交叉学科发展,并使凝聚态物理学向新世纪转型的第一人。1991年,他荣获诺贝尔物理学奖。诺贝尔基金会在授奖理由中称:"德热纳把研究简单系统中有序现象的方法,成功地推广到更为复杂的物质形态,特别是液晶和高分子……证明了研究简单系统而发展的数学模型,同样可以应用到如此复杂的体系。

他发现物理学中仿佛完全不相关的领域是有联系的,过去还无人明白这些关联"。

在大学期间,德热纳遇到了一群杰出教师。不论是他们的品质还是学术思想,都对德热纳的未来之路产生了深远的影响。作为学生,要想能听懂他们所授的内容,就必须查阅大量资料、高度集中注意力。像德热纳这样有天赋的学生,有时候也会感觉力不从心。渐渐地,德热纳适应了这种充满挑战的生活,走上了科学研究的道路。

在他多变的学术生涯中,唯一不变的是研究策略:不断进军新领域,大胆提出假设,然后用各种理论和实验来证实,即使最后证明假设错了,再换一种假设继续探索。

5.3.3　TFT-LCD产业化:日本企业从小处入手

当美国企业进行早期的液晶显示技术研究时,许多日本企业就开始跟踪研究。经过多年的努力,在精工、夏普等企业带领下,从液晶手表、计算器、微型电视等产品开始"小打小闹",熬过了产业化早期的艰难岁月,迎来了笔记本电脑这一杀手级应用,终于实现了液晶研究的梦想:挂壁电视。

5.3.3.1　精工与LCD手表、微型电视

精工原本是一家制表企业,为了生产石英表进入半导体领域。在成功开发出低能耗的集成电路之后,数字显示就成为生产石英表的关键技术。为此,精工从美国获得LCD的技术许可,经过几年努力,于1973年生产出了第1块LCD数字手表。到1975年,市场迎来了爆炸性的数字手表热潮,精工大获成功。

LCD手表获得巨大成功后,精工将目光投向了液晶电视,并且选择了难度更大的TFT-LCD技术。1983年5月,在东京的一次记者招待会上,精工宣布了2英寸的微型彩色液晶电视,震惊了电子产业界。在液晶显示器的发展史上,这款产品具有划时代的意义,它使人们开始相信TFT-LCD是制作平板显示器的可行方法。

此后,日本大企业纷纷行动起来,准备进入液晶产业,精工不得不加快步伐,实现LCD电视的规模化生产。由于精工是先行者,需要从头创办工厂、安装设备、确立生产工艺等一系列工作,战线拉得有点长。20世纪80年代中期以后,精工开始遇到困难,尤其是1989年日本股市泡沫崩溃,精工不得不忍痛放弃LCD业务。

5.3.3.2　夏普:推动TFT-LCD产业化的英雄

夏普的前身是早川电气,1925年开始生产收音机,1955年成为日本主要电视生产商,其市场占有率高达25%,1964年闯入新兴领域——计算器。1970年早川电气改名为夏普,并出资75亿日元,相当于公司资产的25%,孤注一掷投资建设自己的半导体厂。

20世纪70年代初期,据说有60多家企业在计算器市场上厮杀,其中,夏普是最具有进取精神的创新者。1964年至1976年,夏普把生产计算器所需的3000个元件压

缩为3个模块，芯片、显示屏与太阳能电池。计算器是这一时期电子信息技术发展的最大原动力，如Intel 4004微处理器，就是受日本计算器企业的委托开发的。1972年年初，夏普花了300万美元从美国RCA购买了相关专利许可，进入LCD领域。1973年4月夏普实现了液晶计算器的商业化。

精工的研究成果鼓舞了夏普，其目光开始从计算器转向液晶电视。1987年，夏普终于研制成功3英寸液晶电视。按照常理，工程师们自然认为下一个研究目标应该是4英寸……然而，1988年年初，管理层却提出了一个看似不可能完成的目标，研发14英寸的显示器。但恰恰是这种雄心激发了工程师们的斗志，他们终于克服了各种困难实现了目标。1988年10月，夏普在日本电子展览会上展示了14英寸的液晶显示器。

夏普的成功给了日本TFT-LCD制造商们极大的信心。NEC最先，随后IBM与东芝的合资企业DTI公司，紧接着就是夏普，相继建设他们各自的第一条大尺寸彩色TFT-LCD的量产线。当然，大尺寸TFT-LCD产业化不会是一帆风顺的。

从小尺寸到大尺寸TFT-LCD显示器，量变引起了质变，其生产工艺中出现的困难超出了预期。量产时出现了一系列没有预料到的问题，导致量产初期的良率远低于10%。生产TFT-LCD的问题很多，但是最严重的都可以追溯到一个问题：环境中的尘埃进入生产过程。去除尘埃颗粒的问题并没让工程师感到意外，因为他们认为TFT-LCD的生产过程中80%的特点与半导体生产是共通的。集成电路制造在没有0.18微米以上颗粒的洁净室里操作，要求设备、工艺和操作都必须无污染地执行。然而TFT-LCD在生产过程中对颗粒的敏感度更强，也更为脆弱。在集成电路制造过程中，硅片上的尘埃颗粒会使同一张晶圆上的几百块芯片中有一个或几个缺陷，有缺陷的可以丢弃，而其他的还可以继续利用。但TFT-LCD的大块面积为颗粒进入提供了更多机会，而且只要有几粒微小的尘埃就会使整张面板都报废。制造TFT-LCD时，微粒的缺陷会使得晶体管不能关闭单个像素，只要百万个像素中出现5个缺陷，显示面板就不能满足质量控制的要求。

TFT-LCD的生产工程师们很快决定应该执行零缺陷策略。于是，改进化学气相沉积（CVD）设备就成为提高良率的最大挑战，这就需要开展全球合作，美国作为半导体的发源地，单项技术确实有其竞争力。在此后的4年里，最早进入量产的这些日本企业，在美国公司的帮助下，渐渐使良率提高到80%以上。从1991年到1996年，全球至少有25条量产线建成，其中有21条建在日本。

5.3.3.3 TFT-LCD产业化与美国企业的贡献

美国应用材料公司是美国最重要的半导体设备制造商，鉴于日本半导体产业的快速发展，1979年在日本设立子公司——应用材料日本公司。到1989年，美国应用材料公司在日本的销售量已经占到其全球总销售量的40%。1991年，夏普和东芝找到美国应用材料公司，希望它能帮助改进TFT-LCD的生产工艺。为解决客户问题，美国应用材料公司派出工程师考察了夏普、东芝的生产设备，学习TFT-LCD的制造工艺。经过仔细研究，应用材料公司决定专注于CVD设备的研发与生产。为了开发新设备，应用材料公司与夏普、东芝紧密合作，三方互派工程师，面对新问题，充分发挥各自的优势。1993 年 10 月，应用材料公司推出了 CVD 设备，能够使面板生产线的产出良率提升到 90%，随后迅速占领了日本的 CVD 市场。

另一个故事，则从乔布斯的故事说起。《乔布斯传》中透露的桥段是，在距 iPhone 发布只有 4 个月时，乔布斯对 iPhone 样机的玻璃耐磨性不满意。于是，乔布斯给康宁公司 CEO 维克斯打电话，希望康宁公司为 iPhone 研发一种坚固耐刮的玻璃保护屏，要求厚度为 1.3 毫米，即后来开发出来的 "大猩猩玻璃"。

康宁公司在手表、计算器的液晶显示玻璃方面积累了很多经验，也开发出了液晶显示器的玻璃，还拥有独特的熔隔玻璃制造技术，用以生产超薄的、无须研磨和打光的光学玻璃。

为了开发 TFT-LCD 所需的玻璃基板，康宁公司需要与日本相关企业紧密合作。经过一段时间的学习与研究，康宁公司认为，他们可以稳固建立熔隔玻璃生产能力，以帮助客户加速在 TFT 方面的进步，能够制造薄膜晶体管的非晶硅沉积要求玻璃基板能够承受住极端的高温。除了光学无缺陷和抗裂，TFT 玻璃基板还要能够在生产过程中保持稳定的化学性能，而熔隔玻璃就具备以上的各种特性。康宁的研究者还有信心在这些特性的基础上，满足 TFT 厂商扩大显示尺寸、降低厚度、增加亮度和视觉效果的雄心。2007 年第一代 iPhone 的玻璃也来自康宁公司，智能手机的发展为其提供了新的产业机会。

1986 年，松下推出了第一个 TFT-LCD 的便携式电视，采用了康宁公司的玻璃基板，给康宁公司带来新的发展机遇。1988 年，康宁公司在日本静冈县建立了新的工厂，利用与日本客户的第一手知识把握住了竞争优势，通过培育客户关系扩大了业务范围。康宁公司的早期介入使其迅速成为平板显示器玻璃基板的主导企业，它的领导地位至今没有被撼动过。

5.3.3.4　TFT-LCD 的第一个杀手级应用：笔记本电脑

东芝与 IBM 公司的合作，不仅给东芝公司带来了半导体生产经验，同时也为 TFT-LCD 带来了新的应用领域。反过来，IBM 与其他计算机公司相比，优先获得了笔记本电脑非常重要的显示屏。大尺寸液晶显示面板的第一个杀手级应用就是笔记本电脑。1992 年，第一台笔记本电脑 ThinkPad 700C 诞生于日本，从此开始领导移动计算技术发展的历程。

通过合资企业 DTI，IBM 能保证得到最先进显示屏的供货，推出了 ThinkPad 700C。它的推出立即获得关注，不仅是因为它的计算功能，还因为它是第一款彩色 TFT-LCD 显示屏的笔记本电脑，其使用了 DTI 的 10.4 英寸彩色 TFT-LCD 液晶显示屏，在当时属于尺寸最大、亮度最高的。

到了 1993 年年初，Windows 3.1 操作系统的推出，它能支持 256 种显示色彩，这加剧了对彩色显示屏的需求。IBM 在笔记本电脑市场上的巨大成功进一步扩大了对平板显示器的采购需求，促使夏普、DTI、NEC、星电、富士通等公司纷纷调整投资计划,追加投资 TFT-LCD 生产线的建设。到 1994 年,全球笔记本电脑的销售量达到了 7800 万台,其中,大多数还没有使用彩色 TFT-LCD 液晶显示器。

笔记本电脑是拉动 TFT-LCD 工业起飞的第一个大众消费市场,这对于 TFT-LCD 技术发展是非常重要的,因为电子手表、计算器及微型电视的市场需求,不足以支持工业界研发 TFT-LCD 技术。直到电视时代,它的出现,再次拯救了 TFT-LCD 技术发展所需的条件,为大尺寸平板显示器的诞生奠定了坚实基础。

伴随着 TFT-LCD 工业在日本的建立,日本也发展出一大批平板显示的上下游企业。日本的平板制造供应链体系要强于其他任何国家。几乎所有必要设备和材料的供应链上的每一个环节,都至少有一家日本企业参与,如玻璃基板、光刻机、蒸镀机、刻蚀设备、彩膜和偏光片、印刷设备等。尤其是用于半导体清洗的氟化氢、用于显示屏等的氟化聚酰亚胺和涂覆在半导体基板上的感光剂"光刻胶",成为 2019 年日本制裁韩国的"杀手锏"。

TFT-LCD 从研发到产业化的历史证明,远大的目标需要分解为多个可攀登的阶梯,电子手表、计算器、微型电视、笔记本电脑,就是研发液晶电视的良好阶梯。日本企业,在这一发展历程中,从小处入手,找到了攀登的阶梯,实现了"挂壁电视"的梦想。

5.3.4　TFT-LCD 产业转移:韩国的反周期投资

2003 年以后,韩国的三星与 LG 超越日本企业成为 TFT-LCD 产业的主导者。我们以三星为例介绍其从跟踪到超越的历程,尤其是"反周期投资"策略。

三星电子早在 1984 年就设立 TFT-LCD 研究小组,随后从美国获得技术许可,快速进入该领域。在研究过程中,三星发现邻国日本正在开发的液晶显示器与内存 DRAM 的技术结构非常接近,因此信心倍增。1991 年,三星在半导体事业部内设立了一个特殊事业部,专攻 TFT-LCD,加快产业化的步伐。三星管理层希望液晶业务能够为周期性很强的 DRAM 业务提供多元化发展机会,同时能确保各种电子产品获得最先进的显示器。

三星董事长李健熙很清楚,液晶显示与 DRAM 一样,也是一个重资产、强周期的行业,要想在这样的行业活下去,就必须拿出破釜沉舟的勇气,不惜一切代价做到行业第一。由于需要冒大规模投资的风险,所以进入 TFT-LCD 工业不仅需要能够开发出产品原型,还需要掌握量产的工艺能力。1990 年年初,韩国企业通过在试生产线中应用最先进生产设备,作为学习平台来开发和培养 TFT-LCD 量产能力。虽然它们在半导体制造技术方面的能力有助于掌握制造流程的前段工艺,但他们发现在制造流程的中段工艺方面远不如日本企业那样成熟。针对自身技术能力不足的液晶工艺,就采用"偷师学艺"的方式向日本学习。当时日本企业对技术把控很严,于是韩国企业就采用"星期日工程师"和在日本设立研发机构的方式学习。

在 20 世纪 90 年代初期第一次液晶衰退期间，三星在日本开设了一个研发机构，雇佣失业的日本工程师。对于制造工艺，没有做过与见过、做过、做好的境界，差别是很大的，即使是失业的日本工程师，也至少能达到做过 TFT-LCD 工艺的境界。这种积极的"自主创新"努力为三星积累了进入 TFT-LCD 的量产能力。1991 年，三星建成一条 300mm×300mm（玻璃基板尺寸）的试生产线，为量产能力的积累与人才培养奠定了基础。1992 年，研发了在 300mm×400mm 的玻璃基板上一次生产两片 10.4 英寸液晶显示器的技术。1993 年，开建第一条大批量生产的 2 代线，1995 年 2 月建成投产。

三星采取的战略是加入主流进行赶超，通过参与技术合作，结成战略联盟以及签订长期合同等形式与外国企业合作。例如，1995 年，三星与日本富士通签订技术交叉许可协议。1996 年，三星与美国康宁成立合资公司生产玻璃基板。通过这些合作，能够迅速获得外部技术支持。

为了超越日本，三星还采取"反周期投资"策略，它与衰退期消减投资的惯常行为不同，而是加大投入，逼迫日本企业亏损面加大。比如，在 1995—1996 年液晶产业的第二次衰退期里，三星继续投资新的生产线，这是典型的进取型反周期投资行为。1996 年 10 月，三星建成第一条 3 代线，终于赶上日本企业的生产能力。1998 年第四季度，三星实现了第 3.5 代线的量产，至此领先当时只有 3 代线的日本企业。

从开始量产到盈利，三星经历了痛苦的产业能力积累阶段。三星的液晶业务从 1990 年到 1997 年连续亏损了 7 年，在 1991—1994 年，平均每年亏损 1 亿美元。但是凭借韩元贬值和生产规模扩大，到 1997 年年末三星实现了"咸鱼翻身"，到 1998 年年末其液晶面板出货量跃居世界第一。2001 年，三星成功开发出世界上第一台 40 英寸 TFT-LCD 液晶电视。2006 年，三星电视首次在销量上赶超索尼，位列世界第一。

从三星的 TFT-LCD 发展历程来看，产业的发展，需要技术、投资策略甚至国家的汇率政策多种措施一起发力，要求企业家富有远见、强大执行力与不屈不挠的拼搏精神。

5.3.5 TFT-LCD 产业再转移：中国的超越之路

2018 年京东方成为全球最大的液晶电视、平板电脑与笔记本电脑显示屏的供应商。下面以京东方为例，介绍我国 TFT-LCD 产业的超越之路。有兴趣的读者可以阅读北大路风教授的著作《光变：一个企业及其工业史》。

20 世纪 90 年代后期，时任京东方董事长的王东升预见到 TFT-LCD 必然取代 CRT 技术，提出进军液晶显示领域，并制定"并购、消化吸收、再创新"三步走的战略。2003 年，京东方以 3.5 亿美元（按当时的汇率约合 20 亿元人民币）收购了韩国现代电子 TFT-LCD 业务、相关专利以及团队，勇敢地进入 TFT-LCD 领域。这也是当时中国企业在海外收购中金额最大的项目之一，其难度可想而知。由于立志成为"显示领域世界领先企业"的进取性战略，这是京东方必须跨越的难关。

京东方的海外收购不是出于利用现有生产设施赚钱的目的，而是为了解决进入TFT-LCD工业所面临的技术来源、专利障碍、起步市场和核心技术人员等战略问题。但是，收购企业并不意味着能形成自主创新能力，因此，京东方在收购过程中就确定了收购后要迈出的关键第一步，即利用收购的第3.5代线的技术资源在北京建立一条第5代线，与韩国工程师一起在建设中锻造一支具备量产能力的中国工程师队伍。哈佛大学的哲学家、教育家怀特海认为"教育是师生共同的探险旅程"，即创新能力培养最好的途径是师生共同的创新研究过程。2005年5月，第5代线成功量产，它成为京东方培养产业人才的"学习平台"，由此京东方拥有的专业工程师从不到300人，迅速增长至2000多人，为其后续迅速扩张产能，提供了人才储备。

从三星的TFT-LCD的发展历程中可以看到，生产工艺能力，不能仅靠理论研究与技术研发，而是在生产线上不断解决问题过程中逐渐积累的。在第5代线的建设中，中国工程师既是向韩国老师学习的学生，也是将来要自己掌握技术的主人。这个过程清楚地表明了"技术转移"的实质，需要"转移"的不是硬件系统或一条生产线，真正宝贵的财富是以工艺经验为基础的知识和技能。但这些经验性的知识永远也不会自动转移，能够把外来知识转化成自身能力的唯一途径就是在建设更新一代生产线的过程中共同解决挑战性问题。正是利用HYDIS的技术资源来建设自己的第5代线，京东方才有了可以吸收外来知识的创造性学习过程，于是第5代线成为京东方发展自主能力的学习平台。为了说明这个主题，需要分析京东方第5代线作为学习平台都包含了哪些要素。

第一个要素：掌握全套生产设施。TFT-LCD产业的基本特点是新产品的开发同时也是新工艺的开发，它的技术进步和产品创新只有在与生产地点相同和完全真实的运行条件下才是有效的。其实，这也是半导体霸主英特尔的成功经验，集成电路产品的研制与生产采用相同的设备，甚至相同的环境。

第二个要素：形成专业队伍。在建设与运营第5代线的过程中，京东方专业队伍迅速成长起来。韩国人为正职，中国人为副职，充分发挥了韩国工程师的经验以及研制新一代生产线的积极性。自主建线方式所激励的精神状态使年轻的中国工程师们保持着学习和掌握技术的动力，使他们在解决问题的过程中成长起来，逐渐成为各个环节和领域的主力。半导体工艺制造就是一个不断迭代的过程，同样工程教育也是在试错的过程中完成的，于是有人总结说："认真走过的人生没有弯路"。

第三个要素：多方式积累经验。引进的"经验"分为两个部分：首先是编码化经验，即工作程序与方法数据库。工作程序与方法本质上是经过有意识的概括、提炼和合理化的经验，而数据库是以文件形式记录下来并以一定的架构储存起来的经验和知识。其次只能以人为载体的经验，也就是只可意会、不可言传的工艺诀窍，其传承只能手把手地教，需要学习者具备敏锐的观察能力与自悟能力。

第四个要素：获得外部支持。在日本、韩国的TFT-LCD产业发展中可以看出，材料和设备供应商是新技术的重要来源之一，因为供应商为赢得市场会不断改进自己的技术，并向生产企业推销新的设备和材料。在京东方第5代线的建设过程中，获得了直接与材料、设备供应商打交道的机会。

京东方第 5 代线的建立并成功量产，为京东方日后的发展迈出了坚实的一步。然而，2005 年至 2006 年，在产业下行周期，京东方连续亏损，王东升也一度深受质疑，压力倍增。但王东升凭借"产业强国"的信念和对产业规律的深刻理解，迎难而上，化市场低谷为企业成长机会。王东升回忆那段日子："京东方闯入了当今世界的高精尖产业，成为追赶者，如果没有信念和毅力，我们不会成为闯入者，没有必要自讨苦吃。既然闯入了就只能向前走，因为没有退路。我们面对的是万仞峭壁，每一步都是新高度，一失足则粉身碎骨。"

王东升以自己的信仰为京东方所有员工提供了方向感：京东方是一个主攻显示器的高技术企业，而且要做显示技术领域中的世界领先企业。这种方向感对于京东方人忍受危机的作用是重要的，因为它给人希望。有人说，高级将领的作用是什么？就是要在看不清的茫茫黑暗中，用自己发出的微光，带着队伍前进。就像高尔基的小说中的英雄丹柯一样把心拿出来燃烧，照亮后人前进的道路一样。

2008 年 6 月，受全球金融危机影响，液晶面板行业再次进入低谷期。京东方以"冰局破冰，变局求变"的战略思维，采取"反周期投资"的进取型策略，继续进行规模扩张。2010 年，京东方合肥第 6 代 TFT-LCD 生产线量产，扭转了中国大陆液晶电视屏全部依赖进口的被动局面。2011 年京东方北京第 8.5 代 TFT-LCD 生产线量产，结束了中国大陆的"无大尺寸液晶电视屏时代"。2014 年 2 月京东方合肥第 8.5 代 TFT-LCD 生产线量产，进一步提升企业竞争力。2018 年 3 月全球最高世代线——京东方合肥第 10.5 代 TFT-LCD 生产线量产，项目总投资 458 亿元，主要生产 65 英寸及以上超大尺寸 8K 超高清液晶显示屏。

至此，以京东方为代表，深天马、华星光电等一批中国大陆企业成长起来，到 2019 年年底中国大陆企业的 LCD 市场占有率超越韩国，成为全球第一。

 拓展阅读

京东方创始人：王东升

王东升，1957 年 4 月出生，浙江东阳人。恢复高考后，考上了杭州电子工业学院，学习财务专业。毕业后王东升作为电子工业部从杭州电子工业学院挑选到北京工作的 10 名优秀毕业生之一，被分配到北京电子管厂。

源自北京电子管厂遭遇技术替代毁灭的惨痛经历，王东升对于替代危机的担忧和焦虑，使其随时保持高度警觉，以磨炼自己的产业预见，努力解决替代危机。他不仅带领京东方跃升为全球显示领域领先企业，而且还重塑了全球显示的产业格局，开创了显示领域新的里程碑，并对全球显示产业发展做出了重要理论贡献。

2010年他提出了显示产业"生存定律",也称"王氏定律",随后又提出了"5P1H"的显示产品和技术创新方向。2012年提出了"半导体显示产业",他认为从CRT到TFT-LCD是技术的中断和开始,从TFT-LCD到AMOLED是技术的延伸和发展。2016年,他还提出了"开放两端,芯屏气/器和"物联网生态理念,布局了京东方的未来发展方向。

他重视人才队伍建设,在实践中总结出了"人才成长曲线"。从"普通员工"成长为"人才",要有项目经验,工作要努力;从"人才"发展为"英雄",要有独立做项目的经验,而且做得比别人好;要想从"英雄"晋升为"领军人物",要给人梦想,要成就他人,他认为:"领导力就是以愿景、目标和价值观将一群人凝聚在一起,形成战斗团队,去追求共同事业,直至取得成功的能力,包括洞察力、企划力、沟通力和执行力。"

凭借对全球半导体显示产业发展的突出贡献,2019年,王东升获得了国际信息显示学会的最高奖"SID David Sarnoff产业成就奖",迄今为止全球只有2人获此殊荣。

5.4 有机发光二极管(OLED)

2017年,苹果发布的iPhoneX使用了OLED技术,代表产业发展的新潮流。2018年下半年,柔宇科技、三星先后发布可折叠柔性屏手机,2019年华为在MWC发布首款5G可折叠屏手机,由此OLED、柔性屏幕进入普及化阶段。

5.4.1 OLED的发明与邓青云的贡献

有机发光二极管(Organic Light-Emitting Diode,OLED)的结构如图5.11所示,它是一种电流型的有机发光器件,通过载流子的注入和复合而发光,发光强度与注入的电流成正比。OLED在电场的作用下,阳极产生的空穴和阴极产生的电子就会发生移动,阴极向发射层输出电子,阳极吸收从导电层传来的电子(相当于阳极向导电层输出空穴),在发射层和导电层的交界处,电子与空穴结合。这一过程发生时,电子会以光子的形式释放能量,产生OLED发光。

根据驱动方式,OLED显示器可分为被动式(PMOLED)与主动式(AMOLED)两种。如果OLED采用塑料基板,而非常见的玻璃基板,就可以制造出柔性屏幕,甚至可折叠屏幕,如图5.12所示。

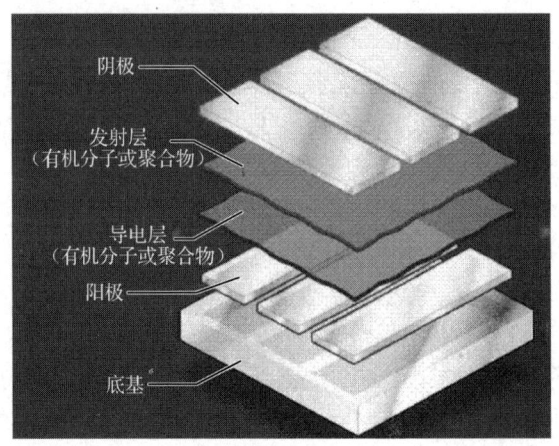

图 5.11 OLED 结构

图 5.12 柔性屏幕

与 TFT-LCD 相比，OLED 除具有自发光、无延迟、无限对比度、极致超薄、柔性显示等物理特性外，还拥有极限视角画面不失真的天然优势，也就是非常广阔的可视角度。电视产品作为家庭娱乐的重心，服务全家成员，因此可视角度的表现显得十分重要。随着 OLED 产业链的不断完善，人类正在朝着万物皆显示（DOT）的时代迈进，这也给予了 OLED 难以想象的发展空间，我们可以在健身房、汽车、家里、酒店等任何地方看到 OLED 显示技术的身影。

OLED 的发展历史，可以追溯到 1979 年美国柯达公司华裔研究员邓青云的一次偶然发现，不过随后的发展并非一帆风顺。OLED 技术，在相当长一段时间内，一直停留在高驱动电压、低亮度、低效率状态，难以突破。由于看不到产业化的前景，OLED 的研究工作没有得到工业界的重视。直到 1987 年邓青云博士等人发明以真空蒸镀法制成多层式结构的 OLED 器件后，大幅提高了器件的性能，其低工作电压与高亮度的商业应用潜力吸引了全球的目光。

1990 年，英国剑桥大学的两位教授发现导电高分子材料具有良好的电致发旋光性能，并成功地开发出以涂布方式将高分子材料应用在 OLED 上，制成了聚合物 OLED 器件，即 Polymer LED，简称 PLED。

1992 年，艾伦·黑格（Alan Heeger）领导的团队发明了用塑料作为基板制备的柔性显示器，让柔性 OLED 最为迷人的一面展现在人们的面前。1997 年，普林斯顿大学的两位教授发明了磷光电致发光现象，突破了有机电子发光量子效率低于 25%的限制，使 OLED 商业应用前景顿时光明了起来。

从此 OLED 告别了以基础科学研究为主的阶段，进入了以商业应用为主的时期。

 拓展阅读

OLED 之父：邓青云

邓青云，1947 年出生于香港，1975 年获康奈尔大学物理化学博士学位，然后加入位于纽约罗彻斯特的柯达研究实验室，从事有机半导体材料与电子应用设备研发，1979 年他意外发现了 OLED。据邓青云回忆，有一天晚上，他在回家的路上忽然想起有东西忘在了实验室，等他回到实验室后，发现一块做实验用的有机蓄电池在黑暗中闪闪发光！这个意外惊喜为 OLED 的诞生拉开了序幕。

1987 年邓青云博士等人以真空蒸镀法制成多层式结构的 OLED 组件，大幅度提高了 OLED 的性能；1989 年开发了调校 OLED 色彩的技术，带动了全彩色 OLED 显示屏的制造与发展。

2006 年，他从柯达退休后，成为美国罗彻斯特大学化学工程学系教授。2013 年，他加入香港科技大学，既是高等研究院东亚银行教授，又是计算机工程学系、化学系及物理学系讲座教授。1998 年当选美国物理学会院士、2002 年当选美国信息学会院士、2006 年当选美国工程院院士，2011 年荣获沃尔夫化学奖。

5.4.2　OLED 产业化：韩国发展历程

与 TFT-LCD 类似，OLED 发明与产业化前期的技术突破发生在美国，但规模化量产并没有实现。OLED 的产业化是在韩国率先完成的，其中三星发挥了重要的作用。

21 世纪初，已经登上 LCD 行业之巅的三星并未懈怠，而是加快步伐开发新一代显示技术 OLED。早在 2000 年，三星就开始筹建 OLED 项目组，2003 年很快将其升级为事业部，正式进入 OLED 产业化准备阶段。

2005 年，三星在天安工厂建设第 4.5 代 OLED 专用生产线，2006 年进入试运行阶段，加速推进 OLED 的量产工作。2007 年 10 月，三星在全世界率先实现 OLED 的批量生产，随即 OLED 显示屏迅速抢占了市场。

2008 年 10 月，最先采用 AMOLED 显示屏的是诺基亚 N85 手机，由于其鲜艳的

颜色及显示效果，让大家感受到 OLED 屏的惊艳之处，一经推出，很快被各类用户抢购一空，成为当时最畅销的手机之一。通常，三星的新器件都会先寻找敢于用新技术的企业，要是深受用户欢迎，甚至影响三星手机业务，它就通过控制供货的节奏来限制对手，如 HTC G6、华为 Mate9 Pro 等都有过痛苦的经历。

诺基亚 N85 发售 4 个月后，三星开始推出首款 OLED 手机 i7110。2010 年，三星 Galaxy S 系列第一代问世，自此三星一直采用自家的 Super AMOLED 屏幕，形成了曲面、高分辨率和超广色域的优秀特点。

OLED 技术发展非常迅速，其应用领域不只是小尺寸的智能手机，还可以用于大屏幕电视。在 2012 年 1 月国际消费类电子产品展览会（CES）上，三星推出了全球最大的 55 英寸 OLED 电视，其惊艳的视觉效果非常震撼。

为了强化三星在半导体显示领域的优势地位，2012 年 4 月，三星电子旗下的 LCD 液晶面板业务部门升级为三星面板子公司，并且投入 66 亿美元重点发展 OLED 业务，确保在 OLED 领域的垄断地位。

2017 年，OLED 市场的主导权掌握在韩国的三星和 LG 手中，我国的智能手机、电视机等企业在 OLED 的采购方面相当被动。其中，三星在小尺寸的手机屏上占主导地位，市场份额曾高达 95%，几乎是独家垄断；而 LG 则在大尺寸的电视屏上占优势。2017 年以后，京东方 OLED 的量产以及采用京东方 OLED 屏幕的华为智能手机热销，垄断局面才终于被打破。

5.4.3 OLED 产业转移：中国赶超之路

早在 1996 年，我国的清华大学就成立了 OLED 项目组，设计安装了 OLED 蒸镀设备，建成了 OLED 超净实验室，由此开始 OLED 技术研究与人才培养。2001 年，为了加快 OLED 的产业化工作，清华大学技术入股、其他相关集团公司参股组建了北京维信诺科技有限公司，成为我国 OLED 产业的先行者，成立了北京维信诺科技有限公司。经过多年的努力，为我国的 OLED 关键技术研究与早期的产业化做出了重要贡献。

2018 年维信诺 OLED 的全球市场占有率为 2.5%，排名第二，仅次于三星的 92.6%。到 2019 年第一季度，由于华为选用京东方的 OLED，京东方的全球份额增长高达 12 倍，市场占有率达到 11%，而三星降到了 81%。以下我们简要回顾京东方 OLED 的发展历程。

京东方于 2001 年 12 月收购韩国现代的 STN-LCD 和 OLED 业务后，开始进入 OLED 领域，不过此时重点在 LCD，对 OLED 仅仅是一种战略投资。从此，京东方一直关注 OLED 的产业化发展进程，等待合适的时机进入规模化生产。2011 年 8 月，京东方在鄂尔多斯开工建设第 5.5 代低温多晶硅技术（Low Temperature Poly-Silicon，LTPS）AMOLED 生产线，于 2014 年 7 月进入量产，这是中国首条、全球第二条第 5.5 代 AMOLED 生产线，为了稳妥起见初期主要生产 LTPS 显示屏。

取得经验后，2015 年 5 月，京东方在成都开工建设第 6 代柔性 AMOLED 生产线，总投资 465 亿元，2017 年 10 月提前量产。这是我国第一条全柔性 AMOLED 生产线，也是全球第二条已量产的第 6 代柔性 AMOLED 生产线。该生产线应用全球最先进的蒸镀工艺，并采用柔性封装技术，可实现显示屏幕弯曲和折叠。在产品交付会上，京东方向华为、OPPO 等十余家客户交付了 AMOLED 柔性显示屏。

2017 年开始，华为的旗舰机型采用京东方的 OLED 显示屏。特别自豪的是在西班牙巴塞罗那举办的 2019 世界移动通信大会（MWC）上，华为发布了首款 5G 折叠屏手机——HUAWEI Mate X，这款黑科技手机可以 0～180°自由翻折，展开是平板，对折是手机，显示效果流畅无损，其折叠屏就是京东方提供的。随着京东方在这一技术上的突破并且开始量产，高端柔性显示屏幕终于可以自给自足。2019 年 5 月，华为与京东方签订战略合作协议，实现国内企业的强强联手。

此外，2019 年 7 月，京东方绵阳第 6 代柔性 AMOLED 生产线也量产出货。在交付活动上，京东方还展示了该生产线量产的首款 6.47 英寸水滴曲面柔性屏。这条生产线是全球领先的触控一体化柔性显示生产线，通过采用触控一体化解决方案，能更好地降低模组厚度，使柔性显示屏更加轻薄；可为全球用户带来更高品质的全屏手机、折叠手机、折叠笔记本等柔性显示产品。2021 年 12 月，京东方打造的重庆第 6 代柔性 AMOLED 生产线正式宣布量产。2023 年 2 月 7 日，京东方第 6 代新型半导体显示器件上线，着力布局 VR 显示产品市场。

从此，国产智能手机、电视机厂家再也不用担心 OLED 屏幕的断供问题，而且还可以获得更为先进的显示屏技术，如屏幕自发声技术，形成新的核心竞争力。

5.4.4　MicroLED 与显示技术的未来

除 TFT-LCD、OLED 外，近年来还有多种显示技术正处在探索中，其中讨论较多的是 Micro LED 技术。

Micro LED，即微型发光二极管，可以简单理解为普通 LED 缩小到 100 微米以下，甚至达到 10 微米，单个像素点的大小甚至不到普通 LED 的 1%，如图 5.13 所示，然后将这些 Micro LED 转移到基板上，实现各种尺寸的 Micro LED 屏幕。

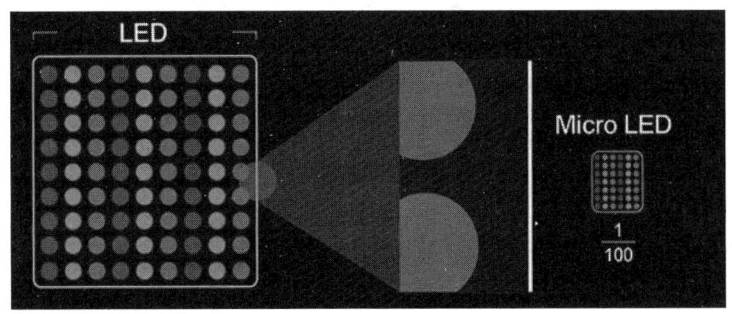

图 5.13　LED 与 Micro LED

Micro LED 的优势在于它的微米级像素间距,并且每一个像素点都能单独控制和驱动,使它的分辨率、亮度、对比度、功耗等性能指标完全优于 OLED。要是 iPhone 6 的 4.7 英寸显示屏采用 Micro LED,那这块屏幕将可达到 1500PPI(Pixels Per Inch)的惊人像素密度,比原来的视网膜 Retina 显示屏的 400PPI 要高出 3.75 倍,真正做到"看不到像素点"。

不过,伴随着优秀的性能指标,Micro LED 的制造难度也是非常大的。首先,微缩技术,如何将毫米级别的 LED 晶片微缩到只有原来 1%的大小;其次,巨量转移技术,如何将如此高密度、阵列化、薄膜化的 LED 晶体转移到驱动基板上。此外,LED 的颜色天生不均匀,要想制作出一块足够大、可用于手机使用的 Micro LED 面板,其技术难度可想而知,良率也很难达到量产标准。

Micro LED 的发展趋势主要有两种。一种是小间距、大尺寸、高分辨率的室内/外显示屏,例如,2019 年 4 月,索尼实现了全球最大的 Micro LED 显示屏,尺寸为 19.2m×5.4m;另一种则是可穿戴设备,如智能手表,该类设备的显示部分要求分辨率高、便携性强、功耗低和亮度高。2020 年重庆 Micro LED 产业创新论坛上,康佳宣布推出全球首款 MicroLED 手表 APHAEA Watch,搭载 2 英寸主动式低温多晶硅(AM-LTPS)Micro LED 微晶屏,点间距缩小至 0.12mm,屏幕芯片尺寸小于 30μm,具备百万级超高对比度和高达 1500nits 的屏幕亮度,以及 147%的 DCI-P3 色域,续航能力可达到惊人的 35 天,这在以往的智能手表上是无法想象的。

5.5 总结与展望

数码影像已经成为智能手机的核心竞争力,它不只是自身获取、处理与显示,还关乎图片社交、视频社交、视频博客等应用。数码影像的竞争焦点从分辨率大赛开始,从双摄镜头扩展到多摄镜头,引入 ToF 镜头支持人像模式、立体成像、AR 摄像,然后引入潜望式镜头实现光学变焦与超高数码变焦。开启数码影像大门的是 CCD 图像传感器,它的发明有些偶然性。CCD 技术的早期发展,得益于航天成像领域的支持,获得了持续改进技术性能的机会。数码影像跃上新台阶归功于 CMOS 工艺,在摩尔定律的作用下,CMOS 图像传感器快速发展。人工智能、数字信号处理,智能防抖、情景识别等技术的加持,使得数码影像的自动化程度大大提高,并且还能获得更好的摄影效果,如夜景模式、拍摄月亮等。摄像系统作为"万物之眼",不只用于智能手机,还可以广泛应用于智能汽车、安防监控、工业机器人及无人飞行器等领域。

美丽的数码影像,需要合适的屏幕才能彰显出来,可以说数码影像是显示技术的强大动力源。液晶显示技术,最初起源于美国,也在一些特殊场景找到了应用,但是难以支撑起庞大的开发费用,RCA、西屋电气陆续终止研发计划。好在 1968 年美国

LCD 的新闻发布会，引发了法国原子能委员会与日本工业界的重视。法国德热纳领导的科学研究小组开展了一系列基础研究，建立了液晶物理学，为液晶显示器的关键技术突破奠定了理论基础。日本企业从美国获得了专利许可，通过电子手表、计算器、微型电视等消费类小产品应用，逐步完成了液晶显示的技术积累，终于迎来了"笔记本电脑"这一杀手级应用，以支撑其完成"挂壁电视"的远大目标。而韩国的三星、LG 等企业则采取"星期日工程师""反周期投资"等策略，超越日本成为液晶显示产业的引领者。

我国京东方历经二十几年的努力从技术引进到自主建线，奋力拼搏，在 TFT-LCD 显示领域已经成为全球第一，带动了华星光电、深圳天马等国内一批企业发展，实现了群体突破。同时在 OLED、MicroLED 等新领域，我国企业正在迎头赶上，京东方已经成为苹果智能手机屏幕的主要供应商，2023 年有望成为最大供应商。液晶显示产业的发展，带动了我国材料、装备等上游产业的快速发展和基础研究质量的提升，有力地支持了智能手机、电视机、计算机等整机产业。2019 年，凭借对全球半导体显示产业发展的突出贡献，王东升获得了国际信息显示学会的最高奖。

随着 5G 时代到来，电视机正在发生重大变化，更多传感器与 AI 功能融入电视，也即"智慧屏"，开始走入大众家庭。此外，元宇宙时代的 AR/VR 眼镜或头盔、智能汽车中的智能驾驶舱等，都为显示技术提供了广阔的市场。"无智能不显示""万物皆显示"很好地诠释了显示技术在未来信息产业发展中的重要地位。

思 考 题

1. 数码影像经历了十几年时间才成为智能手机的核心竞争力，你认为是由哪些因素促成的？其中我国企业又有哪些重要贡献？

2. 智能手机中的镜头从单摄发展到多摄，为什么量变会引发影像系统的质变？镜头虽小，但是内含的技术却很多，请你列出几种关键技术。

3. 从图像传感器 CCD 的发明故事、航天领域的早期应用、数码相机大众化这一发展历程中，请你谈谈"颠覆性技术并不是一夜之间产生的"这一观点。

4. 请你分析图像引擎在影像系统中的主要功能？进一步可以联系"信号处理""图像处理"等课程了解相关的原理和算法。

5. 请你分析 AI 在数码影像系统中发挥了哪些重要作用？为什么说智能手机摄影自动化的提升，催生了一个全民摄影时代，人们的创造力被无限激发？

6. 液晶之父德热纳在物理学等多个领域都取得了重大成就，他的研究方法有何独到之处？他的人文艺术爱好在其研究中如何发挥作用？

7. TFT-LCD 液晶显示，技术起源于美国，然而产业化却在日本获得成功。请分析"远大的目标需要分解为多个可以完成的小目标"对教育的启示？

8．韩国液晶产业通过"星期日工程师""反周期投资"等措施，超越日本成为全球第一，请分析三星为何采用"星期日工程师"？

9．京东方的发展历程中，收购韩国第3.5代线后，为什么王东升决定在北京自主建设第5代线？为什么建设更先进的生产线有利于培养中国的工程师？

10．邓青云1979年的一次偶然发现，开启了OLED的研究之路，直到1987年才引起工业界的重视。根据邓青云的事迹，分析"机遇总是垂青有准备的人"。

参考文献

[1] 王鹏鹏. 手机摄影从小白到大师[M]. 北京：北京大学出版社，2018.

[2] 源形毕露. 用手机玩摄影[M]. 北京：电子工业出版社，2018.

[3] 米本和也. CCD/CMOS图像传感器基础与应用[M]. 陈榕庭，等，译. 北京：科学出版社，2006.

[4] 太田淳. 智能CMOS图像传感器与应用[M]. 史再峰，等，译. 北京：清华大学出版社，2015.

[5] P-G·德热纳. 软物质与硬科学[M]. 卢定伟，等，译. 长沙：湖南教育出版社，2000.

[6] 路风. 光变：一个企业及其工业史[M]. 北京：当代中国出版社，2017.

[7] 于军胜，钟健. OLED显示技术导论[M]. 北京：科学出版社，2018.

[8] 田民波. 图解OLED显示技术[M]. 北京：化学工业出版社，2019.

第6章

人机交互

　　智能手机的触控交互方式，以其简洁性、易用性，已经达到甚至超越PC的图形交互方式了。图形交互，以鼠标为特征，以图形为主要交互手段，易学易用，它的诞生为计算机、互联网的大众化奠定了坚实基础。2007年，乔布斯发布的智能手机，其最大亮点就是突破了人机交互的瓶颈，首次将触控交互引入移动手机中。触控交互使各个年龄段的用户都可以无障碍地使用智能手机，由此移动通信与互联网走向融合，推动着移动互联网的快速发展，2010年以后，智能手机成为信息产业发展的新引擎。

　　本章首先从鼠标与图形用户界面的诞生说起，然后介绍触控交互在智能手机中的应用。从布什《诚如所思》的构想、恩格尔巴特完成《提升人类智能：一个概念性框架》到PC领域图形用户交互的普及，从PC的图形交互拓展到智能手机的触控交互，60多年的发展历程丰富多彩。

　　除多点触控技术外，传感器在智能手机的人机交互中功不可没，同时传感器也是物联网的重要基石，它是沟通物理世界与数字世界的桥梁，也是智能化的基础；在6G的规划中，还增加了"感知""人工智能"两种应用场景，进一步突出了传感器的重要性。如何将众多传感器装入智能手机？这就需要传感器的微小化技术，即微机电系统（MEMS）。

　　最后介绍人工智能与传感器的结合，让智能手机"知你""懂你""帮你"，实现人与机器间的自然交互。

6.1 图形交互：计算机与互联网普及的基石

图形交互的构想，可以追溯到1945年万尼瓦尔·布什（Vannevar Bush，1890—1974年）的论文《诚如所思》。不过图形交互的首秀，则要推迟二十多年，直到1968年恩格尔巴特展示的在线系统（NLS）。后经过施乐PARC研究中心一群计算机天才们的共同努力，于1973年发明Alto计算机，实现了图形交互的雏形。1984年Macintosh问世，苹果将PC的图形用户界面做到了令人惊叹的新高度，鼠标从此成为计算机的标配。这一年，"人机交互设计"开始流行起来，而软件与计算机的发展由此进入了腾飞阶段。

6.1.1 鼠标与图形用户界面的首秀：在线系统（NLS）

回顾鼠标与图形用户界面（Graphical User Interface，GUI）的发展历程，我们首先从鼠标的发明人道格拉斯·恩格尔巴特（Douglas Engelbart，1925—2013年）说起。

1950年年底，恩格尔巴特原定的三个小目标"良好工作、大学文凭、终身伴侣"，都一一实现了，就像我们迈进了名校的大学生，当新鲜感消失后，会有一种完成目标后的"短暂迷茫"。不过，恩格尔巴特可不是一个安于做小项目的工程师，而是希望自己能从事有重要意义的工作，这些工作要能让整个世界获益。据回忆，在一次上班途中，他突然想起曾经阅读过的论文《诚如所思》，在文中有未来计算机及其应用场景"麦克斯（Memex）"的构想，恩格尔巴特开始思考这样的设备应该如何实现。1951年，他明确了有重要意义的研究工作就是"探索提高人类利用计算机拓展自己的智力，提高解决复杂问题的能力"，用今天的话来说就是"人机交互"。

说到万尼瓦尔·布什，他在1931年发明了模拟计算机（微分分析机）。"二战"期间，他作为罗斯福总统的科技顾问、美国科学研究与发展局局长，管理着战时的科学与工程任务，如"曼哈顿计划"等。"二战"刚结束的1945年，他编写了报告《科学无尽的前沿》，发表了论文《诚如所思》，因此被人称为美国科技强国的缔造者。他曾指导了香农的硕士论文《继电器与开关电路的符号分析》，据说这是史上最牛的硕士论文，它把布尔代数与数字电路联系起来，为数字逻辑系统的设计奠定了基础。他在《诚如所思》一文中提到，"设想一下未来仅供个人使用的机器，那是机械化的私人档案和图书馆，我给这台机器命名为'麦克斯（Memex）'。个人用户可以存储所有的书籍、记录和联络信息，而存储的机械化使用户可以高速灵活地查询信息。麦克斯为用户的大脑记忆提供了广阔而直接的补充。"看了这段文字描述，你是否感觉到了当今计算机的影子？

人生目标确定后，恩格尔巴特很快辞去工作，并取得了加州大学伯克利分校研究生院深造的机会。1956 年博士毕业后不久，他来到斯坦福研究所（Stanford Research Institute，SRI）"圆梦"。在这里，他勉强获准可以开展"人机交互"研究，不过由于其研究方向太超前，相当长一段时间内他只能孤军奋战，没有一个同事与之共同研究，也没有人可以交换想法。到了 1963 年，他完成的论文《提升人类智能：一个概念性框架》终于发表，在这篇论文中，描绘了"依靠技术管理信息、帮助人们互相合作来解决世界经济和环境问题"的宏伟蓝图。

恩格尔巴特研究了十几年的"概念性框架"，很幸运地获得了几个重量级人物的青睐。美国国家航空航天局（NASA）的鲍伯·泰勒（Bob Taylor，1932—2017 年），互联网概念创始人、心理学和人工智能专家约瑟夫·利克莱德（J.C.R.Licklider，1915—1990 年），他们都对恩格尔巴特的这个想法十分感兴趣。1964 年，从 NASA 转到美国国防高级研究计划局（DARPA）的泰勒告诉恩格尔巴特，信息处理技术处准备投入 100 万美元的启动资金开发新的分时计算机系统，其中每年有 50 万美元用来支持恩格尔巴特的"提升人类智能"项目的研究。至此，恩格尔巴特才摆脱孤军奋战的状态，能够有经费组建自己的研究团队。

这一年，随着研究条件的改善，恩格尔巴特制造"鼠标器"的时机成熟了。他重新翻阅当年的那个笔记本，这里记录了他多年的"小火花"，如"源自雷达的工作经验，屏幕上的信息应该以图形的方式存在，而操作者能够自由地在屏幕的任何范围选择自己感兴趣的内容"；"以曾经在一个实验室里看到过的一种有趣的测试仪表为基础，画出了鼠标器的构想草图，将机械装置换成了数字结构的形式，在底部使用两个互相垂直的轮子来跟踪动作的组装图"。他重新整理了多年积累的灵感并形成了关于鼠标器的想法，改进了鼠标器的设计，并把它制作出来了。恩格尔巴特发明了世界上第一个鼠标器，如图 6.1 所示，外壳是木质的，整个鼠标器只有一个按键，底部安装有金属滚轮，用以控制光标的移动。1967 年 6 月 21 日，他用"X—Y 定位器"的名称申请了专利，并于 1970 年获得了专利。由于原始鼠标器的尾部拖着一条数据连线，看起来很像一只小老鼠，后来人们就直接将它称为"Mouse"。这就是"鼠标"这个名字的由来。

图 6.1　恩格尔巴特发明的鼠标器

1968年12月9日，恩格尔巴特自豪地走上旧金山布鲁克斯大厅的讲台，向世人展示了他与 SRI 的同事们用 10 年时间取得的研究成果：在线系统（oN-Line System，NLS）。这套系统包括一个圆形的 CRT 显示器、一个键盘和一个鼠标器，初步呈现出了图形用户界面（Graphical User Interface，GUI），因此我们称这次展示为"图形交互"的首秀。命名为"在线系统"（NLS），是因为该系统建立在几台计算机联网的基础上。NLS 可以显示图形界面，用户可以通过移动鼠标在整个屏幕上自由选择内容，不同计算机之间的文件可以共享，实现无纸化办公。尽管今天看来这种场景再平常不过，但在 1968 年却是革命性的概念，以至于恩格尔巴特在演示 NLS 系统时，许多家电视台都进行实时报道，引起了外界的轰动，甚至被冠以"演示之母"（Mother of all Demo）的美名。

这次演示具有里程碑意义，后来被拍成了电影，它展示了现代个人计算机的几乎所有基本要素：窗口、超文本、图形、视频会议、鼠标、文字处理、动态文件链接、版本控制和协同工作。如果要找一家受冲击最大的公司，那应该就是经营复印机的施乐公司。

 拓展阅读

恩格尔巴特——鼠标、GUI 之父，图灵奖获得者

恩格尔巴特 1925 年出生在美国俄勒冈州的一家小农场，幼年丧父加之生活在大萧条年代，造成了他的孤僻性格。1942 年高中毕业后，他考入俄勒冈州立大学，就读机电工程专业。第二次世界大战时学业中断，他作为一名雷达兵被派往菲律宾的美国海军基地。服役期满后，他回到大学继续学业，于 1948 年获得硕士学位。毕业后顺利进入美国航空咨询委员会的某实验室当了三年电气工程师。1956 年，在加州大学伯克利分校获得电气工程与计算机博士学位。

他是一位多才多艺的思想家、发明家和计算机先驱，总共写了 25 部著作，拥有 28 项发明专利。1996 年 6 月，比尔·盖茨对其开拓性的研究成果大加赞扬。BYTE 杂志将其列入对个人计算机发展史中最具影响的 20 位科学家之一；他发明的鼠标，被 IEEE 列为计算机诞生 50 年以来世界计算机领域最重大的事件之一。他荣获了 1997 年度图灵奖、2000 年的美国国家科技创新奖。

6.1.2 鼠标与图形用户界面的雏形：施乐 Alto

1968 年，恩格尔巴特的"演示之母"给施乐（Xerox）公司带来了巨大冲击。"无

纸化办公"是一个非常美好的愿望，但作为复印机之王的施乐却深感不安。这一年，在施乐的发展史上具有特殊意义，出生于 1906 的"复印机之父"切斯特·卡尔森（Chester Carlson）去世。施乐公司的创始人兼董事长约瑟夫·威尔逊（Joseph Wilson）在评论卡尔森的贡献时说："从他的一生中，我们施乐人学到了很多。我们遵循的准则影响着我们的所作所为。首先，我们永远都不会忘记'人'是一切创造的原动力。同时，我们也知道了，只有那些能体察到他人未曾注意过的需求，并生产相应的产品和服务，从而满足这些需求的人，才会赢得巨大的回报。"而卡尔森自己谈起复印机的发明时说："创意并不会像魔术一样从天而降，你必须从其他地方获得灵感，而通常阅读其他领域的相关书籍会帮助你获得这种灵感。"卡尔森正是以顽强的毅力，累积了近 30 年的灵感，将复印机从设想转化为商品，让人类摆脱了重复抄写工作的枯燥。

威尔逊原本是经营照相纸的哈罗德公司的总经理，1947 年他慧眼识真金，把卡尔森连人带技术一块"买下"。随后支持卡尔森研发复印技术，一直到 1959 年推出第一台普通纸复印机为止，13 年累计投入 7500 万美元。虽然投资总额不能与 IBM 的世纪豪赌相比，但是对于年销售只有 2000 万美元的中小企业来说实属不易，这充分体现出威尔逊的战略洞察力与顽强毅力。1960 年复印机产业化后，哈罗德公司的主营业务转为复印机，公司名称随即改为施乐。在这段漫长的由技术转化为商品的过程中，所沉淀下来的企业文化，可以阅读《复印梦想：威尔逊和他的施乐传奇》。

威尔逊获悉恩格尔巴特的 NLS 演示之后，敏锐地觉察到未来将是数字世界，鉴于自己年事已高，他把 CEO 的位置转给了彼得·麦格拉（Peter McCollough）。同时，威尔逊嘱咐麦格拉"在即将到来的计算机时代，将用数字来处理信息。20 年后，如果我们还想成为一家伟大的公司，我们必须也能用数字来处理信息。"

麦格拉毕业于哈佛大学，加入施乐后一直工作在销售第一线。在他看来，任何市场的变化都是一次机会，而机会所要求的并不仅仅是被动反应，更需要主动出击。麦格拉提出了"信息化架构"战略构想，他希望施乐能够制造出一系列与办公自动化相关的产品以加速信息的流通。1969 年，施乐聘请了曾任 DARPA 信息处理技术处处长的泰勒，正是他曾大力资助恩格尔巴特的"提升人类智能"项目，负责组建帕洛阿尔托研究中心（PARC）。

泰勒以其独特的慧眼，开始网罗美国最优秀的工程师、黑客和计算机天才。辉煌时，阿伦·凯说，全世界 100 名顶尖计算机研究人才中有 58 名在 PARC 工作。在这些人才中，有图灵奖得主巴特勒·兰普森（Butler Lampson，1992 年获奖）、阿伦·凯（Alan Key，2003 年获奖，还有现在流传广泛的名言"预测未来的最好办法，就是把它创造出来"）、查尔斯·泰克尔（Charles Thacker，"PC 之父"，2009 年获奖），日后成为 PhotoShop 开发商 Adobe 的共同创办人约翰·沃诺克（John Warnock）、3Com 的创立者"以太网之父"鲍勃·麦卡夫（Bob Metcalfe），以及微软的首席架构师查尔斯·西蒙尼（Charles Simonyi）等。

PARC 中心同时进行多个研究项目，第一批发明成果中就有激光打印机，它被誉为打印技术的革命性突破。不过，PARC 所发明的这台激光打印机无法独立工作，必须有一台图形化的 PC 为它提供待打印的文档才行，而在当时，并不存在这样的 PC。PARC 的计算机科学家干脆自己动手，他们从恩格尔巴特博士的 NLS 系统中获取灵感，并于 1973 年发明了奥托（Alto），其中计算机由泰克尔负责设计，操作系统由兰普森负责设计，而图形界面则由阿伦·凯负责设计。与 Alto 伴生的还有 Smalltalk，它是第一种面向对象的编程语言，PARC 使用它来设计图形化环境，并带来许多崭新的 GUI 编程理念，阿伦·凯也被人称为"现代图形用户界面之父"。Alto 被认为是操作系统图形用户界面（GUI）发展史上的里程碑，它拥有视窗、下拉菜单，并可通过鼠标进行灵活操作，打破了困扰业界已久的人机交互瓶颈，如图 6.2 所示。

图 6.2 第一台图形交互的 PC——Alto

在 Alto 发明之后，PARC 的许多开发成员都希望能够将它商业化，Alto 比后来的苹果 Macintosh 屏幕要大，有类似的鼠标和图形用户界面。遗憾的是，施乐公司的经营理念还停留在复印机时代，习惯于生产庞大而昂贵的机器，对 Alto 个人化发展方向兴趣不高。Alto 定价为 5 万美元，而激光打印机更是高达 20 万美元，他们仅仅将 Alto 定位成激光打印机的配套产品，而目光聚焦于复印机业务。也许复印机业务太成功了，由此成长起来的施乐高管们深深烙上"复印机"经营理念，在他们的脑海中无法勾勒出面向亿万普通用户的 PC 宏伟梦境。

Alto 后来被认为是史上"最伟大的失败产品"之一。管理学者道格拉斯·史密斯评价道："施乐不知道该怎样去生产 PC，他们的销售队伍也不知道该怎样去卖 PC。"比尔·盖茨多年后评价说："把伟大的研究成果转化到销售看好的产品中去，对许多公司来说仍然是一个颇为棘手的问题。"

6.1.3 鼠标与图形用户界面的商用：苹果 Macintosh

1979 年，虽然 Alto 的鼠标与图形用户界面早已诞生，但是这项技术并没有市场化，还属于"养在深闺人未知"。然而当时商业化的 PC，如 Apple-Ⅰ、Apple-Ⅱ，用户与 PC 采用命令行交互（Command Line Interaction，CLI），即用户在命令行输入区内输入操作命令后回车，然后计算机根据用户操作命令给出相应反馈。比如，改变目录（CD）、复制文件（COPY）等操作命令，用户需要记住几十条各种"命令"，因此，每个使用 PC 的人，都需要经过一段时间的专业训练才能有效操作。这种交互方式很不直观，易学性、可用性与用户体验非常差。

PC 的人机交互困境，其转机发生于 1979 年 12 月乔布斯的施乐 PARC 之行。根据阿伦·凯的回忆，乔布斯之行是受他的多次邀请，不过多种说法很难考核。乔布斯当时已是闻名美国的红人，负责 Alto 演示的施乐工程师拉里·泰斯勒（Larry Tesler，1945—）很愿意在他面前展现自己的最新成果——图形用户界面与鼠标。乔布斯立即被施乐的 Alto 图形用户界面和屏幕二维定位操作输入设备——鼠标震惊了，但他同样也震惊于施乐对于这种具有划时代意义的设备的漠视。这件事很好地体现了企业对市场及其用户需求的准确定位是多么重要。

泰斯勒后来回忆说，他起初以为乔布斯一行对 Alto 的先进技术一窍不通，可是，"从他们专注的眼神和关心产品的细微之处的所有提问中，我知道我错了"。他认为乔布斯提出的问题是他在施乐公司工作七年以来所听过的最有水平的问题。他们提出的问题，不仅表明他们关心 Alto 的细枝末节，也体现了他们在计算机研究领域的专业素养。

回到苹果公司的乔布斯，意识到 Alto 及其鼠标和图形用户界面才是 PC 的未来。他立即召集了麦金塔（Macintosh）开发团队，并且向他们介绍了施乐 PARC 的研究成果，要求团队在最短时间内开发出一个类似的系统，他还补充强调"我们要做得更好"。对于这起被称为计算机史上最严重的"抢劫"行为，乔布斯借用毕加索的格言为自己寻找理由，"好的艺术家复制作品，而伟大的艺术家窃取灵感"。不仅如此，他也曾鼓励员工关注汽车领域的工业设计，获取 PC 外形设计所需的灵感。有人说乔布斯是一个真正的天才，不过他的天赋不在于技术上，而在于对未来的预测上。

三个月后，苹果公司决定将鼠标与图形用户界面进一步商业化，施乐公司的泰斯勒被挖到苹果公司。随后，相继超过 15 位施乐 PARC 的计算机专家加入苹果公司，在 Alto 的基础上对图形用户界面进行改善，还专门请来了工程师改进三键鼠标的设计，让鼠标的成本从 300 美元降到了 15 美元。终于在 1983 年，苹果公司推出了世界上第一台商用的图形化 PC——Lisa，其为 Local Integrated Software Architecture 的简写，如图 6.3 所示。

Lisa 推出后市场的反响没有预期的那么好，虽然这是当时的最新技术，可是研发费用过于昂贵，所以 Lisa 的售价十分高昂，一般用户无法承受。这可能不是最重要的，也许原因还有配套软件不足，无法彰显其价值。苹果公司面临着与施乐一样的难题，就是技术虽然叫好，但是用户是否愿意接受高价那是另一个问题。但是与施乐不同的是，乔布斯对 PC 的市场定位还是非常准确的。乔布斯决定研发新的 PC，寻找低成本的解决方案，从而可以大大降低售价，以替代昂贵的 Lisa。乔布斯亲自主持了麦金塔项目，阿伦·凯也在这个时期加入苹果参与该项目，这个项目继承和完善了 Lisa 采用的图形用户界面技术。乔布斯对施乐 Alto 上的鼠标印象深刻，因此力排众议，要求 Macintosh 上必须使用鼠标，如图 6.4 所示，但最终因为没有降低成本而将其放弃。

图 6.3　苹果公司的 Lisa 计算机（1983 年）

图 6.4　苹果公司的 Macintosh 计算机（1984 年）

　　1984 年苹果划时代的 Macintosh 推出，它是世界上第 2 台图形化 PC，也是商业化成功的第 1 台 PC，售价 2500 美元，只有 Lisa 售价的 25%。Macintosh 的问世，使得苹果把 PC 的图形用户界面做到了新的高度，图形用户界面与鼠标从此开始流行，鼠标成为计算机的标配。图形用户界面极大地减轻了 PC 的学习难度，只要是一个智商正常的人，都能够在短时间内学会简单的操作。

　　这一年，美国 IDEO 创始人之一的比尔·莫格里奇（Bill Moggridge，1943—2012 年）首次提出"交互设计"这个概念，他也被人称为"笔记本电脑之父"。交互设计（Interaction Design，IXD）是定义、设计人造系统的行为，它定义了两个或多个互动的个体之间交流的内容和结构，使之互相配合，共同达成某种目的。在 PC 及其软件的功能达到相当程度后，"交互设计"应运而生。交互设计努力去创造和建立的是人与产品及服务之间有意义的关系,以"在充满社会复杂性的物质世界中嵌入信息技术"为中心。交互系统设计的目标可以从"可用性"和"用户体验"两个层面上进行分析,关注以人为本的用户需求。

从此,人机交互进入全新的图形交互时代。图形交互的诞生与发展,为 PC 及互联网的普及奠定了坚实的基础。

6.1.4 鼠标与图形用户界面的普及:微软 Windows

1981 年年底,乔布斯邀请比尔·盖茨观看苹果计划推出的 Macintosh 样机,他想让微软为这款新 PC 设计配套应用软件。在观看演示时,盖茨的感受与乔布斯两年前观看施乐 Alto 的感受十分类似,被其图形用户界面与方便灵活的鼠标配合吸引住了,于是在他心里打起了自己的算盘,这就是微软 DOS 系统未来的发展方向,也就是现在的 Windows 系统。

不过要命的是,乔布斯似乎看出了盖茨的想法,他担心微软将把在合作过程中学到的技术,应用到 IBM PC 的应用软件上。当时,IBM 仍然是微软最重要的合作伙伴,也是苹果的头号竞争对手。真是高手过招,不说话就能洞穿对方的心思。1982 年 1 月 22 日,乔布斯强迫盖茨同意:"微软不会以任何方式销售、租赁、许可、公布或传播任何商业图片或数据库程序……以及不将其应用于任何非苹果公司制造的 PC 上。"

可是乔布斯也有想不到的,该协议没有禁止微软编写类似于 Macintosh 的操作系统,与苹果展开竞争。盖茨后来回忆道,1983 年,微软就"计划在 IBM PC 上引入图形计算功能",而这恰恰是乔布斯最为担心的。

盖茨了解到苹果图形用户界面的技术来源后,他马上飞到 PARC 中心所在地,在一家摩洛哥饭店宴请时年 26 岁的斯科特·麦格雷戈。麦格雷戈后来回忆说,这次会面打动他的是盖茨看起来永不满足的求知欲。麦格雷戈加入微软后,盖茨就对已经组建的 Windows 研发小组进行了重组,请他担任部门经理。同时,微软对施乐的人才敞开大门,不久施乐另一位重要的人物西蒙尼也来到了微软,他们真正开始研发自己的 Windows 操作系统。而关于 Windows 的灵感来自施乐这件事,盖茨也从不避讳,公开承认过。

微软在给苹果公司编写应用程序的同时,也在开发自己的 Windows 操作系统,甚至其优先权排在苹果公司的任务前面,因此耽误了 Macintosh 样机的发布,这让乔布斯很恼火。而且更让乔布斯气愤的是,1983 年年底,微软正在开发的 Windows 操作系统与 Macintosh 操作系统非常相似。

"你们偷我们的。"乔布斯对着盖茨怒吼,"我们相信你们,但如今你们却从我们这里偷东西。"不过比尔·盖茨非常清楚,苹果 Macintosh 的图形用户界面的思想来自施乐 PARC 实验室的启发。在乔布斯指责比尔·盖茨剽窃他的创意的时候,盖茨作了很经典的回答:"嗯,乔布斯,我想我们可以从另外一个角度来看待这个问题。打个比方说吧，这种情形就像我们都有一个有钱的邻居，他的名字叫施乐。有一天，当我闯入他的住宅去偷他家的电视机的时候，才发现原来你早就下手了。"

1985 年 10 月 24 日，此时乔布斯已经被赶出了苹果，时任苹果 CEO 的约翰·斯卡利送给比尔·盖茨一份大礼：苹果允许微软在 Windows 上使用 Macintosh 的一些技术。史学家称，这是继数字研究公司（DRI）创始人加里·基尔代尔把与 IBM 进行操作系统合作的机会"让给"比尔·盖茨后，掉到微软嘴里的第二个大馅饼。约翰·斯卡利后来懊悔地说："我们没有意识到我们签订了一份损害未来权利的协议。"这就是斯卡利与乔布斯的差别。

比尔·盖茨拿到了苹果用施乐宝石编织的王冠，这也标志着微软开启了 Windows 时代。当然，微软起初发展得并不顺利，乔布斯多年以后曾说："我认为微软花了 10 年时间才成功模仿的原因之一就是他们没有掌握核心技术。"盖茨多年以后写道："我们有些想法借鉴了施乐的已有成果，另外一些则是独创的。"

图 6.5 《未来之路》封面

随着 Windows 3.0 的成功推行与 Windows 95 的发布，1995 年前后图形用户界面开始真正取代字符界面成为标准。这一年，踌躇满志的比尔·盖茨出版了《未来之路》，如图 6.5 所示，在书中对电子邮件、智能手机、无线网络、社交网络、网上购物、视频会议、互联网与网络、隐私等进行了预测。比尔·盖茨俨然要对 IT 行业指点江山。

6.1.5 图形交互：WIMP 界面范式

乔布斯从施乐 Alto 学艺后，开发出了 Macintosh，缩短了 PC 进入图形交互模式的时间。后来比尔·盖茨的再次"借鉴"，更是让图形用户界面借 Windows 的发展而传播到世界每个角落，为我们每个人使用 PC 办公和娱乐提供了便利。

PC 发展的历程，也是人机交互发展的过程。人机交互，从命令行交互发展到图形交互，已经达到直接操作与"所见即所得"的特点。图形交互的诞生使得计算机成为普通大众都能够操作的工具，使乔布斯"每个人都拥有一台 PC"、比尔·盖茨"每台 PC 都安装微软软件"的梦想成为现实。因此，有人说是鼠标与 GUI 构成的图形交互造就了 PC 时代的辉煌。

经过多年的发展，图形用户界面形成了工业标准 WIMP，它包括视窗（Windows）、图标（Icons）、菜单（Menus）和点击设备（Pointing device）四要素。

视窗：具有边界的一个空间区域，界定了一个应用程序所有相关信息在显示屏幕上应该出现的位置，所以视窗可以被认为是一个应用程序的信息承载体，能展示用户的输入信息、系统反馈信息等。在支持多任务的操作系统中，视窗还定义了一个用户命令的影响范围，以确保一个命令被施加到所期望的应用或任务中。

图标和菜单：它们是图形交互过程中的交互对象。与命令行交互模式相比，WIMP中的图标和菜单通过显性的方式来展现系统所能够接收的命令，使得用户无须背诵相关命令，从而简化了用户对系统施加命令的过程。菜单除了展示命令，还把一个应用程序内的所有命令通过某种易于用户理解的方式组织起来，以便用户查找和遍历。

点击设备：它的作用是定义用户操作的方式，在 PC 领域常用的就是鼠标，在智能手机领域就是即将介绍的多点触屏。

对于以上四要素，也许你不曾注意过，现在你可以重新感受一下 PC 的图形交互，不过达到今天的程度是很多年持续累积创新形成的。

6.2 触控交互：突破智能手机的人机交互瓶颈

以简单图形为主要交互手段的触控交互，与按键交互相比，交互信息复杂度更低，易用性得到提升，学习成本大大降低。以触控交互为核心的智能手机，是由乔布斯主导下的第一款 iPhone 最先突破的。下面将回顾触控交互的诞生过程。

6.2.1 按键交互：智能手机发展中的最大瓶颈

在通往智能手机的发展道路上，最大的瓶颈就是"按键交互"。回想起 20 世纪 90 年代，从第一代模拟手机过渡到第二代数字手机，虽然增加了短信功能，但是人机交互界面还与电话机一样，只有拨号键盘与显示电话号码的小显示屏，发一条短信其输入的复杂度还能接受，但是要在手机上进行互联网操作就显得非常困难。看到如火如荼的互联网，人们期望在手机中也能呈现互联网的奇迹，如何突破按键交互的瓶颈？

当时，PC、互联网已经进入图形交互时代，图形化浏览器的出现更是加速了互联网的火热。然而手机还停留在电话号码键盘、小屏幕的按键交互阶段，如图 6.6（a）所示，可交互信息的复杂度较高，效率很低，只能实现相对简单的任务。

在移动互联网发展的道路上，迈出第一步的首推加拿大移动研究公司（Research in Motion，RIM）。1999 年，以诺基亚、摩托罗拉为代表的手机厂商正在飞速发展，市场竞争异常激烈，此时，RIM 的创始人迈克·拉扎里迪斯（Mike Lazaridis，1961—   ）决定进军手机市场，并把 RIM 产品的目标锁定在政府官员及商务人群上。RIM 率先推出能收发电子邮件的手机，如图 6.6（b）所示，与众不同的是它像笔记本电脑一样配备了全字符键盘，小小的按键挤在一起，仿佛草莓表面一粒粒的籽儿，于是得名"黑莓"手机。黑莓手机键盘的发明，使得其信息输入效率可以与笔记本电脑的命令行交互差不多，能够满足一些商务软件的简单操作，但是黑莓手机的键盘占据了半个手机，限制了屏幕的大小。

刚开始的两年,黑莓手机并不引人注目,但美国的"9·11"事件,给了黑莓手机一个意外的机会。在这场灾难里,纽约的语音通信系统瘫痪,唯独黑莓手机依靠强大的 BIS(黑莓网络服务)、BES(黑莓企业服务)和 BBM(类似于微信,可以实现黑莓手机之间的免费信息、图片等交流)大显神通,与往常一样畅通无阻。美国副总统切尼利用黑莓手机进行现场指挥,成功拯救了无数人的生命,黑莓手机和拉扎里迪斯至此成为整个美国的英雄。

(a)诺基亚手机　　　　　(b)黑莓手机 RIM950

图 6.6　按键手机

事后,黑莓手机成为美国总统唯一指定手机,政府还为每位议员配备了一台。美国政治、金融、法律界人士纷纷效仿,黑莓手机一时间成为高端、商务的象征,由此进入飞速发展阶段,成为在美国市占率达到 48%的超级品牌。RIM 甚至曾经一度是加拿大最具价值的科技公司,2008 年 6 月其市值高达 830 亿美元。然而 iPhone 的出现,其触控交互及高性能处理器,可以轻松浏览网页、玩游戏等,开始引领智能手机的发展,黑莓手机面临巨大挑战。2008 年 6 月开始,RIM 股价持续下跌,4 年间从每股 140 美元下降到每股 10 美元。

6.2.2　多点触控:从概念原型走向触摸屏系统

除了按键输入,手机还有触控笔输入方式。但是,触控笔需要双手同时操作——一只手拿手机,另一只手拿触控笔。触控笔的加入,本质上并没有突破按键交互的局限,这就需要新的技术突破,即等待多点触控技术的来临。

6.2.2.1　多点触控技术:多伦多大学与贝尔实验室

多点触控技术的起源可以追溯到 1982 年,影响较大的研究机构有多伦多大学和贝尔实验室。这一年，多伦多大学提出了多点触控技术模型，到 1984 年开发出了一套多点触控系统，它使用电容传感器，当触摸板不同位置接收到压力时，其电容分布会发生变化，这一变化通过计算机分析处理后转换成输入信息。贝尔实验室 1983 年发表了第 1 篇探索使用触摸屏输入的论文，并于 1984 年率先开发出多点触控系统，它的基本原理是通过集成荧光屏与触摸屏，使用者能够用手指通过触摸屏与荧光屏显示的图像进行互动。

到 1992 年，IBM 和南方贝尔电话公司联合开发了一个被称为"西蒙"的智能电话，如图 6.7 所示，首次使用了全屏幕软件键盘操作模式，这也成为后来诞生的 iPhone 的雏形。

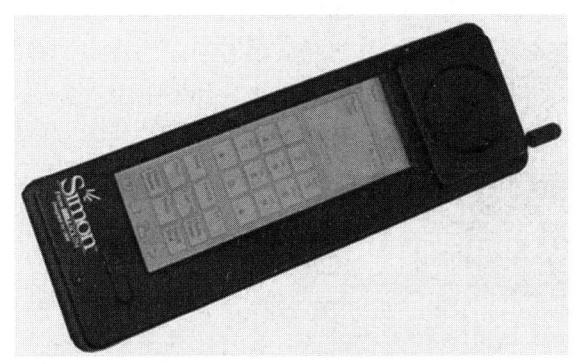

图 6.7　西蒙智能电话

从 20 世纪 90 年代后期到 2003 年，多伦多大学、微软，还有索尼、东芝等研究机构和公司分别在多点触控技术上取得长足的进步，但是并没有实现规模化应用。

6.2.2.2　探索新交互方式：从没有乔布斯的例会开始

在苹果公司内部有一群工程师和设计师很早就开始琢磨多点触控技术，他们是凭兴趣自发组成的。这群人被称为探索新的交互方式（Exploring New ways of interaction，ENRI）小组，发起人是巴斯·奥尔丁（Bas Ording）和伊姆兰·乔德里（Imran Chaudhri），他们都是 UI 设计师，在格雷格·克里斯蒂（Greg Christie）主管的人机交互团队工作。克里斯蒂于 1996 年加入苹果公司，"可以放进口袋、以触摸形式操作的个人数字助理（PDA）"这一概念激发了他极大的兴趣，使其成为牛顿团队成员。

乔布斯 1997 年重返苹果后砍掉了大部分产品线，也包括公司的唯一触屏产品——牛顿平板电脑。苹果公司重新聚焦在 Mac 产品线上，人机交互团队的工作就是重新设计 Mac OS 系统的所有细节。然而，Macintosh 再怎么改，也还是基于触控板、鼠标、键盘的非直接交互，这几个年轻人不甘心就此止步，他们在公司里寻找志同道合的人探索新的交互形态。1998 年入职苹果公司、从事 iBook 笔记本电脑的人机交互工程师布莱恩·胡彼（Brian Huppi）加入了 ENRI 小组，然后布莱恩·胡彼又把一起参与笔记本项目的工业设计师邓肯·克尔（Duncan Kerr）拉了进来。根据邓肯·克尔的回忆，自己属于苹果首席设计师乔纳森·艾维（Jonathan Ive）工业设计工作室，对软件交互很感兴趣。邓肯·克尔找到乔纳森·艾维，建议组织一个定期的讨论组，研究新的交互方式，他的建议得到了乔纳森·艾维的支持。之后半年时间，聚集了不同领域专家的 ENRI 小组开始在工业设计工作室所在的楼里开会研讨。

胡彼后来回忆说自己从一开始就知道必须争取工业设计工作室，因为他们是公司里最有决定权、最得乔布斯赏识的人。其他加入讨论的人还有参与过牛顿项目的芯片架构专家麦克·卡博特（Mike Culbert）、胡彼的老板史蒂夫·霍特林（Steve Hotelling）、刚从 MIT 媒体实验室毕业的传感器工程师约书亚·斯特里肯（Joshua Strickon）。

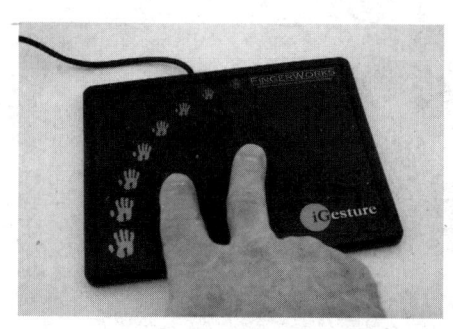

图 6.8　FingerWorks 触控板

多位 ENRI 小组成员都回忆说，是 FingerWorks 触控板带来了启发（见图 6.8），看到 FingerWorks 功能演示时的激动心情，就像当年乔布斯参观施乐实验室看到图形用户界面一样。几年后，当苹果公司开始准备开发 iPhone 时直接买下了 FingerWorks 公司，它的创始人韦恩·韦斯特曼（Wayne Westerman）也加入苹果，他是多个重要人机交互专利的发明人。但 FingerWorks 只是一个触控板，并不能显示画面，而 ENRI 小组想要的是一个可以触控的屏幕，还需要一系列的开发工作。

从 ENRI 小组的形成，到 iPhone 的诞生，一共经历了不到 5 年时间。从 1997 年到 2003 年，苹果公司推出过一些成功的产品，但财务危机一直没有真正结束。ENRI 小组的成员们都已经好几年没有涨过工资，公司股票在互联网泡沫破灭后也经历暴跌。但这些都没有影响他们聚集在一起，他们有一个共同的愿望，就是要将多点触控从概念原型做成畅销的产品。在大家的共同努力下，iPhone 开创了智能手机的触控交互时代。

6.2.2.3　多点触控技术：FingerWorks

前面提到，与 iPhone 最密切关联的多点触控技术源自 FingerWorks 公司，但是在智能手机中实现商用化是由苹果公司完成的。FingerWorks 的故事，要从一个特拉华大学的电机工程研究生韦斯特曼说起。1999 年，韦斯特曼完成了博士论文《在多点触控平面上的手势追踪、手指辨识与和弦式操作》。

据他回忆，大学期间，手腕得了肌腱炎，在做论文时，双手开始疼痛，不能在计算机前持续工作。为了能够正常开展研究工作，他必须找到一种解决方法，能够避免键盘与鼠标的交互模式。大学毕业后，韦斯特曼来到特拉华大学，师从约翰·伊里亚斯（John Elias）教授攻读博士。由于他受不了按压按键，就开始寻找键盘的替代品。他注意到双手对零施力的输入方式比较持久，比如光学按键和电容式触摸板。因此，他开始研究新的触控装置，试图寻找一种能够实现零施力的多点触摸板。他会弹钢琴，把 10 个手指头全用上看起来好玩又自然，这启发他创造出像弹乐器那般流畅的互动方式。他那"新奇的输入整合技术"，能辨认单一敲击与多点触碰，不管你正在使用什么程序，都能在敲击键盘与运用多只手指进行互动之间流畅切换。

然后，韦斯特曼还需要发展一套可以替代鼠标与键盘的手势，例如，用食指与拇指在触摸板上捏拉，就能……嗯，那个时候是剪切，而非缩放。把手指向右旋转，可以执行开启的指令，向左则可以关闭。他建立了一套手势词汇，使得人机交互变得更流畅有效。经过多年的努力，他的博士论文终于完成，并受到广泛好评。

论文的成功使伊里亚斯和韦斯特曼信心大增，师徒两人预感到这项技术商业前景很好，于是在 2001 年申请专利，并成立了 FingerWorks 公司。随后，该公司发布了 iGesture 触控板，大约一个鼠标垫的大小，如图 6.8 所示，可以用手指头在板子上拖拉，传感器会追踪到手指的动作，而且内建手势辨识。

在费城的一场投资展览会上，他们引起一位精于商业运作的投资人杰夫·怀特（Jeff White）的注意，后者在看了他们的技术演示及专利情况后提出加入，并许诺可以帮助他们实现盈利，条件是由怀特来负责公司的管理和运营。在怀特的运作下，FingerWorks 公司与 IBM、微软、NEC、苹果等企业开始了接洽。这期间只有 ENRI 小组发现了 iGesture 触控板的潜在价值，很快决定拥抱多点触控技术。

2005 年年初，FingerWorks 的 iGesture 触控板赢得了科技界大型年度商展"消费电子展"的最佳创新奖。不久之后，他们被苹果公司收购，其发明的技术得以迅速推广。他们对知识产权的高度敏感以及所采取的保护措施与推广经验，是高校师生知识产权领域成功的典范。而韦斯特曼的故事被人称为"一个研究生的痛点也是多点触控事业的起点"。

6.2.3　触控交互：苹果首款智能手机的最大亮点

在 2003 年的时候，苹果公司就已经意识到要利用多点触控技术——根据最早参与第一代 iPhone 开发的 ENRI 小组成员斯特里肯的回忆，"故事是这样的，乔布斯希望制造一款设备，能够让他即使如厕时也能方便地阅读电子邮件的设备——这是对这款产品的进一步要求。然而，当时的工程师认为这样的硬件并不能保证电池续航，而且当时图形芯片的性能还远远达不到我们的要求。我们花了大量时间去讨论应该怎么去做。"

直到 2005 年，乔布斯才真正开始推动 iPhone 这个想法。iPod 之父托尼·法德尔（Tony Fadell）回忆道，"他说，'托尼，过来。我们正在做这些东西。你觉得怎样？你觉得我们能够从这些东西里搞出一部手机么？'"乔布斯正在演示着什么，"天花板上吊着投影仪，将 Mac 的屏幕投射到三四英尺大小的平面上。然后，你可以通过触摸，移动上面的东西，还可以在上面写写画画。"法德尔意识到，这就是多点触控的原型，但细节仍有待探究。然后，乔布斯与他坐下来，一起认真地讨论，到底这项技术能做些什么。

法德尔当时对远未成熟的多点触控技术进行商用持怀疑态度，但他知道最好不要对乔布斯说"不"。"我知道该技术能做到什么程度。但要将这个装满一间房、不易量产的设备变为手机大小，而且数量是上百万台，还必须符合成本效益、可靠性。"这下子有得忙了！"你得跑到 LCD 的供应商那里，了解如何将该技术嵌入他们的屏幕中去；你得花时间在他们的生产线上；你还必须校准颜色，保证每块屏幕的表现。""整个计划就是制造一部触摸屏设备。我们尝试了多种实际制造的方法，直到我们找到一种可提供足够数量产品的方法。"

虽然苹果公司决定进行手机制造，但苹果公司对手机的设计与制造所知甚少。之所以对 LCD 领域了解比较深，那是因为当时苹果公司的产品，不论是 Mac 系列 PC，还是 iPod 音乐播放器，都需要 LCD 屏幕。苹果公司搭建了智能手机测试中心，配备了人手模型，以及装满液体的人脑模型，用于测试手机的辐射，等等。

考虑到当时黑莓手机正在流行，有几位团队成员主张配备键盘，但乔布斯否决了这种想法。"物理键盘似乎是个简单的解决方案，但是会有局限，"乔布斯说道，"如果我们能用软件把键盘放在屏幕上，那你想想，我们能在这个基础上进行多少创新。赌一把吧，我们会找到可行的方法。"最后，产品出来了，如果你想拨号，屏幕会显示数字键盘；想写东西，可以调出打字键盘。每种特定的事件都有对应的按钮可以满足需求，但当用户观赏图像或视频时，这些键盘都会消失。用软件虚拟键盘取代硬件键盘，使得界面流畅而灵活。如图 6.9 所示就是苹果公司第一款智能手机 iPhone。

图 6.9　苹果首款智能手机 iPhone

据参与 iPhone 研发的工程师回忆，很多现在看似简单的功能，都是当时创意头脑风暴的结果。例如，智能手机团队担心的第一个问题是手机放在口袋里会不小心碰到屏幕导致播放音乐或拨号，他们就会思考如何解决这个问题。乔布斯不喜欢开关切换，他觉得这样"不优美"，解决方案是"滑过打开"。另一个问题是，在用户打电话的时候，耳朵距离传感器多远才能做出正确判断，不会认为是手指在进行操作，从而避免出现耳朵意外触碰屏幕后激活某些功能的问题。iPhone 操作系统的图标同样设计得让人一目了然，电话、短信、音乐、视频，这些图像标识拟物化的自然属性，可以超越文字，不再受限于中英文等语言文字，也不受限于文化水平、年龄、职业，使得哪怕是 3 岁的幼儿也可以凭感觉进行操控。

在 iPhone 的开发期间，会议一个接一个，乔布斯参与到每个细节的讨论之中，团队成员成功想出了简化手机其他复杂功能的方法。他们添加了一个大指示条，用户可以选择保持通话或进行电话会议；找到了一种浏览电子邮件的简单方法；创造了能够横向滚动的图标，用户可以选择启动不同的应用程序。经过持续改进，iPhone 开创性地实现了滑动、轻按、挤压、旋转、拉伸等多点触控操作方式，最大限度地利用了人的本能操作习惯，例如，用户想放大一张图片，那只需要用两根手指按住图片两端进行拉伸，就像是在拉伸一块真实存在的画布一样。这些改进使得手机更加易于使用，因为用户可以直观地在屏幕上进行操作，而无须使用物理键盘。

2007 年，苹果推出了首款 iPhone，多点触控交互通过多个手指在触摸屏上划动的方式代替键盘、鼠标的交互方式，开启了人机交互的新时代，即"触控交互"时代。同时，智能手机还借助传感器，如运动传感器、环境传感器，实现了摇一摇、自动调节亮度等功能，使得触控交互超越了 PC 的图形交互，由此移动互联、移动应用进入高速发展阶段。

苹果公司通过持续开发，充分挖掘多点触控的潜力，使得触控交互流畅起来。多点触控技术的创意虽然不是在苹果公司诞生的，但是其巨大的价值发现与推动应该归功于苹果公司。触控交互能够流行起来，不是靠一个人甚至几个人努力就能够完成的，而是众多公司经过二十多年的努力逐渐实现的。随着硬件能力的提升、软件功能的丰富，智能手机的人机交互技术还在继续发展。

6.2.4　触控交互的应用：安卓、小米、华为的 UI 设计

2007 年苹果首款 iPhone 的推出，开创了智能手机新时代，其不仅有靓丽的外形设计和强大的处理器，同时打破了移动手机按键交互的瓶颈，迎来了全新的触控交互时代。

苹果发布 iPhone 那天，安卓（Android）团队主管安迪·鲁宾（Andy Rubin，1963—　）正在千里之外的拉斯维加斯，他正准备在 CES 大展上会见手机制造商和移动通信运营商的代表，但 iPhone 的发布会让他感到震惊。在赴约的路上，他甚至专门让司机靠路边停车，好让他静心地看完 iPhone 发布会的网络直播。

"我的天，"他对车上的一位同事说，"看来咱们不能发布那款手机了。"安卓团队当时开发的那款手机代号是 Sooner，如图 6.10 所示，它采用的软件比刚刚发布的 iPhone 更具革命性。除具备功能完备的网络浏览器外，还可以提供一流的谷歌网页应用，包括搜索、地图。而

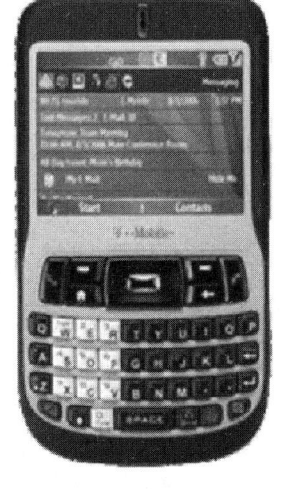

图 6.10　安卓原型机 Sooner

且，这些应用并不是为 Sooner 独家设计的，还可以兼容所有智能手机、平板电脑或当时尚未发布的其他便携设备。

有了 Sooner 及其配套软件，再也不用把智能手机与 PC 相连了。该系统可以同时运行多个应用，而且能接入在线商店，购买更多的应用。相比而言，iPhone 却需要定期与 iTunes 同步，而且不支持多任务。苹果公司最初甚至不准备为 iPhone 设计应用商店。

然而，Sooner 手机的外形并不美观，它看起来就像黑莓手机——采用传统的键盘和小尺寸的非触摸屏，它们没有突破拉扎·里迪斯的按键交互模式。安迪·鲁宾和他团队的设计理念与拉扎·里迪斯类似，并没有认识到人机交互及外部设计的重要性，还停留在强调功能本身。可见，对于拥有一流键盘、安全邮件系统等配置的黑莓手机，即使外形极其朴素，仍然可以成为智能手机行业的主导企业。

相比而言，iPhone 不仅外形很酷，而且借助这种炫酷的设计实现了全新的手机互动方式，即"触控交互"，当时安卓工程师有可能根本没有想过这种方法，也有可能担心这种模式的风险过大。他们认为，用户不会在没有任何触觉反馈的情况下在屏幕上输入文字。这也正是 2008 年推出的第一款安卓手机配备滑动键盘的原因，如图 6.11 所示。

图 6.11　HTC T-Mobile G1

但不可否认的是，安卓团队的确低估了乔布斯。"我们知道苹果公司要发布一款手机，所有人都知道。但我们真没想到他们能做得那么好。"身为安卓早期业务开发主管之一的伊森·贝尔德（Ethan Beard）说。

就在安卓团队全面调整目标后的几个星期内，一款开发代号为 Dream 的触屏手机成为工作重心，并进入早期开发阶段。这款手机直到 2008 年秋天才最终发布。工程师们开始不遗余力地为它增加 iPhone 所缺乏的功能，以期在产品上市后凸显出其优秀。

安卓项目经理埃里克·曾（Erick Tseng）至今还记得，当那款手机即将公开发布时，他突然感到既紧张又兴奋。他当初之所以加盟谷歌，正是因为时任谷歌 CEO 的埃里克·施密特（Eric Schmidt）亲自向他描绘安卓的前景。施密特说："我从不认为我们应该放弃自己的计划,也从不认为iPhone的发布意味着游戏结束。但门槛已经确定了,无论我们决定发布什么,都希望能够突破那个门槛。"这个观点表明施密特对安卓操作系统前景的深刻认识,也正是他对软件的领悟能力,才能抓住智能手机操作系统的机会。

现在将目光转向国内,2008年当谷歌宣布安卓操作系统并采取开源策略时,雷军立刻意识到重大机会来临了,智能手机和移动互联网即将大爆发,而出发点就是安卓操作系统。雷军开始筹备创办智能手机公司,率先加入的就是金山公司负责人机交互设计的黎万强,他们于2010年非常低调地成立小米公司(以下简称小米)。不到九年时间小米荣登世界500强企业,这是其中最年轻的企业,他们创造了一个奇迹。探寻奇迹发生的原因,要从雷军的经历及经营理念说起。

1992年大学毕业的雷军加入了金山公司,从事WPS汉字编辑系统的开发工作,其竞争对手就是强大的微软。经过6年的努力,他成为金山的CEO;又经过10年的拼搏,他带领金山公司成功上市。之后他离开金山公司转身成为天使投资人,开始从大势出发,以更大的视角来观察和思考互联网。从2007—2009年,他累计投资了17家公司,这段经历让雷军更加深入地了解了互联网,也获得了异常丰厚的回报,但这并不是雷军的理想事业。在内心深处,雷军仍想从事真正属于自己的事业,用一家量级庞大甚至称得上伟大的公司,来展示自己的才华。这就需要合适的时机,智能手机与移动互联网的爆发就是他期盼的"风口",因为他对软件与互联网的深刻理解,又有企业经营与资本运作的经验,基于安卓深度定制自己的操作系统是一个非常好的起点。

雷军为小米确定了战略方向,要用互联网方式做安卓手机。雷军认为互联网手机是一个特别强调体验的产品,因此由黎万强负责早期的UI设计。2010年,小米最先推出的是基于安卓的IUI V1,MIUI(Moblie Internet User Interface)团队也由此诞生,此时还没有可以运行它的智能手机。操作系统很复杂,没有几个企业愿意在操作系统开发中听取用户意见,因为它的研发周期很长。但是,MIUI团队借鉴互联网软件的开发模式,决定按照用户反馈的意见进行修改,并且承诺做到每周迭代一次。为了适应每周迭代,对于操作系统来说,最难的就是怎么管理好用户需求。MIUI团队需要有想象力与决断力,能够驾驭不同用户差异化很大的反馈意见,小米是全球最早做到一个操作系统一周就能迭代一次的企业。通过这种模式,小米聚集了第一批用户,验证了这种模式的有效性。同时,他们还测试了互联网"口碑"传播的威力,意识到了"参与感"营销的重要性。小米手机第一次发布会是在2011年8月16日,是在MIUI发布一年之后,在这个时候MIUI已经有50万用户了,这期间小米没有做过任何营销活动,可以看出"口碑"营销的重要性。若有读者希望进一步了解小米的发展历程,可以阅读黎万强编著的《参与感:小米口碑营销内部手册》。

MIUI团队一直引领国内深度定制安卓操作系统,借助互联网吸引用户参与UI设计,及时把握用户体验的变化。长期的实践经验,使他们总结出评价UI设计的五个维度,即视觉、动效、交互、字体、音效。他们不满足于做出某个漂亮的页面或者交互,而是追求整个体验层面的饱满。

此外，华为的情感化操作系统 EMUI（Emotion UI），也是基于安卓开发的。

6.3 人机交互：功不可没的传感器

传感器被认为是万物互联的"五官"，是智能系统感知外部世界的窗口。如今手机功能越来越丰富，除了屏幕、处理器、摄像头等能直接感受到的器件，那些并不为人知晓的隐性功能与日益丰富的传感器有很大关系。如果说多点触控技术成就了智能手机便捷的人机交互方式，那么在人机交互自动化方面，传感器是功不可没的。

如陀螺仪、加速度计、重力感应等传感器，它们可以使智能手机具备类似于游戏机手柄的功能，在手机方向发生改变时，横屏与竖屏自动切换；微信中的"摇一摇"功能，也可归功于这些传感器。微信"扫一扫"是摄像与二维码的结合，使得手机支付非常简便。传感器加入智能手机，不仅使其人机交互体验更好，而且给应用软件设计提供了很大的想象空间。

简单地说，传感器是一种检测装置，它能感受到被测量，并将这些被测量按一定规律转换为电信号或其他所需形式的信息输出，以满足信息的传输、处理、存储、显示、记录和控制等要求。下面将介绍智能手机里的传感器及其功能。

6.3.1 传感器原理与微机电系统（MEMS）

传感器通常由机械与电子两大部分组成，机械部分获取力、光、电、温度等物理信号，电子部分则是将物理信号转化为数字信号并对其进行必要的处理。如果要将传感器搭载在智能手机中，最重要的就是小型化，即微机电系统（Micro-Electro-Mechanical System，MEMS）。

微机电系统（MEMS）就是将电路与机械两部分同时微小化，是微电子与精密机械结合发展的工程技术，尺寸在 1 微米到 100 微米量级。其核心功能是将物理信号转换为电子设备能够识别的电信号，如图 6.12 所示。

图 6.12 机械组件及电子电路微小化

集成电路自从 1958 年发明以来，其特征尺寸持续缩小，登纳德的缩放定律就是描述这一发展趋势的。对传感器来说，只缩小电路而不缩小机械部分，难以达到传感器的小型化。20 世纪 70 年代末 80 年代初，当时用大型蚀刻硅片结构和背蚀刻膜片制作压力传感器。由于薄硅片振动膜在压力下变形，会影响其表面的压敏电阻走线，这种变化可以把压力转换成电信号。这一阶段只有很少的专家在研究，应用范围也非常窄。MEMS 技术引起广泛关注应该与库尔特·彼得森（Kurt Petersen）的不懈努力有关。

1975 年，彼得森还是一名年轻的研究员，他刚拿到 MIT 电气工程的博士学位，在位于加州的 IBM 阿尔玛登研究中心工作。他是光学研究小组的一员，不过他时常觉得很无聊，有一天，他漫步于巨大的建筑群中，发现了一条走廊的油毡瓦上有一大块黑色污渍。为了找到污渍来源，他走进了附近的实验室，发现这块污渍是由溢出的墨水形成的。这是一个研发喷墨打印机喷嘴的实验室，研发过程中需要在硅材料上打孔。在硅材料上打孔？彼得森从未听说过，但他想起了之前看过的一则有关硅基微型加速器的广告。突然间，一个更大的场景浮现在他的脑海中：人们实际上正在制造微型机械配件，各种部件只有几微米，都是用硅材料制成的。

发现那滩墨渍后不久，彼得森开始阅读他能找到的所有关于使用硅材料制造微型机械装置的资料。当时这类装置还没有具体名称，市场上也只有几种 MEMS 产品。他发现"世界各地有很多人已经用硅制成了不同的机械装置，但是还没有形成相关群体。研究这类装置的大部分人相互之间并不了解。"

随后彼得森开始着手制造他的第一个装置。看着显微镜下的那些喷墨打印机喷嘴，他说道："如果有缺陷，我一眼就可以看到。显微镜下有一些微小、独立且非常细的二氧化硅柱。我就想，这些微小的机械结构也许可以四处移动。它们也许能让光转向，我可以做一个调光器。"根据对文献的深入研究和自己所做的工作，彼得森撰写了一份关于新兴技术的内部报告。"很多机械结构对 IBM 而言可能都有价值。"他说，比如光学和机械磁盘驱动器的读写头以及更复杂的喷墨打印机喷嘴，但是 IBM 并不感兴趣。

彼得森很失望，但他也很快认识到，这类装置不属于 IBM 的关键业务。于是他修改了报告，删除了 IBM 专有信息，并将其提交给了《IEEE 会刊》，标题为"作为机械材料的硅"，论文长达 50 页，很幸运获得主编的青睐，被选为 1982 年 5 月的封面文章。该论文一经发表，彼得森就被邀请到世界各地的会议上发言，而且研究人员纷纷来到阿尔玛登研究中心想一睹作者尊容，并且使 MEMS 很快成为一个单独的技术分支。

此后不久，市场上出现了用于一次性血压监测仪和新型燃油控制化油器的压力传感器，航天工业中也开始采用基于 MEMS 的加速器，第一个微型机械喷墨打印机打印喷头进入量产。当时出现了很多创业公司，它们渴望与这项技术一起发展。彼得森说，1987 年美国国家科学基金会对该领域进行了正式命名，即 MEMS。

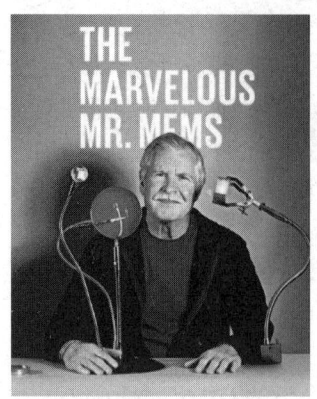

图 6.13　库尔特·彼得森

凭借 20 世纪 70 年代在 IBM 对 MEMS 所进行的开创性研究，彼得森一直被人尊称为"MEMS 之父"，如图 6.13 所示，还当选为美国工程院院士。2019 年，彼得森获 IEEE 荣誉奖章，以表彰其在 MEMS 领域的贡献。

MEMS 还与光学技术相互交叉融合，诞生了光学 MEMS，简称 MOEMS。MOEMS 技术的诞生并非偶然配对，而是源自光学技术与精密机械的"血缘"联系。智能手机的镜头，如华为的潜望式镜头中的光学防抖（OIS）、智能防抖（AIS），就采用了 MOEMS。

6.3.2　加速度传感器：测量手机运动

加速度传感器也称加速度计，如图 6.14 所示，是智能手机中最常见的传感器之一，它可以感测手机的加速度，并将其转换成数字信号。简单地讲，手机在各方向上运动时，加速度传感器就会有信号输出。使用加速度传感器检测手机的旋转动作及方向，可以实现屏幕及其所要显示图像的自动翻转，还可以检测上下倾角的变化，通过前后倾斜手机实现游戏中的前后方向控制。

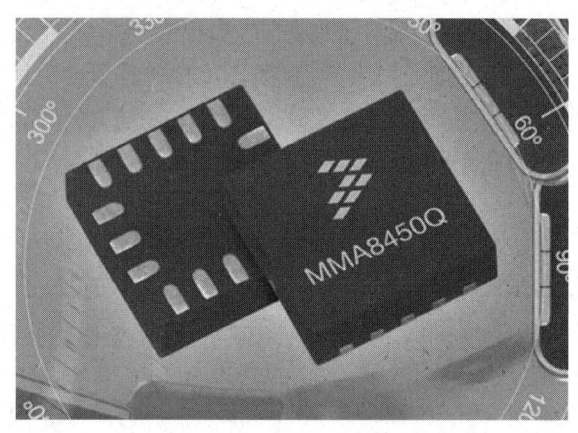

图 6.14　飞思卡尔加速度传感器

2015 年，微信运动上线。由于人在步行时重心会上下移动，且加速度会产生变化，智能手机内置的加速度传感器会据此进行步数计算。

6.3.3 角速度传感器：测量手机姿态

在 2010 年的苹果 iPhone 4 手机发布会上，乔布斯还为我们带来了苹果手机的另外一项重大的应用——陀螺仪，如图 6.15 所示。该装置可以让 iPhone 4 感知人体的移动方向，结合重力感应、加速度可以给 iPhone 4 提供前所未有的游戏体验！

陀螺仪也称角速度传感器，不同于加速度计，其主要用于测量手机偏转、倾斜时的旋转角速度。由于加速度传感器只能检测轴向上的线性动作，测不到旋转的动作，因此无法测量或重构出完整的 3D 动作，但陀螺仪则可以对转动、偏转的动作很好地测量，实现上下、左右、前后全方位识别，因此也称姿态测量。

图 6.15　陀螺仪

现在手机中的陀螺仪已经进化成一块很小的芯片了，但是陀螺仪刚发明时，它是体积非常大的机械设备。它是 1850 年由法国的物理学家傅科在研究地球自转时发明的。当时的陀螺仪可以理解为把一个高速旋转的陀螺放到一个万向支架上面，陀螺在高速旋转时保持稳定，根据陀螺的方向来辨认方向、确定姿态、计算角速度。陀螺仪早期主要应用于航海、航空、航天领域，陀螺仪微型化以后，应用到智能手机或者平板电脑等小巧的设备上，它对用户体验的提升有着非常重要的作用。

6.3.4 方位传感器：感知手机方位

方位传感器俗称电子罗盘，也称数字化指南针，如图 6.16 所示。电子罗盘可以分为平面电子罗盘和三维电子罗盘。平面电子罗盘要求用户在使用时必须保持罗盘的水平，否则当罗盘发生倾斜时，也会给出航向的变化而实际上航向并没有变化。虽然平面电子罗盘对应用条件要求很高，但如果能保证罗盘所附载体始终水平，平面罗盘是一种很好的选择。三维电子罗盘克服了平面电子罗盘在使用中的严格限制，因为三维电子罗盘在其内部加入了倾角传感器，当电子罗盘发生倾斜时可以对罗盘进行倾斜补偿，这样即使罗盘发生倾斜，航向数据依然准确无误。有时为了克服温度漂移，罗盘也可内置温度补偿，最大限度地减少倾斜角和指向角的温度漂移。

图 6.16　电子罗盘的应用

方位传感器通过地球磁场来确定北极的方向。再配合 GPS 和地图应用使用最适合不过了，在出行以及从事户外活动的时候能够提供强有力的帮助。如果没有方位传感器，我们在地图上看到的自己只是一个小圆点，不会出现指向标志，同时也无法实现导航功能。

6.3.5　环境传感器：感知距离与光强

环境传感器可分为距离传感器和环境光传感器。距离传感器也称接近传感器，其作用是当用户在通话时自动关闭屏幕，除了节省电量，还可以避免通话时的误操作。当触摸屏刚被应用于手机时，常常出现一个问题，当使用者用正常姿势接听电话时，会因为屏幕不小心触碰到人脸、耳朵等部位而造成挂机，为了避免这种尴尬的情况，智能手机引入了距离传感器。

距离传感器的测距原理非常简单，它是一个光电二极管，在其旁边放置一个具有红外光波长的 LED。当有物体靠近时，红外光会被物体反射回来，被距离传感器接收到，就感应到了物体接近。不过手机中的距离传感器作用距离非常短，只有几厘米而已，它的应用场景包括接听电话关闭屏幕和手机盖翻转挂断、接听等。

环境光传感器一般位于屏幕的上方，通过识别外界光线的强弱自动调整屏幕的亮度。它不仅对越来越耗电的大屏幕手机能起到一定的省电作用，而且能给使用者带来最佳的视觉效果，因此环境光传感器的使用具有人性化的一面。例如，在黑暗的环境下，屏幕背光灯自动变暗，否则会很刺眼。在有些产品里，距离和环境光传感器可以合二为一，如图 6.17 所示。

图 6.17　距离和环境光传感器

传感器的引入为我们提供了非常多的想象空间。目前已经有专家研究嗅觉传感器，人有嗅觉，还有味觉，若智能手机装备了嗅觉传感器，试想一下会扩展哪些功能？也许未来的厨师比赛，会直接用手机"嗅一嗅"来评分。还有人提出心情感应器的设想，如果能够加装一个心情感应器,也就是说能够感受用户的情绪,同时与社交网络结合起来,会不会让虚拟的网络变得更真实呢?

6.4　自然交互:人机融合与人工智能

从按键交互发展到触控交互,提升了智能手机的用户体验。从第 5.2.4 节我们也可以看到人工智能将进一步促进人机交互技术的发展。

在计算机、智能手机发展初期,由于技术的限制,人机交互是让"人"适应"机器"。随着技术的发展,人机交互不断改善,甚至追求"自然交互",即让"机器"适应"人"。指纹识别、人脸识别、语音交互、手势交互等都是人类自然的交流方式,在这些技术的发展过程中需要人工智能技术的帮助,人工智能技术辅助人机交互。目前这些探索正在发展的过程中,我们可以先来简要了解一下。

6.4.1　指纹识别:最经典的生物特征识别

在所有生物特征识别技术中,指纹识别应该是最经典的。指纹识别在笔记本电脑中应用已经有十几年历史了,在智能手机中也已经应用多年了。指纹识别与启动按钮结合,可以保障在没有身份认证的情况下,其他人无法进入。指纹传感器是实现指纹自动采集的关键器件,以此实现保护隐私的目的。

2013 年 9 月,第一款使用指纹识别系统解锁的手机 iPhone 5S 发布,系统结构如图 6.18 所示,在当时指纹识别 TouchID 在智能手机领域可是独一无二的技术,因此 iPhone 5S 引起了业界及整个社会的关注。从此,智能手机进入了指纹解锁时代,而这种指纹解锁也一度被大家认为是最安全的解锁方式。

图 6.18　指纹识别系统结构

近几年全面屏开始流行,传统指纹解锁需要指纹采集窗,势必会影响屏占比,因此屏下指纹应运而生。屏下指纹识别技术,也称隐形指纹技术,是通过屏幕玻璃下方完成指纹识别解锁过程的新技术,主要利用超声波、光学等穿透技术,可以穿透各种不同的材质,从而达到识别指纹的目的。屏下指纹无须手指与指纹模块接触。

除了指纹识别,还有人脸识别、掌纹识别、虹膜识别和手势识别等,当然还有步态等其他一些生物特征识别技术。

6.4.2 人脸识别：相面就能确认你的身份

2018年以来发展最快的身份识别技术应该是人脸识别，手机解锁、上下班签到、会议注册等均用上了人脸识别，甚至一些大学的校门口都安装了人脸识别系统，如图 6.19 所示。下面以苹果与华为的人脸识别为例进行介绍。

图 6.19　人脸识别系统

2017 年发布的苹果 iPhoneX，配置了 3D 人脸识别——FaceID，代替指纹识别 TouchID，也不再保留 Home 按键，真正实现了全面屏 OLED。FaceID 为三维成像的图像识别技术，搭载了 True Depth 相机系统，该相机系统采用了包含距离感应器、环境光感应器、泛光感应元件、红外镜头在内的多种传感器，可实现人脸识别。据说 FaceID 运用 A11"神经网络引擎"，具有面部学习的功能，通俗来讲就是"边用边学，越用越灵"。与指纹识别技术一样，FaceID 技术也不是苹果自己的原创，而源自以色列公司 PrimeSense，该公司在 2013 年被苹果以 3 亿美元收购。从这里可以看出，善于发现技术，然后以合适的价格收购并集成到智能手机中，确实是一种竞争力。FaceID 的工作原理是 TrueDepth 投射人眼看不见的光，读取用户的 3D 几何结构信息，并将它与 A11 芯片的安全隔离区的人脸数据进行比对，两者一致则可解锁。

而华为的人脸识别系统则有些不同。为了实现 3D 人脸识别，华为采用点云深度相机，它由泛光感应元件、点阵投影仪和红外镜头等组成，通过发射红外结构光收集 3D 人脸数据。据悉点云深度相机采用了 30 万个扫描点对人脸进行验证，采集数相比 FaceID 的 3 万要多出 10 倍。所以点云深度相机实现的人脸识别，可以应付比解锁更复杂、更隐私的应用，如 3D 动画表情和刷脸支付。与苹果的 FaceID 类似，华为的 3D 人脸识别系统也借用了 NPU 处理器与 AI 算法。

6.4.3 语音交互：人类最重要的交流方式

人与人交流，最自然的方式就是语音，电话、手机其实质是帮助我们消除距离的障碍，即使远在天边的朋友，也能像面对面一样的交流。如果能够用语音直接与智能手机、计算机进行交流，就可以直接把我们的想法告诉计算机，计算机借助人工智能理解你的意图，然后就能执行相应的操作。比如我们想买个相机，我们直接说"买一个相机"，人工智能系统就可以分别搜寻各个电商网站和测评网站并为你列出最优选项供你选择，而不是用语音告诉计算机，"打开淘宝""搜索相机"或"打开京东""搜索相机"。在我们用命令行交互方式使用计算机时，更像是在学习一门计算机语言。要是反过来，让计算机学习我们人类的语言，就能够大大降低人类的学习成本。

最先将语音交互引入智能手机的还是苹果公司，2011年发布的 iPhone 4S 搭载了智能语音助手 Siri（Speech Interpretation & Recognition Interface），如图 6.20 所示。它可以支持自然语言输入，并且可以调用系统自带的天气预报、日程安排、导航地图、搜索资料等应用，还能够不断学习新的声音和语调，提供对话式的应答。这项技术也不是苹果自己最先研发的，而是其 2010 年以 2 亿美元收购 Siri 公司的。该公司成立于 2007 年，其技术源自 DARPA 资助的项目，最初以文字聊天服务为主，随后通过与语音识别厂商合作，Siri 实现了语音识别功能。Siri 系统借助云计算与人工智能技术，不仅仅依靠智能手机算力，也许你已注意到使用 Siri 会消耗移动流量与电量。

图 6.20　苹果 Siri 语音助手

在 iPhone 4S 上首发亮相后，Siri 引发了一股智能语音助手的潮流。不过，当用户对待这个新生事物不再怀着"戏弄机器人"的好奇心，而是逐渐回归理性，Siri 也开始暴露了它在自然语义理解上的不足。在语音识别系统推出的最初，效果并不理想，将这项功能引入智能手机，更多是为了娱乐。随着识别能力的逐渐提高，智能手机语音识别可以做更多的事情：例如在开车途中，驾驶员想要了解附近的路况，就喊一句"前方路况怎么样？"，Siri 听懂后就可以自动调出地图并显示路况。当然，你可能也会面临需要重复说几遍，Siri 才能正确理解的情景。苹果的 Siri 开启的"语音交互"，引起了相关企业的高度关注。对此，也有人说，苹果其实是一家人机交互公司，从图形交互、触控交互，再到如今的语音交互、体感交互等，苹果一直是人机交互方式的开创者与引领者。

2017 年，在科大讯飞的支持下，华为的 Mate10 搭载了语音助手。用户只要对手机说出语音命令，它就能自动拨打电话、查询天气、设置闹钟、发送短信、搜索导航等日常琐事。此外，它还支持语音速记，当用户输入语音的时候，手机可以自行将语音转换成文字，尤其适用于记录会议摘要、现场演讲等内容。

语音交互不只用于智能手机。2014 年，亚马逊的 Alexa 初试啼声，引发了音箱产品的巨大变革，智能音箱开始走进大众家庭、办公室，在全球市场占有率非常高。从这一年开始，百度的小度机器人现身江苏卫视《芝麻开门》，如图 6.21 所示，百度不断提高人机语音交互的水平，给观众带来惊喜。

图 6.21 百度机器人"小度"

2016 年，谷歌语音助手（Google Assistant）隆重推出，其最早的承载主体是谷歌智能音箱（Google Home）和手机上的语音软件；随后谷歌语音助手（Duplex）的发展速度非常快，它正在打通智能家居、搜索、地图、线下服务，成为一个新的平台。

2017 年，阿里巴巴推出了天猫精灵智能音箱。2018 年，阿里巴巴又推出了客户服务代理助手，应用于菜鸟物流。

有人预测，键盘将在未来 5~10 年内成为多余的工具，语音技术可能带来全新类型的产品，如没有屏幕的智能手机，产品搜索将会永久性改变，等等。

6.4.4 手势交互：与智能手机也能打哑谜

触控交互突破了按键交互的瓶颈，助推了智能手机的腾飞。然而，触控交互还得接触屏幕，由此带来一些问题，如长时间的手指滑动会给触摸屏带来磨损，也会将手上的污物留在屏幕上，实验表明在显微镜下手机屏幕上能看到很多细菌。同样，还有很多情景下不适合接触式操作，例如，正在吃大闸蟹、小龙虾时，电话铃声响了，接还是不接让人很纠结。人与人之间的交流沟通，除了语音，还可以用手势等肢体语言来辅助。用手势来比划，相对来说比较直观，也可以不出声悄悄地进行。那么这一经典、自然的手势，可否用于人机交互？

手势控制或者悬浮触控，如图 6.22 所示，就可以避免接触式操作的问题。其实，在电视机、计算机等领域很早就有这样的功能，对于远距离来说，手势控制是非常方便的。

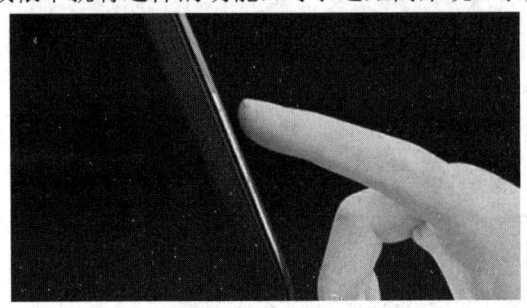

图 6.22 悬浮触控

早在 2013 年，三星推出的旗舰手机 Galaxy S4，已经加入了隔空操作功能，可以实现网页和电子邮件的"浮窗跳转"功能，手掌从下往上滑是向下滚动，从上往下滑是向上滚动。不过，这项功能并没有在行业内掀起太大的波澜，更没有得到大面积的普及。

2016 年 11 月，vivo 推出了 vivo X9 Plus，用户只需要开启隔空操作功能，就可以实现熄屏查看、隔空解锁等操作，如手机静止平放、黑屏时从手机顶部上方 3~5cm 处拂过查看手机状态、点亮屏幕，手掌从手机顶部上方 3~5cm 处拂过解锁等。不过这种交互局限性很大，与人机交互的目标要求差距较大。

2017 年，苹果的 iPhone X 让手势操作成为一种交互方式，迎来了更大视野、更圆滑的全面屏。为了简化解锁的按压操作，它启用更人性和智能的 FaceID 代替 TouchID，同时取消了 Home 键，加入了很多全面屏手势。

2019 年，华为的 Mate 30 系列智能手机，无须触碰屏幕，就可以通过姿态感应器、神经处理单元 NPU，实现隔空上下滑动、隔空抓取截屏等操作，甚至在陌生人接近屏幕之时，手机会自动隐藏信息。

另外，基于毫米波雷达的手势探测与识别也将成为交互方式的一员。2016 年，由谷歌和英飞凌合作开发的第一代 Soli 雷达问世，这是一款专门为近距离感知任务研发的 60GHz 毫米波雷达，可用于追踪手势在四个象限的运动。2018 年发布的第二代 Soli 芯片（英飞凌 BGT60TR13）在小型化和低功耗方面进行了改进，以便嵌入手机中。利用毫米波雷达可以获得手势的距离、方位、速度、手的形态变化等特征，从而通过对手势的定义实现既定功能。

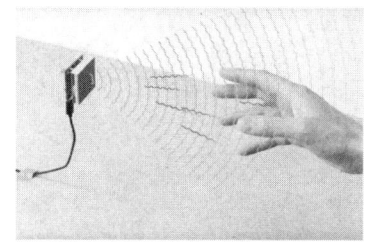

图 6.23 毫米波雷达手势探测

手势交互，相较触控交互、语音交互来说，可扩展性、多样性更强，毕竟造物主给了人类一双有十个灵巧手指的双手，可以基于双手创造出很多的交互方式组合。但这种操作方式，需要记住这些手势及其组合的意义，学习成本较高，因此手势交互目前还只是一种尝试，还需要继续探索。

6.4.5 人工智能：让机器来理解你的想法

人与人之间最自然的交互应该是语音交互了，不过交流之前需要先确认身份。另外，语音交互有时也有局限，需要手势等肢体语言的辅助。类似地，人与机之间的自然交互，先是身份确认，需要指纹识别或者人脸识别，然后进行语音交互或手势交互，这些自然交互背后都离不开人工智能技术。在第 5.2.4 节中，我们已经体会到人工智能技术可以让普通人摆脱技术的限制，从而拍出专业影像的效果，可以凭自己对生活的感悟去自由创作，将美的瞬间记录下来。

随着智能手机硬件配置的日益强大，为应用软件的开发提供了无限的可能性。无论是苹果的 App Store 商业生态系统，还是基于安卓的应用软件生态系统，其上线的应用软件及其下载量，还在快速增长。正在推进的 5G，以其强大的性能，不仅支持增强型移动宽带多媒体业务，还支持大规模物联网（mMTC）、超高可靠与超低时延通信（URLLC）两大应用情景。然而，技术的可能性、应用软件的丰富性，与用户的普及性、用户学习能力产生了矛盾！如何缩短用户学习新软件的时间，如何充分发挥软件本身的能力，让用户想用、会用和愉快地应用是一个值得研究的问题。交互设计就是研究人机交互方式的，它追求好的用户体验。人机交互是技术，更多的还是对人性、艺术的理解。

在智能手机发展的良好态势下，对人机交互设计来说是机遇，同样也是挑战，它不只是为了功能的实现，而且要智能化、自然化和人性化兼得。人工智能的发展在促进各种技术发展的同时，也促进了交互技术的发展，语音识别与语言理解、人脸识别、手势识别等都取得了长足的进步，因此，也改变了交互设计的方法，以及交互设计的流程、交互界面的表现方式。随着 5G、6G 的发展，智能设备也将从智能手机拓展到智能汽车、智能建筑、智能家居、机器人等，人机交互的任务、技术都将发生巨大的变化。未来的工程师，在发明创造过程中，在了解工程技术的可能性的基础上，还需要有美的鉴赏力、对用户体验的理解力，以及寻求可能的解决方案的想象力。

6.5 总结与展望

本章以苹果发明智能手机 iPhone 所形成的触控交互方式为核心，追溯人机交互的发展历程，展望未来发展趋势。首先，回顾了鼠标与计算机图形用户界面的发展历程，从布什《诚如所思》的预言、恩格尔巴特发明的鼠标器和图形用户界面的首秀，施乐 Alto 实现了图形用户界面的雏形，苹果 Macintosh 的推出表明图形交互达到了商业化新高度，而普及工作则由微软 Windows 系列软件来完成。

1994 年网景公司推出了基于图形交互的浏览器，即图形化浏览器，由此开启了互联网高速发展阶段。如何让移动通信与互联网结合？手机原本只有通话功能，类似电话机，只需要输入电话号码，按键输入并没有什么不方便。要让手机成为互联网终端，当时做得最好的就是黑莓手机了，但是与 PC 的图形交互方式相比的话，差距甚远。

如何突破手机的交互瓶颈，让手机也能做到甚至超越 PC 的图形交互？在乔布斯的领导下 iPhone 诞生了，他们通过一系列的创新将多点触控技术转化为智能手机中的触控交互方式，再加上 App Store 平台引爆了应用软件的开发热情，实现了移动通信与互联网的结合，有力地推动了智能手机与移动互联网的高速发展。作为触控交互的应用，谷歌通过收购开发了 AndroidOS，并形成了谷歌智能手机整体解决方案。我国的小米与华为等企业，借助谷歌开源政策深度定制安卓操作系统，进军智能手机领域，从中低端切入，并逐步生产出中高端品牌智能手机。

智能手机操控的简洁性，不能忘记幕后功臣——传感器，它们通过感知外部环境及自身运动状态，支持手机"摇一摇""扫一扫""自动调节亮度""自动切换横屏与竖屏"等功能。传感器是物理世界与信息世界的桥梁，在 5G 中有应用场景"mMTC"、在未来 6G 中有应用场景"mMTC+"和"感知",更加彰显传感器的重要性。传感器的小型化、微型化就需要 MEMS 技术的支持。

传感器与人工智能相结合,使得智能手机在理解人的意图方面得以提高,人们可以用最自然的方式,如自然语言、手势、姿态等,与智能手机交流,让机器理解人的意思,也就是成为人格化的机器。人机之间的自然交互将逐步走向人机融合,"得心应手""人剑合一"这些词可以在一定程度上表达人机融合的境界。要是用人与人沟通来比喻人机融合,你可能会想起"高山流水"的故事。

随着 5G、6G 的发展,未来智能设备将越来越多,例如,智能汽车的驾驶舱、无人飞行器、家用机器人、工业机器人等,由于任务的变化,人机交互的逻辑也将发生变化,如何合理地设计人机交互将是一个永恒的挑战。

思 考 题

1．从《诚如所思》到《提升人类智能：一个概念性框架》以及 1968 的"在线系统",布什的构想在恩格尔巴特的不懈努力下逐渐清晰,请分析远大目标、想象力和意志力的关系。

2．施乐 Alto 计算机被认为是史上"最伟大的失败产品"之一,如何理解"最伟大的失败产品"？进一步分析技术创新与市场定位的关系。

3．韦斯特曼的故事被人称为"一个研究生的痛点也是多点触控事业的起点",请你谈谈大学生的创新是如何从关注身边"不方便""麻烦"开始的。

4．从多点触控技术到智能手机的触控交互,苹果公司做了一系列创新工作,才突破了智能手机人机交互的瓶颈,请列出其中几项创新工作并说明其重要性。

5．从 iPhone 的诞生过程来看,创新其实就是在远大目标指引下,由很多微小创新持续累积的优化过程达成的,请你谈谈自己的看法。

6．苹果公司率先推动 PC 的图形交互、iPod 的滚轮转盘、智能手机的触控交互和语音助手等,因此有人认为苹果其实是一家人机交互公司,你是否认同这种说法？

7．传感器是物理世界与信息世界的桥梁,尤其是在 6G 中显得更为重要,选择一种传感器,分析其工作原理及其在人机交互中的作用。

8．彼得森由一大块黑色污渍,开启了终生研究 MEMS 的大门,成为"MEMS 之父",分析他成功的原因。

9．人机交互,除了鼠标、触控屏等技术外,还有超越年龄、文化等差异的图像标识以及更重要的交互逻辑,请用你与人沟通的经验描述"人机交互"。

10．人机交互朝着人机自然交互方向发展,即让机器"知你""懂你""帮你",作为人机交互的设计者,谈谈你对"人是如何感知机器及其交互逻辑"的认识。

参考文献

[1] 埃利斯. 复印梦想：威尔逊和他的施乐传奇[M]. 郭媛媛，译. 北京：清华大学出版社，2010.

[2] 方兴东、王俊秀. IT 史记[M]. 北京：中信出版社，2004.

[3] 比尔·莫格里奇. 关键设计报告：改变过去影响未来的交互设计法则[M]. 许玉铃，译. 北京：中信出版社，2011.

[4] 迪克斯. 人机交互：第 3 版[M]. 蔡利栋，等，译. 北京：电子工业出版社，2006.

[5] 沃尔特·艾萨克森. 史蒂夫·乔布斯传[M]. 管延圻，等，译. 北京：中信出版社，2011.

[6] 比尔·盖茨. 未来之路[M]. 辜正坤，译. 北京：北京大学出版社，1996.

[7] 黎万强. 参与感：小米口碑营销内部手册[M]. 北京：中信出版社，2014.

[8] 蒋庄德. MEMS 技术及应用[M]. 北京：高等教育出版社，2018.

第 7 章

移动互联

对于生活在现代社会的我们而言,没有互联网的生活是难以想象的。互联网的普及是科技史上的一个里程碑。如果说当下正处于信息时代,那么互联网就是连接个人、社会与海量信息的高速公路,让人们之间的沟通超越了时空的局限,一个虚拟的世界以真实世界为依托在互联网上展开来。

智能手机诞生以后,"移动通信"与"互联网"逐渐走向融合,形成了移动互联网。在 4G 时代,移动互联不只是终端层面的融合,而是 IP 层面的融合,即移动系统也基于 IP 构建。到了 5G 时代,不仅支持移动宽带多媒体,而且全面支持大规模物联网(mMTC)与超可靠低时延通信(URLLC)的工业互联网。

网络的协同效应与云计算、大数据、人工智能相结合,不仅改变了我们的生活方式和学习方式,而且改变了工业、农业的生产方式和科学研究方式。互联网、移动互联网都是电子信息类专业的重要学习内容。

本章,我们与大家一起走进互联网的世界,来重温编织互联网的每一个精彩瞬间,品鉴每一位创新创业的榜样人物。

7.1 互联网起源与发展

要追溯互联网的起源,探寻现代计算机网络技术的由来,我们从阿帕网(ARPANET)的诞生和 TCP/IP 协议的推广说起。它们的出现,为互联网的产生扫平了障碍。

7.1.1 互联网前身:阿帕网从构想走向现实

7.1.1.1 阿帕网的建立

互联网的起源要追溯到冷战时期。20 世纪 50 年代末,正值美苏两国针锋相对的时期,美国国防部委托兰德公司开发一个能够抵御核打击的通信系统。负责该项目的是一个叫巴兰(P. Baran,1926—2011 年)的年轻人,他提出了一套新型通信系统的构想,该系统的特点是:在核爆炸范围之外的通信系统依然能够正常工作,即导弹摧毁一部分通信网络,其余部分仍然能够维持正常工作。他把这项研究成果命名为"分布式通信系统",因为该系统摒弃了指挥系统中心化和区域中心化结构,采用了分布式网络结构,如图 7.1 所示。巴兰在他的报告中提出:在这种通信系统中进行信息传递时,先把信息分成若干个数据包,每个数据包都能够独立地在网络上传输,这就是现在人们熟悉的分组交换技术的原理。

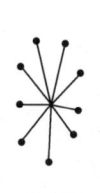  

中心化　　非中心化　　分布式

图 7.1　网络结构形式

巴兰的计划并没有立刻得到美国军方与工业界的支持。不过几年之后,他的思想获得了认同。1969 年,美国国防高级研究计划局(Defense Advanced Research Projects Agency Researh,DARPA)启动了阿帕网(ARPANET)计划。这个网络连接了当时美国西部为数不多的几台计算机——包括设立在加州大学的几所分校、斯坦福大学及犹他州立大学的计算机主机。阿帕网采用了分组交换技术,通过专门的通信线路和交换设备进行通信,这便是因特网的雏形。

到 1972 年时,阿帕网的网点数已经达到 40 个,如图 7.2 所示,网点彼此之间可以发送小文本文件(当时称这种文件为电子邮件,也就是现

图 7.2　阿帕网网点

在的 E-mail）并可利用文件传输协议发送大文本文件，包括数据文件（现在因特网中的 FTP），同时也发现了通过把一台计算机模拟成另一台远程计算机的一个终端而使用远程计算机资源的方法，这种方法被称为远程登录（Telnet）。这些早期的应用一直延续到现在，特别是 E-mail 仍然是目前因特网上最主要的应用软件。

7.1.1.2 TCP/IP 协议

研究人员预见到随着电子计算机的普及，网络的规模会不断扩大，将不断有新的终端和局域网加入这个越发庞大的体系。为了解决不同的计算机和网络之间的互联问题，计算机之间进行通信的标准规范（通信协议）呼之欲出。

1972 年，第一届国际计算机通信会议召开，与会的计算机和通信领域学者们意识到计算机网络潜在的巨大价值，于是成立了计算机网络工作组，负责研究开发通用的计算机网络通信协议。

两年之后，来自加州的年轻科学家——瑟夫（V.G. Cerf，1943—）和卡恩（R. Kahn，1938—）提出了"传输控制协议"（Transmission-Control Protocol，TCP）和"网际协议"（Internet Protocol，IP），它们合起来被称为 TCP/IP 协议。这套协议为计算机之间的数据分组和传输提供了规范和定义，采用这些协议的计算机都能进行通信，IP 协议用于确定数据的传输路径，计算机可以通过 IP 协议与其他网络内的计算机建立连接，TCP 协议则确保数据传输的可靠和有序。

在计算机通信过程中，具有不同软/硬件环境的计算机之间要实现数据交换，首要的问题就是要制定一种通用规则。这与人们之间的交流过程是相似的，试想，当我们需要与某个人进行信息交换时，需要先与这个人进行接触，搭上线以后，获得对方的许可，方能进行信息交换。TCP/IP 协议所规范的计算机通信也不例外。通用规则确定计算机之间如何进行"协商"，"协商"完成后进行"握手"，于是可以开展"合作"。根据 IP 协议的规则，网络内部每台计算机都会被分配一个唯一的 IP 地址，需要建立链接时，就要靠不同的 IP 地址来识别不同的计算机，这就像每个人都有自己的名字（不考虑重名问题）来作为社会生活中代表个人的标志一样。TCP 协议的作用则是确认已建立的链接的有效性和获取数据传输的许可，在获得对方的许可回复后进行数据的传输，其作用相当于"协商"和"握手"。

TCP/IP 协议取代了早期的网络控制协议，解决了网络间互联的难题。到了 20 世纪 80 年代，美国国防部决定免费向世界提供该项技术，覆盖全球范围的互联网的诞生，只是时间问题。

拓展阅读

编织互联网的魔术师：瑟夫

瑟夫，1943 年出生。他在孩童时期就对科学十分感兴趣，中学时期别人都穿 T 恤

和夹克衫，瑟夫偏偏要穿西装打领带，他喜欢与众不同。在斯坦福大学本科学习阶段，他特别着迷于计算机。在加州大学洛杉矶分校攻读博士学位时，他参与了阿帕网第一阶段的第一个结点项目。瑟夫十分投入，整日泡在实验室。一次去旧金山开会，他灵感突发，形成了TCP/IP协议的基本构想。

在斯坦福大学任教期间，他与卡恩共同设计了TCP/IP协议。1977年，他们做了协议测试，将一个数据通过点对点卫星分组网，再通过卫星通信分组网，然后通过阿帕网传回南加州大学，全程9.4万千米，没有丢失一比特。TCP/IP协议显示出了其巨大的优越性。如今互联网的血脉仍然基于TCP/IP协议，足以说明其强大的扩展性及瑟夫的超前战略思维。

2004年，他与卡恩共同获得了图灵奖，此外瑟夫还荣获了美国国家技术金奖、美国总统自由勋章，被称为"互联网之父"。

7.1.2 早期互联网：因特网与万维网的诞生

7.1.2.1 因特网的诞生

20世纪80年代初期，有了TCP/IP协议的支持，美国军方的阿帕网把军方不同部门使用其他通信协议的网络连接了起来，并入阿帕网的专用网络，在其内部沿用已有的通信协议，在与其他网络通信时则使用TCP/IP协议。此时阿帕网的架构已经具备了因特网的基本特征，可是因为是军方的专用网络，接入网络需要得到国防部的许可，很多学校和研究机构还不能方便地通过网络来共享资源，虽然这种需求越来越迫切。

为了解决这一问题，美国国家科学基金会（National Science Foundation，NSF）着手建立提供给大学使用的计算机科学网（Computer Science Network，CSNET）和广域网主干网（National Science Foundation Network，NSFNET）。1986年，NSF在普林斯顿大学、匹兹堡大学、加州大学圣地亚哥分校、伊利诺伊大学和康奈尔大学投资建立了五个超级计算中心，通过56Kb/s的通信线路连接搭建起主干网络，考虑到网络的扩展性，采用了TCP/IP协议。在此基础上，NSF鼓励大学和研究机构将自己的局域网并入NSFNET，短短五年时间，NSFNET的子网数量就从100多个迅速增加到3000多个，子网数量的剧增标志着NSFNET开始真正成为因特网的基础。

因特网在20世纪80年代的扩张不仅带来数量上的改变，同时也带来某些质的变化。由于多种学术团体、企业研究机构，甚至个人用户的进入，因特网的使用者不再限于纯计算机专业人员。新的使用者发觉计算机相互间的通信对他们来讲更有吸引力。于是，他们逐步把因特网当作一种交流与通信的工具，而不仅仅共享NSF巨型计算机的运算能力。

进入 20 世纪 90 年代初期，因特网事实上已成为一个"网际网"。各个子网分别负责自己的建设和运营费用，而这些子网又通过 NSFNET 互联起来。NSFNET 连接全美国上千万台计算机，拥有几千万用户，是因特网最主要的成员网。随着计算机网络在全球的拓展和扩散，美国以外的网络也逐渐接入 NSFNET 或其子网。

7.1.2.2　万维网（WWW）

万维网（World Wide Web，WWW）是互联网提供的众多服务中最基本的服务，也是使用最多的服务，以至于很多人常常把万维网等同于互联网，足以说明万维网在众多互联网服务中占据着至关重要的地位。那么万维网究竟是什么呢？

欧洲核子研究中心（法语：Conseil Européen pour la Recherche Nucléaire；英语：European Organization for Nuclear Research，CERN）是最早接入互联网的研究机构之一。时间回到 1989 年，年轻的英国科学家伯纳斯·李（Berners Lee，1955—）在思考如何更方便地用互联网分享信息，以及提高互联网信息的分享效率。伯纳斯·李率先提出了建立一个"全球互联的信息系统"的构想，他认为"任何人的重要信息和参考资料，都在该系统中占据一席之地"。这一系统会在已有的互联网的架构之上运作，核心是"全球"与"互联"，即任何人都可以在该系统中创建信息资源，且任何人都能找得到这些信息，并能够在这些资源之间无缝地切换。

伯纳斯·李很快实践了他的设想，在同事的协助下，他设计了世界上第一个网页，如图 7.3 所示。这个简单的系统包括"页面""浏览"程序和一台被用作服务器的主机。主机是"页面"存放的地方，像公告板一样把信息页面向网络进行公布，所有安装了浏览程序的人都可以轻松连到主机上，查看网页。

这个网页虽然只是几个文本互联的页面，却具有划时代的意义，这就是万维网成千上万网页互联的雏形。在万维网出现之前，文件传输协议（File Transfer Protocol，FTP）是互联网信息与资料共享的重要途径。一方面，因为没有图形化的界面，这种资料共享的技术门槛比较高。在越来越多的接入互联网的用户中，不乏专业人员，不过更多的是普通用户，这种不直观的信息共享方式对于大多数人而言是不方便的。另一方面，对于文件而言，使用 FTP 方式必须先完整地下载文件，然后才能打开文件从中寻找有用的信息，这种信息共享的方式效率太低，尤其是大文件，在网速较低的情况下，交互性更差。万维网的出现，使信息共享不但有了"浏览"程序这个专门的信息共享入口，也让人们可以通过链接来选择自己感兴趣的内容进行浏览，时效性大大提高。

万维网产生的影响是巨大的，互联网规模的不断扩大和接入用户的爆炸性增长强有力地推动了万维网的发展。保守估计，现存网页数量已经超过万亿规模，并且还在不断增长。通过浏览器浏览网页已经成为人们生活中不可缺少的一部分，伯纳斯·李的构想不仅得以实现，也深刻地改变了互联网世界。

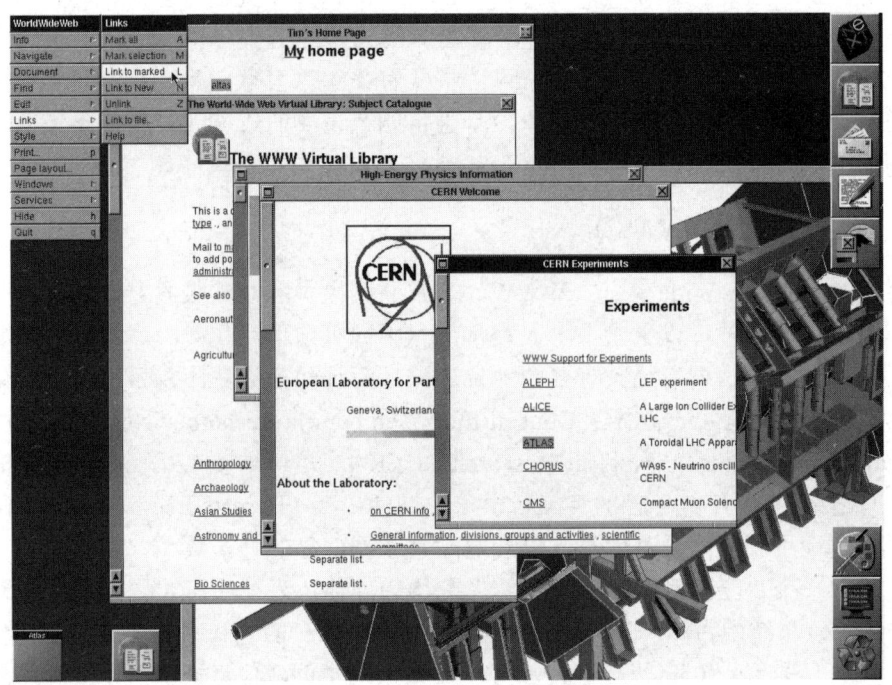

图 7.3　世界上第一个网页

 拓展阅读

万维网之父：伯纳斯·李

1955 年 6 月 8 日，伦敦像往常一样车水马龙。不同的是，在一个计算机家庭里一位叫伯纳斯·李的孩子出生了。从小的生活环境让小伯纳斯对计算机可谓耳濡目染。在牛津大学女王学院学习期间，他就用电视机、摩托罗拉 M6800 处理器等各种零件组装出了自己的计算机。毕业后留在 CERN 深造。

1990 年，他设计出了基于 HTTP（超文本传输协议）的网页浏览器，这是一种全新的模式，注重双方的交互性，基于 HTTP 的浏览模式一直沿用至今。

很多人认为他本可以依靠专利获得巨额财富，人们每输入一个"WWW"就得向伯纳斯·李交一笔专利费。然而伯纳斯·李并没有申请专利，他更注重于未知的探索，注重于如何给人类提供方便。哲学家冯友兰认为人生有四重境界：自然境界、功利境界、道德境界、天地境界。他算是应天意、顺互联网发展趋势，与天地同行了。

2004 年，他荣获芬兰的千禧技术奖。同年，英国女王授予其"骑士"爵位。2016

年,他获得计算机领域的最高奖——图灵奖。

7.1.3 浏览器之争:微软和网景的世纪之战

7.1.3.1 早起的鸟儿有虫吃:网景先声夺人

万维网的发展,让越来越多的人享受到了互联网带来的便利。作为万维网架构中不可或缺、与使用者直接进行交互的浏览器,像一道互联网世界的大门。浏览器从简单工具开始起步,一步一步降低自己的门槛,丰富自身功能,得益于浏览器技术的进步,越来越多的人进入了互联网世界,享受到了越来越好的浏览体验。

伯纳斯·李开发了世界上第一个浏览程序,它的功能很简单,将编写网页的标记语言转化为可以阅读的内容(文本、图片等)。网页都是由标记语言编写的,如果用文本编辑器查看网页,就可以看到源代码。完成对网页的解码并且以直观的形式呈现出来,是浏览器最基本的功能。这一时期图形化操作系统还没有普及,浏览器主要针对Unix操作系统而设计,专业性强,并没有得到很好的普及。

1994年,美国网景公司(Netscape,以下简称网景)推出了可以运行在包括Windows系统在内的多个操作系统上的图形化浏览器——网景导航者,如图 7.4 所示。这种浏览器为非专业计算机用户带来了福音,图形界面直观易用,填补了跨系统图形化浏览器的市场空白。

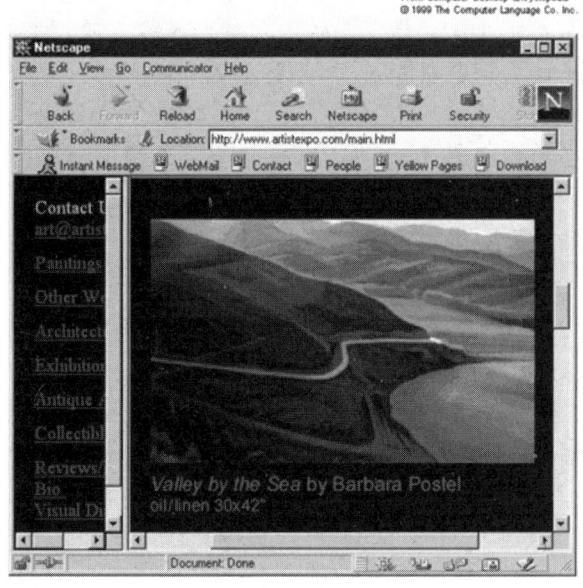

图 7.4 网景的图形化浏览器

除了图形化界面的引入，浏览器技术一些开创性的工作，也是由网景完成的。比如网景首先实现了在网页加载过程中查看已经接收到的部分网页；网景浏览器首先采用将网站 cookies 信息包存储在用户计算机上以供浏览器使用的优化策略，这一策略也一直沿用至今；网景还在 LiveScript 的基础之上开发出浏览器使用的首个脚本语言 JavaScript，从此网页可以引入动态效果，交互体验因此更加出色。

互联网时代悄悄地来临，网景是第一家走向成功的互联网公司。1995 年，网景挂牌上市，作为互联网新经济的先锋，成立 16 个月以来没有任何盈利，但上市一分钟市值就达到 27 亿美元。然而，同样的过程，美国通用动力公司（GE）却用了 43 年之久。次年，在迅速扩张的浏览器市场上，网景已经占据了绝对的主导地位，无论是技术还是市场，一年内就卖出了数百万套浏览器软件，得到了广大计算机用户的青睐。

网景取得了巨大成功，让人们看到互联网拥有无比辉煌的明天。作为微软的掌舵人，比尔·盖茨看到了互联网的发展前景，他意识到了浏览器的重要性。微软几乎垄断了用户使用 PC 所必需的操作系统，因此不能失去控制用户通向互联网的窗口。面对来势汹汹的对手，盖茨领导着微软吹响了反击的号角。

 **拓展阅读**

浏览器背后的技术

超文本传输协议

超文本传输协议（Hypertext Transport Protocol，HTTP）是一种详细规定浏览器和万维网服务器之间互相通信的规则，通过因特网传输万维网文档的数据传输协议。通俗地说，浏览器通过 HTTP 将 Web 服务器上站点的网页代码提取出来，并翻译成漂亮的网页。它可以使浏览器更加高效，使网络传输数据量减少。它不仅能保证计算机正确、快速地传输超文本文档，还能确定传输文档中的哪一部分，以及哪部分内容首先显示等。

超文本标记语言

网页本身是一种文本文件，它由超文本标记语言（Hypertext Markup Language，HTML）孕育而成。HTML 是为网页创建和可在其他网页浏览器中显示而设计的一种标记语言。它通过标记符号来标记要显示的网页中的各个部分，告诉浏览器如何显示其中的内容（如文字如何处理，画面如何安排，图片如何显示等）。浏览器按顺序阅读网页文件，然后根据标记符号解释和显示其标记的内容。需要注意的是，对于不同的浏览器，对同一标记符号可能会有不完全相同的解释，因而可能会有不同的显示效果。

浏览器内核

基于以上两种网页传输技术，浏览器需要对网页代码进行解释、渲染，然后展现在用户面前。在浏览器中，核心部分就是内核——也称作"解释引擎"。浏览器内核决定了对网页代码的语法解释和渲染效果。简单地说，就是内核决定如何显示网页内容、格式及渲染效果。不同的浏览器内核因为对语法的解释方法不同，会存在性能的差异。同时，浏览器内核的先进程度决定了它能不能很好地支持新技术和新功能，例如HTML5、ASP 等。

7.1.3.2 从垄断到多样：IE 与后浏览器时代

比尔·盖茨最先想到的是收购网景。在谈判期间，微软开出的条件非常苛刻。网景管理层进退两难，要么向微软屈服，失去对公司的有效控制能力；要么拒绝与微软合作，然后招致微软的致命打击。网景做出了艰难的抉择：要在浏览器市场上与微软冒险一战，凭借当时远远超过微软的技术和市场优势。网景在浏览器技术上确实拥有优势，在没有强有力的竞争者介入的时候发展得很好，可是面对微软，网景筑起的市场和技术壁垒却显得不够强大。

在与网景的竞争中，微软利用自己操作系统的垄断优势迅速推出 IE 1.0，绑定在 Windows 操作系统上，免费向用户提供。但是微软这一时期的技术积累不如网景，没有对网景浏览器造成什么威胁。随着时间的推移，微软的绑定策略奏效了，IE 4.0 发布之前，IE 浏览器的增长率超过了网景。1997 年 IE 4.0 推出后，IE 逐渐稳定，性能也越来越接近网景浏览器，如图 7.5 所示，捆绑的优势越来越明显——既然 IE 也能凑合着用，用户安装网景浏览器的需求也不那么强烈了。

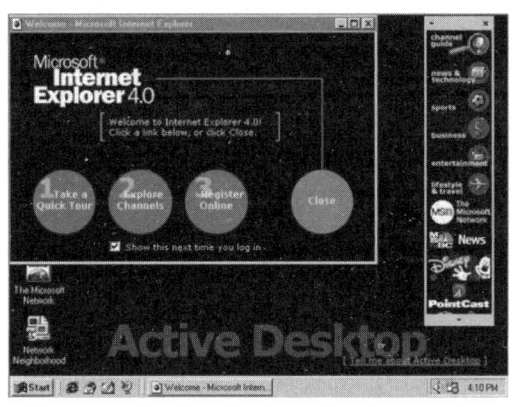

图 7.5　IE 浏览器 4.0

一年之后，网景在与微软这场"浏览器大战"中败北，微软的 IE 浏览器用操作系统捆绑的方式抢走了本来被网景早期用技术领先把控的市场。不过直到网景被美国在线（AOL）收购，也不好说微软 IE 与网景浏览器孰强孰弱，但现实就是这样残酷。网景的失败，也告诉我们一个道理，凡是与普通用户直接交互的产品或者软件，技术上的壁垒防不住竞争者，用户的忠诚度才是防御竞争的关键，而忠诚度的来源是什么？是服务。

也正是因为这个道理，IE 打下的浏览器江山还没坐稳，新的竞争对手又向 IE 发出了挑战。不甘失败的网景工程师们自发成立了 Mozilla 基金会，支持和领导开源互联网软件的开发,并在不久之后推出了新的火狐浏览器 Firefox,一举夺回了近 30%的市场份额。此后,各种各样的浏览器如雨后春笋般涌现出来,不断蚕食 IE 的市场。其中包括市场份额已经超过 IE 的谷歌浏览器 Chrome、苹果浏览器 Safari,以及百度、搜狗等国产浏览器。时至今日的浏览器领域,进入了一个百家争鸣的时代。

随着移动互联网时代的到来,浏览器也朝着移动化、社区化的方向发展。移动浏览器扎根于移动设备,与台式机浏览器有本质上的区别。交互方式、阅读习惯的不同,也促使移动浏览器必须进一步挖掘移动互联网的特性,才能获得用户的欢迎。社区化浏览器把信息分享和身份的概念引入浏览器,充分考虑移动互联网时代兴起的社交需求和地理信息服务需求,引入好友的概念,来增加浏览器对用户的黏性。

 拓展阅读

软件帝国的创造者:比尔·盖茨

比尔·盖茨,1955 年出生于美国西雅图,他父母认为:"重要的是要让孩子知道自己能够赚钱,并且不管做什么事情都要有信心和干劲。"从小他的家庭就特别培养他"凭本事打拼"的意识。盖茨最先预料到软件的巨大潜力与市场前景,于 1975 年创办微软。由于业务不断扩大,盖茨毅然从哈佛大学退学专心经营企业。

盖茨从小志存高远,一次他对同学说:"与其做一株绿洲中的小草,还不如做一棵土丘上的橡树,因为小草千篇一律,而橡树高大挺拔,昂首苍穹。"从 9 岁开始,盖茨就成了图书馆里的常客,并且对数学和自然科学特别着迷。

7.1.4 互联网门户:雅虎与新浪、搜狐、网易

图形化浏览器打开了普通用户通向互联网的途径,给互联网带来挑战与机遇。随着网络参与者数量的快速增加,互联网上的信息也呈指数级增加——包括每天的新闻、不断在创建的新网页等。用户如何找到自己想要的信息呢?一个个地记录网址未免太过麻烦,互联网世界迫切需要建立一个索引,把零散的网页都链接起来,整合成一个独立的系统。

在这种需求的刺激下,门户网站出现了。门户网站把网络上零散的网页和网站整合在一个网站中,通过链接的方式,向用户提供免费的导航服务。打个比方,互联网世界好比是一个大图书馆,有着丰富且巨量的藏书资源,但是这些藏书有一个特点,它们分布在图书馆的各个位置,如果把用户上网浏览信息看作进入这样一座图书馆查找自己感兴趣的书籍,那么这么大的图书馆让普通读者自己查找图书就将是一件困难的事情。门户网站的工作就是整理关于藏书位置的索引,然后归类呈现在用户面前。

最早出现在人们视野中的门户网站是雅虎(Yahoo!),也正是雅虎奠定了互联网

行业至今仍然遵守的游戏规则，在开放和免费的前提下实现盈利。雅虎出现之前，互联网上已经存在一些数据库，可以进行小范围的信息检索，但是这些数据库并不是免费的，是按搜索次数计费的。美国在线（AOL）更是对使用其拨号上网的用户进行收费。这些传统的商业模式也许在电话时代还行得通，可是在互联网时代，就已经过时了。

雅虎一开始并没有以盈利为目的。其创始人华裔杨致远（1968—）和大卫·费罗（David Filo，1966—）是斯坦福大学的博士生，凭着对互联网非比寻常的兴趣，两人利用假期对互联网上常用的网站进行了分类整理，在此基础上做了一个查询网站的网页，名字就是雅虎，如图 7.6 所示。雅虎最早发布在校园网上供大家免费使用，因其方便、免费的特点大受好评，网站流量迅速增加。在网景的支持下，雅虎迅速走上了商业化的道路。

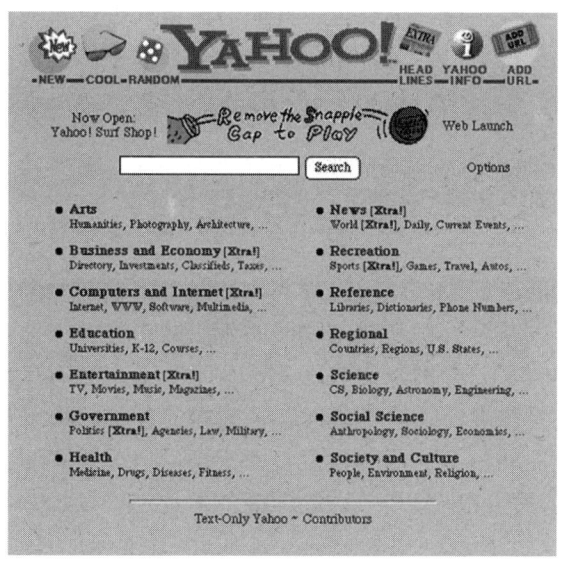

图 7.6　1995 年的雅虎网页

与网景的合作让雅虎很快就家喻户晓，很多人将浏览器主页设为雅虎。在那个还是网景浏览器一统江湖的时代，雅虎也成为人们上网获取信息的第一选择，很快雅虎代替网景成为 20 世纪 90 年代后期因特网的代名词。虽然雅虎必须开始考虑盈利问题，但是其奠定的开放、免费的互联网规则没有改变。除广告外，雅虎的所有服务都是免费的，免费的电子邮件、免费的网站目录。正是这种商业模式的创新给雅虎带来了巨大的成功，每个月至少有 3000 万用户访问雅虎，每天浏览下载量达到 1 亿次！因此，雅虎成立一年后就挂牌上市，受到华尔街投资者的追捧。此后，其他门户网站也纷纷出现，互联网呈现出一片繁荣的景象。

雅虎的成功，对太平洋另一端刚刚兴起互联网的中国产生了巨大影响。中文门户网站纷纷建立，包括第一家赴美国纳斯达克创业板上市的中国门户网站代表——新浪网。很快，搜狐、网易等门户网站也纷纷上市，门户网站成为互联网发展关注的焦点。

随着时代的变迁，搜索引擎抢走了门户网站的导航和检索生意，今天的门户网站不再局限于最初的互联网导航。门户网站如今必须依靠内容和特色来赢得用户，很多门户网站如今开始扮演网络媒体的角色，成为网民提供第一时间的新闻和交流观点的平台。未来门户网站将会向实时性、服务性、地域性和行业垂直方向发展。其实在搜索引擎普及后，互联网门户这个概念本身就已经发生了变化。

7.2 互联网的普及

商业化对新技术的推广极其重要，良好的商业模式可以极大地促进行业的健康发展。互联网的商业化在摸索中前行，由于参与者众多，遵循着残酷的丛林法则。在互联网技术快速迭代中，优秀的公司和互联网技术得以生存与发展。

7.2.1 搜索引擎：新时代的互联网霸主

在第一次互联网的浪潮中，以雅虎为代表的门户网站开始向用户提供网站分类目录查询服务，这样可以帮助人们从急剧膨胀的互联网信息中快速定位自己感兴趣的内容，而不需要一个网页、一个网页地去寻找——事实上也没有人会这么做。可是，随着门户网站的分类目录增多，用户查询时，需要按照分类目录一层一层地翻阅不同的网站来寻找想要浏览的网页。这样的搜索效率太低，何况互联网上网页的数量还在以几何级数的速度增加，因此，急需一种新的高效网页定位技术来解决这一问题，搜索引擎应运而生。

7.2.1.1 搜索引擎关键技术：网页排名和超链分析算法

搜索引擎技术其实早已有之，最早的产品是由三名加拿大的大学生在 1990 年开发的 Archie。这是一个基于 FTP 的文件检索系统，其基本工作方式是：先自动搜集 FTP 服务器上的文件名信息，然后建立文件名索引，使用时根据查找的关键词通过索引对文件名进行匹配，并指出在哪个 FTP 服务器上可以下载对应文件。这与现代搜索引擎的原理是类似的，虽然检索的对象已经不再是文件。

1993 年，一位麻省理工学院的大学生开发了一个可以通过链接在万维网上自动"爬行"并记录其网页地址和网页内容的程序。这款名为"万维网漫游者"的程序，实际上就是现在搜索引擎广泛使用的网络爬虫的原型。网络爬虫解决了搜集网页的问题。随着技术的进步，到了 20 世纪 90 年代后期，网络爬虫已经可以为其访问过的网页中的每一个词建立索引，这让搜索关键词并匹配与之相对应的网页成为可能。

爬虫抓取网页后，需要把网页保存在数据库中，然后对页面进行预处理。预处理技术的好坏关系到关键词匹配的精确度，包括分词、噪声去除、链接关系计算和正反向索引等不同环节。预处理的所有环节都围绕一个目标进行，那就是提高关键词搜索返回结果的有效性。就拿分词环节来说，举一个简单的例子，对于"华人"和"中华人民共和国"这两个关键词，都包含"华人"这一语素，但是表达的却是两个完全不同的概念。这就涉及自然语义分析的相关知识，搜索引擎运用了先进的语义分析来处理不同的关键词可能出现的包含、歧义等情况，这种语义分析是基于统计学的，采用机器学习算法的分词系统通过大量语言材料（简称语料）的训练，以词组出现的概率为判断依据对关键词进行分词，提高了关键词识别的准确度。在上例中，"中华人民共和国"这一关键词以一个词组出现的概率大于任何分词的情况，因此可以判断该关键词就是一个词组。除了语义分析，其他的预处理环节也有各自的关键技术，在此不再赘述，感兴趣的读者可以阅读相关参考书籍。

20世纪90年代后期，互联网上出现了不少搜索引擎，有Lycos、Magellan、Excite、ALtaVista、Google（当时还没有中文名字，谷歌），以及中文搜索引擎百度等。上面提到的关键技术，这些搜索引擎也都具备，在不同的功能上各有千秋，为什么谷歌和百度能一枝独秀，成为新时期互联网的真正巨无霸呢？这是因为谷歌和百度创新地开发出了各自的网页排名算法，结合其独特的商业模式超越了其他的竞争对手。

网页排名是一个让所有搜索引擎开发者头疼的问题。网页排名要解决的问题是：用户对关键词进行搜索返回结果时，该如何对搜索结果进行排序。也就是如何衡量网页的质量，把质量高的网页尽量排在前面，提高搜索的效果。

百度的创始人李彦宏博士在硅谷工作期间，提出了超链分析技术来解决这个问题。他指出，一个包含搜索关键词的网页，可以通过考察它的链接数目来决定它在搜索结果当中的排名。简单地说，就是指向该网页的链接数量越多，网页的排名越靠前。该方法大大改善了网页排名的质量，在学术界有很大影响。后来，他怀揣着这一核心技术回国创办了百度。

而谷歌的创始人拉里·佩奇（Lawrence Page，1973—）和谢尔盖·布林（Sergey Brin，1973—）在思考这个问题时想到：虽然可以通过考察指向该网页的链接的数量来衡量一个网页的质量，但是不同的链接有不同的权重，这是由链接网页本身的质量所决定的，而表示网页质量的指标就是网页排名。这个数学模型通过不断地更新数据进行迭代，最终会得到一个收敛的结果——这个结果就是与正确排名最接近的网页排名，这就是网页排名PageRank算法的原理，如图7.7所示。谷歌祭出PageRank算法的撒手锏后，罕逢对手。这种排名算法提高了搜索的性能，用户也普遍反映谷歌的英文网页搜索结果质量相比其他搜索引擎更好。

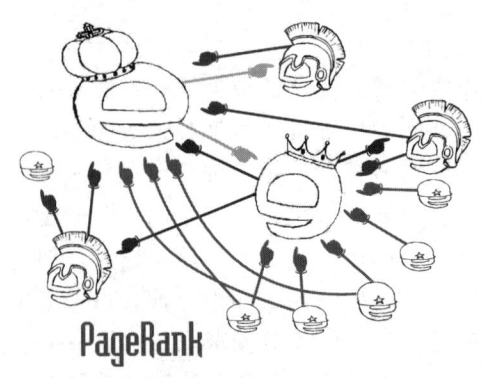

图 7.7 网页排名 PageRank 算法

凭借超链分析和 PageRank 这样的核心技术，百度和谷歌从竞争中脱颖而出，分别成长为中文、英文搜索引擎霸主。巧合的是，随着对互联网学术研究的深入，2000 年巴拉巴西（A.L. Barabási，1967—）在《链接：网络新科学》中提出了无标度网络理论，印证了搜索技术的正确性。在随后到来的互联网第二次浪潮中，搜索引擎牢牢地占据了制高点。

 拓展阅读

中文搜索引擎第一人：李彦宏

李彦宏，1968 年生于山西阳泉，从小就是一个不服输的人。当时他姐姐考上了北京大学，临走时对他说："其实外面的世界很美丽，所以你一定要好好学习，考上大学，走出阳泉，这样你未来的路才会更宽阔。"自此李彦宏就有了一个梦想，一定要到外面的世界去看一看，这样才能改变命运。

1991 年，他从北京大学信息管理专业毕业，后赴美国留学主攻计算机专业，之后在华尔街做实时信息检索。随着眼界的不断开阔，李彦宏又有了一个梦想：要用自己手中的技术改变国人的生活。本来在华尔街衣食不愁，但由于这个梦想，1999 年李彦宏带着自己的技术和 120 万美元的风险投资回国，创立了百度。凭着对中国文化、汉字的深刻理解，成为中国搜索业务的霸主。但是他没有止步于搜索业务，而是延伸到人工智能所能涉及的领域，他对人工智能的思考形成了 3 本著作。2017 年出版《智能革命：迎接人工智能时代的社会、经济与文化变革》，2020 年出版《智能经济：高质量发展的新形态》，2021 年出版《智能交通：影响人类未来 10—40 年的重大变革》。

对互联网前景的敏锐察觉与自己卓越的技术、管理才能是百度能改变国人搜索方式的重要原因。同样，不能忽略梦想的力量。李彦宏的梦想一个比一个伟大，从仅仅是好好读书，到外面的世界去看看，再到用自己的搜索技术、人工智能技术改变中国人的生活。李彦宏一步一个脚印，充满激情与动力，果敢地前进着。

只有梦想才能使人在任何困难前都充满激情，勇于挑战。没有什么能够阻挡一个有梦之人追梦的脚步。这是百度拥有今日辉煌的内在精神动力，也是亘古不变的真理。

7.2.1.2 搜索引擎的商业模式

前面我们提到过，先进技术的壁垒是不可靠的，要想在竞争中占据主动，防御来自巨头的进攻，商业模式的创新必不可少。搜索引擎的商业模式是以前没有过的，现在看来，这种商业上的创新带来了丰厚的回报。那么，搜索引擎的商业模式到底是什么呢？

时下主流的搜索引擎商业模式主要是搜索推广与关键词广告。相信读者也很想弄清楚：搜索引擎向互联网用户提供免费的信息检索服务，究竟是如何实现盈利的？

广告业务是搜索引擎主要的收入来源，搜索引擎在设计其广告战略时，充分地考虑了搜索引擎的特点——通过匹配搜索关键词让广告投向特定的人群，广告投放具有很强的针对性，也就是现在说的"精准性"。而且，重要的是有多少关键词就有多大的市场，想到这一点，把搜索引擎比作印钞机并不为过。

搜索引擎的广告投放系统完全自动化，因为提供的是最简单的文字广告，无须人工修改。商家只需在网上提交申请，给出广告信息和支付方式及预算额度，广告就会出现在相应关键词搜索返回结果的上方。搜索引擎会按广告的点击次数向商家收取费用，从其提供的预算中扣取相应的广告费，这种按效果付费的广告模式很有吸引力，很多企业都把广告转移到搜索引擎。点击次数同时一定程度决定了同一关键词下不同广告的排序，点击次数越多，排名就可能越靠前，影响这些广告排名的因素有100多个，点击次数是其中权重较大的。排名越靠前，广告效果就越好，广告商也更愿意来投放广告。查看一下谷歌每年的广告收入，你一定会非常震惊。

百度作为中文搜索引擎的代表，其创始人李彦宏提出的超链分析技术，能有效对搜索结果进行排序。百度在中文搜索技术和中文网页覆盖率上比谷歌有优势，更重要的是百度比谷歌更能适应中国市场。百度除搜索业务之外，还推出了包括百度知道、百度百科、百度贴吧等关键词衍生服务，这些服务搭建了一个用户平台，在这个平台上，用户可以与其他用户交流，找到自己感兴趣的信息或者帮助别的用户解决问题。百度的搜索衍生服务深受用户喜爱，也打造了其在中文搜索领域的核心竞争力之一。

未来搜索引擎正在向社会化、个性化、实时化和垂直化等方向发展，移动互联网的发展给搜索提出了更多命题。地理位置感知搜索就是典型的移动搜索，现在很多手机应用已经提供了垂直化的基于地理位置的搜索，如找到附近500米内的所有餐厅。新的交互特性有望带来全新的商业模式，搜索引擎也在酝酿着新一轮的变革。

7.2.2 电子商务：挑战传统的商业模式

互联网的普及，让人们享受到了共享信息的便利，互联网的应用也得到了快速发展。继电子邮件、网页浏览、搜索引擎、在线聊天之后,电子商务的出现,使商业模式和人们的生活方式也随之发生了巨大的变化。

7.2.2.1 网络搭台,商业唱戏:电子商务诞生

电子商务过去泛指贸易活动当中各个阶段的电子化。随着基于互联网的商业活动的兴起,电子商务的内涵也越来越丰富。无论是B2B(Business to Business)、C2C(Consumer to Consumer),还是B2C(Business to Consumer),传统的商业正在向互联网平台大迁徙。正如人们感受到的那样,很多人越来越喜爱网络购物的便捷、实惠。而越来越多的企业也通过网络更轻松地找到了原材料,或者发掘出了潜在的客户。信息的聚合让商务活动摆脱了地域的阻隔,电子商务的烈火正在熊熊燃烧。

伴随着互联网的快速发展,电子商务迅速崛起。1997年,在亚太经合组织峰会上,时任美国总统克林顿呼吁与会各国着手推进基于互联网的电子商务的发展进程,引起了全球信息产业界的关注,一些先知先觉的企业已经开始涉足电子商务,其中就包括早期B2C和C2C电子商务的领导者亚马逊(Amazon)和易贝(eBay)。

互联网发展方兴未艾,网站的数量爆炸式增长。1994年,贝佐斯(J. Bezos,1964—)敏锐地察觉到了互联网的巨大潜力,辞掉了基金经理的职务,创立了一家网络书店,这就是后来大名鼎鼎的亚马逊公司。现在的亚马逊已经成为互联网数字出版物巨头,美国最大的在线零售商、全球最大的云计算服务公司,此外,其在智能音箱、AI芯片方面也极具竞争力,是名副其实的高科技互联网公司。其实创业初期,亚马逊并没有受到人们的关注,每天的订单只有不到10笔,后来亚马逊登上了雅虎的推荐网站列表,才开始受到关注。网络购物和传统的零售途径有着本质的差别,顾客只能通过网络上的图片和文字来判断商品的优劣、好坏等,这与商场里的实物零售是有差距的。因此,很多人对此表示怀疑,"我真的能通过互联网买到我心仪的商品吗?"不光是亚马逊,在互联网电子商务发展的初期,每个涉足该领域的企业都会面临这样的问题:"如何打消客户的疑虑、取得客户的信赖?"直到后来经过电商们为提高服务质量的不懈努力,用户开始渐渐习惯这种新的消费方式后这种情况才得以改善。这些努力包括支撑电子商务的信息技术与物流基础设施的提升,如图7.8所示。

图7.8 亚马逊物流基础设施

创立于 1995 年的易贝，采取的是另外一种电子商务的商业模式，那就是 C2C。易贝通过搭建交易网站，提供给网络用户一个在互联网上进行交易的平台。用户既可以是卖家，也可以是买家，所有交易都是在用户之间发生的，网站本身并不向用户售卖商品，只是提供交易场所。易贝整合了来自个人和企业的零散的买卖信息，一些在市场上不容易买到的东西，在易贝上就可能找到卖家。这让初期的易贝成为收藏爱好者的乐园。以此为切入点，易贝打开了电子商务的大门，成为 C2C 模式的代表。

无论是 B2C 还是 C2C，毋庸置疑互联网是商业活动的一个良好平台，这得益于互联网平台对信息的整合与传播能力。商业活动正在向着低成本、精准营销、创新商业模式等新的方向发展。随着人们对基于互联网的商业活动的忧虑渐渐消除，电子商务已经慢慢变成现代人生活中不可或缺的一部分。

拓展阅读

抵抗天赋的诱惑：贝佐斯

贝佐斯，1964 年出生于美国新墨西哥州阿尔布奎克。16 岁以前，贝佐斯几乎每个暑假都要到外祖父的农场去看看。这些经历对他的影响非常大，首先，在农场就得学会自力更生，什么东西都得自己做。有东西坏了，自己修好。不会的就得自己学习，有时候会面临很大的挑战，就必须顽强和专注到一种别人认为不合情理的地步，这种自力更生的性格刻在了贝佐斯的骨子里。1994 年，贝佐斯放弃了华尔街六位数的年薪，开始了他的亚马逊创业历程。20 多年来，凭借特有的专注和顽强，还有以消费者为核心的长远理念，他将亚马逊打造成美国最大的在线零售商、全球最大的云计算服务公司。

在普林斯顿大学 2010 届毕业生致辞"抵抗天赋的诱惑"中，贝佐斯谈到了来自他外祖父的一句教诲：聪明是天赋，但仁慈却是选择。对于很多人而言，聪明并不难，因为聪明是父母给予的，但是做出正确的选择，却需要后天的智慧。

7.2.2.2 后来者居上：中国电子商务

中国电子商务相对于美国起步晚了几年，中国互联网的第一笔交易发生在 1997 年，但那时由于基础设施还在建设中，互联网的普及还不到位，大多数人别说互联网了，PC 都还没接触过，但这并不妨碍中国这个全球最大、最具潜力的市场孕育出最优秀的电子商务企业。1999 年，阿里巴巴在中国注册，中国电子商务的传奇随即拉开了序幕。

与美国网民富有尝试和冒险精神不同，中国网民则相对谨慎保守。接受电子商务这种新理念，还有一定困难。这就需要对用户进行引导，同时大力宣传这种具有巨大潜力的新的商业运作模式。阿里巴巴的创立者马云就是这样一个中国电子商务发展的先驱，在大家还对电子商务保持观望态度时，他想尽办法宣传电子商务新理念和他的阿里巴巴。与国外的商业模式不同，阿里巴巴瞄准了以中国外贸为主体的中小制造企业，推广 B2B 的商业模式，打造了一个制造企业与客户以及原材料供货商信息对接的平台。阿里巴巴创造性地引入第三方对企业信用进行认证，为网上交易提供了保障。阿里巴巴为制造企业带来了大量的订单、廉价的原材料，契合中国沿海省份大量中小企业的特点，马云提出"让中小企业没有难做的生意"的口号，受到了各类企业尤其是中小企业的青睐。阿里巴巴的创新理念获得了投资方的关注，在马云的领导下很快成为中国电商的领头羊，2021 年天猫"双 11"一天的交易额达到 5403 亿元。今天阿里巴巴已经成长为集 B2B、B2C、C2C 等诸多平台于一体的国际电商巨头，其第三方支付业务，从支付宝、余额宝发展为蚂蚁金服，成为最大的互联网金融企业；同时，阿里云也已经成长为全球第三、中国最大的云计算技术与服务公司。阿里巴巴军师曾鸣在《智能商业二十讲》中介绍，阿里巴巴的本质是一家数据公司，借助智能算法，获得竞争优势。不仅如此，其达摩研究院探索支撑未来发展的基础性技术，平头哥半导体有限公司打造智联网芯片平台，共同支撑其电子商务在全球的领先地位。

除了阿里巴巴，传统零售行业受到电子商务大潮的冲击，重心也开始向互联网转移。网上购物的优质体验也渐渐深入人心，随着团购、垂直电商等新的电商模式的出现，互联网已经成为未来商业模式创新的重要平台。

拓展阅读

富有激情的创业者：马云

马云，1964 年出生于杭州，1982 年高考失利后，当过秘书、搬运工，一次偶然的机会接触到了路遥的《人生》，其中有一句话是："人生路虽长，关键处却往往只有几步。"马云大受启发。爬起来再战！第三次高考终于取得成功，考入杭州师范学院英语专业。毕业后创立中国黄页，未果。33 岁再次创业，终于修成正果，带领阿里巴巴走向世界。

马云自幼家庭贫困，人生路大抵艰难。面对这样的一副坏牌，每个人都有自己的打法，马云也打出了自己的风格，扭转乾坤，那就是疯狂。听过马云演讲的人应该都有感觉，他表现的是最真实的自己，从不掩饰自己的缺点。

软银公司总裁孙正义曾说"做事像马云一样疯狂就会成功"。创业之初，面对一手普普通通的牌，马云一路疯狂，他如是鼓励员工"号令枪一响，你不可能有时间去看对手是怎么跑的，你只有一路狂奔"。理想与现实之间巨大的差距逼得马云永远尽自己最大的努力。复读期间，更是白天上班，晚上去夜校，刻苦学习。创业期间，马云疯狂至极的自信、实干，再加上对市场的敏锐察觉，对网络发展规律的准确把握，让阿里巴巴飞速发展。

7.2.3 社交网络：从社交生活到新媒体

7.2.3.1 网织社交生活：社交网络

"你知道吗？中国的天才比美国的总人口还多！"这是电影《社交网络》开头的第一句话。在影片中，扎克伯格（M.E. Zuckerberg，1984—）在酒吧里，脑海中多线程地观察着周围的事物，以一种飞快的语速与女友同时谈论着两件事情。可是，就是这样一个不善与人交际的书呆子天才，一手创办了 Facebook.com——一个在 7 年内用户数超过 7.5 亿的庞大社群。如今，以 Facebook 为代表的各类社交网站层出不穷，俨然已成为我们日常生活不容忽视的重要部分。上社交网站似乎已经成了每天必做的事情。

那么，是什么原因导致近年来社交网络以雷霆之势风靡全球呢？

首先我们从概念说起。社交网络是社交网络服务（Social Network Service，SNS）的简称，即现实世界人际交往在虚拟世界的投影。社交网络是互联网发展的衍生品，互联网通过便捷的网络打破了社会关系时间和空间上的阻碍，把线下生活的信息流转移到了线上，从而可以对社会人际关系进行高效管理。

人与人之间的社交关系本来就是一个错综复杂的网络，互联网只是提供了一个聚合的平台。早在 20 世纪 60 年代，美国心理学家米尔格兰姆（S. Milgram，1933—1984年）就设计了连锁信件的实验，证明了人际关系的六度分隔理论，即你和任何一个陌生人之间所间隔的人不会超过 6 个。到了 70 年代，美国社会学家格拉诺维特（M. Granovetter，1943—）指出，社会关系有强弱之分。强关系相对稳定、密切，比如亲戚、中学同班同学等，但是更为广泛的弱关系是人们社会关系中的关键力量，往往通过弱关系可以获得更多的信息或者更高的潜在价值。进入互联网时代，传播和分享成为人际交往的新主题，社交网络通过聚合强弱关系，把人际关系网络打造成了现实世界中的一个虚拟的"小世界"，方便了信息的传播与分享。通过社交网络，弱关系得到进一步的发展和巩固。

我们知道，像 Facebook、人人网、微博这样的社交网站大致有一个共同的特性："人们能把自己最新的情况、思想、情感发布到网上，通过社交网络，与自己认识或者不认识的人分享。当这种分享得到一些人的肯定和关注时，人的心理往往会产生一种满足感。而且一般来说参与者越多，这种满足感就越强烈。"一言以蔽之，社交网络简单而且快速地满足了人们渴望被关注的自然本性，达到了宣传自己的目的。被称作"互联网总统"的奥巴马便是看到了社交网络潜在的巨大力量，成为社交网络的受益者。在第一次竞选总统期间，其选举团队便利用 Twitter 和 Facebook 来为其助选。奥巴马的官方 Facebook 页面经常更新，不仅发布普通新闻，也会向选民提问，获取他们的反馈，奥巴马本人甚至会亲自发布一些 Twitter 消息。社交网络将奥巴马与选民更紧密地联系起来，最终奥巴马赢得了大选。再看看特朗普在担任总统期间，每天离不开 Twitter。

在社交网络上，人们可以跟踪好友的近况，获取即时新闻消息，享受关注别人和被别人关注。但是，凡事都有利必有弊，红透了半边天的社交网络又会有怎样的弊病呢？

谈到社交网络的弊病，其中最为人诟病的便是虚假信息的大肆传播。社交网络最核心的价值就是其庞大的用户群体，仅仅 1 天时间，一个热点事件的微博数量就会超过 100 万条。有人为了炒作或出于某些不正当的利益，制造传播一些虚假信息，虚假造势，导致谣言四起，严重地危害了社会的公共安全。当然，社交网络也会有一些举措来应对，如新浪微博就设立了不实信息曝光专区和微博辟谣的官方账号，发动网民来共同举报和辟谣。尽管如此，面对社交网络上形形色色的消息，我们仍需要保持自己清醒的判断力对其进行甄别，以免为别有居心之人所利用。另外，垃圾消息、钓鱼网址，以及用户信息的安全也同样是社交网络不容忽视的问题。

2019 年 3 月 7 日，扎克伯格发表了一篇题为《以私域为中心的社交媒体发展愿景》的博文。在这篇长文中，他畅谈了自己对社交媒体未来发展的理解。他指出，"未来，通信将会向私密、加密服务转移。在那里，用户可以相信他们与其他人的交流是安全的"。为了配合这种趋势，他和他所领导的 Facebook 打算从最为核心和私密的通信方式——私信做起，并在此基础上逐步发展通话、视频聊天、群组、故事分享、电子支付、电子商务等服务。除此之外，他还表示 Facebook 将会继续推进旗下几款应用的整合，将 Instagram、WhatsApp 和 Messenger 整合到一个平台。

Facebook 从公共社交转向私密社交，这不是向腾讯的微信学习吗？有人做了一个比喻，Facebook 和 Instagram 建立了一个"数字化的公共广场"，而微信则是"数字化的客厅"。由于用户在 Facebook 上发布的信息大部分是公开的，因此人们可以很容易地搜集用户的各种信息，并推断出他们的各种特征——例如，广受批评的"剑桥分析"所采用的就是这些所谓的公开信息，而非 Facebook 后台的私密信息。由于出现了大量侵犯个人隐私的丑闻，美国联邦贸易委员会（FTC）对 Facebook 展开了调查。2021 年 2 月 26 日，Facebook 所涉"史上最大隐私诉讼之一"结案，因涉嫌未经用户许可收集和存储用户面部数字扫描信息和其他生物信息，这家社交网络巨头被迫以支付 6.5 亿美元，约合人民币 42 亿元，来解决这场历经 6 年的集体诉讼。在这种背景下，许多人开始怀疑它的安全性，因此开始逃离"广场"，回到"数字化的客厅"，这就是微信的熟人社交。关于微信，我们将在移动互联中再详细讨论。

7.2.3.2 第四媒体：网络新媒体

同样颠覆性地改变了人们生活的还有网络新媒体。

谈到网络新媒体，聚集网络的智慧是其具有代表性的特征之一，维基百科就是一个例子。维基百科是一个自由、免费、内容开放、任何人都可以编辑的网络百科全书，是世界排名前十的网站之一。维基百科是一个非营利性质的公益网站，其词条的编撰和修改全部是由来自世界各地的网友来完成的。维基百科由于其开放性，集成了全球人民的智慧，并且由不同的语言写成，被称作"世界人民的百科全书"。根据这种来自网络合作创造百科全书的思维，有人专门写了一本《维基经济学》，探索这种模式应用于其他领域的可能性。

另一个代表性特征就是视频分享。最早的视频分享网站是由美国华裔陈士骏等人创立的 Youtube。通过 Flash、HTML5 等技术手段，该网站提供了一个方便视频上传和分享的平台，用户可以上传任何容量不超过 2GB 的视频片段。Youtube 出现后，迅速掀起一轮网络视频分享的热潮，土豆、优酷等本土视频分享网站也开始在国内兴起。视频分享网站给了人们一个表达自己的空间，在这里可以展现自己的才华、表达自己的观点，分享自己喜欢的视频给朋友。而视频作为载体，相比文字或者声音，可以传达更多与人的情感因素相关的信息。随着网络视频的传播，上传者的观点和态度也随之得到传播，一个"自媒体"的时代来临了。2006 年 11 月，谷歌公司以 16.5 亿美元收购了刚成立一年多的 Youtube，网络视频分享网站又创造了互联网的一个财富奇迹。

还有一个不得不说的就是微博。微博是以社交网络的面貌兴起的，不过近年来越来越向着网络新媒体的方向发展。微博的特征是碎片化，140 字限制了每一条微博只能是一句话、一件事或者一个瞬间的记录。而人们上微博接收新鲜事也是在生活中碎片化的时间段，比如上下班的路上、饭前等待的时间等，通过快速浏览不断在更新的关注的人的微博，找到自己感兴趣的内容，当然也可以通过转发分享给朋友。碎片化的微博提供了大量第一手的个人信息，微博用户也可以随时随地表达自己的想法。微博提供了一个开放的平台，在上面可以关注所有感兴趣的人或者机构。少数微博用户拥有数量庞大的粉丝群，这意味着这少部分用户通过微博发布的一言一行或者转发的微博都会被数百万甚至数千万微博用户接收到，因此内容有吸引力的微博可以在短时间内迅速传遍整个网络，成为热点。许多网络上的流行现象、流行词汇就是这样诞生的。作为一种新形式的网络媒体，微博的影响力越来越大，"转发"渐渐成为一种有力的传播方式。在微博的传播过程中，每个用户都是参与者，既是信息的传播者，也是信息传播的媒介。微博的出现，使网络新媒体进入"互媒体"时代。

随着互联网的发展，我们的网络生活也越来越多姿多彩。但是，我们的网络依赖症也越来越明显。当你走过一个景点时，只是为了寻求一个美的角度拍照留念而不是用双眼去享受；当你和朋友聚会时，每个人只是拿着自己的手机而不是相互亲密交流；当你和多年前的好友关系只剩下"我是他的人人好友"，我们的现实生活是否被扭曲了？网络固然精彩，但是作为一个社会人，我们终归还是要生活在现实中，有时候，要学会脱离网络的喧嚣。

7.3 幕后的英雄：现代通信网络

互联网的兴起，离不开计算机通信网络技术的支持。在这个庞大的虚拟世界之下，存在着一张由计算机终端、通信设备、通信协议等软/硬件编织起来的大网，它们是互联网的物理承载者。通信技术的进步，给互联网提供了更多的可能，更方便的接入、更大的传输带宽……本节带领读者走进互联网幕后，一起领略现代通信网络的魔力。

7.3.1 网络协议：互联网的交通规则

通信协议是通信的重要组成部分，通信协议好比计算机网络的语言，没有统一的语言，计算机和计算机之间怎么能打交道呢？

1979 年，为了定义分布处理之间的通信基础设施，Honeywell Information System 公司设计了七层模型，即 OSI（Open System Interconnection）参考模型。这是一个包含应用层、表示层、会话层、传输层、网络层、数据链路层、物理层七个层级的、抽象的模型体，不仅包括一系列抽象的术语或概念，也包括具体的协议，能够满足开放式系统的大多数需求，而且具有可扩展的能力，能够满足新的需求。

TCP/IP 层级模型结构通过逐级调用传输层、网络层和数据链路层可以实现应用层的应用程序通信互联。

TCP/IP 模型就得名于其中两个关键的通信协议的——传输控制协议（Transmission Control Protocol，TCP）和网际协议（Internet Protocol，IP）。

网际协议（IP）是一种无连接、可靠的数据报传服务的协议，作用是在源地址和目的地址之间传送数据报，每一台接入网络的计算机都会被分配一个 IP 地址，它在寻址过程中起到类似找人时名字的作用。由于不同网络对分组大小的要求各异，IP 协议还需要对上层传来的报文进行分割，然后调用本地网络协议将数据报传送给下一个网关或目的计算机。IP 协议的基本功能包括寻址、数据报封装和数据报的分段与重组。

在通信网络中，每一层都有对应的协议。IP 协议就工作在网络层，其主要的作用就是寻址。如果我们把工作在局域网中的物理层和数据链路层看作市内的交通，网络层就是城际之间相互连接的中转站，当源端和目的端不在同一个局域网里时，不能进行直接通信，这就需要网络层来解决。不同网络之间需要三层地址进行寻址，第一层是物理层的线路，第二层是局域网内的 MAC 地址，第三层就是网络层的 IP 地址，这三层地址结合起来就可以确定目的端。在寻址过程中，传输层到达的数据段经过 IP 协议的重新封装，以 IP 数据报的形式向下一个节点转发，直到到达目的端。这个过程是通过网络的节点、连接不同子网的网关之间的数据转发来实现的，这就是下一节要介绍的路由技术。

目前 IP 正在由 IPv4 向 IPv6 过渡。IPv4 自 1981 年发布 RFC791 之后，几乎再没有更改，其良好的可靠性和可扩展性，使其成为通行的标准。但是随着 IP 网络的急速膨胀，时至今日，IPv4 地址空间面临枯竭、骨干路由器路由表不堪重负、地址结构不合理等问题凸显出来，无法适应 IP 网络发展的需要。IPv6 的诞生正是为了解决 IPv4 存在的这些先天不足，同时考虑到物联网、移动通信等可能对 IP 网络提出的新的需求，重新定义 IP。

如果 IP 协议是广域网中的交通指挥员，告诉数据去哪里、怎么去，那么 TCP 协议就是广域网中负责数据传输和管理的交通管理局。

传输控制协议（TCP）工作在传输层，是广域网网络体系结构的核心。它负责端到端的通信，是面向网络的下三层和面向用户的上三层的中间层，沟通了底层与上层，其主要功能包含了传输连接的建立与释放、数据传输、差错控制、流量控制、拥塞控制等一系列数据传输过程中可能用到的技术。

TCP 协议的一个重要作用是建立可靠的用于数据传输的逻辑连接，这就好比是在位于不同网络中的源端和目的端之间搭建一个用于数据传输的临时管道。TCP 协议建立链接的规则和人与人打交道的方式很像，是一个三次握手的过程。首先源端向目的端发送一个建立连接的请求 SYN（Synchronize）包，目的端收到 SYN 包后，需要对源端建立连接的请求进行确认，也回传一个 SYN 确认包，即 SYN-ACK，源端收到目的端回传的 SYN-ACK 后，向目的端再次发送确认信息包 ACK，发送完 ACK，端对端的连接即建立。简单地描述该过程就是：

"哥们，我要传输！"

"请求收到，你确定要传输吗？"

"没错，我确定！"

"连接建立"。

同样地，连接的释放也需要经过一个握手过程，只不过需要进行四次握手，这也被称作"文雅释放"。

TCP 还有诸多其他重要功能，如拥塞控制和差错控制，限于篇幅，在此不再详述。

7.3.2 路由技术：架起互联网的桥梁

路由技术的核心：路由算法

TCP/IP 协议给出了网络的结构与规则，正是因为良好的扩展性和不断扩大的规模，网络的环境也变得越来越复杂。网络设备调整（新增或者减少）所导致的网络拓扑结构变化、数据流量聚集所带来的拥塞问题，给计算机网络通信带来了诸多不确定因素。在不断变化的网络环境下，如何保证通信能够可靠、有序地进行，谁来疏导网络中庞大的信息流？路由技术便是这项任务的具体承担者。

路由是网络信息从源端到目的端的传递路径，这个过程在网络层上进行，IP 协议给出了网络的规则，路由技术来负责具体实现。简单地说，路由技术包括路由器技术和路由选择算法。路由器是网络的枢纽，局域网、广域网通过路由器实现网络层的对接。当然，路由器是围绕路由算法来设计的，因此路由算法在网络层的技术实现上占据了核心技术的地位。

拓扑结构是网络间的连接关系，知道了拓扑结构（类似地图中的路网），那么节点之间的路由路径也就知道了。网络拓扑信息被保存在路由器的路由表中，这张表保存了指向特定网络地址的路径，为数据的转发提供索引。

早期的计算机网络规模小，配置与管理比较简单，因此采用的是静态路由技术。静态路由的路径固定不变，需要管理员一条一条地配置，不会自动生成路由路径。当然，也正是因为这种特性，其稳定、可靠的静态路由在路由选择时会拥有比较高的优先级，但这种路由策略只适合拓扑结构稳定、简单且规模较小的网络。显然，广域网是不能采用这样的路由策略的，否则手动配置路由路径适应不了网络的动态变化。为了适应这种变化，动态路由技术被提出。不同于静态路由，动态路由的路径是自动生成的，当网络拓扑结构发生变化时，会根据网络拓扑结构的变化自动更新路由。但动态路由也存在一些问题，比如只能生成网络间的路由表项，不能生成到达某一具体节点的路由表项，此外，不同的动态路由策略之间不能兼容。这些不足也充分表明，动态路由虽然解决了实际应用中的瓶颈，但还不够完美。

路由算法是在给定网络拓扑结构信息的条件下，找到最优的信息传递路径。路由算法分为非自适应路由算法和自适应路由算法，非自适应路由算法是指不能自动调整路由表，只能依靠静态路由表的路由算法，其中比较典型的算法包括静态路由法、扩散法、随机走动法、最短路径法等。非自适应路由算法的好处在于简单、开销少，但是灵活性较差，对网络的变化不能做出相应调整。因此非自适应路由算法只在一些特殊网络中得到了应用，最典型的就是军用网络中使用了扩散法。

动态路由均采用了自适应的路由算法，这些算法相对比较复杂，需要监测网络拓扑结构的变化和网络流量的波动来对路由表进行更新。常见的有距离矢量路由算法、链路状态路由算法、分级路由算法等。其工作原理较为复杂，在这里就不多做介绍了。

 **拓展阅读**

引领思科走向辉煌：钱伯斯

钱伯斯（J. Chambers），1949 年生于美国西弗吉尼亚，1974 年荣获西弗吉尼亚大学法学和商学学士学位，1975 年获印第安那大学金融管理 MBA 学位。曾效力于 IBM 和王安电脑公司。1991 年加入思科，1995 年担任总裁，他通过并购等改革方式，带领思科快速发展，到 2000 年年底，思科市值增长了 80 倍，进入《财富》世界 500 强。

钱伯斯加盟思科，多亏前总裁摩格里奇。摩格里奇看准了钱伯斯在王安电脑公司的出色领导能力，邀请钱伯斯加盟思科。他俩有很多共同点，都在郊区长大、都与高中女友结婚、都拥有 MBA 学位，最关键的是都不是技术出身，都不迷信技术。不迷信技术，这种思想一直影响着思科后来的发展。

钱伯斯的并购策略为人乐道。通过收购那些在某些技术方面领先的小公司，充分利用思科的品牌、销售力量，达到在某个领域的霸主地位，这是钱伯斯最精辟的战略之一。2001 年至 2006 年，思科收购了 85 个企业，业务从幕后走向前台，摆脱了管道工的形象，带领思科从互联网危机中走出来，成为路由器领域的老大。

7.3.3 光纤通信：铺设信息高速公路

互联网的高速发展，除了网络技术的推动，通信技术的进步同样不可或缺。如何提高通信的效率，扩展信道容量，提高数据传输的可靠性成为科研工作者新的目标。

计算机网络绝大部分通过线缆构成物理上的连接，这些线缆属于导向性传输介质。线缆的传输能力制约着计算机间的通信能力，早期计算机网络采用同轴电缆、双绞线等线缆连接，由于这些介质的传输距离有限，计算机网络被限制在一定的空间范围内，不能胜任远距离有线传输的任务。

光导纤维即光纤的发明，解决了这一棘手的问题。与传统的线缆用电来传递信号不同，光纤通过光信号来传递信号。线缆是导体，导体有一定的阻抗，电信号在导体中传播得越远，衰减就越大，所以用电来传递信号的线缆都有一个极限传输距离，超过这个传输距离，通信就难以进行了。而光信号沿着光纤传播时，衰减极小，因此非常适合用来远距离有线通信。那么光纤究竟有什么神奇之处，能避免信号的衰减呢？

原来，光纤利用了光的全反射特性。我们都知道，光在不同的介质中传播的速度是不同的，当光经过两种不同介质的交界面时，就会发生折射和反射现象。而当光从光密介质射向光疏介质时，随着入射角的增大超过临界角，折射现象将会消失，入射光发生全反射。光纤通信采用的就是这个原理，光纤的中心是高折射率的玻璃芯，其外部包裹一层低折射率的硅玻璃层，玻璃层的外部还覆盖一层树脂。这样的结构，让光信号以全反射的方式在其内部进行传导，即使经过长距离的传递，信号的衰减幅度也很小。

光纤诞生于 20 世纪 60 年代末期，英国的华裔科学家高锟，从理论上论证了光纤作为传导介质进行光通信的可能性，并在实验研究方面做出了一系列贡献。1970 年，第一条通信光纤由美国康宁玻璃公司制造出来。谁也不会料到，30 多年之后，光纤能够承担起几乎整个信息时代网络通信的任务。由于高锟的重要贡献，2009 年其荣获诺贝尔物理学奖。2018 年，华为正式发布全新 400Gb/s 光网络商用解决方案，支撑运营商全业务场景的 400Gb/s 网络快速部署。据悉，因为使用了信道匹配整形技术，单波

600Gb/s 超高速光传输系统能够实现 400Gb/s/600Gb/s 的高性能传输,单根光纤容量提升 50%达到 40Tb/s,传输距离提升 30%~50%。在 2018 年,这三组数据皆是现在通信行业性能最高水平。

光纤通信是互联网发展的支撑,从物理上解决了网络通信的容量和距离限制问题,为互联网之后的腾飞奠定了基础。

7.4 互联网发展新趋势

在已经走过的第二次互联网浪潮中,我们看到了互联网从单一杂乱的个体,通过搜索引擎、门户网站、社交媒体进行了第一次整合。如今,第三次互联网浪潮来势汹汹,传统行业也掀起了信息化的热潮,互联网渗透到了人们生活的方方面面。随着科技的进步,移动互联网、云计算、物联网和大数据等互联网新热点正受到越来越多的关注。未来互联网将会和现实生活结合得更紧密,随时随地的移动互联,按需提供服务的云计算及以互联网为平台,延伸到物与物相互连接的物联网,由此积累的数据也越来越多。本节与读者一起回顾总结近年来互联网的新成就,畅想未来的网络世界。

7.4.1 移动互联网:随时随地在线

提到移动互联网,相信读者一定不会感到陌生。在手机、平板电脑等移动终端大行其道的今天,人们已经习惯了移动互联给我们生活带来的巨大改变:随时随地获取最新媒体新闻,登录社交网络与朋友联系,搜索当前位置周围的美食与商业信息,出行时的地图导航,移动平台的在线游戏……这一切已经成为我们生活的一部分,而这正是正在发生的移动互联。

传统意义上的互联网,是由计算机网络组成的固定网。过去,PC 占据着互联网终端的主导地位。随着电子技术和移动通信的发展,以智能手机和平板电脑为代表的移动终端渐渐取代了 PC 第一大上网终端的地位。我国工业和信息化部数据显示,截至 2022 年 7 月末,移动互联网用户数达 14.55 亿户。中国互联网络信息中心报告显示,截至 2022 年 6 月,我国三家基础电信企业的固定互联网宽带接入用户总数达 5.63 亿户。由此可见,接入移动互联网的用户数量远远超过 PC 接入用户的数量。与 PC 使用率下滑的变化趋势相反,移动互联网用户数量还在保持高速增长,移动互联网已经成为互联网发展新的增长点。

7.4.1.1 从 Wi-Fi 到 3G、4G 和 5G:移动互联网

移动互联网是移动通信和互联网结合的产物,虽然都是通信网络,但是计算机网

络和移动通信网络本身有质的不同,两者之间的差异主要体现在移动性和接入方式上。移动终端采用的是无线接入,在 2G 时代移动通信的传输能力还不足以支撑一些互联网应用的常用功能,所以移动互联网的兴起很大程度上要归功于移动通信技术的进步。智能手机一个具有里程碑意义的创新便是引入了 Wi-Fi(Wireless Fidelity)的无线接入方式,Wi-Fi 的引入开启了移动互联网的大幕。

Wi-Fi 是无线保真(wireless fidelity)的缩写,在无线局域网的范畴是指"无线相容性认证",实质上是一种商业认证,同时也是一种基于 IEEE 802.11 标准的无线联网技术。Wi-Fi 作为接入手段,与传统的移动通信接入手段相比,具有更大的带宽和更高的数据传输速率,Wi-Fi 能够提供百兆量级的数据传输速率。Wi-Fi 提供的空中接口可以覆盖一定的区域,这就像一个无线网络基站,在覆盖区域内,可以通过 Wi-Fi 提供的廉价、高速的无线接口接入互联网。有了 Wi-Fi 以后,人们可以不用再担心移动接入速度慢、花费高的问题了。

Wi-Fi 的普及培养了人们通过无线接入获取网络服务的习惯。自从有了 Wi-Fi 以后,随身携带的移动设备可以通过 Wi-Fi 接入互联网,人们发现很多业务可以从台式机转移到移动设备上来,比如收发邮件、观看网络视频、与朋友即时通信等。不仅如此,移动互联还催生了新的互联网应用,包括移动社交网络、地理信息服务、移动电子商务等,这些移动互联的应用,我们将在 7.4.1.2 节进行介绍。在享受到了移动互联带来的方便后,人们已经离不开这种方便的上网方式,随时随地的移动设备的网络接入逐渐成为一种需求。Wi-Fi 只能覆盖小范围区域的局限性此时也暴露了出来,3G 移动通信网络便应运而生。过去人们一直质疑移动通信实现更高的数据传输速率是否有必要,有了 Wi-Fi 的铺垫,这个问题不再有争论。3G 移动通信如及时雨般解决了移动用户的燃眉之急,也为 4G、5G 移动通信奠定了重要基础。

7.4.1.2 内容为王:移动应用混战

不光是移动通信,移动互联给互联网也带来了巨大的机遇。

2013 年 8 月 5 日,微信 5.0 登录苹果 App Store。与以往更新不同的是,更新信息展示完毕后,程序并没有进入微信的界面,而是加载了一个名为"飞机大战"的小游戏。游戏加入了积分排名系统,每一个用户都可以在排行榜上看见自己获得的分数在好友中的排名以及别人的分数。这个内容简单、操作容易的游戏很快掀起了一波"微信 5.0 打飞机"的潮流,微信用户你追我赶,力图提高自己的分数在朋友圈的排名。

微信一直以来是一个移动终端上的即时通信应用。微信首次涉足游戏就取得如此轰动的传播效果,得益于微信庞大的用户群。从 2011 年年初面世到 2013 年 10 月在全球范围内拥有超过 4 亿的注册用户仅仅用了不到 3 年的时间,达到相同的数据,最大的社交网站 Facebook 用了 5 年,到 2018 年 11 月,微信用户数量超过 10 亿,移动互联网的火热程度由此可见一斑。而微信作为一个即时通信应用搅局游戏平台,并不值得奇怪。

腾讯的市值,在 2014 年 3 月就突破了 1500 亿美元,2017 年 11 月曾突破 5000 亿美元，成为亚洲第一、世界第六。它的市值超过了我们大家熟悉的，像英特尔、中国移动等著名的企业，体现了它的发展潜力。

微信平台是移动互联的一个入口，类似于当年有线网和固定网的门户网站，它还是一个自媒体，每个人可以把他观察和感受到的表达出来。2015年央视春晚，微信摇一摇红包引发全民互动狂欢，一夜之间微信支付注册用户突破1亿。微信支付与电商结合起来，有很多商业机会。微信也是一个游戏娱乐及生活服务的平台。

随着智能手机的普及，不只是腾讯，还有阿里巴巴、百度等，从PC转向智能手机，还催生了美团（2010年）、今日头条（2012年）、拼多多（2015年）等新兴企业。

 拓展阅读

腾讯掌舵者：马化腾

马化腾，1971年10月出生在广东潮阳，童年大部分时间是在偏僻的海南度过的。他对天文情有独钟，这个爱好伴随他至今。1993年获深圳大学计算机专业学士学位，1998年创办腾讯。

1993年大学毕业后，一次偶然的机会，马化腾发现了ICQ这个软件的巨大潜力，立刻自己做了一个中文的OICQ。然后叫上几个朋友成立了一个公司，专门做OICQ，这就是腾讯。2000年互联网泡沫席卷全球，腾讯也历经艰难，曾经找过中华网、新浪的高管，想100万元卖掉，但他们都拒绝了，马化腾只能倾其所有，四处借钱，来维持不断上升的用户量的正常需求。更有甚者，有一段时间注册QQ要收费，那时的艰难可想而知。QQ几乎没有资本，除了当时3.4亿的用户量。熬过了最艰难的时刻，庞大的用户量吸引了风投公司，融资后的腾讯更是如鱼得水，不断更新和推出新的产品，成为中国互联网行业的一大巨头。

2011年，腾讯推出"微信"，它是移动互联的最重要的产品之一，也是一款走向世界的产品。它超越了QQ，标志着马化腾具备突破已有成就的勇气和魄力，有能力带领腾讯不断超越，成长为世界级的企业。

7.4.2　云计算：虚拟资源按需供应

7.4.2.1　网络服务的发电厂：云计算

或许你还有疑问：天上的云倒是每天看到，可是没看到计算机里有云啊！那就让我们看看生活中的"云"吧。为了PC的安全，很多人都会安装360、金山等杀毒软件，这时候我们常会接触到"云查杀"的概念,"云端"成百上千的服务器保存了病毒库并正在帮助我们的 PC 监控和扫描病毒。当我们的磁盘空间不足时,可以将文件上传到网盘中。这些文件都被保存在云端的存储设备上,这就是云存储的概念。这时候只需要一个账号和密码,就可以在不同的地方便捷地下载到我们的资料了。中国铁路 12306,几乎逢春节高峰期必瘫,但自从 2015 年采用阿里云服务以后,不仅购票更加人性化,体验也更流畅,即使在高峰期,也没有崩溃,这就是云计算的威力。

不知不觉中,云计算已经渗透到人们生活的许多方面。但是我们大多数人仍然是云里雾里摸不着头脑。那么,云计算到底是什么呢?这个问题的答案真是众说纷纭,有人把它比喻成发电厂,有人把它比喻成银行,等等。下面就以发电厂版云计算为例做简要介绍。

19 世纪末,爱迪生发明直流发电机的时候,电灯开始被企业接受。然而,为了用电灯,每家企业都需要有一个自己的发电机,且需要专业的人员维护,成本较高。后来,交流电技术的兴起使得远距离传输电力成为可能,于是情况发生了改变。一些大型电站被兴建起来,统一维护,电力通过四通八达的电网输送到千家万户。企业不再需要采购昂贵的发电机,只需要安装一个电表,按实际的使用量给电厂付费就可以了。正是电力集中生产、按需付费的模式,使得用电门槛和用电成本大幅降低,电力开始走进千家万户。

现在的 IT 行业就像早期的电力行业。企业为了引入办公自动化(Office Automation,OA)、客户关系管理(Customer Relationship Management,CRM)等各种信息系统,就必须采购一套高性能的服务器,同时购买昂贵的软件,还需要配备专业的技术人员对系统进行维护和升级。对于大企业,可以承受大额的 IT 预算。而对于普通的企业来说,数十万、数百万元的成本让他们望而却步。但是,随着通信技术的不断发展,有线接入和无线接入的数据传输速度越来越快,高速的数据通信已经不再是限制 IT 发展的主要因素,这时候基于网络的云计算就逐渐兴起。在云计算的概念下,OA、CRM 等开发方把系统安装在云端,复杂计算和数据存储都在云端完成,企业用户只需链接网络交互数据,就可以享受到过去只有大企业才能实施的"信息化"服务,而企业只需每月查看使用服务量,按时付费即可,就像我们每月查看电表交电费一样。

7.4.2.2 云的三张面孔:云计算层次

目前,云计算提供三个层次的服务:基础设施即服务(IaaS)、平台即服务(PaaS)和软件即服务(SaaS)。

(1)IaaS(Infrastructure as a Service):基础设施即服务。在 IaaS 中,服务提供商把硬件计算资源、存储空间、网络连接等资源打包成服务,直接提供给用户,用户在此基础上部署和运行各种软件,包括操作系统和应用程序。通过购买 IaaS 服务,用户不需要购买昂贵的服务器等硬件设备,并可以根据需求随时增加或减少购买服务量。IaaS 具有免维护、经济性高、可扩展性强等特点。

(2)PaaS(Platform as a Service):平台即服务。PaaS 主要面向应用开发人员,它

以服务形式为开发人员提供开发环境、服务器平台和硬件资源，使其可以在这个平台上开发新的应用，或者扩展已有的应用。用户只需部署自己的应用，无须为服务器、操作系统、存储等资源的运行维护操心。PaaS 平台就像开发商盖了一栋商厦，里面被分割成很多摊位，开发商把这些摊位租给小摊小贩们，用来卖衣服、杂货等。

（3）SaaS（Software as a Service）：软件即服务。SaaS 是目前应用最广泛的一种云服务。服务提供商通过因特网为用户提供应用软件服务，用户以按需付费的方式从提供商那里订购并获取应用软件服务。服务提供商在云端安装和运行应用软件，用户通过客服端（通常是 Web 浏览器）使用软件。用户无须购买软件及相关基础设备，也无须对软件进行升级维护。SaaS 类似于开发商不仅建好了房子，而且将它装修成了宾馆，聘用了宾馆管理人员，用户只需付钱就可以入住了。

一个新的计算时代在不知不觉中拉开了序幕。或许，目前人们提及的云计算还仅仅是冰山上的一角！如同电力时代高压传输问题解决之后大规模甚至超大规模发电厂的建立一样，信息时代做大做强了的大规模甚至超大规模的数据中心、存储中心、软件中心、计算中心、媒体中心的建立，势必成为未来云计算的基本要素。或许，在"多云"时代，我们将不再需要硬盘和高性能 CPU，所有的存储和计算都将在云端完成。只要有一个终端和浏览器，就能实现"云端漫步"。

7.4.3　大数据：挖掘其内在的价值

大数据，是近年来信息产业非常热门的一个话题。社交网络、电子商务和移动互联网等新技术把人类带入了一个信息爆炸的时代。结构化和非结构化数据以 PB（1PB=1024TB）为单位快速增加，这些反映了人类活动和环境变化的海量数据中存在大量有价值的信息。如何对这些海量信息进行分析，从而获得我们感兴趣的信息，乃至进行一些可靠的趋势判断，成为新的课题。

对大数据进行分析的技术手段是数据挖掘技术。基于人工智能、统计学、机器学习和数据库等，通过对海量数据的分析，揭示出潜在、未知的有价值信息。如果说大数据提供了互联网一座新的金矿，那么数据挖掘就是开采这座金矿的工具。

大数据改变了人们的思维方式，人们在互联网上不经意的一举一动，看上去稀松平常的一件事，变得极具价值。电子商务平台监视着我们的购物习惯，搜索引擎知道我们在寻找什么信息，社交网络掌握着我们的人际关系网络……这一切，既是那么的美好，却也那么的令人感到恐惧。当这些记录人们活动的数据成为有用的信息时，好的一方面是商家可以根据客户的习惯为其提供更为个性化、更符合我们需求的服务。但是另一方面，人们也担忧自己的隐私受到侵犯，颇具争议的"剑桥分析"就是通过大数据分析影响了某些国家的总统选举。大数据时代，机遇与挑战并存。

7.4.4　数据智能：自动化与精准化

阿里巴巴的军师曾鸣认为：新商业和旧商业的主要差别在于精准，新商业的优势在精准。如前面提到的谷歌广告，就是根据用户输入的关键词来推送相关广告。淘宝则更往前走了一步，客户在淘宝上投一个广告，系统可以持续地跟踪反馈。过去一段时间，由于这个广告产生了多少直接销售，多少间接销售；广告的投入与产出，变成了一个可以计算的可变成本，商家可以准确地计算投入广告的成本与增加的销售收入。另外，每年"双11"都是阿里设计师的大考。海量的设计需求，需要保证所有人都统一规范，遇到紧急设计需求，还要快速出稿，对每一个设计师都是脑力、体力的双重考验。阿里巴巴于 2015 年开始引入 AI 设计师鲁班，很好地完成了海报设计的重任。据悉，2017 年"双11"期间，AI 设计师鲁班一天制作 4000 万张海报，并且每张海报都是根据商品图像特征专门设计的。

根据曾鸣回忆：早在 2008 年左右阿里巴巴就意识到，商品类目扩张不再有作用了，浏览商品路径对于用户来说变得过于复杂。从 2008 年到 2011 年，淘宝整个的流量占比快速从类目转移到了搜索。这个现象与 2000 年左右浏览网站类似，网页数目的快速增长迫切需要新工具——搜索引擎。因此，当网络发展到一定阶段时，需要数据跟智能的手段来辅助协调查找资料等交互关系。同样，当多方利益纠缠在一起的时候，如果没有一种足够智能与自动化的利益分配机制，这个协同网络也就没有办法扩张了。阿里巴巴找到了营销竞价排名的广告模式，这种模式把小广告主——淘宝上的小卖家和淘宝搜索的流量，以及站外很多小网站的流量全都整合在一起。

数据智能，本质是借助机器代替人直接做决策。它需要几个前提条件：云计算、大数据、算法、迭代。以搜索算法为例，它有三个核心的组成部分，一个是算法，即机器学习的引擎；一个是数据，算法要以数据为基础，持续迭代优化；一个是用户，两个极简的产品界面——搜索框和结果页，只需三个步骤——输入关键词，输出结果页，点击——就能完成一次搜索。

另一个例子是"今日头条"。当网络信息非常丰富时，也称其为"信息过载"，能否有一个筛选机制，把每天我想关心的新闻或者文章推送给我？也就是说如何为用户找到有用的信息。要实现这个目标就要做好两个关键点：第一点是新闻聚合，用户希望在一个产品里获取任何他想要或者可能想要的东西，这就要求产品能够聚合其他App、网站，甚至线下媒体里的各种信息，这也是最基本的一个产品特性。第二点是个性化，要深刻理解、猜测用户的兴趣，结合兴趣为其推荐相关信息，这是信息产品后期衍生出来的一个产品特性。

"精准"不仅仅适用于商业，也可以尝试应用在教育领域。个性化教育一直是件困难的事情，如果借助人工智能辅助完成大量的工作，而让教师关注于教育中最重要的活动，有可能更好地提供全面个性化教育。

7.4.5 物联网：将万物接入互联网

物联网（the Internet of Things，IoT），简单地说就是物物相连的互联网。虽然从 2G 开始就有物联网的应用，但是直到 5G，在其标准制定中才有明确的物联网场景，即大规模物联网业务（Massive Machine Type Communication，mMTC）。回顾历史，物联网走进大众视野，可以追溯到 2009 年。

2009 年 1 月，时任美国总统的奥巴马提出以"物联网"为核心的"智慧地球"是挽救危机、振兴经济、确立竞争优势的关键战略。在美国的经济刺激计划中，批准了推进"智慧地球"中两个领域的发展——智慧电网和智慧医疗。

2009 年 6 月，欧盟委员会发布了《物联网——欧盟行动计划》，以确保欧洲在构建新型互联网的过程中起主导作用。9 月，欧盟第七框架项目发布了《物联网战略研究路线图》，系统地提出了物联网战略研究的关键技术和路径。11 月，欧盟发布了《未来物联网战略》，提出要让欧洲在基于互联网的智能基础设施发展上领先全球。

2009 年 7 月，日本 IT 战略本部颁布了日本新一代的信息化战略"i-Japan"。提出到 2015 年，通过信息技术推动"新的行政改革"，使行政流程简化、效率化、标准化、透明化，同时推动医疗、健康和教育的电子化，以提升国家竞争力，参与解决全球性重大问题，确保日本在全球的领先地位。

在我国，2009 年 8 月 7 日，温家宝总理在江苏无锡视察时指出，"要在激烈的国际竞争中，迅速建立中国的传感信息中心或'感知中国'中心"。11 月 3 日，温总理在文章《让科技引领中国可持续发展》中又强调"要着力突破传感网、物联网关键技术，及早部署后 IP 时代相关技术研发，使信息网络产业成为推动产业升级、迈向信息社会的'发动机'"。12 月 27 日，温总理在接受新华社记者采访时，再次把物联网提到"占领新兴产业的制高点，决定国家未来"的高度。

物联网将是 5G 发展的主要动力，业内专家认为 5G 是为万物互联设计的。目前，物联网已广泛应用到赋能装备控制、工程机械、航天制造等传统行业，通过传感器、嵌入芯片的布设实现工业生产的智能感知和决策。此外，搭载了物联网传感器的可穿戴设备、智能家居、智慧医疗、车联网、灾害预警系统等应用开始进入大众日常生活。此外，工业互联网也是物联网的一种，它是 5G 标准中的超高可靠与超低时延通信（URLLC）场景。在工业互联网中，无人驾驶汽车、无人飞行器、工业机器人等设备接入 5G 网络中，既为 5G 提供了新的业务，也为智慧城市、智慧交通、灾害预警与救灾等系统提供了新的通信手段。5G 网络，不只是信息分享、社交平台与电子商务平台，也是工业自动化、数字化、智能化的支撑环境。

马化腾在 2018 年的演讲中曾断言："互联网的下半场是产业互联网。"2021 年，工业互联网网络、平台、安全三大体系持续完善。网络方面，工业 5G 切片虚拟专网和混合虚拟专网等新型网络模式快速推广，工业互联网基础设施应用支撑能力持续升级。平台方面，截至 2021 年 12 月，我国具有一定区域和行业影响力的工业互联网平台超过 150 家，接入设备总量超过 7600 万台套，服务企业超 160 万家。安全方面，国家级工业互联网安全监测与态势感知平台已经与 31 个省级(自治区、直辖市)系统实现全部对接，"国家—省—企业"三级协同联动的工业互联网安全态势感知体系初步构建。

7.5　总结与展望

本章以互联网的发展历程为线索，介绍了互联网的诞生、普及和未来发展趋势，还有那些在风起云涌的互联网大潮中的弄潮儿。互联网创新不只是技术创新，还有与技术相匹配的商业模式创新、金融创新、管理创新等。

在互联网的发展历程中，颠覆性创新往往来自年轻人、外行人，比如设计 TCP/IP 协议时瑟夫与卡恩不足 35 岁，设计 HTTP 协议时伯纳斯·李刚刚 35 岁，设计图形化浏览器时安德森刚刚大学毕业，门户网站雅虎的创始人杨致远和费罗、发明网页排名算法 PageRank 并创办谷歌公司的佩奇与布林、社交网络公司 Facebook 创始人扎克伯格当年都是在校博士生，创立腾讯公司时马化腾还不到 30 岁，创立百度公司时李彦宏也就 32 岁，亚马逊创始人贝佐斯和阿里巴巴创始人马云并非计算机专业，但他们敏锐地抓住了互联网发展的机遇。

万维网的发明实现了用户与网站之间的实时交互。图形浏览器的发明，是互联网与图形交互的有机结合，为互联网的大众化奠定了基础。门户网站的出现，把网络上零散的网页和网站组织起来。当网页数量急剧膨胀时，迫切需要互联网自动为你分担查找工作量，由此搜索引擎抢走了门户网站的导航和检索主要业务。互联网的快速发展，也为电子商务创造了机会，B2B、B2C、C2C 应运而生。互联网打破时空的局限，从互联网电话，逐渐形成了社交网络。互联网已经渗透到我们的生活、学习、工作的各个方面。

到 2023 年年初，谷歌、亚马逊、阿里巴巴、腾讯、百度等公司依然在发展中，他们的成功不只是技术，还有商业模式和企业管理，是值得我们进一步研究和学习的。比如，谷歌早期的核心技术是搜索算法，但是其盈利源自广告业务，创新不仅体现在搜索技术，而且拓展到人工智能、智能手机操作系统及其商业生态等领域；亚马逊和阿里巴巴，表面上是电子商务公司，其实是互联网高科技公司，尤其在云计算业务，亚马逊全球第一、阿里巴巴全球第三。

随着移动通信的数字化、宽带化，尤其到 4G 以后，以智能手机为中心，以云计算、大数据与人工智能等为手段，移动应用越来越丰富。中国的互联网应用开始展现出强大的创新能力，尤其是在移动互联网领域，移动电子商务、互联网金融、微信、今日头条、共享经济、短视频等业务开始引领世界。移动互联网将在未来社会中扮演更加重要的角色，也将面临更多的机遇和挑战。

思 考 题

1. 什么是 TCP/IP 协议？它们有哪些特点？为什么能沿用至今？请你查阅年轻科学家瑟夫和卡恩研制协议的过程以及成功的原因。

2. 伯纳斯·李率先提出建立"全球互联的信息系统"的构想，制定了 HTTP，并设计出世界上第一个网页及浏览器，开启了互联网时代，从他经历中有何教育启示？

3. 图形化浏览器的推出，为互联网普及奠定了基础，开启了网络新经济时代。然而第一个图形化浏览器的设计者安德森仅是本科刚毕业，对你有何教育启示？

4. 门户网站雅虎的诞生，有许多的偶然性，杨致远与费罗在为他人提供方便时也为自己提供创业机会，请你谈谈雅虎为互联网奠定了哪些规则。

5. 有人说佩奇安静、内敛、思想深邃而富有远见，布林外向、合群、高调但同时也是问题解决者，如何理解这种评价？如何看待两个人的这种组合？

6. 李彦宏将百度打造成为全球最大的中文搜索引擎，并且投入巨资研究 AI、智能汽车和智能交通，请你分析其获得成功的主要因素。

7. 亚马逊公司，起步于网络书店，发展成为美国最大的在线零售商、全球最大的云计算服务公司，请谈谈创始人贝佐斯有哪些企业家精神。

8. 阿里巴巴，也许你是从"双 11"认识的，貌似"卖货的"，其实是一家互联网高科技公司，请你透过其发展历程总结成功的经验和教育启示。

9. 腾讯从"QQ"到"微信"，实现从互联网到移动互联网的拓展，根据你的应用体验总结分析两者的差异，进一步分析马化腾和张小龙的个性特点及教育启示。

10. 曾鸣在《智能商业二十讲》中，从网络化协同效应与数据智能两个维度分析了新商业，网络协同效应积累了大数据，而大数据与人工智能相结合可以实现精准商业，由此请你举例说明精准商业成功的案例。

参考文献

[1] 谢希仁. 计算机网络：第 8 版[M]. 北京：电子工业出版社，2021.

[2] 艾伯特·巴拉巴西. 链接网络新科学[M]. 徐彬，译. 长沙：湖南科学技术出版社，2007.

[3] 布兰德·斯通. 一网打尽：贝佐斯与亚马逊时代[M]. 李晶，等，译. 北京：中信出版社，2014.

[4] 戴维·怀斯等. 谷歌的故事[M]. 朱波，等，译. 北京：中信出版社，2020.

[5] 韩啸. 李彦宏：百度与智能时代的畅想[M]. 北京：中国言实出版社，2015.

[6] 维克托·舍恩伯格. 大数据时代[M]. 盛阳燕，等，译. 杭州：浙江人民出版社，2013.

[7] 曾鸣. 智能商业[M]. 北京：中信出版社，2018.

[8] 赵先超. 阿里巴巴：四十大道[M]. 北京：电子工业出版社，2018.

[9] 扎克伯格. 社交的本质：扎克伯格的商业秘密[M]. 谢天，译. 北京：中信出版社，2016.

[10] 吴晓波. 腾讯传：中国互联网公司进化论[M]. 杭州：浙江大学出版社，2017.

第 8 章

应用软件

想想我们的生活：早晨被手机闹钟叫醒，打开天气软件查看温度来决定今日的穿着，用手机拍下教学楼旁新开的花朵，听着音乐在操场上跑两圈，闲暇时看一下朋友圈或者微信公众号，临睡前在社交软件上回复完最后一条消息……

我们有时候也会回想起曾经那些在睡前上好闹钟发条、出门旅行背上相机和胶卷、看中央一台在新闻联播之后播出天气预报的日子；那时候，手机也仅仅是一种通信工具而已。智能手机出现后，游戏机、随身听、录音笔、计步器、卫星导航仪等便携电子设备逐渐被移动应用软件替代，各种应用软件百花齐放，我们的生活也在不知不觉中发生了重大变化。

智能手机的诞生和发展，为研发各类应用软件提供了硬件平台，但是应用软件的快速发展还需要平台的开放性与合适的商业模式。

本章从 App Store 的诞生说起，介绍图片社交、微信、手机淘宝等平台化应用软件的发展历史，然后追溯移动平台的软件基础——移动操作系统，如苹果的 iOS、谷歌的 Andriod OS 以及华为的 HarmonyOS；最后介绍移动生活中的典型应用软件，如手机游戏、在线音乐流媒体、移动办公、移动新闻、手机导航、短视频等。

8.1 App Store 与移动应用生态系统

8.1.1 苹果 App Store 的艰难问世

2007 年 1 月，第一代苹果手机（iPhone）发布。这款智能手机创造性地带来了触控交互方式，还集成了加速度计、电子罗盘等多种传感器，实现了计算机、互联网与移动通信的有机结合。乔布斯在发布会上曾经信心满满地说："它将改变一切。"

在以翻盖手机为主导的市场上，iPhone 的出现虽然给业界带来了前所未有的话题，但并没有达到预期的效果，到 2008 年 6 月，iPhone 累计销售 600 万部。

为什么会出现这种情况？原来第一代 iPhone 并不支持第三方软件的安装，所有应用软件都是由苹果公司开发的。它包括邮件、Safari、iTunes、照片、消息、可视语音邮件、天气、摄像、日历、时钟。虽然这些软件很重要，但是由于没有第三方应用软件，应用软件的丰富性不足，iPhone 的潜能没有被充分发挥出来。

这是因为 iPhone 的总设计师乔布斯拒绝向第三方开放应用软件的开发权限。乔布斯提供第三方开发者的选择是，必须在网页浏览器 Safari 的框架内为 iPhone 开发网页应用。他认为"完整的 Safari 引擎是 iPhone 内部的，你可以写出令人惊叹的 Web2.0 和 Ajax 应用，它们看起来与 iPhone 上的应用软件完全一样，这些应用软件可以完美地整合到 iPhone 服务中"。虽然当时已经包括 Facebook 和 Google 在内的许多第三方开始着手打造网页应用生态，但网页应用仅能实现一些有限的功能扩展，难以发挥 iPhone 的优越性。在这种开发环境下，很难实现像微信、高德地图这类极具价值的应用软件。为了安装更多应用软件，一部分用户甚至通过"越狱"来争取对系统底层的读写权限，以提高手机的易用性。

在苹果公司内部，对开放第三方移动应用开发权限的呼声一直很高，董事会成员阿特·莱文森（Art Levinson, 1950—）等人极力主张开放 iPhone 的应用软件。"我给他打了很多电话，游说他开放应用软件。"莱文森回忆说，"如果苹果不允许、不鼓励第三方开发应用软件，而其他智能手机制造商允许，那么这实际上就将竞争优势拱手相让"。但是，这些请求迟迟没有得到乔布斯的回应，营销总监菲尔·席勒（Phil Schiller）回忆道，"他根本不愿意谈论这个问题"。

但是，董事会并没有因此放弃尝试。席勒说，"我无法想象，我们能创造出 iPhone 这样强大的产品，却不愿意授权第三方开发应用软件，我知道消费者会喜欢"。为了获得 iPhone 软件平台的开放优势，董事会主动与乔布斯进行了多次沟通，希望在沟通过程中弄清乔布斯反对的原因，以便调整对乔布斯的"攻略"。

在 2007 年的四次董事会会议上，董事会与乔布斯就此问题进行了自由讨论。"每谈论一次这个话题，史蒂夫就好像更开放了一些。"莱文森表示。在多次讨论中，董事会逐渐认识到乔布斯反对的真正原因，就是他不仅出于对团队精力和专注度的考虑，更担忧五花八门的第三方应用软件将会破坏苹果产品的一致性，还有可能带来病毒污染、垃圾软件等，将降低手机的安全性；平台开放不仅将使乔布斯及苹果团队对于产品的控制力减弱，也有可能损害到苹果公司最为重视的用户体验问题。

为了消除乔布斯的担忧，苹果公司的开放模式必须满足两个要求，既要保护 iPhone 的完整性和用户体验的简洁性，又要获得众多开发者共同创造的优势，满足用户需求，进行产品推广。经过一段时间的努力，董事会找到了一种两全其美的解决方案：第三方开发者必须遵循严格的规则，接受苹果公司的测试与批准。"这找到了一个好的平衡点，绝对是一个最佳解决方案，"莱文森说道，"它能带给我们开放的好处，但同时又保留了端到端的控制。" 因此乔布斯同意了开放第三方应用软件开发的权限。

2008 年 3 月 6 日发布的 SDK 在 4 天内下载量就超过了 10 万次。SDK 即软件开发工具包（Software Development Kit），是开发人员用来为特定平台创建应用软件的一组软件工具和程序。SDK 包括一系列的内容，如函数库、说明文档、代码样例、开发流程与指南等，它是对开发者的辅助，开发人员可以使用这些内容并集成到自己的应用软件中，来实现预期的功能。例如，当开发者需要一种方法在应用软件中调用触摸屏或陀螺仪等硬件资源时，他不需要从头编写代码，而可以在 SDK 工具包中找到一段能够辅助完成这个功能的代码。SDK 能够帮助开发者完成一些具有共性的基础功能，让开发者能够将精力集中在创意的实现和个性的表达方面。

2008 年 7 月 10 日，iPhone 3G 发售，App Store 也正式上线。iPhone 3G 在发售之后的第一周销量就超过了 100 万部。最初的 App Store 仅搭载有 500 款应用软件，但开发者被压抑许久的热情让应用软件数量迅速增长。三天内，App Store 中可供下载的应用软件就已达 800 个，下载量超一千万次。两个月后，下载量迅速飙升到十亿次，取得了巨大的成功。为此，苹果公司在官方网站上挂出了一个特别的页面，写道"Thanks a billion"，它既可以理解为"感谢十亿次下载量"，又可以理解为"万分感谢"。

苹果公司为 iPhone 的软件开发者们制定了细致严格、近乎苛刻的标准。从允许的功能到应用的 UI 布局，甚至精细到文字的使用，都有具体的规范可供开发者遵循。严格的标准，让 App Store 内的应用在功能上、代码质量上和界面美观程度上都比同时期的安卓应用要强上一大截，同时消除了钓鱼软件等安全风险。

乔布斯是如何被说服的？

以控制欲著称的乔布斯，是如何被苹果内部员工和董事会说服，改变自己的想法，同意推出 App Store 的呢？

美国的行为科学家托马斯与其同事克尔曼提出了一种解决冲突的二维模式。如图 8.1 所示，横纵坐标代表冲突双方的态度，其中纵坐标是对自己利益的坚持程度，横坐标是对他人利益的关心程度。在冲突发生后，在不同的态度下，参与者表现出 5 种不同的冲突处理的策略：竞争、合作、妥协、迁就和回避。

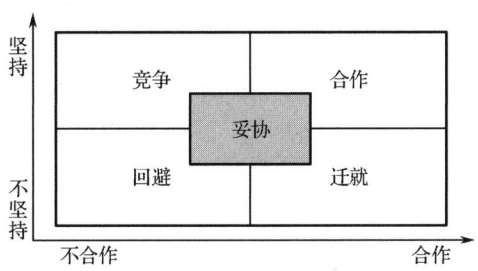

图 8.1　托马斯与克尔曼解决冲突的二维模式

在乔布斯与董事会的冲突中，问题的核心在于是否应当开放第三方开发应用的权限。乔布斯拒绝引入 App Store，是出于对苹果手机一致性与安全性的考虑；董事会想要引入 App Store，是为了聚拢开发者共同建设应用生态并从中获益。根据托马斯与克尔曼冲突解决法的纵坐标，当他们都选择坚持自身立场，维护自身利益，冲突解决策略可能表现为"竞争"或"合作"。

但是，一方面，乔布斯与董事会的根本利益是一致的，都是为了 iPhone 的成功；另一方面，与 20 世纪 80 年代初期不同，再回归的乔布斯逐渐学会了倾听，在追求极致与侧耳倾听之间找到了平衡点。因此在冲突发生之后，双方进行了多次沟通，回溯冲突发生的原因，然后找到双方共同点，以满足共同利益为原则，最后提出解决冲突的方法——对 App Store 制定严格的标准，对开发者进行统一管理。苹果公司提供开发平台并制定规则，开发者则专心开发应用软件本身，这既保证了开发者获益，又能满足苹果对第三方应用的控制。最终，通过"合作"，苹果找到了解决问题的最佳方案。卡耐基在《人性的弱点》中指出，"真正的沟通是给予对方所需要的"。

8.1.2　苹果 App Store 的快速发展

8.1.2.1　苹果 App Store 的早期发展

为了理解 App Store 开放的重要性，我们列举几款游戏 App，其创意很难由苹果自身规划出来，其开发过程充满了偶然性。在诞生初期，App Store 中最受青睐的 App 都有一个共同的特点，那就是充分利用 iPhone 的特性，将硬件特性完美转化到移动应用的用户体验中。

2009 年 12 月《愤怒的小鸟》上线（首款产品的核心团队只有 4 名成员，开发时间仅有 8 个月），这款游戏巧妙地利用了 iPhone 触摸屏的特点，玩家只需要用手指进行简单的投掷动作，严谨的物理引擎就会给投掷动作带来真实和精准的体验。2010 年《会说话的汤姆猫》上线，屏幕中的汤姆猫可以对用户的触摸做出真实的反应，并能用滑稽的声音复述用户说的话，依托于 iPhone 的硬件性能，这款游戏实现了虚拟宠物与现实感的结合，因此成为 2010 年全球下载次数最多的 App。

2010 年，App Store 进入了中国市场。国内的 iOS 移动应用开发事业当时还处于萌芽期，一些有想法的年轻开发者逐渐加入 App Store 的应用开发之中。2011 年，游戏类应用在 App Store 的畅销榜上迅速崛起，国产游戏也开始崭露头角。《捕鱼达人》成为第一款出现在 App Store 畅销榜单上的国产游戏，其构想起源于将捕鱼机从游戏厅里移动到智能手机上。

2012 年，畅销榜正式成为手游的天下。同年发售的 iPhone5 屏幕尺寸增大至 4 英寸，硬件的更新让用户能够更好地去体验游戏。在付费习惯的培养上，越来越多的应用选择主动迎合 App Store 的付费策略。2012 年《神庙逃亡》发布，一开始通过付费下载，并且有内置付费购买商品的功能。但是在下载量持续走低的情况下，主创团队决定保持内置付费购买商品的功能不变，而应用软件可以免费下载。下载量因此暴涨，但盈利并没有因此降低，反而大幅增加。在 App Store 的全部应用软件中，超七成应用为免费，免费下载的 App 带动流量，再通过付费 App 盈利，最终平均每个 App 的价格是 6 美元。

8.1.2.2 苹果 App Store 的重要意义

2017 年，在 iPhone 诞生十周年之际，苹果推出 iOS11，并对 App Store 进行了重大改版。新版 App Store 的 UI、版面布局、体验设计和内容都与以往不同。新版 App Store 放弃了"排行榜"功能，长期被刷榜应用占据的榜单从首页消失。改版后的 App Store 还加入了"Today"这个重要板块。种类繁多、层出不穷的应用给用户搜索和分辨信息带来了难度，App Store 因此大幅提升了编辑和筛选的能力，在"Today"板块中重点推荐优秀的应用或一些冷门的小众 App，在推荐中强调应用的功能、设计、幕后开发故事等，加大应用的曝光程度。被 App Store 推荐的应用下载量平均有 2.2～2.4 倍的提升。此外，对于开发者来说，新版 App Store 的审核速度更快，一般来说在 24 小时内就可以完成审核。

App Store 为开发者和苹果公司带来了巨大收益，库克在 WWDC2018 大会上公布，App Store 每周访问用户达到 5 亿，开发者在 App Store 累计收入超过 1000 亿美元。它不仅改变了整个移动手机市场生态的分发渠道，更开创了手机软件行业发展的新篇章，它为第三方应用软件的开发者提供了一个方便高效的应用软件销售平台，使得开发者的积极性空前高涨，手机软件业进入了一个高速良性发展的黄金时期。App Store 是 iPhone 成功的最大秘诀，App Store 越成功，苹果受益越多，能招募到的聪明大脑也就越多，其移动操作系统吸引了大量开发者。"苹果的战略是将开发者锁定在 iOS 生态系统中。"这种策略类似于小米倡导的"参与感"营销模式。

App Store 让软件生态由桌面 PC 向移动端迁移，加快了移动互联网时代的到来，改变了人们的手机使用习惯，智能手机只需要提供产品的基础功能构架，其他功能则作为应用放置在 App Store 中，每一个用户都能根据自身需求单独"定制"自己的手机。没有 App Store，人们一定生活在一个截然不同的世界。

8.1.3 苹果打造移动应用生态系统

App Store 作为一个平台汇聚了无数开发者，他们共同创造、共同推广，推动移动生态的茁壮成长。在 App Store 的模式下，智能手机移动应用行业高速发展，用户享受到了多样化的服务，开发者获得了实在的收益，苹果公司则成功地创造出全新的经营模式，不仅通过 App Store 与硬件设备的捆绑获得更高的用户黏性，更创造了极大的利润。

那么 App Store 如何打造出移动应用生态链，让多方共同获益？

对于用户，App Store 拥有数量极其庞大的应用资源，丰富多样的应用基本覆盖了用户的所有需求。在应用的搜索排序机制和下载安装方式上，App Store 摒弃烦琐的过程，只需点击即可安装。在购买策略上，App Store 通过 Apple ID 对用户行为进行记录，采取一次购买终身免费使用的方式。

对于开发者，App Store 提供了产品开发环境、产品营销与推广、产品销售渠道、资金回收等全面服务，让开发者能够专注产品的创意与研发，对初创者来说尤其重要。

因此面向智能手机的移动应用软件，成为 80 后、90 后，甚至 00 后年轻人创业的主要产品形式。在我国，许多创业者纷纷将传统行业，尤其是实体领域的本地生活服务和智能手机结合起来，借助物联网、人工智能等新技术实现跨界微创新，这些微创新是成长为独角兽公司的良好基础。很多 App 是全球领先的，与 PC 时代相比，我国的软件产业有了重大进步。

8.1.3.1 便利的开发环境

苹果公司尽可能地为 iOS 系统的应用开发降低难度。首先，所有应用软件都运行在一个统一的平台上，开发者不必去做复杂的适配工作，而能够把更多的精力投入到创造当中。其次，开发环境十分稳定，系统版本不会产生大幅的升级和变化，如图 8.2 所示。苹果还提供了良好的开发平台、丰富的 SDK，大大提高了开发者的效率。

发展到成熟阶段后，苹果 App Store 的开发者战略不局限于对人才的吸引，而主动设立开发中心等项目，培育优秀开发者。2016 年，苹果在意大利建设了欧洲第一个 iOS 开发者学院，免费提供 iOS 软件开发技能培训、立项和设计等课程；2017 年在印度设立了一个名为"苹果 App 加速器中心"的 iOS 开发支持中心。

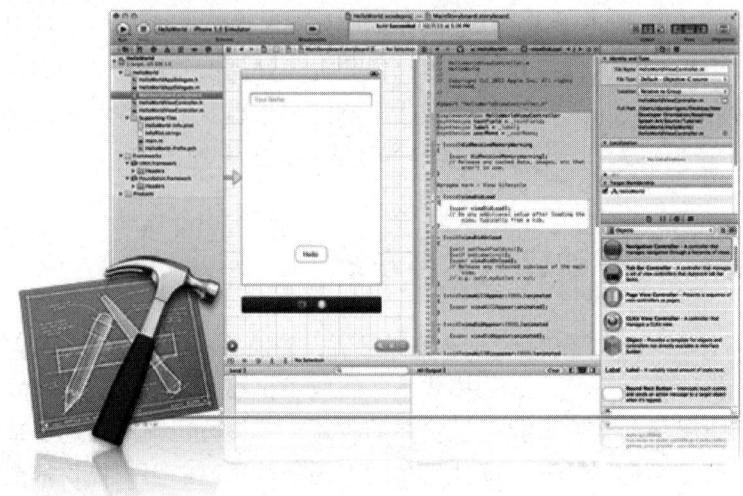

图 8.2　苹果 App Store 开发平台

8.1.3.2　高效的分发模式

App Store 具备完善的审查管理标准。开源的安卓系统具有大量缺乏审核机制的第三方应用商店，这带来了恶意程序、病毒传播和钓鱼应用等问题。相比之下，App Store 严格的审核流程保证了应用的合法性与安全性，用户能够信任这里下载的软件是无毒且安全的。

App Store 还拥有成熟的宣传分发策略，为开发者提供了基本的销售渠道。iOS11 改版之后，App Store 增加了"Today"板块，突出显示编辑推荐的内容，并且以卡片的形式进行流媒体式的推广，让应用以更直接的方式展现在用户面前。很多小众的独立应用因此获得大量曝光，下载量剧增。"每天刷刷 App Store 就像看一个媒体一样，有各种新鲜有趣的游戏和应用出现，这有点像小时候看的游戏推荐杂志。"这项功能是否有点像"今日头条"？当 App 数量很多时，个性化推荐就显示出其价值。

8.1.3.3　成熟的利润分配

App Store 除了向开发者提供了良好的开发环境和统一的管理机制，其完善的开发者分成机制也是提高开发便利性的一大举措。用户购买应用所支付的费用由苹果公司统一代收，之后苹果公司与应用开发者按照 3:7 比例分成。这种利润分享的模式为开发者提供了新的契机，如基于图片滤镜和分享的 Instagram，其开发团队初期仅有 9 人，却一度成为与纽约时报相同市值的媒体公司。因此对个人或者初创小企业非常有吸引力。

8.1.3.4 优质的硬件生态

苹果公司对硬件管理严格，iOS 系统至今仍仅适配于苹果自身设备，苹果公司能够为用户提供从硬件到软件的一体化服务。硬件上的高度一致性使移动应用的开发平台更统一，给软件开发带来了超级便利。苹果公司移动手机、平板电脑与 PC 的较高兼容性，也使应用的拓展拥有先天便利。当手机出现问题时，用户不必再为诉求硬件还是软件服务商而纠结了；对于开发者来说，性能优良、用户群体稳定的终端能使他们减少对于硬件上某些难题的顾虑，更能把精力集中在应用本身。

App Store 在构造应用软件生态系统中的种种策略，无不体现出苹果公司已经有效地整合了硬件产品、软件应用、产品服务，形成了一套强大的生态系统和统一的用户体验。苹果通过不断并购中小企业打造软硬件生态。在巩固 iOS 生态的基础上，通过对手机芯片、移动安全支付、导航地图服务、语音助手、高清照片连拍等智能手机相关企业的收购，苹果不断增强其生态系统的竞争力。

而且，苹果手机把所有的产品捆绑在一起，进一步将用户锁定在生态系统中。正因为苹果将整个生态系统都掌握在了自己的手上，使得 iOS 就像一个超级管理员一样，可以提供干净、安全、稳定、可信赖、高质量的服务。

8.1.4 苹果移动应用生态面临的挑战

苹果公司已经基于 App Store 打造出一种成熟的商业模式，开发者、用户与平台本身在这个循环中各司其职、各取所需。但是，苹果移动应用生态系统并非完美到无懈可击，想要获得更大的发展，在快速变化的市场中继续保持优势，它依然面临着源源不断的挑战。

首先，苹果面临着手机销量下滑的问题。2019 年 7 月 Strategy Analytics 发布的中国智能手机市场调研报告显示，iPhone 出货量已经在中国连续下降了 8 个季度；2019 年第二季度 iPhone 在中国市场的销量仅为 570 万部，市场份额占比为 5.8%，与 2018 年同期相比下滑 14%，其出货量和市场份额当时均排名第五，居国产品牌华为、OPPO、vivo、小米之后。随着中国智能手机行业的崛起，国产智能手机不仅具有价格优势，而且与 iPhone 的创新度差距越来越小，因此 iPhone 在国内的市场份额不断被蚕食。iPhone 销量下滑的另一个原因是苹果一贯的一体化价值主张在中国的吸引力降低，iOS 系统对国内用户并不具有绝对吸引力，据市场调查显示，中国的智能手机平台上最重要的一环不是手机生态系统，而是腾讯的微信。2022 年 8 月，Strategy Analytics 发布了 2022 年 Q1 中国智能手机市场调研报告。受疫情影响，2022 年第二季度，中国智能手机出货量同比下跌 14%，只有 6770 万部。其中苹果的市场占有率为 10.4%，同比仅下跌 1%。这也表明，iPhone 的持续改进吸引了用户的关注度。

其次，App Store 的收费模式引发争议。2019 年 5 月，苹果公司在美国最高法院关于 App Store 反垄断案件中败诉。自 2011 年由罗伯特·佩珀（Robert Pepper）和其他 3 名 iPhone 用户提出，苹果公司利用 App Store 的垄断地位迫使他们购买 App 应用时支付过高费用，这项诉讼至今已经持续了近十年。苹果公司与开发者 3:7 分成的政策给苹果带来了可观的收入，仅 2018 年，苹果通过 App Store 赚取的收入就高达 110 亿美元。消费者权益组织认为苹果利用 App Store 的垄断地位，向开发者收取 30%的佣金，间接抬高了 App 的售价，而这项成本最终转嫁到消费者身上，损害了消费者的利益。

此外，苹果面临着与 App Store"大客户"的冲突。知名度高、用户量大的移动应用软件拥有自己的一套推广和盈利模式，并不依赖苹果的平台资源，不仅与 App Store 在收益分配比例等方面存在矛盾，甚至影响到 App Store 本身的发展。一方面，在连接线下和移动应用软件替代方面，超大型应用都有自己的发展战略，如 2012 年 Facebook 推出 App Center（应用中心），2017 年微信小程序上线，这些轻应用分发业务在蚕食乃至分流 App Store 的流量。苹果的内部付费生态也受到影响，2017 年，App Store 为了维护付费系统的封闭性，iOS 端的微信公众平台和微信表情平台的赞赏功能被关闭，这是苹果与微信的生态暗战。

8.2 移动应用：类平台化发展战略

可以说，App Store 是一套生态模式，也是一种综合工具。在这个生态系统中，来自全球各地的开发者在此贡献着生产力，iPhone 用户们在此获取应用。通过该平台，开发者能够与合作伙伴、平台供应商和使用者进行便利的信息交流，从而优化开发、保持创新，以确保更大的竞争优势，更快地响应市场变化。

如果从平台化的角度去审视问题，不仅是 App Store 具有这样的运作特点。App Store 商城中的许多移动应用软件，也都是以平台的方式运作的，如社交平台腾讯微信、新浪微博、Facebook、Instagram、Twitter，电子商务平台手机淘宝、微店、京东商城，搜索平台 Google search、Safari 等。这些平台承载了全球数以亿计的消费者、商家和服务者，形成了全球化、统一化的模式，为消费者提供着丰富多样的服务。这些平台化移动应用软件，不是靠苹果一家公司能够开发出来的，充分体现了平台开放的重要性。下面以 Instagram、腾讯微信、手机淘宝为例，诠释平台化应用软件，当然它们不只是运行在苹果 iOS 上，也可以运行在安卓系统中。

8.2.1 图片社交：Instagram

Instagram 的故事要从创始人斯特罗姆说起。凯文·斯特罗姆（Kevin Systrom，

1982— ）在斯坦福大学就读期间，曾获扎克伯格的青睐，邀请他加入 Facebook 帮助开发图片类服务。当时，很多科技公司创始人都曾辍学创业，面对扎克伯格的真诚相邀，斯特罗姆并没有加入辍学的潮流，而是选择了继续完成学业。

毕业后，斯特罗姆放弃了学校推荐的微软高薪职位，而选择在谷歌度过了两年看似普通的职业生涯。第一年，斯特罗姆在营销部为 Gmail 和谷歌日历撰写营销文档；第二年，他在企业发展部为谷歌构建收购公司的折扣现金流模型。

年轻的斯特罗姆并未止步于此。在积累经验的同时，他有自己的梦想——做一个基于位置的社交应用，把照片分享和社交相结合。斯特罗姆将这个创意起名为 Burbn，如图 8.3 所示，并全心全意地投入其中。他经常坐在咖啡馆为 Burbn 做准备，在这里，他遇到了同样年轻的迈克·克里格（Mike Krieger，1986—），并邀请他加入了自己的创业计划。

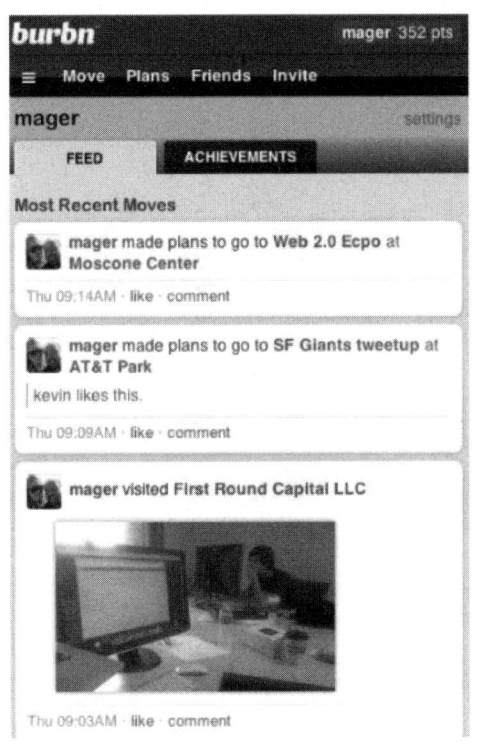

图 8.3　Instagram 的原型产品 Burbn

但是，两人倾心打造的 Burbn 却是一款失败的应用软件，很多人甚至都没有听说过。它包括签到、游戏、照片分享、社交媒体等功能，用户可以在特定位置签到，制定规划、赚取点数等。这款应用软件过于全能，克里格说，"在我们尝试去解释我们所做的事情的时候，对方总是很茫然"。

斯特罗姆和克里格对 Burbn 进行了数据分析。他们发现，Burbn 主打的签到功能并不能提起用户的兴趣，反倒是其附带的照片共享功能受到了用户欢迎，许多用户利用这个功能进行了大量的发布和分享。用户数据反映出了问题的关键，两人立刻做出了一个大胆的决定：停止其他所有功能，只专注于照片分享。于是他们花了几周的时间重构产品原型，斯特罗姆负责后端代码，而克里格则专注于 iOS 前端，只留下了 Burbn 的照片、评论和点赞功能。不过 Burbn 的这两位创始人始终不满意，尤其是斯特罗姆。

为了摆脱沮丧感，斯特罗姆来到了墨西哥的一处艺术家庄园休息并寻找灵感。与他一同度假的女友尼克尔·许茨（Nicole Schuetz）在旅途中发现用手机拍出的照片质量很差，不适合分享。当她不经意地问起如何用手机拍出漂亮照片的时候，斯特罗姆说："滤镜（Filter）。"滤镜本是放在相机镜头前的一种摄影配件，能够呈现出更好的摄影效果。斯特罗姆回想起自己在斯坦福时期去佛罗伦萨交换时学习的摄影课程，以及曾使用廉价胶片相机拍出颇具艺术感照片的经历。于是在剩下的假期里，经过深思熟虑，他设计出了"Instagram"的第一款滤镜软件，也就是 X-Pro Ⅱ。回国后，斯特罗姆开发出了更多的滤镜软件，这款应用软件终于走上正轨，而 X-Pro Ⅱ 滤镜软件至今还在应用。"Instagram"源自 Instamatic，它是柯达一个低价便携傻瓜相机的系列名称，从 1963 年开始热销，一直持续到 1988 年。

2010 年 10 月 6 日，专注于照片社交分享的移动应用 Instagram 在 App Store 发布，蜂拥而至的用户几乎挤爆服务器，24 小时用户量突破 2.5 万，一个月内用户突破 100 万。同一年 iPhone 4 发布，它优质的摄像头让用户拍摄和分享照片的意愿大大增强，Instagram 的用户量继续爆发式地增长。

2012 年 4 月，Facebook 斥资 10 亿美元收购 Instagram。当时的 Instagram 创立仅 551 天，没有盈利模式，团队仅有 13 人，因此这笔交易被视为不可思议的天价，还引发了硅谷是否存在创业泡沫热潮的讨论。但现在看来，这或许是扎克伯格最为成功的一笔收购。由于后续股价变化，Facebook 实际上只花费 7 亿美元就将 Instagram 收入账下；而 2018 年据 Bloomberg Intelligenc 数据显示，Instagram 如果是一家独立的公司，则估值超过 1000 亿美元，与它被收购时的估值相比，增值 100 倍。

 拓展阅读

Instagram：先做简单而重要的事

在 Instagram 五周年的时候，创始人分享了在团队发展过程中一直遵循的原则：先做简单而重要的事。斯特罗姆和克里格说道："这个原则在最开始的时候已经成型了，因为当时我们只有两个人，因此每次面对新挑战的时候，我们都需要确定一个最快速、最简单的解决办法。如果当时我们对一切事情都长远考虑，那么我们可能会因为什么也做不了而瘫痪。选择最重要的问题去解决，并且选择最简单的解决方法，这样才能支撑起我们指数式的增长。"

但是，怎样确定最重要的事情呢？Instagram 通过对数据进行即时的分析和判断，找到了用户增长的关键点。

相比于 Burbn 时期的全能定位，Instagram 的追求很简单，产品思路很清晰，那就是让用户能快速发布一张好看的照片。斯特罗姆说，"Burbn 是一个错误的开始，但世界上最好的公司都曾经脱胎于其他产品，如 YouTube 最初是一个交友网站。你需要的是——发现，并让它进化成别的东西"。在 Instagram 的第一个版本中，点击三次就可以发布照片，用最少的步骤分享到其他社交网站，堪称简洁的典范。Instagram 团队为了将功能做到极致，下了很大功夫来提升用户体验。比如，在用户选择滤镜处理照片时，照片就已经开始上传，用户不必在按下上传按钮后再多耗费几秒的时间等待照片上传完成。

Instagram 专注于功能的单一化，甚至应用的整体布局和功能在版本更新中一直没有很大的改变。Instagram 设计主管伊恩·西尔伯（Ian Silber）说："我向人们展示 Instagram 的第一张产品截图，然后，他们会奇怪，我们到底做了些什么？我们忠实于 Instagram 的原版，但是，我们改变了一切——就像为一辆移动中的汽车添加了新的引擎和部件。"

选择最重要的问题去解决，并且选择最简单的解决方法，将这样的原则贯彻执行到淋漓尽致，Instagram 最终火爆全球。

8.2.2　超级应用：腾讯微信

提到系统级的应用，微信绝对是一个绕不开的话题。正如微信官方对于自己的定位："微信，是一种生活方式。"微信除了具有移动即时通信的功能，还整合了社交、支付、游戏、新闻、轻应用分发等多项业务，为用户创造了一种基于微信的数字生活。

微信可以称得上是一个"超级应用"，它具有极大的市场占有率和用户黏度，远远超过其他移动应用，中国信息通信研究院的《微信 2018 影响力报告》表明，微信占到移动互联网用户总数据流量的 34%。微信的成功已经对硬件生态产生了影响，市场调研机构 Stratechery 根据调查数据发表观点称："微信的流行在一定程度上让国人购买 iPhone 的兴趣降低。在一定程度上，用户对于应用的追求，似乎影响了他们原本对于特定手机品牌的热情。"微信是如何构建生态，逐步发展为一款"超级应用"的呢？

第一，微信搭建了一个丰富而专注的社交平台。

微信刚推出的时候，既没有直接复制 QQ 成熟的社交基因，也没有急于添加过多的功能，而是只保留了最基本的社交功能——只具备基本的聊天功能，支持发送文字消息，但不能发送表情。此时，微信的亮点在于与手机拍照功能的结合，用户可以把手机里的照片便捷地分享给好友，且图片传输十分顺畅。

随着微信版本的不断迭代，更多专注社交的功能被逐渐引入。微信 2.0 版本加入了语音对讲功能，充分发挥了手机端区别于 PC 端语音通话的功能特点，不仅让不会打字的人群也能够进行语音聊天，而且沟通更加"面对面"，用户的聊天体验被推向一个高峰。微信 4.0 版本加入了朋友圈功能，将图文进行了结合，用户可以对生活和心情进行碎片化的分享，微信不再是仅限于满足用户沟通需求的简单聊天工具，而成了一款真正意义上的社交平台。

第二，微信搭建了用户的生活平台，影响乃至改变了用户的生活习惯。

在聊天功能基础上，微信平台不断扩展，向用户的生活延伸。

2013 年，微信支付上线。2014 年年初，微信红包上线，迅速引爆了发红包、抢红包的潮流。腾讯数据显示，2014 年除夕至初一期间微信用户总计抢红包 7500 万次以上，平均每分钟领取的红包达 9412 个。微信支付也逐渐成为一种主要的支付手段，不仅方便简洁，便利生活，而且带来了消费模式的改变。

2015 年，微信运动上线。由于人在步行时重心会上下移动，且加速度会产生变化，智能手机内置的陀螺仪等传感器会据此进行步数计算。微信运动每日向用户推送今日步数，并将用户的步数信息展示在由微信好友组成的排行榜中。在每日排行榜中，用户可以看到每个好友的当前步数和步数排名，好友之间可以通过点亮小红心的方式相互点赞。这让运动成了人们社交生活的一部分。每日步数就像微信朋友圈一样，同样成了一个自我展示和人际交往的窗口，人们会为了获得更多的点赞、更好的名次乃至占领封面而主动增大步行量。微信在无形之间倡导了一种更为健康的生活方式，它将运动与用户的日常社交行为结合在一起，同时纳入了一定程度的竞争属性，这无形之间改变了用户的运动习惯。

第三，微信是汇聚了第三方生产的平台。

微信的操作系统化体现在，它从一种工具，发展为汇聚第三方生产内容并统一分发的平台，并且允许第三方在自己的平台上生产工具。

2012 年，微信开通了公众号功能，个人或企业等第三方开发者能够申请开通公众号并添加内容，进行内容编辑、设置自定义菜单，只要有其他用户关注，就可以向粉丝推送消息。这相当于提供了一个可以与所有微信用户对话的窗口，受到用户喜爱的推送内容能够很容易快速传播，在短时间内吸引大批用户关注。对生产者来说，这能够花费极少的成本而带来极大的曝光，因此成为企业活动宣传、媒体发布新闻和用户发布 UGC（User Generated Content，用户原创内容）的最佳窗口。另外，微信订阅号的丰富内容成为碎片化时间的良好填充品。对于大学生来说，这带来了学习知识和拓宽视野的全新阵地，鲜枣课堂、数学中国等订阅号内容涉猎广泛，深入浅出，提供了优质的阅读与学习材料。

2017 年 1 月，微信小程序上线。当微信拓展为一种能够提供应用服务的平台后，其核心价值与服务逻辑更类似于一种操作系统。如果将微信比作一个操作系统，那么微信顶部的小程序下滑菜单可以被视为桌面，集成了常用"App"；还能够实现多任务切换——长按右上角的圆圈，呼出多任务界面。小程序在一定程度上能够代替许多移动应用的功能，在某种程度上，微信小程序正在挑战 App Store。

经过五年多的发展，微信平台已经构造了全新的小程序开发环境和开发者生态。微信赋予了开发者更多的能力，微信官方提供了开发手册、开发者工具和非常全面的组件供开发者调用，许多常用功能被微信"云化"和打包为应用服务接口，可供开发者进行远程调用，这比传统的编程方式要高效很多，极大地降低了开发者的成本；小程序的版本更新只需要上传代码包，维护方便快捷。而且，借助微信的流量引入和低成本开发环境，小程序可以让一些长尾应用的功能有更多机会展示在用户面前。

对于用户来说，小程序"触手可及"，不需要下载安装即可使用，用户扫一扫或搜一下即可打开应用，使用后无须卸载。小程序作为工具，提供了一种真正的、直接的服务，创造了全新的服务形态。小程序是一个"能运行程序的程序"，它提供了多种任务管理，能够允许用户围绕某种任务进行功能组合，以满足用户的个性化需求。例如，腾讯投票小程序支持用户自行设置投票标题、选项、截止日期等，无论何时何地，用户都能够根据自身需求去创建和定制新的投票项目。小程序充分发挥了云计算的特点，来实现用户的简单定制。

小程序带来了微信的应用服务，已经与作为微信核心服务的即时通信功能达到同等规模。微信平台的这种操作系统化，随着微信小程序的上线得到了最大程度的展现。

第四，微信具有独特的迭代逻辑。

微信的产品研发和版本迭代独具特色。根据腾讯内部"灰度发布"的逻辑，产品发布之前不需要经过反复论证，不需要做得十分完美；而是先将产品推给用户，之后在使用过程中根据需求快速进行持续性改进。

在快速变化的互联网环境中，不可能一次性完成无懈可击的产品设计，上线—反馈—迭代是一种更有效率的循环。根据"最小化可行性产品"理论，把产品做得"自我感觉完美"了再推出，与推出产品后根据用户喜好修改到让用户感觉"完美"，后者带来的优势是巨大的，因为用户的体验很难预测。

因此，微信选择了"小步快跑、快速迭代"，即在确定用户需求后，用最短的时间集中开发一个具备基础功能的产品先推向市场，接受用户反馈，再根据用户需求快速迭代产品功能。微信刚推出的时候，只有基本的聊天功能，在后续的快速更新中，微信逐渐根据用户需求上线了很多功能。而且，微信后台每天可以支撑超过20个后台变更，在这种快速的小幅度调整下，用户往往感受不到明显的版本变化，而微信已经完成了它的"进化"。

在微信的迭代过程中，一方面保持着系统级框架的稳固，保证微信自身的核心价值和稳定性；另一方面将用户的使用感受纳入了产品测试的范畴，不断将捕获到的用户意见与情感加入下一轮的迭代内容之中，不断优化用户体验。

拓展阅读

微信之父：张小龙

张小龙于1969年出生于湖南邵阳，在华中理工大学的电信专业硕士毕业之后从事软件开发工作，他编写开发的Foxmail在21世纪初的用户量达到300万（同时期QQ

的用户数仅 10 万上下）。

"如果有一个理想的环境，我想我宁愿写一辈子程序。"当时张小龙如此说道。这样的理想环境毕竟难以实现，他开始反思自己是否应该转型。"我开始意识到，与其我自己一个人写代码，不如组织一群人来写，一个人毕竟写不过组织有效的一群人。"

2005 年，张小龙加入腾讯带领 QQ 邮箱团队。在经历过笨重慢速的产品思路之后，QQ 邮箱做出一系列基于互联网应用的创新，如高达 1GB 的附件容量等（其他邮箱仅能发送 5MB 左右附件），也因此而获得了良好的用户口碑。

2010 年，嗅觉敏锐的张小龙在观察到智能手机应用软件 KiK 的成功后，连夜向马化腾发邮件，建议腾讯也开发此类业务。张小龙回忆道："整个过程的起点就是一两个小时，突然搭错了一个神经，写了这个邮件，就开始了。"此后两个月里张小龙带领十几人的团队开始了疯狂的"码农"生活，从无人问津到炙手可热，微信仅花费了 8 个月。2019 年，微信估值几乎达到腾讯市值的一半，成了国民社交工具。张小龙被媒体称为"微信之父"。

内向、温和、低调是张小龙的性格标签。他身上具有一种文艺青年的气质，他的艺术感知力使他的产品中灌注了丰富的细节和细腻的情怀。张小龙曾将同事小女儿的涂鸦画挂在 QQ 邮箱的入口，也曾因为喜爱《蓝莲花》而向许巍买下版权并将歌词挂在同样的入口。微信启动界面上面对巨大地球的孤独小人表达了人类内心的孤独和地球家园的美好，寓意着有了微信，沟通会更加美好。张小龙通过体悟来感受人性的需求，他的文艺爱好增强了他对于人的理解，这种理解在产品的开发中是润物无声的。

8.2.3 电商平台：手机淘宝

移动应用想要作为平台汇聚起生产者和消费者，首先要制定一套规则，并对规则进行完善和维护。平台需要固定不同种类参与者各自的职责，使平台内的信息能够拥有完整的流通渠道，不同的规则会赋予平台不同的功能和特点，这也正是平台的价值内核所在。就淘宝而言，它的全部设计都是围绕网络交易和电子商务进行的。

淘宝平台的内部拥有完整的商业交易闭环。一是商品发布系统，买卖双方能够发布或浏览商品信息；二是订单系统，买卖双方能够生成订单，通过查询订单保存交易信息；三是向卖家提供发货核销系统，卖家能够对已经达成的交易标识发货情况并确认库存；四是向买家提供售后服务系统，供买方在购买完成后接受售后服务。在这样完整严谨的模式下，淘宝平台汇聚起众多卖家，既包括大品牌的旗舰店，也包括无数中小型企业和个人商铺。在电子商务方面，淘宝向卖家推广淘宝直通车、旺铺、模板化网店设计等产品，帮助网店的搭建；同时向卖家提供淘宝直播等商品推广与营销渠道，"让中小企业做没有难度的生意"。

对买家而言，淘宝提供了便捷、高效、可信的服务，不断增加商品品类，完善交易规则,优化搜索算法,来提升交易系统的使用感受。首先,卖家与买家素不相识,淘宝平台作为一个第三方信任机制,搭建起买卖双方的桥梁;其次,淘宝的搜索引擎和个性化推荐系统具有很高的智能化程度,当用户搜索一个关键词后,淘宝搜索系统首先对所有搜索该词的用户行为进行统计和匹配,例如大多数用户在搜索"苹果"后点击手机而不是水果,那么淘宝会向下一个搜索的用户优先推荐苹果手机;再次淘宝会根据用户在平台上留下的浏览、加入购物车、收藏、购买等数据痕迹来进行个性化的推荐;最后,阿里巴巴创建支付宝作为结算工具,打通了与第三方物流系统的对接,搭建出高效的售后服务环节。

手机淘宝带来的移动购物方式已经渗透到生活的方方面面,对人们的行为模式乃至生活方式都产生了极大的影响。人们生活中的每个环节,无论是衣食住行或是吃喝玩乐,零食、服装、机票、话费、电子产品、电影票……都可以通过手机中的淘宝应用来完成。淘宝还创建了基于移动购物的亚文化。11 月 11 日曾经只是一个供网络单身青年自嘲的网络节日,但自 2010 年起,淘宝创建"双 11"购物狂欢节,交易额从 2010 年的 9.36 亿元到 2012 年的 191 亿元,再到 2022 年的 5571 亿元,淘宝不仅创造了惊人的商业奇迹,更让淘宝平台连接的无数卖家、买家、物流系统在 11 月 11 日前后至少半个月的时间内加入了这场购物狂欢。

手机淘宝应用软件来源于淘宝,却拥有更大的外延。手机购物通过与 LBS(基于位置服务)、O2O、语音互动和社会化媒体等新形式结合而拥有了更长的生命周期。随着用户对移动终端的依赖性越来越高,用户在手机淘宝上能够进行更多的线上线下操作,手机淘宝也因此不再仅限于购物,而成为一个生活消费的入口。生活消费的宣传、订购、互动在网上发生,而消费场景却在线下的电影院、餐馆和 KTV 等各种生活服务场所。淘宝在不同的消费场景中,根据用户的不同习惯,对宣传营销、用户消费订购、商户旅行服务和售后体验进行了整个的流程构造。最终,淘宝不仅完成了搭建购物平台的任务,更引导用户养成了一种全新的生活习惯,成为一个具有极高用户黏性的移动生活平台。

8.3 幕后英雄:智能手机操作系统

8.3.1 智能手机操作系统概述

操作系统(Operating System,OS)是管理计算机硬件与软件资源的计算机程序,最初起源于 IBM System/360,它是管理分配硬件资源、支撑应用软件的载体,使得应用软件开发不必关心硬件的变化。从生态角度看,操作系统是软硬件生态系统的主导者。操作系统的种类很多，可以分为计算机操作系统、智能手机操作系统、嵌入式操作系统等，比如基于 PC 的 Windows 操作系统。微软的 Windows 操作系统与英特尔处理器相结合，形成了 Wintel 生态系统，在 PC 领域占据核心地位，主导 PC 产业的发展，由此可见操作系统的重要性。

在移动通信时代，智能手机已经成了用户必不可少的信息收集与处理平台。智能手机操作系统是在嵌入式操作系统基础之上发展而来的，能够在手机终端为用户提供统一的接口和友好的交互界面。同样重要的是，手机操作系统为智能手机功能的扩展和第三方软件的安装运行提供了平台。目前市场上流行的智能手机操作系统有苹果主导的 iOS、谷歌主导的安卓 Android OS 等，同时我国小米、华为等企业基于安卓开源软件深度定制的操作系统，如小米的 MIUI、华为的 EMUI，已经应用于各自的智能手机中。

回顾手机操作系统的发展历史，早在 1996 年，微软公司发布了 Windows CE 操作系统，微软开始进军手机操作系统。2001 年 6 月，塞班公司发布了 Symbian S60 操作系统，作为 S60 的开山之作，塞班公司获取了庞大的客户群和终端占有率。

2007 年 6 月，苹果公司的 iOS 操作系统登上历史舞台，给智能手机带来前所未有的触控交互理念，乔布斯在发布会现场说，"今天我们重新发明了移动电话"。第一代 iOS 系统创造性地将触控交互、移动电话和移动网页浏览等功能融合为一体，但其功能仍然有限，被戏称为"一个能打电话、能上网的大屏幕 iPod"。在随后的系统版本更新中，苹果公司先是通过 App Store 实现了移动应用领域的变革，给 iOS 系统带来了开发者基于用户需求定制的功能拓展，并逐渐引入了横向键盘、多任务、Facetime、Siri、AirDrop、ApplePay、Health 和家庭分享等功能。iOS 系统是一个封闭式的系统，只能在 iPhone、iPad 等苹果公司产品上使用。在封闭系统的基础上，苹果公司营造了完整且高效的跨设备生态系统，其软硬件一体化战略让 iOS 系统在苹果系列产品中的用户体验良好，无论是软件运行、程序安装还是系统定制，iOS 系统都实现了很高的流畅度与极大的便捷度，以及安全性。

2008 年 9 月，正当苹果和诺基亚还沉湎于彼此争斗之时，谷歌推出了 Android OS。谷歌在发布会当日宣布了公开安卓的源代码，并建立一个全球性的联盟组织——开放手持设备联盟（Open Handset Alliance，简称 OHA），由 34 家手机制造商、软件开发商、电信运营商以及芯片制造商共同研发改良安卓系统，且 OHA 厂商的硬件将支持谷歌发布的手机操作系统以及应用软件。2008 年雷军就是看到安卓开源带来的机会，决定创办小米公司进军智能手机行业。良好的用户体验和开放性让安卓系统很快打入了智能手机市场。

Android OS 与 iOS 的横空出世给智能手机操作系统的市场格局带来了根本性的震动。当时市场份额最高的手机操作系统还属于诺基亚的塞班系统。iPhone 上市不久后，有记者从普通消费者的角度对比了自己使用诺基亚 E51 和 iPhone 的感受，认为塞班系统使用复杂、用户体验差（比如更换铃声需要下探 5 个层级），远不如苹果的产品上手容易。诺基亚的固执让他们选择视而不见，其手机业务最终在 2013 年委身微软，并在此后的新款智能手机中选择了 Windows Phone。微软虽然在 PC 操作系统市场是绝对的霸主，但是在手机操作系统领域却是个后来者，Windows Phone 比谷歌的 Android OS 晚了整整三年。IDC 数据显示，在 2013 年，iOS 和安卓已经占到了全球手机操作系统 93.8%的市场份额，Windows Phone 系统的市场份额仅为 3.6%，而塞班系统已经几乎可以忽略不计。

如果说国产 PC 操作系统的遗憾来源于客观存在 15 年的起步时间差，那么当移动互联网时代到来时，国产手机操作系统起步时间差距没有那么大，应该有机会占据一席之地。

在安卓系统发布的第二年，中国移动就推出了首款国产手机操作系统 OMS（Open Mobile System）。OMS 实际上是基于安卓源代码开发的，由于当时安卓成熟度较低，且 OMS 为了强调自主系统，在初期不兼容安卓应用，结果导致 OMS 反响平平。中国联通也曾开发自己的手机操作系统沃 Phone，是完全基于 Linux 内核的原生操作系统，与安卓系统无关。但在安卓系统市场份额已超过 50%的 2011 年，沃 Phone 不能兼容安卓应用的缺点被无限放大。

互联网巨头阿里巴巴也曾于 2011 年 7 月推出 YunOS，计划通过 YunOS 系统对安卓的兼容，借助安卓来扩大开发者数量。但在阿里巴巴原定与宏碁公司联合推出的搭载 YunOS 的 A800 新手机发布会开始前一小时，由于谷歌施压，宏碁被迫取消了合作。"如果（宏碁）在新产品上搭载阿里云操作系统，谷歌公司将会解除与其安卓产品的合作和相关技术授权。"为了打压潜在的竞争对手，谷歌还将 YunOS 定义为"非兼容版安卓系统"，YunOS 彻底失去了兼容安卓应用的可能性。为了突破安卓联盟的封锁，阿里巴巴曾经还选择了当时与安卓联系不太紧密的魅族公司合作，YunOS 在 2015 年曾一度占据国内手机操作系统市场的 7%，成为全球第三大手机操作系统。然而随着魅族手机市场份额的萎缩，YunOS 在手机市场也逐渐式微，现已改名为 AliOS，定位为面向汽车、IoT 终端、IoT 芯片和工业物联网的操作系统，而不再单独强调是手机操作系统。

这些国产手机操作系统的尝试，其失败原因无不来自应用生态的僵化，还有来自谷歌的打压。手机操作系统的竞争，核心在于生态系统的建立。

8.3.2 安卓操作系统悄然问世

安迪·鲁宾最早是任职于德国一家光学仪器公司的机器人工程师，随后在苹果公司、General Magic 和微软都有几年的任职经历。1999 年，鲁宾与马特·赫森逊、乔伊·布里特共同创建了一家名为 Danger 的科技公司，并研制出一款名为 Sidekick 的侧滑全键盘智能手机。然而在 2003 年，Danger 公司内部发生重大变动，董事会决定引入新的 CEO 来替代鲁宾，失意的鲁宾离开了 Danger 公司。

2003 年，智能手机市场的主角是诺基亚和黑莓，改变世界的 iPhone 还没有问世。当时的智能手机市场可以说是五花八门，不同手机之间的硬件和系统差异纷繁复杂，应用难以跨设备兼容。离职后的鲁宾在开曼群岛隐居了几个月，试图开发一款数码相机的操作系统。但他敏锐地觉察到，智能手机掀起的移动化浪潮必将重塑未来，于是，安迪·鲁宾决定开发智能手机操作系统。他将新项目命名为安卓（Android），并计划将它打造为完全开放的移动平台。

但是，开发这样一款庞大的产品需要的金额太高了。编写程序、功能测试、想法错位后推倒重建……每一个环节都需要钱，安卓团队很快入不敷出。鲁宾决定寻找大公司的资金注入。2005 年 6 月，安卓团队仅有的 8 名成员全部飞往韩国首尔，准备与三星公司商谈收购事宜。尽管鲁宾在介绍产品时极力推荐安卓系统的设计思想和前沿功能，但是三星依旧不为所动。在鲁宾的回忆中，三星的高管如此直言不讳："你和这支所谓的团队就打算开发这么个玩意儿？你们只有几个人，你嗑药嗑嗨了吗？"

带着沮丧和愤怒的鲁宾离开了三星，继续尝试与其他公司接触。不久之后，安卓迎来了历史上的重要时刻：2005 年 8 月 17 日谷歌以 5000 万美元收购安卓公司。2002 年，鲁宾在斯坦福大学为硅谷工程师授课时，谷歌创始人拉里·佩奇和谢尔盖·布林在台下曾关注过他的项目，鲁宾研发的 Sidekick 手机让佩奇印象深刻，在与鲁宾交流过后，佩奇决定收购安卓，研发谷歌手机和自有手机操作系统，抢在微软前面完成移动化布局。

2005 年，安卓团队的 8 名成员搬到了位于山景城的谷歌总部，开始潜心研发手机操作系统。2007 年 1 月 iPhone 发布，安卓的人机交互理念迅速从按键交互向触控交互转变。安卓系统的 Android 1.0 版本 2008 年 9 月推出。2009 年 4 月推出 Android 1.5，实现了在手机屏幕中使用虚拟键盘打字，并增加了视频录制的功能。2009 年 9 月，谷歌发布了 Android 1.6 的正式版，它的代表机型为 HTC Hero（G3）。此时的安卓系统已经包含了谷歌对操作系统设定的整个商业计划，包括谷歌地图、YouTube、HTML 浏览器（Chrome 的前身）、安卓应用商店等。谷歌将安卓免费提供给第三方手机制造商，计划通过安卓系统中提供的服务和移动应用盈利。

2010 年 7 月，谷歌发布了 Android 2.3。虽然移动支付的时代还远未到来，但谷歌已经将 NFC 功能带到了安卓上。对于国内很多发烧友来说，Android 2.3 是"刷机"的开始。在经历了 Android 4.0~4.3 四代的不断升级和改进后，安卓操作系统日趋完善。在随后的版本中，安卓开发团队专注于整合服务，主要改善安卓系统的碎片化问题，并注重提高安卓系统的安全性，努力摆脱安卓系统"卡顿"的标签。

此后，从 Android 8.0 到 Android 13，安卓系统已经基本完善，功能性的更新逐渐减少，系统更新方向趋向于对原有功能的优化改进和对 UI 界面的调整，安卓系统也越来越智能。回首多年发展之路，Android 当之无愧成为手机操作系统的龙头之一。

8.3.3 安卓操作系统开源策略

自推出以来，安卓从塞班、Windows Phone、黑莓等一众手机操作系统中脱颖而出，与 iOS 系统分庭抗礼，夺取了绝大部分的市场份额，其关键原因在于谷歌对安卓采取的商业模式——开源策略。

开放源代码（Open source code）是一种软件发布模式，即软件的源代码公开，且允许对源代码的自由使用、复制、修改和再发布，正如 Linux 系统作者林纳斯·托瓦兹（Linus Torvalds，1969—）的宣言，"你可以随意使用 Linux，但你必须将同样的自由传递下去，而且必须免费公开你修改后的代码"。

企业实行源代码开放的开发模式，就如同拥有了大量免费的软件开发及测试人员，而且不受时间与地域的限制，能够实现平行除错与平行研发。随着大量开发者对源代码进行修改、补充和优化，企业可以不断吸纳其创新成果，不仅能够实现产品升级，还能够培育相关的爱好者和优秀人才。开源模式，也是企业可以选择的一种"参与感"营销模式。

对于开发者来说，开源软件不仅提供了免费的学习资源与学习机会，也能够帮助产品研发。许多开发者在项目中使用开源软件来验证概念原型，首先直接组合开源软件，若产品效果达到设计目标，再将其中的核心技术替换成自有代码，形成自主知识产权的产品。这种方式可以大大加快产品研发的周期，减少不必要的损失。

对学生来说，开源软件更是直接且丰富的学习资源，可供学习和实践操作。学生可以通过对开源软件的局部修改来理解代码，练习编程。开源软件不仅是工程师成长的重要途径，也是互联网分享精神的重要体现，开源生态的生长需要多方参与，在参与中贡献智慧。开源软件，也有点像维基百科、百度百科，通过互联网形成一个大规模协作开发的平台。

开源策略使安卓系统吸引了一大批产业链上下游厂商和应用开发者加入该平台，从而调动了整个产业链的积极性，在极短的时间内实现了安卓用户的爆发性增长。一方面，开源性带来了丰富的硬件资源。安卓系统作为开放的平台，允许任何移动终端厂商加入到联盟中来，开放的安卓平台拥有超强的灵活性与适应能力，能够适应哪怕最低端的手机配置。因此，安卓系统跨越了众多厂商的产品，虽然不同厂商生产的手机终端在配置和功能上存在着许多差异和各自的特色，但基本不会影响搭载着同样安卓系统的不同设备之间数据的同步和软件的兼容。另一方面，开源性极大地方便了应用软件的开发。安卓系统对外开放了所有的路径，一个网页都能安装应用。安卓平台还提供给第三方开发商一个宽泛、自由的开发环境，开发者可以尽情地发挥创意。

正是由于安卓系统的这些特质，才使得智能手机兴起之初，大量的手机厂商、应用开发者和用户得以进入智能移动终端的新世界，如 HTC、三星、华为、小米、OPPO、vivo、魅族等。

但天下并没有"免费的午餐"。安卓系统的开放不是没有限度的，谷歌依然保留着对操作系统、浏览器入口和广告推送等权力的控制，而且能够随时对竞争对手采取断供措施。每一家使用安卓的设备厂商都要通过谷歌移动服务（Google Mobile Service，GMS）强制认证，这个认证对预装谷歌的哪些应用、应用放在哪个位置等都有严格的规定。谷歌通过在各厂商的设备上预装谷歌搜索（Google Search）、谷歌地图（Google Map）等移动应用赚取丰厚的回报。谷歌的营销渠道还包括 Google Play 应用商城下载分成和广告投放等，《华尔街日报》最早揭示了谷歌与手机制造商之间存在的秘密协议：如果消费者想访问一些服务时，这些手机制造商会优先推送谷歌的服务。

安卓系统的开源免费让谷歌一路高歌猛进，但也因此带来了不少弊端。安卓系统对应用接口的无节制开放导致更容易加载垃圾软件，而且每个应用的缓存文件都在安卓系统中进行堆积，在使用过程中会造成系统的卡顿。安卓执行 Java 代码时采用的虚拟机转换机制也会导致应用软件的运行速度缓慢。这些问题虽然在安卓的历次更新中得到了大幅度缓解，但本质上并没有解决。谷歌自己也认为，安卓系统的碎片化导致其用户体验落后于 iOS 系统，也难以从手机用户中实现商业变现。苹果也一直拿这一点来揶揄谷歌，苹果曾在官方 YouTube 账号上用短视频嘲讽 Google Play 应用商城里的垃圾软件和隐私泄露等问题，强调 iPhone 将给用户带来更加安全的体验。

安卓的卡顿问题带来了诸多不便，但我国的手机厂商通过多年来定制安卓系统的努力，已经具备了很强的系统软件优化能力。对安卓系统进行定制还来自其他原因，谷歌发布的原生安卓系统的交互和审美设计更符合欧美用户的习惯，而且我国用户链接不上大量的谷歌原生服务，国内手机厂商必须给微信、淘宝、O2O 这类"中国式移动服务"安排好入口。

深度定制安卓交互的商业案例是米柚（MIUI）系统。MIUI 率先取消了安卓的应用抽屉设计，将其改为类似 iOS 的桌面平铺设计；搭配简练精美的设计语言，MIUI 奠定了中国用户使用安卓系统的独特习惯。在 MIUI 之后，深度定制的 UI 系统成了国产手机安卓系统定制的标配，这让国产手机操作系统与原生安卓系统有了很大区别。

安卓手机在中国市场的崛起离不开国产手机厂商对交互习惯和审美设计的改造，而华为公司近几年的强势崛起和高端化，则始终伴随着对安卓的系统级的深层改造。华为把安卓原生的文件系统由 EXT 格式换成 F2FS 格式，这使得智能手机最大程度上避免了文件碎片问题。在伴随着 Mate 9 发布的 EMUI 5.0 之后，用户可以不再手动清理碎片文件。华为还开发了"两个 Turbo"：GPU Turbo 在安卓系统的图形中间件、内存管理和进程管理上进行了一系列优化；Link Turbo 优化了安卓的通信模块和连接模块。华为对安卓的优化已经走到了相当深层的程度，而从 P30 系列发布以来，华为发布了另一个引发广泛关注的成果：方舟编译器，而且采取开源策略。

正如上文所述，安卓系统的卡顿原因之一是在执行 Java 指令时需要进行虚拟机转换。安卓系统是用 Java 语言开发的，为了让开发者更方便，在最初设计时就加入了一层虚拟机设置，这样可以将各种硬件上的编程统一交给虚拟机去处理，因此给了开发者更高的适配灵活性。但是，虚拟机（可以理解为程序员所用语言）与安卓理解的机器语言之间存在着一层翻译机制，这显然会浪费许多时间，在争分夺秒的手机体验中显得异常累赘。

虽然谷歌也早就意识到了安卓这个层面的问题，因此在 Android 5.0 之后针对编译做了很多优化，但依旧存在不少问题。而华为给出的答案则是直接跳过虚拟机，在开发层通过编译器将应用转成机器码。方舟编译器从基础规则上解决了转码的负担,让安卓系统的流畅度提升了 24%,让 EMUI 9.1 在流畅度层面丝毫不逊于 iOS。华为已经不仅是在修改安卓某一部分特性,而是直接改变安卓的底层规则。

因此,在某种程度上来说,中国的手机厂商和软件开发者们已经不仅仅是安卓系统的使用者,而且对安卓系统做出了重大的贡献。但对安卓的优化还没有结束,下一步将是开发者跳过中间层,直接将应用连接于安卓底层库,实现极简的个性化开发。而对于华为来说,是从 OS 层到基础软件、再到芯片架构都拥有足够的自主话语权,由此打造华为的移动终端新战略。

8.3.4 鸿蒙与物联网操作系统

2019 年上半年,谷歌暂停对华为的安卓系统部分服务,如谷歌地图、谷歌搜索、谷歌视频等,华为从 2012 年开始部署的操作系统"鸿蒙"被推到了台前。

2019 年 6 月 17 日,在任正非与尼葛洛庞帝、乔治·吉尔德两位学者的对话中,证实了谷歌断供对华为手机的影响:"海外手机销量最严重时下跌了 40%,但最近在快速恢复中,已经缩小到 20%,还在继续改善中。"华为在海外出现手机销量短期内快速下滑的最大原因是它无法再获得谷歌的移动服务,这就像一款手机在中国市场没有获得微信和支付宝的支持一样。

正如谷歌断供导致移动应用生态链断裂的情况使华为手机在海外市场面临挑战,任正非在采访中表示,在与谷歌和苹果竞争时,华为有一个很大的失误,"我们仍然缺乏良好的应用软件生态系统"。推出操作系统只是万里长征的第一步,诸如微软开发的 Windows Phone 和阿里巴巴开发的 YunOS 等操作系统的经验告诉我们,只有将各方开发者聚拢到平台之上,吸引开发者为操作系统持续开发各类优质应用,操作系统才具备真正的竞争力。鸿蒙系统需要建立一套运作良好的应用软件生态机制,才能在系统平台、硬件厂商、软件开发者与用户之间形成良性循环和繁荣局面。

尽管仍需回答许多问题,但毋庸置疑,万众瞩目的鸿蒙系统给人们带来了无限的期待与想象。根据公开的资料,鸿蒙系统的 UI 设计、系统逻辑及移动应用安装界面等与目前华为手机上的操作系统 EMUI 并没有明显区别。鸿蒙系统如果用于智能手机,现有用户并不需要耗费过多的学习成本。在移动应用方面,鸿蒙系统能够兼容安卓应用,而且通过方舟编译系统对安卓移动应用进行重新编译,原来的应用运行性能将提升超过 60%。

给鸿蒙系统带来巨大想象空间的是 5G 时代。据余承东介绍,"鸿蒙的出发点与安卓、iOS 都不一样,是一款全新的基于微内核的面向全场景的分布式操作系统,能够同时满足全场景流畅体验、架构级可信安全、跨终端无缝协同,以及一次开发多终端部署的要求,鸿蒙应未来而生"。

鸿蒙系统在发展道路中将聚焦应用生态系统的发展,着眼于如何最大程度地汇聚开发者，让开发者能够便捷地调用硬件资源。在 iPhone 发展初期，愤怒的小鸟等移动应用的成功，很大程度上得益于对智能手机硬件的充分利用与展示。而在未来，随着智能终端的硬件环境不断升级，更要辅助开发者创新创意的实现，比如，利用搭载 VR 与 AR 技术的应用去诠释一个手机镜头的全新功能等，要将硬件资源的潜力创造性地展现出来。

从 PC 到移动互联网，主流操作系统从微软 Windows 与英特尔处理器的组合，演变为谷歌安卓或苹果 iOS 与 ARM 的组合。到 5G 时代乃至人们憧憬的万物互联的未来，鸿蒙操作系统与华为 5G 芯片的组合将引领变革。

正如任正非所言，"华为操作系统比安卓系统速度快 60%，但并非为手机系统，而是基于物联网研发的操作系统"。也就是说华为手机操作系统只是鸿蒙操作系统的一部分，华为鸿蒙操作系统将应用于手表、手机、电脑、8K 智能电视、无人驾驶、工业控制等任何与互联网连接的物体操作系统。

万物互联时代，到底是物联网的天下还是智能手机的天下呢？答案是两者都是，而手机将成为下一代移动互联网的"遥控器"，基于万物联网的理念，任何物体都可能被装上 AI，而任何物体都将以人机交互为基础。

5G 讲究速度，因此人机交互的速度也更快。例如，在无人驾驶和远程操作医疗环境中，网络时延差 0.5s 则可能出现不可预估的灾难。华为的鸿蒙是一个提供低时延的操作系统，处理时延小于 5ms，比人的反应要快得多。

在物联网时代，万事万物都将安装操作系统，这是比手机操作系统高出几个数量级的体量。定位于物联网，华为鸿蒙系统将成为 5G 时代冲锋的悍将，确实具备成为主流操作系统的技术实力。然而，能否成为物联网时代的主流操作系统，关键是华为能否很好地让生态系统中所有成员都有发展机会。

8.4 移动替代：移动应用丰富生活

智能手机通过移动应用实现了功能外延，整合了多种服务，成为一种通用工具平台。智能手机与移动应用不仅改变了人们的生活模式，也改变了诸多商业生态，不仅取代了手表、闹钟、指南针、计算器等小型工具，而且随身听、数码相机和导航仪等专用工具也逐渐让出市场，许多原有业务产生重大调整，而基于移动应用的新型业务形态蓬勃发展。

8.4.1 从游戏机转向手机游戏

2019 年，根据苹果公司对 App Store 中不同类别应用下载量的数据统计，在所有类型的移动应用中，销量最高的是游戏应用，市场占有率高达 30%以上。作为应用分发平台的 App Store 被许多用户称为一种游戏流媒体，"游戏"分类已经成为 App Store 的底端分区之一，并附加了热门游戏精选、新游戏推荐、游戏中的活动提醒和卡片化的精选日推等机制。

可以说，智能手机的出现使得游戏的承载端从 PC 和游戏机逐渐转移到手机上，用户能够通过应用软件商店快速获取并安装游戏应用。手机游戏市场以极高的增长率迅速发展起来，App Store 等手机应用软件商店也成了手机游戏市场庞大的提供者和有力的引领者，是手机游戏（手游）生态中不可或缺的一环。

最初，许多手机游戏软件成功的关键在于充分发挥智能手机的硬件功能，将智能手机的许多特性巧妙地转化到游戏的体验中。《愤怒的小鸟》被认为是历史上最畅销的应用软件之一，其全球范围内的下载量已超过 40 亿次，开发商还推出了周边产品和同名电影，"愤怒的小鸟"这一形象甚至成为芬兰航空公司（Finnair）的一个标志。

在 App Store 的帮助下，手机游戏的开发和营销难度大大降低，这使得小型游戏开发团队的作品也能够进入畅销榜单，创新和创意成为游戏成功的关键点。

在目前的游戏市场中，轻量化、无对抗性的休闲性手机游戏更容易占用玩家的碎片化时间。手机游戏侧重于流程的简单化和游戏内容的趣味化，玩家并不需耗费大量的脑力和体力来进行游戏，在地铁上、睡觉前和工作间隙等碎片化时间中，玩家乐于使用手机游戏来"杀时间"。2018 年在国内大火的放置类型手游《旅行青蛙》便是如此，如图 8.4 所示，画面清新、操作简单，巧妙地抓住了用户的碎片化时间，因此广受用户的喜爱，借助社交平台实现了快速传播。

图 8.4　手游《旅行青蛙》

另一方面，随着手机处理器的功能越来越强大，热门的大型客户端游戏向手机端的移植也成为许多游戏公司的新战略，如网易的《第五人格》取材于 PC 端的《黎明杀机》，腾讯和蓝洞合作开发的《绝地求生刺激战场》取材于《绝地求生》，《王者荣耀》则采用了《英雄联盟》的模式。但是，手机游戏难免对玩家的时间和精力造成侵占，一些游戏的世界观与操作模式也有可能对玩家的真实生活产生负面影响。这不仅需要玩家自身进行良好有序的时间规划、构筑清醒的认知，也要求游戏开发商主动承担社会责任，如《王者荣耀》就曾推出基于游戏世界观的文化常识普及脱口秀《王者历史课》。随着手机硬件和人工智能等新技术的发展，手机游戏同样呈现出无限发展的可能性。如 2016 年推出的游戏《Pokemon GO》就利用了 AR 技术，实现对现实世界中的宝可梦精灵进行探索捕捉、战斗和交换，不仅拓展了游戏的玩法，也诠释了游戏与新技术结合的更多可能性。

 拓展阅读

《旅行青蛙》与青年"佛系"文化

App Store 提供的许多游戏，其火爆离不开对手机用户的生活与心理状态的准确把握。比如，2018 年火爆社交网络的《旅行青蛙》，很大程度上得益于其游戏模式激发出的玩家情感诉求。

在社会竞争渐趋激烈的当今，强调无所谓、都可以、看淡一切的"佛系"文化因此而生。《旅行青蛙》恰恰切中了"佛系"文化"听天由命"的核心，不仅玩法有别于传统游戏的竞争性，而且小青蛙在游戏中缺少社交、自我独处的"生活"状态与"佛系"青年极为相似，这使得玩家能够通过角色代入和自我投射来缓解内心的压力。

该如何看待"佛系"文化？青年一代生活节奏快、精神压力大、事业追求高是事实，"佛系"文化让青年人在纷繁复杂的生活现实中保存了内心的一方宁静之地，体现出一种"漫观天外云卷云舒"的随性与恬淡。但是，韶华易逝，青春难再，过度追求"佛系"生活，难免会陷入随波逐流的困境，暮气沉沉的生活方式会让人逃避现实、躲避责任、丧失克服困难的勇气。"暮气就像锋利的刀，割破了年轻人的喉管，放出朝气的血。很多年轻人在不知所措的年代轰然倒下，再起不来。"这里所表述的"佛系"文化，其实是对佛家的误解。

人生的动力，不仅在于吃饭穿衣等生存需求，更在于自我认同，在于生活的意义。比如，马云早早就拥有了巨大财富，为何多年间仍拼命工作、坚持创新，哪怕遭受非议、嘲笑和讽刺？这正如他自己所说，"阿里巴巴是使命感驱动、价值观驱动的公司"。如何正确认知自我的内心，如何做出正确的选择，如何寻找生活的意义，如何勇敢地面对人生之路，是我们这一生都不能停止的思考。

著名美学家朱光潜认为："要有大成就，必定朝抵抗力最大的路径走"，这是他在 20 世纪 30 年代立下的座右铭。

8.4.2 被装进口袋里的工具箱

在智能手机出现的早期，指南针、水平仪、记事本等工具成为彰显智能手机优越性的最佳载体。如今，形形色色的工具类应用已经成为用户日常需求的最主要完成者，移动应用成为许多生活工具的"数字化替代"。

在移动办公方面，智能手机的普及将办公室延伸到了每时每刻。大量的办公业务已能够在手机上完成，公文、合同、审批、通知、公告、通信录都能够随时随地进行处理。Notability、印象笔记等应用软件除了支持文字、图片、声音记录，还能提供存储资料、多端同步、剪辑网页、团队协作等强大的功能。多种手机扫描软件可以将手机照片经过处理、压缩和优化存储为电子文件，OCR技术则能将图片文字转变为计算机文字，再生成不同格式的文档进行编辑和打印，智能手机成了能够随身携带的扫描仪。建个微信群，这是每次活动或者任务必备的动作，散会后自然转移到线上讨论、发通知提交过程稿。我们的专业导论课程、新生研讨课，也都在微信群开展线上交流、指导活动，是面对面线下活动的有力补充。

在日常生活方面，智能手机还取代了随身携带的音乐播放器，诸多手机端音乐商店应用使得移动听歌的载体转移到手机中。曾经，苹果公司推出的随身听iPod（如图8.5所示）带来了世界上第一个得到普遍认可的在线音乐商店iTunes Store，让苹果在音乐领域取代了龙头老大索尼的位置，iPod在很长一段时间内成为苹果公司最主要的产品。它是乔布斯回归苹果后成功转型的关键一步，也是数字音乐领域革命性的一步，"让音乐重新流行起来"。而随着iPhone的推出，iTunes被完美移植到手机端，2017年开始iPod已经陆续停产。手机端的音乐商店还结合了智能手机的特点，发展出了听歌与购买专辑之外的附加功能。比如众多音乐商店结合手机社交功能发展出了社区属性，歌曲评论区和听歌动态分享等功能使众多用户在移动应用社区中集合到一起，实时分享彼此的音乐心情。随着移动通信带宽增加、流量费下降，"云音乐"逐渐成为广受欢迎的听歌方式，用户无须通过下载到本地iPod、iPhone也能随时随地欣赏音乐，在云音乐模式下，用户所需要的唯一条件就是接入网络。

图8.5 将1000首歌装进口袋的iPod

目前，全球最大在线音乐流媒体Spotify能提供比盗版更好的服务，哪怕收费也会有庞大的用户群体。Spotify的发展仿佛天赐良机，一开始只是斯德哥尔摩的一个小办公室，在2008年实体音乐销售持续下滑，iTunes单曲购买方式不够有吸引力，借着

App Store 的东风，通过免费收听和付费订阅的模式进入市场，迅速得到用户认可，2017 年营业额接近 50 亿美元。原本最大的在线音乐商店是苹果 iTunes，现在已经让位于 Spotify，这是移动互联网、智能手机、App Store 带来的机会，显然苹果自己并没有抓住。不过，这也表明 App Store 开放策略的正确性，商业生态系统非常需要这样的故事来打动人。

智能手机一个非常重要的功能是摄影。由于微镜头的质量和性能的提高，2023 年 1 月小米 Redmi 发布Redmi Note 12 Pro+手机，配备 2 亿像素相机，这意味着在人们日常的摄影条件下，手机的摄影功能已与数码相机相当。手机还实现了移动端的图片处理功能，VSCO、美图秀秀等图片处理应用由于下载方便、操作简单吸引了大量用户，只需在屏幕上轻触就能够将手机拍摄的图片修出大片质感，经典的 PC 端图片处理软件 Photoshop 也正在开发 iPad 版本。手机摄影还能够在第一时间将拍摄到的图像与朋友分享，引起了图片社交的潮流。Twitter、Instagram、新浪微博、视频博客、微信等应用为众多用户提供了图片分享与交流的平台。

8.4.3　移动新闻与个性化推荐

移动应用的发展使得人们获取信息的方式也发生了许多变化，以今日头条为代表的新闻应用以其个性推荐的新闻分发方式获得用户青睐。

今日头条是隶属于字节跳动公司的一个新闻汇总分发应用，其核心价值是基于客户特点推荐的个性化新闻。个性化推荐是指根据用户的兴趣特点和购买行为，向用户推荐其感兴趣的信息或商品。个性化推荐建立在海量数据挖掘基础之上，向用户提供个性化的信息服务和决策支持。例如，淘宝平台会根据用户购买和浏览的内容推荐用户可能感兴趣的商品，YouTube 等视频网站根据浏览痕迹推送用户感兴趣的视频，微信朋友圈也会根据用户喜好个性化地推送信息流广告等。

而今日头条的成功，离不开其独特的创新：将个性化推荐与新闻的分发相结合。在互联网时代，信息过载成为最普遍的现象。网络用户在每时每刻不停刷新的信息海洋中遨游，难以抓取真正感兴趣的新闻。而今日头条则抓取大量移动用户行为数据，通过智能推荐算法来认知用户兴趣点，向用户进行新闻推荐，以期满足用户的个性化需求。个性化新闻使得用户的新闻阅读模式从"搜索"过渡到被"主动推荐"，今日头条这种移动应用主动帮助用户完成了新闻的筛选和分类工作，最终形成了一种基于使用者爱好的"个人日报"。

"个人日报"体现了未来信息精准传播的趋势。通过使用大数据分析和标签功能，准确地将信息和用户联系在一起。不过，所谓"个人日报"未必真正指向单个用户，个性化新闻的服务对象实际上是一类一类被数据标签细分的群体。

大数据分析与智能推荐在今日头条等新闻服务中的广泛应用，虽然使得用户黏性大大提高，但这种用户黏性在一定程度上是以信息接收的同质化为代价的。长期基于兴趣的信息收取将更多样的信息摒弃在外，而用户乐于赞同的观点被网络回音壁不断放大，人们被围困在信息"茧房"之中。因此，多渠道地接收信息，主动提高对新闻的思辨能力，亦是信息过载时代必备的用户素养。

 拓展阅读

"延迟满足"的张一鸣

张一鸣，2005 年毕业于南开大学，2012 年 3 月创立今日头条。极客公园创始人张鹏曾评价张一鸣："他的学习升级能力显得非常出众。"

持续学习进化，保持情绪克制，专注长期目标。张一鸣将自己的成功特质归因于"延迟满足"。他甚至认为，"延迟满足程度不在一个量级的人，是没法进行有效沟通的"。

20 世纪 60 年代，美国著名的"斯坦福棉花糖实验"中，孩子们可以马上获得一个奖励，如一个棉花糖；或者通过等待一段时间获得更高的奖励，如两个棉花糖。在长期的观察实验中发现，那些能够为两个棉花糖忍耐更长时间的孩子，通常具有更好的人生表现，如更好的 SAT 成绩和身体质量等。所以，延迟满足就是指为了更有价值的长远结果，能够在等待中进行自我控制的能力。与之相对的则是"即时满足"，或许你听过"朝三暮四"的故事，是否也有异曲同工之效？

张一鸣认为，绝大多数的人生痛苦都是因为人们太在乎即时满足。付出一点没有得到立马的回报，就会觉得痛苦。延迟满足的本质是克服人性弱点。

延迟满足的程度更高，人往往就会耐心更好、标准更高、目标更大，做事更从容专注。不计较眼前的利益，不在意一城一池的得失，不自矜自傲于一时的成功，也不恐惧退缩于短暂的失败。

8.4.4 移动社交与短视频

移动应用逐渐改变了人们的社交模式。随着移动通信带宽的增加与流量费用的下降，人们逐渐减少了电话与短信的使用频率，在日常社交中更多地使用微信，信息形式也从文字发展到图片与视频等形式。4G 的快速发展使视频的分发更加流畅，视频开始具有了独立的文本形态，GIF 表情包在日常聊天中甚至能够代替文字成为一种语言。与此同时，以抖音（字节跳动旗下短视频国内版）、快手为代表的短视频应用具有快速拍摄、快速编辑、短小明快、同步分享等特点，这使得基于视频的即时交流、分享成为可能。

诸多纸媒的知名从业者纷纷转向短视频创业，如澎湃新闻的前 CEO 邱兵辞职创业"梨视频"、前《三联生活周刊》副主编苗炜推出了"刻画视频"等。从 2014 年到 2018

年年间，短视频社交应用从单纯拍摄记录发展出美化编辑功能，实现了快速制作，并且嵌入了直播形态，其产品形态不断进化，功能日益丰富。据字节跳动公布的数据，2022年抖音日活跃用户已经超过6亿，抖音的海外版Tik Tok的日活跃用户已经超过10亿。根据市场调查机构Apptopia公布的数据显示，在2022年全球应用下载量前十榜单中，TikTok以6.72亿次下载量位居榜首。

短视频形式迎合了用户时间碎片化趋势，在用户非主观有意收看的场景下提供即时化的娱乐性消费。皮尤研究中心在分析YouTube的视频观看数据后得出结论，最受欢迎的视频长度在2.1分钟左右。视频时长的限制提升了视频内的信息浓度，降低了时间、流量与注意力等视频接收成本，满足了信息获取的随时性和社交分享的便利性。

同时，短视频深度聚焦并满足了不同用户群体的需求，垂直内容的细分不仅有助于差异化竞争，更起到用户资源积累的作用，乃至最终获得社区属性。如抖音聚焦年轻音乐爱好者、小红唇主打美妆教程等。在短视频社区中，用户能够进行创作、观赏、互动，不同用户有不同的喜好，不同的小群体都有各自共同关注的焦点，他们在其中获得观看的愉悦感和群体归属感。短视频应用的社交属性让用户在与别人的分享和互动中获得自我满足感，驱动用户创作更多的视频作品，形成稳定的互动群体。

短视频的风靡同样离不开应用本身的独特创新，体现出技术创新与媒体创作、媒体传播、用户体验的有机结合。抖音能够在一年内达到千万日活量，离不开其独特的创新属性。首先，抖音相对于其他短视频应用，最大的优势就是利用音乐的可塑性和共鸣性，激发用户创作兴趣，并逐渐形成社区。其次，抖音用户定位准确，对于自我意识强、渴望被关注的90后和00后用户，抖音充分做到以用户为中心，尊重用户创意，主动吸纳用户加入产品改进过程，培养用户的"主人"意识。抖音的产品设计非常简便，让用户很容易上手。抖音提供类似"创意框"的创作主题，设置站内挑战、模仿视频的模式，让用户能够专注于内容创作。最后，抖音主动刺激用户分享，为新增用户贡献力量。

短视频应用使得作为普通人的移动应用使用者能够进行自我呈现，使表达创造力和个性化被激活。如贵州天柱县的果农女孩袁桂花因在快手上展示乡村质朴生活快速走红，成长为当地脱贫致富的带头人。

短视频的普及还使得人们对生活的记录方式产生了变化，随时随地进行编辑、上传和共享，"天涯共此时"的愿望在短视频时代得到视听双重意义上的满足。例如，Instagram Video用户对于台风"海燕"袭击菲律宾的记录曾被BBC News用于系列报道之中。

但短视频毕竟属于快餐式消费的产物，时长及形式限制使其内容无法触及"深刻"。短视频应用的诸多设置以争夺用户注意力为导向——全屏播放削弱时间流失感，自动连播避免停顿推出，个性推荐进行用户吸引——这使得短视频用户难免在娱乐过程中消耗更多的时间和精力。

短视频的风靡离不开技术的支持，近期内容推荐智能化是短视频行业重要的规模化应用技术。随着5G时代的到来，用户流量、视频下载速度等限制将进一步放宽，人工智能技术、虚拟现实（VR）、增强现实（AR）等技术未来在短视频中的应用将会不断深化，渗透到短视频产业链条的各个环节，短视频将迎来新的机遇和挑战。

8.4.5 移动中的智能精准服务

智能手机与定位功能的结合自然而然产生了手机位置服务，网约车这一业务模块也借此进入市场。滴滴出行等移动应用改变了传统打车方式，用户不再需要路边拦车，而是利用移动互联网在系统中输入始发地和目的地，附近的司机师傅则根据信息接单。从打车到支付，线上与线下通过移动应用得到高效结合。移动位置服务的快速发展，凸显了卫星导航的重要性，"北斗卫星导航系统"就是我国近年来自主创新最重要成果之一，它的发展与普及，不仅对国家安全具有重要的意义，而且也将进一步推动移动智能精准服务业的快速发展。

 拓展阅读

北斗卫星导航系统

移动位置服务的重要基础设施是卫星导航系统。在这方面，我国在 20 世纪 70 年代的"七五"规划就提出了"新四星"计划，随后提出过单星、双星、三到五颗星的区域性系统方案及多星的全球系统设想。80 年代初期，以"两弹一星"元勋陈芳允院士为首的专家团队提出了双星定位方案，这是当时公认的最优方案，但因经济因素等种种原因被搁置了十年。

在 1991 年的海湾战争中，美国的 GPS 应用非常成功，惊醒了中国人民，被搁置十年的双星定位方案马上启动。但双星定位的"北斗一代"在技术上必须选择静止高轨道，这导致"北斗一代"性能不强，通信功能与定位功能都不能达到较高水准。2004 年，我国也曾尝试加入欧洲的"伽利略"计划，但因多种因素退出该计划，此后专心发展新的"北斗二号"系统。

2012 年年底，"北斗二号"系统建设完成，实现亚太地区组网并提供服务。2018 年年底，完成了"北斗三号"基本系统建设，并向全球提供服务，全球定位精度达 3.6 米，亚太区域定位精度达 2.6 米。2020 年 7 月 31 日，"北斗三号"全球卫星导航系统正式开通，标志着"北斗三号"系统建设全面完成，北斗迈进全球服务新时代。

北斗卫星导航系统与 5G 的结合带来了更多可能性。高精度定位是智能汽车的技术基础，北斗卫星导航系统可应用于自动驾驶、智能座舱、车路协同等方面。目前，小米、华为等企业的产品已全面支持北斗卫星导航系统；2018 年中国首创的"北斗芯"智能腕式手机上市，北斗卫星导航系统在可穿戴市场方面大有可为。

以高德地图为代表的手机导航软件也日渐成为人们出门在外的必需品，也许你的手机中还有腾讯地图、百度地图。高德公司于 2002 年成立，主营 GPS 应用，以车载导航仪销售为主。在高德公司成立之前，我国的汽车导航地图业务几乎是一片空白。高德是我国第一家获得导航测绘资质的企业，高德导航的发展见证和影响了中国导航产业的发展。高德的导航产品曾一直采用收费模式，为多家汽车厂商提供电子导航地图，到 2010 年，高德已经占据了车载前装导航市场的半壁江山，汽车导航仪如图 8.6 所示，奥迪、宝马等国际著名企业成为其合作伙伴。

图 8.6　汽车导航仪

随着移动互联网时代的到来，高德公司创始人成从武敏锐地意识到，移动互联网和智能手机将使每一个普通人都成为移动地图的潜在客户，汽车导航业务必然受到冲击。与汽车导航仪相比，移动地图不仅需要准确的位置信息，还需要与指定地点相关的出入口、停车位及周边场所等服务信息，这意味着移动地图的数据需要重新采集，也意味着高德的转型无异于再一次从零开始创业。尽管存在重重困难，高德地图毅然开始了从导航仪向移动互联网的转型。待到智能手机数量猛增，高德地图的竞争对手们才幡然发现，高德地图已经完成了业务转型，占据了移动地图最大的市场份额。

现在，手机导航应用不仅能够提供用户在地图中所处的位置，还能够根据所在地、目的地和交通方式生成并选择最佳路线，在行进途中不断提供方向提示。在驾车出游等场景中，手机导航应用可以实时更新路况，如堵车情况等，还能够根据行驶速度、目的地距离、加油站分布、旅馆及饭店分布等信息自动规划出行的路线和时间安排，让用户能够在最大程度上享受便利。现在的手机导航软件还能提供公共交通查询、道路堵车实时转播、路面限速提醒等功能，特别是在十字路口、立交桥还能提供准确、清晰的道路指向功能，其因简单方便、错误率低，逐渐替代了随身导航仪和汽车导航仪的功能。手机导航是自驾游强有力的帮手，说走就走，开上车设定旅行目标就可以出发。自驾游的兴起，推动了乡村旅游、农家乐，甚至假日经济，当然也为私家车的繁荣、高速公路的利用率做出贡献。

手机导航应用在未来场景将拥有更多延伸，如高精度地图的研发还能够对未来城市道路交通规划作出重要贡献。手机导航应用还吹响了无人驾驶的前奏，无人驾驶领域的深耕细作离不开地图导航类应用的支撑。

8.5 总结与展望

本章从苹果 App Store 生态系统的创建谈起，其艰难问世的历程为我们认识其价值、理解"有效沟通"提供了帮助。App Store 不仅可以汇聚全球优秀的开发者，为 iPhone 开发富有创意的 App，如《愤怒的小鸟》《捕鱼达人》《神庙逃亡》、在线音乐流媒体 Spotify 等 App，而且丰富多彩的 App 可以充分展现 iPhone 的魅力，为苹果公司创造巨大的商业价值。同时，App Store 商业生态系统为 App 开发者搭建了良好的创业平台，让他们能够专注产品的创意与研发。

智能手机作为移动互联网的入口，吸引了互联网巨头谷歌的关注。谷歌通过收购安卓公司，构建了包含操作系统、谷歌应用商城、谷歌搜索、谷歌地图、YouTube 等智能手机整体解决方案。为了与苹果竞争，谷歌对 AndroidOS 采取开源策略，吸引智能手机厂家加盟。由此智能手机领域形成了两大平台的竞争——基于苹果的 iOS 和基于谷歌的 AndroidOS。

智能手机的发展，使一场"数字化替代"逐渐拉开序幕。昔日的游戏机化身手机游戏 App，随身听、数码相机、汽车导航仪等电子设备也融入智能手机。原本属于计算机的电商平台也迁移到智能手机。同时，属于智能手机特有的 App 出现了，例如，斯特罗姆创建了专注于照片社交分享的移动应用 Instagram，张小龙和马化腾为用户创造了一种基于微信的数字生活，张一鸣运用 AI 技术推出了"今日头条"，不仅如此，他还推出了"抖音"并将"Tik Tok"带向全世界。

安卓系统既助推了我国智能手机产业初期的快速发展，同时也是一种制约，挡住了自主发展之路。在商业领域，没有免费的午餐，开源只是谷歌的一种竞争策略。华为是一家具有强烈忧患意识的企业，早在 2012 年提前布局了 HarmonyOS。华为 HarmonyOS 的微内核、分布式等特点，不仅适用于智能手机，也可以应用于智能手表、智能电视，甚至智能汽车、智能机器人、无人飞机等终端。

移动通信的更新换代，催生了一批又一批的新产品，3G 的发展诞生了图片社交，4G 的发展造就了短视频社交，那么 5G 的应用场景 eMBB，是否能带来 VR/AR 社交和元宇宙社交？另外，5G 还有 mMTC、URLLC 两种应用场景，而 6G 有 eMBB+、mMTC+、URLLC+、感知、AI 五种应用场景，我们是否可以发挥想象，正如李培根院士所言，引导同学们去探究"紧闭的存在深处"，而不是停留于存在的显处，甚至不能满足于存在的隐处。在技术换代情况下，原有的产业优势不再延续，我们不仅能够在应用软件方面大有作为，我们也一定能够新的操作系统、新的商业生态系统方面创造奇迹。

思 考 题

1. 请你分析苹果公司 App Store 在智能手机 iPhone 发展中的重要性，哪些重要的 App 是由第三方开发者提供的？

2. 请你分析苹果公司 App Store 的成功经验，它是如何吸引、管理和帮助开发者的？有哪些开发者借助 App Store 取得了巨大成功？

3. 从乔布斯与苹果公司董事会关于 App Store 的争论中，董事会采用了哪些方法说服乔布斯同意开放 App Store？你如何理解托马斯与克尔曼解决冲突的二维模式？

4. 在与苹果的竞争中，谷歌 AndriodOS 为何采取开源策略？而谷歌移动服务则采取强制认证，你如何理解谷歌的"开放"和评估的"封闭"都是一种商业策略？

5. 请你分析 5G 时代，随着万物互联、工业物联网业务的发展，华为 HarmonyOS 与苹果 iOS、谷歌 Android OS 相比有哪些优势？

6. 从斯特罗姆创立图片社交 Instagram 不到 2 年时间，被 Facebook 以 10 亿美元高价收购，请你分析其成功的原因。

7. 随着 5G/6G、VR/AR、AI 的发展以及元宇宙概念成为热门话题，请你畅想移动社交的未来发展趋势。

8. 今日头条获得成功的主要因素有哪些？为何个性化推荐可能产生"信息茧房"？你是如何避免"信息茧房"的？

9. 如果说微信是我国第一个有国际影响力的系统级应用软件，但是主要用户还是在华人圈，为何字节跳动公司的 Tik Tok 短视频软件能够走向全球？

10. 我国自主研发的北斗卫星导航系统，不仅能够提供精确的位置信息，还能提供卫星通信，请你畅想移动位置服务的未来前景。

参考文献

[1] 沃尔特·艾萨克森. 史蒂夫·乔布斯传[M]. 管延圻, 等, 译. 北京: 中信出版社, 2011.

[2] 吴晓波. 腾讯传: 中国互联网公司进化论[M]. 杭州: 浙江大学出版社, 2017.

[3] 吉拥泽. 在孤独中醒来: 微信之父张小龙[M]. 武汉: 华中科技大学出版社, 2018.

[4] 马化腾. 指尖上的中国: 移动互联与发展中大国的社会变迁[M]. 北京: 外文

出版社，2018.

[5] 切特·哈斯. 安卓传奇：Android 缔造团队回忆录[M]. 徐良，译，北京：电子工业出版社，2022.

[6] 李洋. 鸿蒙生态：开启万物互联的智慧新时代[M]. 北京：电子工业出版社，2021.

[7] 张笑恒. 张一鸣：让字节跳动的创业哲学[M]. 北京：中国经济出版社，2019.

[8] 赵文锴. 张一鸣：平常人也能做非常事[M]. 北京：中华工商联合出版社，2021.

[9] 秦红磊，等. 全球卫星导航系统原理、进展及应用[M]. 北京：高等教育出版社，2019.

第 9 章

培 养 体 系

前 8 章，从智能手机入手，追溯电子信息的科学发现、技术发明与产业创新的演变历史，通过穿插人物故事、创业案例及企业人才的成长规律，将电子信息的专业内涵蕴藏其中，初步了解专业知识、工程师的能力与素养，同时也领略了科学家、企业家的多样性及实践的重要性。

本章我们以北京航空航天大学电子信息工程专业 2018 版培养方案为例，介绍培养体系的三大支柱，即课程体系、实验体系与科技实践体系。如图 9.1 所示，前 3 个学期主要是数理基础课程，后 3 个学期是专业基础课程；3 个综合创新实验分别位于第 4 至第 6 学期。

首先，介绍数学、物理基础课程，它们是新工科教育改革重点关注的对象。专业基础课程，又分为信号系列、电路系列、计算系列和电磁场系列。在此基础上探讨课程体系优化的基本思路、增设创新创业课程、探索研究型教学方法。

实验教学是工程教育的重要部分，不仅能够理解和巩固课堂教学内容，还能锻炼应用理论的实践能力。实验体系，包含课内实验、电子设计基础训练、单片机基础训练和 3 门综合创新实验。

科技创新通常是在需求模糊、技术储备不足的条件下进行的，教学内容和教学方式比较自由，因此没有出现在图中。科技创新需要在交往中学习、在观察中学习、在总结中学习，还要求在实践中能够领略到理论的潜在价值，培养自觉学习理论的兴趣。

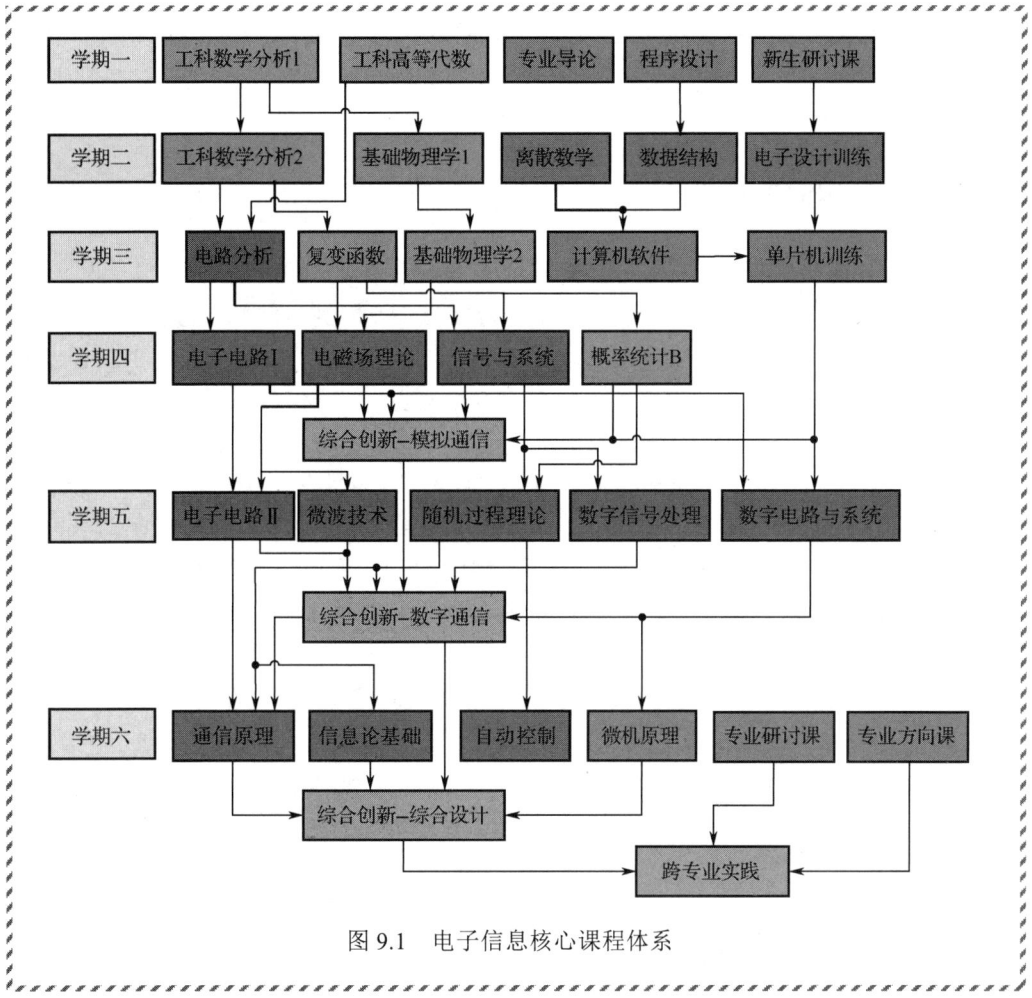

图 9.1 电子信息核心课程体系

9.1 数理基础

观看图 9.1，你会发现有 6 门数学课程，即工科数学分析、工科高等代数、离散数学、复变函数（全称，复变函数与积分变换）、概率统计 B、随机过程理论，其中工科数学分析还学 2 个学期，总计 26 学分。大家不禁要问"为什么学这么多数学？""为什么不直奔电子信息类课程？"

9.1.1 数学的意义

数学家外尔（H. Weyl，1885—1955 年）认为"理论允许意识'跳出自身的影子'，超越经验而把握经验，但这只能借助抽象符号实现"。理论物理学家、量子力学的奠基人之一狄拉克（P. Dirac，1902—1984 年）认为"数学推理方法能够使人们推导出尚未做过的实验结果。在数学家的游戏中，自己发明规则；在物理学家的游戏中，规则却是自然界提供的。数学家感到有趣的规则，正好就是自然界所选择的规则"。钱学森的导师冯·卡门（Theodore von Kármán，1881—1963 年）曾撰文"用数学武装工程科学"。

华为创始人任正非在多个场合强调数学的重要性，他说"在过去的 20 多年里，凡是我们在数学和算法上投资比较大的，有专门的团队在做工作的，我们在这个领域的产品在全球都逐渐走向了领先；凡是不重视在数学和算法上投资的，这些产品目前来看都是落后的"。

早在 1999 年，华为在俄罗斯建立了专门的算法研究所，招聘了数十名全球顶级的数学家。不仅如此，2016 年，华为在法国创建了数学研究所，加大了数学研究的投资力度。2018 年，华为进行特别仪式隆重表彰 Polar 码之父 Arikan 教授，任正非称赞他的研究对人类发展有巨大贡献，并承诺继续支持其研究团队。2021 年华为联合中科院数学与系统科学研究院成立了"π实验室"，共同研究通信技术的数学理论。

数学的重要性，也可以从前 8 章的内容中感觉到。在第 1 章中，信息论之父香农，5G 移动通信的 2 种纠错编码，即 LDPC 码的发明人 Gallager、Polar 码的发明人 Arikan 也都是数学家。另外，5G 中另一项重要技术 Massive MIMO，也充分应用了数学理论和工具。在第 3 章中，逻辑学家哥德尔、计算机之父图灵、冯·诺依曼也都是数学家，谷歌的创始人之一谢尔盖·布林是斯坦福大学应用数学的博士。

以上例子表明学习数学的重要性，接着我们简要介绍其中的 5 门数学课程，离散数学也是数学，不过归入数据结构等计算机类课程，这里不单独介绍。

9.1.2 分析数学

作为学分最多的课程"工科数学分析",2 个学期共计 12 学分,主要内容有一元微积分、多元微积分与函数级数。表面上看,它与"高等数学"的内容一样,其实是有区别的。"工科数学分析"强调证明,而"高等数学"侧重于计算。数学分析的严谨性与灵活性,对初学者来说是一大障碍,需要有足够的耐心。

一元微积分,其中的微分使我们可以从局部开始研究,如用切线近似曲线,即"以直代曲"。微分中值定理是联系函数及其导函数的桥梁,它的最高形式就是泰勒级数。函数的局部性质通过积分可以扩展到全局,而沟通微分与积分的桥梁则是牛顿—莱布尼茨公式。

多元微积分,即二重积分与格林公式、曲面积分与斯托克斯公式、三重积分与高斯公式,进一步推广到高维的斯托克斯公式。由多重微积分导出的梯度、散度和旋度等概念,它们是"电磁场理论"的数学基础。

从泰勒级数出发,引出更一般的函数级数概念。函数级数理论体现了笛卡儿的分析思想,即任意函数可以表达为一些"好"函数之和,如泰勒级数可以看成是幂函数之和,傅里叶级数可以看成是三角函数之和。傅里叶级数与电路分析中的相量法相结合,就可以求解任意信号通过线性电路系统的响应。傅里叶级数也是后续课程"复变函数""信号与系统"中傅里叶变换的基础。

与"工科数学分析"内容相近的数学课程是"复变函数"。复变函数就是将微积分从实数域推广到复数域,如复变函数的微分、积分和级数等。不过也有"新"的内容,在这里,解析函数是其核心概念,另外还有柯西公式、留数定理等。积分变换,如傅里叶变换、拉普拉斯变换等,将在后续 "信号与系统""随机过程理论""通信原理""自动控制"(全称为"自动控制原理")等课程中发挥重要作用。

如何学习"工科数学分析""复变函数"这些数学课程?

首先,我们认为要有足够的练习,在做数学习题时要采用你中学时代可能就熟悉的数学家波利亚(G. Polya,1887—1985 年)的"猜"与"试",不能先看"提示",尤其不要看完答案再做练习。波利亚在《怎样解题》《数学与猜想》《数学的发现》中详细介绍了学习方法。在"猜"与"试"的过程中,不仅对数学概念、公式方法的理解得到深化,而且我们的想象力甚至创新能力得以提升。要是看完答案再做练习,仅仅相当于抄写了一次作业,这是你自己主动放弃探究的乐趣。每年我都会遇到一些同学,课后作业题看起来做得很好,但是期末考试成绩并不好,事后问其学习方法,多数同学都是"看提示甚至看完解答再做练习"。

其次,采纳数学家华罗庚先生的"厚与薄"学习方法,做练习题、看书帮助你实现"薄到厚",但是学习不能就此止步,还需要将所学过的内容贯串起来,达到融会贯通,完成"厚到薄"的过程。如何实现"厚到薄",华先生建议采用"冥想法",即合上书回忆所学内容，你也不妨试试边散步边想，看看是否能将知识点贯串起来，要是卡住了，你再打开书，分析其原因。通过多轮次"冥想"，你可以找到那根神奇的"绳子"，把散落在各处的"珍珠"串连起来变成"珍珠项链"，这里的"珍珠"就是概念、原理和方法，而"绳子"就是"逻辑形式"，"珍珠项链"即"理论体系"。"厚与薄"的学习方法，其实它的哲学思想是《道德经》中的"为学日益，为道日损"。此外，"厚到薄"，与《论语》中"一以贯之"所表达的寻求"一"的过程也是类似的。要是借用现代学习理论，"冥想法"属于输出式学习或深度学习。华先生的学习方法，不仅仅适用于数学课程，也适用于其他课程。

此外，为了提升学习数学的趣味性、理解学习数学的意义，可以阅读《数学文化小丛书》《数学的力量：漫话数学的价值》，要是还有余力可以阅读《微积分概念发展简史》《虚数的故事》《古今数学思想》《西方文化中的数学》等数学史或数学文化类图书。哲学家马赫（E. Mach，1838—1916 年）认为"为了真正理解一门理论，你必须知道它是怎么发现的"。马赫的思想不仅影响了波利亚，还启发了大科学家爱因斯坦。

9.1.3　高等代数

"工科高等代数"（简称高等代数）也是一门 6 学分的重量级课程。简要地说，它可以概括为解决两个问题，即 n 元线性方程组的求解与 n 元二次型标准化问题。

回顾中学数学中的线性方程组求解，未知变量一般不超过 3 个，而且主要考虑有唯一解的情形，偶尔也会遇到无解的情形。而"高等代数"面临的线性方程组，涉及 n 个未知变量，可能无解、有唯一解或有无穷多组解。如何判定线性方程组是否有解？如何求解？尤其是无穷多组解的表示等问题。这就需要引进线性空间、向量、矩阵等工具。向量、矩阵可以简洁地表达 n 元方程组的求解问题。矩阵也可以方便地描述线性空间到线性空间的映射，有时也称线性变换。n 元方程组的求解问题很快在"数据结构"（全称"数据结构与程序设计"）、"电路分析"等课程中遇到。

当 $n=2$ 时，n 元二次型标准化问题就是平面解析几何中二元二次方程的标准化问题，这是高中数学课的重要内容。当 $n>2$ 以后，n 元二次型所描述的几何体就有点复杂了。将 n 元二次型与对称矩阵联系起来，那么二次型的标准化问题就转变为对称矩阵的对角化问题。

有了线性空间、向量、矩阵等工具后，就可以描述和处理高维数据了，它们在"概率统计""随机过程理论""数字信号处理""图像处理""移动通信"等后续课程中发挥着重要作用。在 1.5 节中，OFDM 中的快速傅里叶变换，MIMO 运用 $M \times N$ 根天线，这些都是借助向量、矩阵等数学工具来描述和处理的。

对比数学分析、复变函数，你可能会觉得高等代数更为抽象。如何克服"抽象"带来的困难？根据以往的学习经验，我们可以用二维线性空间理解 n 维线性空间，如用平面解析几何中二元二次方程所表达的圆锥曲线来理解 n 元二次型及其标准形。抽象与具体，这是一对永恒的矛盾，可以通过具体的事物、熟悉的事物去理解、把握抽象概念，那么这一对矛盾是可以转化的。正如华罗庚先生在《高等数学引论》的序言中写道："我讲书喜欢埋些伏笔，把有些重要概念、重要方法尽可能早地在具体问题中提出，并不止一次地提出，目的在于学生将来进一步学习的时候会比较容易接受高深的方法，很可能某些高深的方法就是早已有之的朴素简单的方法的抽象加工而已。"

代数的形式化运算可以处理更加复杂的几何问题，我们在平面几何的解析方法中已经有先例，这也是笛卡儿发明解析几何的重大意义之一，充分体现了外尔所说的"超越经验而把握经验"。为了提升学习代数的兴趣，大家可以阅读《代数的历史：人类对未知量的不舍追踪》。

9.1.4 随机数学

生活中经常遇到"意外"或者"意想不到"的事情，对于非常难以预测且不寻常的事件，有一个专门的名字，即"黑天鹅事件"。1948 年，香农将信息定义为"不确定性的减少"，即将信息的度量建立在概率论的基础上，开创了"信息论"，这段历史在《信息简史》《香农传》两本书中都有精彩的描述。由此，概率论成为信息领域极其重要的数学工具。"概率统计"分为概率论与数理统计，关于两者的关系，陈希孺院士总结得非常精彩："概率是由原因推结果，而数理统计呢，则是由结果推原因。"

概率论的主要内容有概率公理化、条件概率、乘法公式、全概率公式与贝叶斯公式，以及事件的独立性，这些概念、公式在中学时代已经有所了解。当然，大学的课程，不会就此止步。为了能够运用数学分析、高等代数等数学工具来研究随机事件，1850 年切比雪夫（P.L. Chebyshev，1821—1894 年）引入了随机变量与分布函数，将样本空间转变到欧氏空间，由此概率论进入了新的时代。此外，概率论的研究工具还有切比雪夫、马尔可夫（A.A. Markov，1856—1922 年）发展的矩量法，如数学期望、方差、相关系数、高阶矩，李雅普诺夫（A.M. Lyapunov，1857—1918 年）引入的特征函数方法。对于离散随机变量，它的分布律表示方法有公式法与列表法，与特征函数对应的是概率母函数。大数定律赋予概率、均值以统计意义，它可以解释我们日常的测量中为何用多次测量值求平均来提高准确度，要是用成语来描述的话，那就是"路遥知马力，日久见人心"。而中心极限定理为广泛应用高斯随机变量、高斯随机过程奠定了基础。

在初中，大家已经学过"样本""中位数"等概念，当面对样本数庞大的总体，你也一定会选用抽样方法，即"从部分推断整体"，这是一种在对有关整体信息缺乏完全掌握的情况下，去进行推断的方法。在"概率统计"中，数理统计是获取样本数据，如简单抽样、分层抽样，然后根据收集的样本数据估计特征参数，如参数估计、区间估计，根据假设条件由样本数据推断总体，如假设检验等。数理统计在不同领域的应用，形成了生物统计学、医学统计学、地质统计学等。概率统计也是大数据科学与技术的基础。正如英国科幻小说作家威尔斯（H.G. Wells，1866—1946年）预言："统计的思维方法，就像读和写的能力一样，将来有一天会成为效率公民的必备能力。"

在通信、控制、雷达等工程领域，我们还会遇到带噪声的连续信号，就需要随机过程理论来帮助。随机过程理论是用概率论观点处理信号的，即随机信号的描述、随机信号通过线性系统，它们是"随机过程理论"课程的重要内容，与"信号与系统"课程相似，因此也被称为随机信号分析。随机信号分析的主要内容有平稳随机过程及其相关函数、功率谱密度，有各态历经性定理、维纳-辛钦公式，线性系统的分析与综合、窄带随机过程、希尔伯特变换、白噪声过程、维纳过程、高斯过程。

除了随机信号分析，还有几类特殊随机过程，如泊松过程、马尔可夫链与马尔可夫过程。泊松过程是排队论、运筹学的基础，可应用于通信系统、操作系统的性能分析。马尔可夫链则是谷歌网页搜索的 PageRank 排名算法的基础，隐马尔可夫随机过程模型是信息论和语音识别的重要工具。

以人工智能领域的人脸识别为例，它收集数据、做出决策、观察结果、修正数据，然后在周而复始过程中持续优化。由于识别对象的多样性、识别环境的差异性等因素，人脸识别需要概率统计与随机过程理论为其提供理论基础。如今，我们生活在高度不确定的世界中，要以平和的心态，观测世界、做出判断、展开行动和反思总结，要有耐心持续积累经验。查理·芒格推荐《深奥的简洁：复杂现象的背后，隐藏着惊人的简洁规律》，他认为"对于不确定性充满敬畏，兼顾开放性和包容性永远是让所有年轻人踊跃成长的生态"。正如马云所说"人生这样的意外会很多，学会适应了，你就懂得了生活；学会把握，你就会与众不同"。从这个意义上说，人生就是一个随机过程！在科学前沿、产业前沿，科学家、企业家都是在"无人区"中探索前进的，在不确定性环境中发现机会、把握机会。华为、阿里巴巴等一流企业，已经从"拥抱变化"走向"创造变化，引领发展"阶段。坎蒂隆早在1755年就曾在《商业性质概论》一书中指出"企业家精神是不确定条件下的判断性决策"。熊彼特说："创新是当我们面对山呼海啸般的不确定的时候，仍然敢于挑战所有的不确定性。"

随机数学之所以难教、难学，陈希孺院士认为"关键不在于数学推导上的困难，而在于初学者不易正确地把握住和深刻地理解有关的统计思想和概念。数理统计课的目的，不应是纯技术性的，即教给学生一些现成使用的方法，还要起到培养学生树立用正确的统计观点去观察和研究事物的能力和习惯"。

为了更好地理解随机数学的思想和概念，可以阅读相关的科普书与数学史。《随机漫步的傻瓜》，用金融领域中的故事解读随机数学概念，融趣味性和有用性于一体。《数理统计学简史》展现了近400年的数理统计发展史，可读性和史实性都很好，既有应用情景，也有相关概念在应用中逐步完善的过程。《机会的数学》，作者不是单纯从"工具理性"的层面着眼，而是更着重于基本知识的介绍和统计观点的培养。《圣彼得堡数学学派研究》，介绍了随机变量、矩量法、特征函数等概念的发展历程，还探讨了数学人才的培养和成长规律。《贝叶斯的博弈：数学、思维与人工智能》，不仅展现了贝叶斯理论背后的科学思想，还用科普化的语言诠释了它与人类思维之间的深刻关系，并对各相关领域和人工智能的发展进行了展望。

9.1.5 基础物理

与物理关联的课程有"基础物理学"与"基础物理实验"，累计 11 个学分。物理学的重要性，不只是理论知识本身，还有科学思维与实验观察能力的培养。物理学研究大自然中所发生的现象及其规则，包括力学、热学、光学、电磁学、相对论与量子力学等。

例如，移动通信的理论基础是电磁学，马可尼受赫兹实验的启示，发明了无线电报，并创办了马可尼公司。工程应用需要将电磁学理论放到具体传播环境中去，就需要学习"电磁场理论""微波技术""天线理论"等课程。

晶体管的发明，与量子力学密切相关，如今的量子计算、量子通信的发展更是如此。第 2 章集成电路器件的发展归结为三大要素：物理机理、材料与结构，体现了物理学的重要性，同时集成电路工艺制造所需的仪器，如光刻机等也是需要物理学的。在第 4 章中，发现新的物理机理就能突破存储容量瓶颈，GMR 效应大大提升了机械硬盘的容量，而基于 TMR 效应、STT 效应、SOT 效应设计出了磁性随机存储器 MRAM。同样，第 5 章的 CCD、CMOS 图像传感器，TFT-LCD、OLED 液晶显示，第 6 章的多点触控技术、环境光传感器、陀螺仪、指纹识别、人脸识别等，都是与物理学密切相关的。进一步，军用雷达、民用汽车雷达、遥感卫星等，也都是基于物理机理设计的。另外，集成电路的封装需要力学、电学、热学等物理知识。

物理学作为成熟的自然科学，蕴含了丰富的科学方法和科学家精神，它们对生物学、信息论、互联网等领域的发展有重大的意义。阅读物理学发展史、科普书，比如曹天元编著的《量子物理史话》、库马尔编著的《量子理论：爱因斯坦与玻尔关于世界本质的伟大论战》，可以增强学习物理的兴趣，还能够了解科学方法和科学家精神。

在量子力学领域提出波动方程的薛定谔（E. Schrödinger，1887—1961 年），由他的系列演讲构成一本小薄书《生命是什么》，试图用量子物理学理解生命现象。这种观点虽然被当时的主流生物学家认为"漏洞百出"，但是就这样一本小薄书激励了年轻一代的科学家。克里克（F. Crick，1916—2004 年）是其中的杰出代表，他认为"用物理学和化学的科学概念和精确的术语，重新思考生物学的基本问题是会有成果的"。1953 年，克里克与沃森（J. Watson，1928—）提出了 DNA 分子的双螺旋结构模型，由此开创了"分子生物学"研究领域。1962 年，沃森、克里克及威尔金斯（M. Wilkins，1916—2004 年）因揭示了 DNA 结构而获得诺贝尔医学奖。他们都声称《生命是什么》在自己通向双螺旋之路上发挥了重要作用。

《链接：网络新科学》的作者巴拉巴西（A. Barabási，1967—），1994 年取得物理学博士学位后，看到互联网的快速发展，试图用物理学的观点寻找互联网规律。他受 20 世纪 60 年代物理学中的相变理论"从无序到有序的过程中服从幂律分布"的启示，提出了"无标度网络"概念。在《链接：网络新科学》这本书里，作者揭示了复杂网络的起源——从随机网络到无标度网络。复杂性蕴含于万物之间的链接，人们看到在网络中，表面的无序和深层的有序共存。网络普遍具有先发优势、适者生存、健壮和脆弱并存的特点，枢纽节点和层级结构在各种网络中广泛存在。这些复杂网络的规律，成了我们今天高效利用大数据，进而发展人工智能的一把钥匙。

9.2 专业基础

对于专业基础知识，结合前 8 章内容，从图像获取与处理、图像共享等角度介绍相关课程，有利于理解课程之间的关系。专业基础课程体系，可以分为信号系列课程、计算系列课程、电路系列课程和电磁场系列课程。

9.2.1 图像获取与处理

在第 5 章中，用智能手机拍摄图像，先由 CMOS 图像传感器将镜头捕获到的光信号转变为数字信号，然后交给图像引擎（ISP）、图形处理器（GPU）接管，图像信号经过处理、存储与再现等环节，最终以"照片"的形式呈现在液晶屏幕上。由此，你也许能大致体会"信号与系统"课程的要义，至于说形成照片的具体过程，则涉及"图像处理"课程当中图像变换、编码、增强与还原等相关知识。需要指出的是，信号的研究与应用早已冲破时域到达频域，关于频域、频谱，在第 1 章移动通信中已经多次相遇，比如模拟移动通信中的 FDM，4G 中的 OFDM 等。而实际上，频域也确实比时域具有优势，因为相对于错综复杂的时域波形而言，频谱显得较为简单。将信号由时域搬到频域，最基本的方法就是傅里叶变换。更进一步，还可以将频率从实数域扩展到复数域，所用方法叫拉普拉斯变换，在"复变函数""信号与系统""自动控制"中都有详细介绍。傅里叶变换，通俗地说，就是换一种角度看问题的方法，你一定朗诵过苏轼的"横看成岭侧成峰，远近高低各不同"，角度的不同，看到的现象也是不一样的。对于不确定的信号，即随机信号，"随机过程理论"课程提供了一张巨细无遗的说明书。

编写应用软件使用的计算机语言，如 C++与 MATLAB，以及软件设计方法，还需要了解数据结构、操作系统、编译系统、互联网协议等，相关课程有"离散数学""程序设计基础训练""数据结构与程序设计"，以及"软件技术基础"。其中，"离散数学""数据结构与程序设计"是 2017 年信息大类培养以后增加的。

特别需要指出的是，与图像功能一样，手机中安装的各种应用软件也安居在智能处理器芯片上，那么，芯片究竟是什么，它又是怎样编织一个又一个美梦的呢？

9.2.2 电路与系统

芯片，又被称为集成电路，是第 2 章的主题。集成电路通常以半导体单晶硅为材料，归根结底是将电路小型化，而将电路变小以前，你需要先做好一系列的准备工作，"电路分析"课程便是一切开始的地方。

自从单向导电的"PN 结"被发明以后，晶体管等半导体元器件纷纷应运而生，由此"电路分析"演化出"电子电路Ⅰ"（也称模拟电路，低频电路）、"电子电路Ⅱ"（也称高频电路）与"数字电路与系统"等课程。具体而言，"电子电路Ⅰ"喜欢与连续信号做朋友，譬如将电信号放大，或者进行比例、加减与微积分运算；而"数字电路与系统"则偏好与逻辑变量为伍，将真值表转换为"逻辑门"，通过将"逻辑门"组合起来实现各种功能。这样一来，只要把半导体元器件与连线构成的电路制作到一小片半导体单晶硅上，再用外壳封装起来，便得到了可实现完整功能的芯片。芯片设计过程，可以再回顾一下 2.4 节内容，然后再看下面的介绍。

由人像模式、夜景模式的诞生不难发现，电子新产品的研发，先产生的往往是迎合用户需求的构思，接下来再执行相关设计流程将概念转化为产品，芯片设计也不例外。起初，工程师必须明确芯片所要求的功能与性能，即产品定义，包括需要实现什么功能，要做多大与做多好，等等。继而要勾勒出设计框图，依据专业课程所阐释的基本原理将总系统逐层分解为多个子系统，每一个子系统都匹配有各自的功能与算法，譬如由哪部分负责信息调制，采用何种调制方法，等等。在这一步，可以利用计算机语言构建虚拟模型，通过仿真对算法进行验证与优化。千万别小看计算机语言，不论是真实的信道干扰，抑或无法给出函数表示的"无名氏"，计算机语言只需要用几行代码就能惟妙惟肖地模仿出来。

接下来轮到对电路进行设计，很久以前，这一环节要经由手工画图、搭建实验电路、制电路板与分析测试等步骤才能完成。所幸随时间的推移，计算机已开始逐步接替工程师的工作，有门课程叫作"EDA（Electronics Design Automation）"，专门讲授计算机能听懂的硬件描述语言（Hardware Description Language，简称 HDL）与相关软件的使用，例如 Verilog HDL 与 Multisim 等。在数字电路设计中，一旦读懂你用 HDL 撰写的描述文档，计算机便能通过 EDA 软件进行功能上的模拟，检验是否存在逻辑漏洞，进而自动规划出"逻辑门"的布局与连线关系，并通过电路上的仿真不断改良。

随后可能用到 FPGA，它由许多具有基础功能的小单元组成，依据上一步中的布局与连线关系，相应的小单元被选择并连接起来，从而得到了放大版的芯片。这样一来，你便能从 FPGA 上提取到源自现实的参数，比如导线引入的电阻、电容与延迟等。在先前仿真中加入新信息后重启仿真，如果结果令人满意，即可着手制造真的芯片。FPGA 的相关知识可以在"数字信号处理""数字电路与系统"或"综合实验"等课程中见到。

至于模拟电路的设计却相对落后，大部分的设计工作目前仍需人工完成，而仿真与验证则可以用 Multisim 来实现，这款软件在其仓库中储有丰富的元器件、导线与仪表，只要你能调用素材画出电路，计算机就能打造一部"动画片"供你"纸上谈兵"。需要注意的是，设计的每一步都有可能测试出错误的存在，这时需要返回上一步乃至上几步反复调试，有时，一个微乎其微的"Bug"可能使你茶饭不思，而峰回路转的"Debug"又让你欣喜若狂。成长是螺旋上升的曲线，尽管走了弯路，却能让人爬得更高。

9.2.3 图像共享

很多朋友喜欢随时随地将照片经"微信"发布出去，与他人分享自己生活的点点滴滴，从电子信息类专业角度来看，在你指尖轻触"共享"的刹那间，信息传输也将随之启动，相应的理论支持首先是"通信原理"。要学"通信原理"，往往离不开香农的通信系统模型，包括信源、发送设备、信道、接收设备及信宿，而信道中一般还会有干扰源。图像所转化成的电信号，也就是信源提供的模拟信号，有时候并不能直接传输，因为考虑到信道的匹配，还需要先在发送设备中进行调制等一系列处理。所谓"调制"，就是将原来的信号（也称基带信号）转化为易于信道传输的形式，让基带信号搭乘称为"载波"的交通工具由低频搬移到高频，使远距离的传输成为可能。接收设备与信宿，则负责解调与还原，可被视作上述过程的逆。

以上描述的是模拟通信。其实，早在 20 世纪 90 年代，数字通信逐渐兴起，逐步取代了模拟通信。对数字信号的表示与处理则属于"数字信号处理"课程的范畴。课程内容包括连续时间信号采样与量化、数字滤波器设计、离散傅里叶变换、快速傅里叶变换等内容。数字信号处理技术，主要体现在基带处理器（如华为的巴龙 5000）中。为了提高信息传输的有效性，还需要对数字信号进行压缩编码，将冗余的信息剔除出去，由此便完成了信源编码过程，为了安全起见，有时还要进行加密处理，防止信号被其他人截获。接下来是信道编码，其作用是发现甚至纠正传输中出现的错误，如 5G 移动通信中的 LDPC 码、Polar 码。关于信源与信道编码的内容，"信息论"与"编码理论"课程中将会有所阐述。除此以外，任何关于信息本质与传输规律的研究都属于信息论领域，譬如香农"信息熵""信道容量"等概念。经过信源编码、信道编码处理的数字信号，此时称为基带信号，还要经过调制方能发送，数字调制与模拟调制在方法上会有所差异，但在思想上是相通的。

究竟照片的发射、调制、接收与解调等步骤是怎样实现的呢？有一门课程叫"电子电路Ⅱ"，专门讨论发送与接收设备所涉及的信号处理技术与部分典型电路，鉴于与无线通信的关联紧密，也被称为"通信电路原理"或"高频电路"。之所以要强调高频，是为了与着眼低频的"电子电路Ⅰ"划清界限，因为随着信号频率由低到高，电路的工作原理与分析方法也会发生相应变化。尽管数字电路在通信中也得到了广泛应用，但是为了简单起见，这门课程依然会以模拟电路为例进行讲解。不同的是，你看到的放大电路将在低频形式的基础上有所调整，如添加电感与电容构成的 LC 滤波器，你也能够学到新的电路，比如能够为相位"上锁"的锁相环路。回到手机中来，与高频有关的电路主要集成在射频芯片上，原始照片在这里被转化成已调信号，在天线的顶端蓄势待发，等待被更多人接收。

9.2.4 电磁场与微波技术

与芯片相比，"身材苗条"的天线时常会遭受冷遇，但实际上，天线并不是"一根线"那么简单。2010 年 6 月，iPhone4 发布会余温尚存，就被卷入了"天线门"，而起因是这款手机将边框设计成天线，虽然没有完全闭合，但预留的缺口一旦被手握住便会造成短路，信号随之变得很差。多么匪夷所思的一件事。如果想进一步了解个中机理，你需要用心地学习"电磁场理论""微波技术"两门核心课程，以及专业方向课程"通信天线"。天线是电路与空间的交汇口，振荡的电流与电荷在这里化身为电磁波，脱离开有形的导线束缚，发散到无形的介质中去，电与磁比拟于"鸡与蛋"的相生关系由此可见一斑。要是你想了解一下移动通信中的天线，你不妨回顾一下本书之前介绍的波束赋形与智能天线，以及 MIMO 天线技术。

承接"基础物理学"课程，"电磁场理论"原先的定位是自由空间，即真空环境，因为在此前提下给出的麦克斯韦方程组具有普适意义，随后由一般到特殊，研究具体情形下电磁场的性质，例如平面波在不均匀介质中的传播。为摆脱宏观条件的限制，我们借助微分的思想，将空间或介质切分成无穷多点，这样一来便只需要顾及某一点的情况，而忽略掉其他点的影响，当不自由的转化成自由的，当不均匀的介质可以近似于均匀的介质，经典理论就能永不失色。在不同长短的电磁波中，微波的频率介于 300～3000MHz，与光波有类似传播特性，这意味着微波具有较强的方向性与分辨率，因此越来越受到垂青，移动通信也不例外。

从课程之间的关系来看，"微波技术"可以视为"电磁场理论"的拓展，这门课程依托电磁场的普遍规律，研究微波的传输、微波器件与应用，为其与众不同之处单独开辟一片天地。

以上三门课程，不只是移动通信的基础，也是雷达、卫星遥感、卫星导航、电磁兼容、隐身与反隐身等领域的重要基础。

9.3 教学改革

当前，新一轮科技革命和产业变革加速进行，以数字经济为代表的新经济形态和传统工业的转型升级,迫切需要具备专业创新能力、跨学科交叉的新型工科人才,2017年年初我国开启了"新工科"教育改革工程。同年 8 月,美国 MIT 启动了第四次工程教育改革"新工程教育转型"(New Engineering Education Transformation,NEET)计划,将目标转向培养能够引领未来产业发展的领导型工科人才。这需要在现有专业培养方案的基础上,通过优化课程体系、开设创新创业课程与变革教学方法,主动适应未来工程师的培养目标要求。

9.3.1 优化课程体系

随着万物互联,大数据时代的到来,数据开始变得越来越重要。2016 年英特尔提出"从处理器制造商身份转型为数据公司",公司的发展战略从"以晶体管为中心"转移到"以数据为中心"。另外,互联网公司也开始定制自己的芯片,比如阿里巴巴成立平头哥公司从事芯片设计,2019 年 9 月推出含光 800 人工智能处理器。由此可见,数据应用与底层硬件的关系越来越紧密。

在 5G 移动通信系统中,基站运营优化、移动智能处理器、移动应用软件,都应用了人工智能技术,例如,华为从麒麟 970 处理器开始搭载神经网络单元,可以支持影像系统自动识别拍摄情景以及后期自动处理。当 5G 移动通信进入工业互联网时代,那么信息技术需要与行业技术紧密结合,例如无人驾驶汽车、无人飞机、工业机器人和远程医疗等,跨专业甚至跨界能力的重要性将受到关注。为此,我们通过以下几种途径来优化课程体系。

在专业基础课程中,有些课程偏基础理论,基本内容比较稳定,主要变化在于教学情境的设计,与教学方法关系密切。以"随机过程理论"课程为例,将经典原理与产业前沿联系起来,经典原理的应用情景可以选择热门的人工智能、大数据等领域中的实例。相关系数,既是概率论,也是随机过程理论中的概念,它在大数据中非常重要。维纳-辛钦公式,可以拓展到图像处理中的维纳滤波、卡尔曼滤波,甚至小波变换等。前文已经提到,马尔可夫链在搜索算法、语音识别、人工智能领域中的应用。

在专业基础课程中,有些课程随着信息技术的发展,教学内容也需要做出相应的调整。比如,"数字电路与系统""数字集成电路设计""微机原理与接口技术""嵌入式系统"等课程,由于数字集成电路的发展,需要综合考虑 FPGA、SoC、RISC 架构、嵌入式操作系统、编译系统等技术后重新设计,以便适应软件定义芯片、软件定义网络、软件定义存储的发展趋势。

作为专业方向课,教学内容通常变化较大。以"图像处理"课程为例,得益于智能手机、安防监视、自动驾驶等产业的快速发展,图像处理的重要性日益突出,尤其是"元宇宙"成为热点,选课人数越来越多。图像处理技术的内容也在不断变化,如人工智能技术的应用越来越广泛,因此可以压缩传统内容,增加人工智能等新内容。

作为核心通识课程,如新生研讨课、专业研讨课,重在培养学生的专业兴趣与科学思维等综合素养。这类课程的教学内容可以相对灵活，鼓励科研团队将最新科研成果、科研资源应用于本科教学中。这样，既能适应产业发展，也能做好科教融通。

以上主要考虑已有课程的教学内容优化问题，对于专业基础课程体系的优化也做了一点说明。根据信息产业发展的趋势，新增专业方向课，比如开设"人工智能""大数据科学与技术""RISC体系架构""6G与太赫兹""工业互联网"等。

课程内容的优化，甚至课程体系的优化，对于专业建设来说是非常重要的。同样，作为学生来说也是需要关注的，既要认真学习经典的基础课程，也要重视热门课程的学习，两者不可偏废。

9.3.2 创新创业课程

在信息产业领域，美国的IBM、苹果、微软、思科、谷歌、亚马逊、Facebook，我国的华为、中兴、阿里巴巴、腾讯、百度、小米、字节跳动等企业像雨后春笋般诞生，并且在很短时间内成为大型科技公司。如今，创业已经成为信息产业发展的重要动力。斯坦福大学与硅谷的相互促进，体现了创业教育对信息产业发展的重要性。

2012年4月，教育部在《关于全面提高高等教育质量的若干意见》中，已经明确提出了"把创新创业教育贯穿人才培养全过程"的要求。同年8月，教育部办公厅下达关于印发《普通本科学校创业教育教学基本要求（试行）》的通知，再次强调在普通高等学校开展创业教育的重要意义，对于社会经济发展、人才质量优化、教育教学改革等多方面都有很大的促进作用。

2015年的政府工作报告中，李克强总理提出了"大众创业、万众创新"的理念，"创新创业"被提升到前所未有的高度。同年年末，教育部印发《关于做好2016届全国普通高等学校毕业生就业创业工作的通知》，明确地指出了所有高校从2016年起，都必须设置创新创业教育课程，并纳入学分管理。随着这一要求的提出，创业能力成了教育研究的重点关注对象。

联合国教科文组织中国创业教育联盟主席徐小洲教授将创业分成三种类别：商业创业、社会创业和内创业。商业创业是指传统的创办企业模式，以利润为逻辑起点，形成完善的盈利体系。社会创业区别于商业创业，最初目的是构建更为和谐的社会，是一种营利与非营利性混合的创业行为。它的创新性在于突破了对于创业的传统定义，以追求社会价值为核心，强调解决问题和对于社会的影响力，有着高度的社会责任感。内创业的定义相对于前两种，是一种本质上的创新。秉持着"以创业精神推动事业发展，挖掘当前职位的创业空间"，内创业呼吁大众变换思维角度，打破现有资源的束缚，创造职位的全新价值。无论在什么领域，任何职业都有着突破空间，只要对之能报以创业的热情，便能激发全新的面貌。

徐教授的观点很大程度上是对"创业"二字的重新诠释，极大地拓展了其外延。无论是从社会价值的角度，将原本偏服务性质的内容打造为创业的新形式，还是从自我发展的角度，赋予每一个人自我职业创业的思路与方法，都是希望大众能摆脱对于创业原本狭隘的观点，产生对于话题的自我思考。尽管"创业"的外延拓展了，但是"创业教育"还是从商业案例入手的。

如果把目光转向美国，斯坦福大学的创业教育更是首屈一指，从这里走出了惠普、思科和谷歌等著名企业，是斯坦福大学成就了硅谷的繁荣，还是硅谷促进了斯坦福大学的发展，恰当地说是相互成就。在创业教育方面颇具特色的还有一所学校——欧林工学院，她探索了一种广义工程教育模式。所谓广义工程，是指在狭义工程之上，引申出对商业背景的考虑，深化对社会吸引力的研究。因此，广义工程教育致力于在社会背景之中培养工程创新人才，使其具备9种竞争力，分别是定性分析、定量分析、团队合作、交流沟通、终身学习、理解环境、设计、判断力、机会评估与发展，其中后2种竞争力与创业能力密切相关。

早在2012年开始，我们以实验班为对象探索创业教育，邀请热爱教育的校友企业家或有创业工作经历的教授担任主讲教师，探索三类创业能力的培养。

"商业案例分析"课程，从IT行业典范入手，探究一流企业的发展历程，在教师的引导下，学生以小组为单位共同研讨企业的成功要素、追问管理哲学，辩证地让创新创业思维深入人心。学生可以了解企业的发展历程，探究企业的管理模式，解读产品的商业逻辑，感悟企业家的精神品质，更好地探寻企业成功的经验和教育启示，对学生的未来职业发展有重要的启发意义。可选的案例有华为智能手机，华为海思成功之路，华为的集成产品开发（Integrated Product Development，IPD），苹果智能手机，苹果的营销模式（乔布斯的产品发布会、广告模式与实体店三位一体）、苹果App Store的商业生态系统，ARM与英特尔的计算体系架构之争，高通与通信技术标准等。这门课程通过小组合作的方式进行，每个小组3～5人，全班总计6～10个小组。在教师指导下，对每个案例展开探究，形成教案并在课堂展示其探究成果。

"ERP沙盘模拟"是一门采取体验式教学的创业课程。让学生作为企业中重要的角色（CEO、财务总监、营销总监、生产总监、采购总监……）参与到实际生产营销中，作为一名决策者来切身感受商业经营的氛围，体验每一种角色对于企业来说的不可或缺性。该课程强调实践性和竞争性，类似大富翁游戏，不过在模拟运营过程中，教师在遇到问题时顺便推出相应的商业概念、工具。历经16学时，让学生们体会到工科思维与商科思维的差异，比如博弈思维等。这门课程也是通过小组合作的方式进行的，每个小组6人，全班总计6～8个小组。

"创业技术管理"聘请校友企业家担任主讲教师，先由教师讲述创业起源与机会，企业的创建管理等相关内容，以辅导学生完成一份商业计划书的形式，将知识产权的保护、企业经营法律、技术市场策略等内容有机融合，让学生模拟高新技术从构想形成、组建团队到上市全过程，从而对企业上市产生感性认知……

通过开设创业类系列课程，学校将创业过程中会遇到的关键问题，常见应对方法及基本步骤潜移默化地印刻在学生的脑海中，让他们拥有"在海上生存的基本适应能力"，然后再去投身大海。关于创新创业教学方法，可以阅读教材《大学怎么读——以电子信息类专业为例》第 9 章，教学内容可以参考教材《电子信息商业案例分析》。

9.3.3　教学方法改革

前面我们介绍了课程体系及课程内容优化的基本思路，重在知识体系的调整。然而，我们在大学期间无法预料未来的职业生涯中需要什么知识，甚至不知道从事什么职业。因此，不能满足于知识的学习，而要通过知识的学习培养未来工程师的能力素质，比如学习能力、想象力、批判性思维等，这就需要大学采取研究型教学。简单地说，研究型教学就是将知识的学习过程变为知识的"再创造"过程，由问题驱动，在教师的引导下，让学生自己"发现"解决问题的方法，并进一步完成"凝练"概念，"构建"理论体系。这样，当学生离开学校时，有勇气面对全新的问题，有能力找到解决问题的途径和方法。

科学史家萨顿（G. Sarton，1884—1956 年）认为"以实证的方式追溯科学概念被发现和完善的全部历史过程，再没有比这种做法更合适于启发学生的批判精神，检验学生的才能了"。数学家、数学教育家弗赖登塔尔（H. Freudenthal，1905—1990 年）认为"要让学生观察到知识的来龙去脉，知识像是被重新创造和发现一样"。他们两位表达的核心思想是科学史的教育价值，也是研究型教学的重要基础。在研究型教学过程中重点不是创造新知识，而是让学生体验到创造和发现的乐趣，培养其创造和发现的能力。不仅如此，弗赖登塔尔还倡导"让学生参与数学系统化的形成过程"。哲学家、教育家怀特海（A.N. Whitehead，1861—1947 年）认为"教师要让学生借助于树木来认识森林，发展他们的整体性思维"和"教育是师生共同探险的旅程"。

举例来说，"随机过程理论"作为专业基础课程，挖掘其发展史中的教育资源，结合学生先有经验，恰当设计教学情境，让学生理解随机过程理论的诞生、完善与推广应用的发展历程。

在课堂内，师生共同推演，让同学们体验"再创造"随机过程理论的概念、原理和公式。根据建构主义学习理论，我们将随机过程理论的概念与学生的经验、学科的前沿热点关联起来，激发学生的学习兴趣。为了提升课堂内互动讨论的质量，需要学生在课前预习相关内容，初步了解重要概念和主要难点。教师从身边事物和学生学习经验入手，逐步引导学生提出问题、分析问题、建立模型、解决问题，让学生体验知识的"再创造"过程。在师生互动过程中，自然地展开核心内容，适当融入科学家如何思考、如何克服困难的小故事，并介绍学科基础和前沿开放性问题，供学生课后进一步思考与探究。比如，针对同学们感兴趣的微信点赞问题，能否用泊松随机过程描述微信点赞？如果可以，那么应该用平稳泊松过程还是非平稳泊松过程？在讨论过程中逐步诠释模型的准确性和简洁性，让同学们领悟"准确是科学之魂，简洁是科学之魄"。

当然，仅靠课内互动讨论是不够的，由于课时所限，教师主导偏多，而学生参与的深度不够。为了更好地体验知识的"再创造"、甚至"创造"过程，可以布置课后探究项目，以学生自主探究为主，教师引导为辅，我们称其为"基于探究项目构建师生学习共同体"教学模式。探究项目，一般来说，其内容在课堂教学中已经有所涉及，但是需要在课后同学们再通过查阅资料、小组讨论、课堂展示，逐步将问题的探究引向深入。小组合作探究，有利于培养团队合作能力，也有助于项目探究的深入。课堂展示，有利于小组间的经验交流，还能发挥同辈群体效应，增加探究的动力。

根据"随机过程理论"课程教学内容，我们设计了四类探究项目：1）趣味性和有用性，比如主动降噪耳机、图像去雾处理，从趣味问题入手感悟数学的魅力；2）追溯概念的演化历史，比如各态历经、维纳过程和泊松过程，可以感悟科学家精神、创造性思维，领会不确定性的内涵；3）经典原理与产业前沿，比如马尔可夫链、相关系数和窄带过程，探寻经典理论的应用价值，增强信息产业发展的信心；4）系统综合、内在联系，比如各态历经性定理与本课程中的大数定律、马尔可夫遍历性定理的内在联系，维纳-辛钦公式与多门先修课程中的傅里叶变换、特征函数、傅里叶级数的内在联系，卷积运算中的狄拉克函数与矩阵运算中的单位矩阵、加法运算中的单位元"0"和乘法运算中的单位元"1"之间的内在联系。

探究项目没有标准答案，在探索过程中遇到困难，教师并不会直接给出答案、甚至连提示也不一定给，目的是让其体验知识的真实创造过程。当探究项目达到一定深度后，还要求以自身的学习与生活经验表达探究成果、小组总结和个人总结。以"狄拉克函数"为例，我们提示学生几何学中的点、线、面，物理学中的点电荷、质点等理想模型实际上就是狄拉克函数的一种例子，然后请同学们回顾曾经所学课程中类似的理想模型也可以用狄拉克函数描述，并回想一下当时是如何理解的。然后，我们再追问狄拉克是如何引进狄拉克函数的，他取得的科学成就与其童年教育是否有关系，还是与其高等教育经历有关。他有哪些独特的科学家精神？再从代数运算的高观点看，中小学的实数运算、高等代数中的矩阵运算和信号分析中的卷积运算之间有哪些内在联系？

对于研究型课程教学方法，可以阅读《大学怎么读——以电子信息类专业为例》第6章，既有研究型教学的一般介绍，也有新生研讨课、专业基础课和专业研讨课三种类型六门课程的研究型教学具体例子。要是想进一步探究教学思想和方法，可以阅读弗赖登塔尔的《作为教育任务的数学》《数学教育再探》，王竹立的《碎片与重构》，莫兰的《复杂性理论与教育问题》，怀特海的《教育的目的》等著作。

9.4 综合实验

在工科教育中，实验教学是不可或缺的。随着仿真技术的发展，"信号与系统""随机过程理论"这类课程也增加了实验环节。通常，附加在课程内的实验项目简称为课内实验，主要培养学生理论联系实际的能力，加深对课程理论知识的理解，巩固所学的理论知识。为了提高教学效果，在研究型课程中也安排了具有课程特色的综合设计，培养学生综合运用课程知识点的能力，提升学生对知识点关联性的认识，培养学生电子信息系统设计、仿真、实现的基本能力。在此基础上，还需要有运用多门课程、甚至多个学期课程知识的实验课程。

如图 9.1 所示，从大一至大三，共有 5 门必修的实验课程，1 门选修的跨专业科技实践课程。2 门基础训练实验课程属于入门性的，3 门综合创新设计实验课程强调灵活运用该学期多门课程的知识，并采取层层递进的方式培养解决复杂工程问题的能力。而跨专业科技实践，通过无人机编队协同完成预定任务的方式，跳出专业的局限，培养跨专业综合设计能力。

9.4.1　电子设计基础训练

"电子信息工程导论"作为大学新生的入门课程，对电子信息领域有一个概貌性的了解，包含电子信息知识体系与能力素质，还涉及大学的"教"与"学"两个方面。它的优点是系统性强，缺点是体验性不够，难以满足同学们对实践的要求。

为此，我们在大一下学期开设"电子设计基础训练"，采用"零基础"实验教学方案。"零基础"是考虑部分同学缺乏电子信息类相关基础，要求实验教学方案易于入手，即用简单的实验，完成对于复杂流程的整体感知，学会使用基本电子设计相关工具，为课内实验和科技实践奠定基础。

"电子设计基础训练"这门课程在中学电路知识的基础上，以科学小故事为载体，使同学们了解电阻、电容、电感、二极管、三极管、集成电路的特点、应用和发明过程；以面包板为载体，通过呼吸灯、数码管等小实验培养学习兴趣，从而掌握基本电路工作原理、实现过程；以 Arduino 单片机智能硬件为载体，通过数码管控制、键盘输入等 Arduino 小实验，培养学生软件设计与硬件结合的应用能力，了解电子信息系统的基本构成和工作原理。在上述基础上，该实验课程还可同时培养学生的计算机辅助仿真设计、基本仪器仪表使用、电路安装调试、编程控制能力。

对于基础较好、学有余力的同学，可以布置有挑战性的项目，支持他们参与科技竞赛活动；也可以安排他们担任部分教辅工作，这是一种非常好的同伴互教方法。

9.4.2　单片机基础训练

经过大学一年级的学习，同学们已初步具备 PC 环境下的软件编程能力，也有一定的硬件设计能力，应该考虑将两者结合起来。作为电子信息类专业的学生，对于硬件体系结构的掌握和运用是必须的，但对于编程等软件能力的培养也不可缺少。单片机提供了这样一种平台，既能从硬件层面直观地看到单片机发光二极管的点亮、继电器的动作等真实电路的具体变化，又能够从软件层面锻炼编程能力，理解语法算法的核心要义，从而对"不同的硬件区域有不同的软件操作特性"这句话有更深的了解。软硬件结合的能力，有利于系统意识的培养，也能够大幅提高学生的综合竞争力。

单片机基础训练实验以"基于单片机的智能硬件模块"为设计目标，按照设计项目构建师生学习共同体，在教师引导下学生自主完成。在学习"电路分析"等课程后，学生已经拥有了对于电路的基本认识，掌握了电路分析的基本工具，再加上经过"程序设计训练""数据结构与程序设计""软件技术基础"等课程的学习，也具备了较强的编程能力，便可以尝试在单片机上完成一些简单的工作。

教师将会在实验开始时先介绍一些单片机原理、编程调试方法等基本内容，帮助学生掌握单片机的基本使用技能。在此基础上，学生有充分自由的空间，能够在单片机可实现的范围内实践任何的想法。同样，教师可以提供一本实验指导书，但指导书上可能仅有一些单片机的简单介绍和操作方法，以及几个利用单片机实现功能的案例，便于学生思维的发散。

9.4.3 跨课程综合设计

工程专业认证有一项重要要求，毕业生具备解决复杂工程问题的能力。如何解决学时压缩与培养要求提高的矛盾？为此，我们将工具类课程、独立实验与课程设计等实验教学环节统一起来，改造为分层递进的综合创新设计实验，安排在第 4 至第 6 学期，每个实验课程 2 学分。将工具的学习置身于有意义的情景中激发学习兴趣，同时也能贯通多门课程的知识，提升综合设计能力。

例如，"综合创新——模拟通信"就是选择"基于超外差接收机技术的频谱仪""无线传输音频的 AM 发射机和接收机""基于莫尔斯电码的自制无线电报机"等主题，培养学生分析设计和仿真测试模拟通信系统的综合能力。在这些项目中，需要综合应用第 4 学期所学的 3 门专业基础课程"电子电路Ⅰ""电磁场理论""信号与系统"中的知识。具体来说，就是综合应用运放、滤波器、模拟调制、功放、天线、解调等模块，完成模拟通信系统（AM、FM、PM）联合调试，撰写实验报告。

类似地，第 5 学期需要完成"综合创新——数字通信"的综合设计实验，目的在于培养学生具有分析设计和仿真测试数字通信系统的能力。实验整体要求学生以无线数字通信系统为设计目标，根据给定的题目进行工程问题的分析和开发，利用现代工具完成文献检索、仿真、电路测试等各项工作，从而设计满足软件相关工业标准的数据/语音/图像信息获取、编码、调制、上变频、发射、接收、中频采集、下变频、预处理、解调、解码、应用等代码，完成数字通信系统联合调试，并最终撰写实验报告。

作为第 6 学期的"综合创新——综合设计"，根据工程专业认证的要求，不只是工程技术的训练，还需要考虑工程因素、环境因素、人文因素、市场因素等非技术要素。在满足工程专业认证对解决复杂工程实践能力要求以后，进入大四后学生的毕业设计可以自由选择基础研究或工程设计类课题了。要想进一步深造,选择基础研究可能更为有利。

如何更好地实现课内实验、探究项目与综合设计实验有机的结合,既要避免课程间的简单重复,又要有综合的深度?这就需要教师的工程经验与教育智慧。我们注意到降噪耳机已经成为电子娱乐设备的新宠之一,它通过机体结构设计与语音信号处理,可以在复杂背景环境下远离噪声干扰,增强音乐和语音质量。以降噪耳机作为综合设计项目,可以结合"随机过程理论""数字信号处理""商业案例分析"等课程,从技术、用户需求、商业模式等角度分析,然后采用开源软硬件搭建原型,经过优化在 FPGA 平台上实现。

综合设计实验项目可以由多名教师与学生构建师生学习共同体,借助网络共享的虚实结合实验平台突破时空限制,学生合作探究与教师及时反馈评价,结合实物展示、现场答辩和综合实验项目团队制,让学生在试错、辩论、反思与重构的多次迭代中培养综合设计与创新能力。

9.4.4　跨专业综合实践

"互联网+""AI+""5G+"等概念的流行,跨专业甚至跨界能力的培养越来越重要。5G 时代的工业互联网将渗透到各个行业,比如华为、百度进军智能汽车领域就需要与汽车相结合,要是不能理解汽车的设计、制造与运营维护,不了解智能交通系统,就做不好智能汽车解决方案。"跨专业综合实践"课程希望在跨专业能力培养方面做一些探索,由于挑战性较大,可以作为选修。

无人机作为工科类本科生综合实践平台,包含电子、机械、动力、载荷等多种子系统,涉及材料、控制、可靠性等多种航空核心技术,覆盖多个工科专业知识,能够较好地整合跨专业资源,符合跨专业综合实践的要求。

"跨专业综合实践"可以让来自不同专业的学生合作搭建完整的无人机系统,在解决本专业问题的基础上,系统性地了解无人机从构思、设计、制造到运营的各个环节,在实践中树立工程系统观,培养学科交叉能力,锻炼组织管理能力。

与理论学习相结合,基于无人机平台,完成一部分理论学习内容的工程验证,以实践补充课堂,再以实践引导兴趣,以无人机综合实践平台为载体,立足应用需求,探索专业前沿,形成多层次、多角度、立体化的人才培养模式。

9.5　科技实践

《哈佛通识教育红皮书》认为"军校中最好的教师未必是战场上杰出的指挥官,抽象的原则本身是无意义的,除非它们与经验具有某种联系"。

实践是理论的归宿，对于电子信息类专业的学生而言，科技实践是专业学习的归宿。如果课程教学、实验教学体现了规定动作，教师主导、循序渐进，那么科技实践就是学生自主，不再强调循序渐进，而是直奔目标，缺什么学什么，边干边学。在大学教育中，实践无处不在，从暗藏玄机的科研实验室，到让你小试身手的科研训练，再到大显拳脚的科技竞赛，都为你提供"实践出真知，万事要躬行"的机会。

9.5.1 走进科研实验室

德国化学家李比希（J.V. Liebig，1803—1873 年）认为："学习化学的真正中心，不在于上课，而在于实际工作。"1826 年，他在吉森大学组建了化学实验室，开创了崭新的实验室教学方式，培养出一大批一流的化学人才。据资料统计，最早的 60 个诺贝尔化学奖获得者，有 42 个与李比希有关系。实验室教学方式，同样也适用于今日的工科类本科教育。

在科研实验室你将有机会接触真刀真枪的工程项目，不仅可以为课上所学在实际中找到用武之地，提升实践能力，还能够让实打实的工程意识早日萌芽。另外，你也许还会在实验室见识到陌生的仪器与设备，即使无法亲自体验，混个脸熟也是好的。工程思维的培养是重中之重，除了需要开始考虑生产成本与客户需求等非技术因素，你还将面临观念上的转变。更进一步，进入科研实验室前"三人行必有我师"的"三人"或许都是你的同学，伴随地点的转变，进入科研实验室后，你的"三人"将扩展到老师以及学长范畴，多元化的人物必将带领你进入新的世界。你可以与老师和学长平等地畅所欲言，在同甘共苦中接受熏陶。不论是研究态度，还是源自工程的真实情境与新鲜声音，都是你从教室、书本与同学处难以问及或学到的。

切入科研实验室的途径有很多，可以通过学长或者学业导师、班主任的引荐，也可以借助由学院提供给本科生的科研计划、科研课堂，老师已抛出课题橄榄枝，选择权便落在了你这儿；还有实验室对外举办的相关开放日，等等。这些切入方式一方面可以让实验室不再那么高冷，另一方面也是让你进入科研实验室之前有个自我的设想，不至于手足无措。

进入科研实验室以后，首先，不妨耐心地从每件小事开始做起，在不知不觉中，实验室的零星碎片便拼凑起来：谁在做什么、怎么做，取得了哪些成果，又遇到了哪些困难。其次，真实的攻关过程、灵动的工程思维与大门常开的学术交流，你都要洞若观火并虚心学习，看似与你无关的陌生领域往往蕴含着新的机会，画地为牢便会错过。第三，协助老师与学长的过程也是与之熟识并获得认可的过程，老师将青睐你，放心将更多工作托付给你，学长会"罩着你"，愿意与你分享他的成果。日子久了，你小试身手的时刻也不远了，没准什么时候，实验室就对你委以重任。其实，在《学记》中"良冶之子，必学为裘；良弓之子，必学为箕；始驾马者反之，车在马前。君子察于此三者，可以有志于学矣"。现代的教育理论可以参考《情景学习：合法的边缘性参与》。要是你的身边没有实验室学习经历的朋友，有一个你中学时代就熟悉的英国物理学家法拉第（M. Faraday，1791—1867年），可以查一查他是如何从书店的学徒工成为科学家的。这些教育理论与实践经验表明，走进科研实验室学习对工科教育的重要性。

要是你已经有一些实验室学习经历，你应该已经意识到，老师与学长绝对不会追在你的身后催促你做这做那，只有在平日里自主学习，在遇到瓶颈时主动求助，才能让实验室成为你起飞的地方。实验室的研究工作与以往的实验课程有所差异，没有现成的实验室指导宝典，你需要自行探索、大胆想象并勇于创新，在尝试中开辟道路进而解决问题。在遭遇困难时，与其把时间浪费在较劲或流泪上，不如尝试着与学长交流，或请老师出谋划策，他们不同于你的经验和视角往往能够带来新的契机。反过来看，你的追问也可能带给他们新的启迪。德国存在主义哲学家雅斯贝尔斯（K.T. Jaspers，1883—1969年）强调交往的重要性，而科研实验室淋漓尽致地实践了他的理念："在共同的思想基础之上所形成的交流气氛，可以催生出适宜于学术和科学工作的条件，尽管这些工作在本质上总是被独立完成的。"

9.5.2 科研训练计划

大学生科研训练计划（Student Research Train Program，SRTP），一般包括准备、申请、实施、验收、总结五个阶段，而在细节安排方面又会因校而异。究其内涵，这里借用东南大学信息科学与工程学院教授孟桥（1965—）所做的诠释进行说明——"以学生为主体，以研究为背景，以训练为目标"。

首先，以学生为主体意味着本科生推翻了压在头上的"三座大山"——学校、教师、学长，成了科研的主人。从立项到结题，学生当家作主，自行发现问题、分析问题、解决问题，最终探索出来新的路径。这一过程虽然蕴含着无拘无束的洒脱，却也包含了踽踽独行的压力、迷茫甚至无助。好在独立自主并不等于自生自灭，作为顾问，老师随时欢迎学生在百思不得其解之际登门造访。你要及时与老师沟通或商洽进展情况，尤其是在进退维谷之际，因为老师可能凭借经验、角度与高度为你的涸泽之鱼注入一泓清泉，别让胆怯抑或羞涩成为你的障碍。大学每个角落都摆放着"主动"的提示牌，老师退居幕后留下余地，他们遵从孔子"不愤不启，不悱不发"的教学原则，只有收到你的求救信号，才能依据具体情形做出恰当反馈。

其次，以研究为背景强调SRTP重在过程，即不以成败论英雄，可以更加大胆地探索。一般为期一年的SRTP是一场持久战，除了心态，你还需对项目进度做好掌控，立项成功不代表着一劳永逸，遵循进度安排是驱赶惰性的有效方法。明确分工之后，你与合作伙伴将经历一个漫长的过程，随着你们从学习到尝试，从磨合到默契，项目也将从一筹莫展扭转成循序渐进，从幼稚发展为成熟。SRTP不必拘泥于原定目标，这与科技竞赛期待展示效果是有区别的。当然要是SRTP能够孕育出优秀成果，能够转化为竞赛项目，可谓一举多得，皆大欢喜。

再次，以训练为目标表明 SRTP 并不奢望学生一举获得多大的成果，而是希望在自主的探索和尝试中同学们的学习能力、实践能力、创造能力、积极性与自信心等得到锻炼与提升。此外，SRTP 为学生正式走上工作岗位提供了热身机会，因为学生所经历的整个过程就是科学研究的完整流程。

最后，让我们以爱因斯坦的观点重申 SRTP 的精髓所在："提出问题往往比解决问题更重要，因为解决问题也许只是数学上或实验上的技能而已，而提出新的问题、新的可能和从新的角度看旧的问题，需要有创造性的想象力，标志着科学的真正进步。"

9.5.3 参加科技竞赛

与前两种科技实践不同，科技竞赛强调结果，有功利心之嫌。下面我们以全国大学生电子设计竞赛（简称电设）为例简要介绍竞赛类项目。

电设每两年一次，作为全国电子类、自控类专业规模最大、认可度最高的电子设计竞赛，自然会吸引相关专业的学生摩拳擦掌、跃跃欲试。这个比赛最特殊的一点，就是其超长的时间跨度。8 月末的比赛，前一年的 10 月就开始了学院内的培训和选拔。每一轮选拔形式都类似正式竞赛，给定命题，要求在固定的时间段内完成，一般一轮选拔间隔一个月左右。可千万别因为时间长而以为可以轻轻松松，刚开始接触的时候，很多同学连专业课可能都还没学，对于各种电路、焊板制板更是一头雾水。这种情况下，想一个月做出一个给定指标的模拟滤波器都不容易。仿真做了一遍又一遍，板子焊了一块又一块，但结果始终谬之千里的例子不在少数。时间滋长着同学们的各式念头，做着做着有人想去考研了，有人想出国了，有人就是累了，三个人的队伍只要有一个人的心开始动摇，整个团队就岌岌可危，矛盾冲突随时可能出现。这可真是一个不仅考验个人能力，还考验团队沟通水平的竞赛。四轮选拔过后，不断地解锁各种电路模块设计，还能剩下一半的人，便是一个不错的结果了。"最后学校并没有淘汰任何人，那一半的人都是中途放弃的。"

好不容易熬过了学院的四轮选拔，正式比赛之前，还有一个大 BOSS 需要打赢——赛前集训。赛前一个月左右的时间，所有队伍会被集中在一个实验室，仿真、画电路板、焊电路、调试、写程序……电设相对于其他竞赛更容易上手的一点在于题型的固定，电源题、射频放大器题、电子测量题、自动控制题、飞行器控制题、数字信号处理题这几大类基本就能囊括所有题型。相应地，充分准备的价值在比赛中就能得到淋漓尽致的体现。选手们如果能够寻着往年题的足迹，把每一个模块都反复练习，把必需的基本知识储备扎实并能灵活应用，比如射频放大器题和电子测量题就意味着会用 STM32+LED 显示屏，会做简单的操控界面和曲线显示；要会用 FPGA 做简单的信号处理；要掌握画电路板的技能；放大器、比较器、滤波器、检波器、AGC、ADC、DAC、DDS 等模块都要提前准备好；往年的放大器、频率计、波形发生器、频谱仪题目都要做一遍练练手。虽然需要花费大量的时间，但若真能做到以上几点，最终的比赛相对集训就只是换个环境做差不多的练习而已，且不说能不能拿奖，仅上场时自信的气势就能压倒场上大部分参赛队伍。

集训时团队一天在一起待十个小时以上非常常见，估计情侣们都只能自愧不如。地狱式的集训会带来心灵和身体上的各种"折磨"，但也会带来超乎想象的收获。因燥热的天气和不听话的电路产生分歧甚至爆发口角的队友们，一个月之后彼此不说话就能知道对方在想什么；各种电路模块早已经熟透于心，都快记不起当年连放大器怎么焊都不知道的稚嫩的自己了。有人说，程序员老了就写不动代码了，电子工程师却越老越吃香，因为模拟电路靠的就是经验积累。只有咬牙坚持，不断练习，把你遇到的所有问题都认真地解决，才能有所提高。

OK，做好了充分的准备，接下来就静等最后通关大决战。四天三夜的奋战决出北京市奖项，一等奖还将参加全国测评。无论是电源题、射频放大器题、电子测量题还是控制类题型，熟悉单片机都是必备技能，加上 FPGA、数字信号处理等多项能力的辅助，利用好前期知识的储备，最后添上一点不睡觉的决心（开个玩笑，合理规划最重要），三个人合理分工，一道色香味俱全的"电设大补汤"就能出锅了！把实物封箱，长达一年的比赛就真的算是结束了。四天三夜，就是一场极限挑战，不仅仅是知识的比拼，更是意志力、体力的考验。

若想知道参加完比赛的人都有什么刻骨铭心的感想，不用着急，帮你随机采访了几位："确认过眼神，是一起体验过绝望的人。没有我的队友，我真的可能坚持不下来。""从今以后，面对任何困难我都不会再畏惧了，电赛都熬过来了还怕什么。""一个比赛，真正让我了解了什么是电子人，也让我找到了以后想坚持的方向，这波不亏！"

9.6　总结与展望

本章主要围绕培养体系的三个主要方面展开讨论。三者之间是紧密联系的，综合设计实验将一学期多门课程的课内验证性实验与创新性实验成果放置在一个有意义的情景下，通过三次迭代达到解决复杂工程问题的能力。科技实践强调学生的主动性，鼓励学生自己发现问题、提出问题，以问题驱动寻求教育资源，然后解决问题。走进科研实验室、SRTP 与科技竞赛，可以与探究性大作业、综合设计实验等教学活动紧密联系，也可以相对松散。在课堂教学中，教学内容相对稳定，教师主导性强；而在综合设计实验、科技实践活动中，教学内容灵活性强，学生自主选择感兴趣的学科前沿理论与产业热门技术然后大胆探索，教师需要有包容学生多样化的胸怀，等待成长的耐心，让学生在实践中感觉到是自己找到解决方案的。基于探究项目构建师生学习共同体，注重学生之间相互学习，师生之间教学相长。教师要打开学生的经验世界，在引导学生时要注意恰当留白或者示弱，让学生自己去尝试，即使要指导，也要在"山重水复疑无路"时，给学生以"柳暗花明又一村"的点拨。"千圣皆过影，良知乃吾师"，王阳明认为教育最重要的不是外在的教师，而是学生心目中的内在神圣之师。

　　作为培养体系，不只是以上教学环节，还有导师制与书院教育、人文通识教育、社会实践、校际交换生计划等。从本书的人物故事中可以感受到科学家、企业家的多样性，大学教育同样也没有统一标准。洪堡大学首任校长费希特认为"大学教育要去唤醒学生的力量，培养他们的自我学习的主动性、抽象的归纳力与理解力，以便使他们能在目前还无法预料的未来局势中，自我作出有意义的选择"。克林顿时代的美国教育部部长理查·赖利曾说："我们的大学正在培养的学生，必须能够进入那些目前尚不存在的职业，运用目前尚未发明的技术手段去解决那些我们至今尚不认为是问题的问题。"哈佛大学21世纪的教学理念"把学生放到一个陌生的环境中，超越学生的理解力，甚至超越教师的理解力，学生刚开始是没有方向的，但是通过学习、思考重新找到方向"。

　　因此，大学教育的任务是激发学生勇于尝试、不怕失败，在挫折中成长，认识自己独特的天赋能力，倾听自己内在的声音，勇敢做唯一的自己。在未来快速变化的复杂环境中，不仅能够适应变化，而且可以主动创造机会，做最好的自己，成为引领新技术与新产业未来发展的杰出人才。

　　由于篇幅所限，本章简要介绍电子信息类专业培养体系及其相应的"教"与"学"的方法。要是想进一步了解，建议阅读《大学怎么读——以电子信息类专业为例》。

思 考 题

　　1．如何理解数学在科技创新中的重要性？为什么任正非如此重视数学家？数学家在华为的产品研发中有哪些重要贡献？

　　2．如何理解哲学家马赫"为了真正理解一门理论，你必须知道它是怎么发现的。"你是否有阅读学科发展历史的经历？对课程学习有哪些帮助？

　　3．结合你的学习经验，谈谈华罗庚先生的"厚与薄""冥想法"等学习方法，该方法与弗赖登塔尔再创造教学方法有何关系？

　　4．如何理解物理学在信息产业中的重要性？请你列出几位与信息产业密切相关的诺贝尔物理学奖获得者及其颁奖词。

　　5．如何理解信号系列课程、电路系列课程、计算系列课程和电磁场系列课程之间的关系？你如何理解研究型教学方法？

　　6．多数同学大学毕业后不会选择"创业"，是否表明创业能力培养对他们来说不重要？你如何理解"商业创业""社会创业"与"内创业"三者之间的关系？

　　7．如何理解课内实验、创新实验、综合设计实验和跨专业综合实践之间的关系？为什么近年来综合设计实验和跨专业综合实践越来越重要？

8. 与中学相比，高校最大优势就是拥有科研实验室，请你分析"走进科研实验室"这种教育模式与课程教学、实验教学模式之间的差别。

9. 如何理解爱因斯坦的观点"提出问题往往比解决问题更重要，因为解决问题也许是一个数学上或试验上的技能而已。而提出新问题，则需要有创造性和想象力，而且标志着科学的真正进步"。

10. 请你谈谈大学教育为什么要强调学生的主动性？如何理解教师的"留白""示弱"？如何理解"千圣皆过影，良知乃吾师"？

参考文献

[1] 李大潜. 数学文化小丛书[M]. 北京：高等教育出版社，2008.

[2] 李文林，任新喜. 数学的力量：漫话数学的价值[M]. 北京：科学出版社，2007.

[3] 卡尔·波耶. 微积分概念发展简史[M]. 唐生，译. 上海：复旦大学出版社，2007.

[4] 莫里斯·克莱因. 古今数学思想[M]. 张理京，等，译. 上海：上海科学出版社，2009.

[5] 乔治·波利亚. 怎样解题：数学思维的新方法[M]. 徐泓，等，译. 上海：上海科技教育出版社，2018.

[6] 约翰·德比希尔. 代数的历史：人类对未知量的不舍追踪[M]. 冯速，译. 北京：人民邮电出版社，2021.

[7] 陈希孺. 数理统计学简史[M]. 长沙：湖南教育出版社，2002.

[8] 陈希孺. 机会的数学：统计学入门[M]. 北京：人民邮电出版社，2021.

[9] 徐传胜. 圣彼得堡数学学派研究[M]. 北京：科学出版社，2016.

[10] 埃尔温·薛定谔. 生命是什么[M]. 罗来欧，等，译. 长沙：湖南科学技术出版社，2005.

[11] 黄黎原. 贝叶斯的博弈：数学思维与人工智能[M]. 方弦，译. 北京：人民邮电出版社，2021.

[12] 埃德加·莫兰著. 复杂性理论与教育问题[M]. 陈一壮，译. 北京：北京大学出版社，2004.

[13] 怀特海. 教育的目的[M]. 庄莲平，等，译. 上海：文汇出版社，2012.

[14] 张有光. 北京航空航天电子信息工程学院本科教学改革探索与实践[J]. 工业和信息化教育专刊，2016（7）.

[15] 张有光，等. 大学怎么读——以电子信息类专业为例[M]. 北京：电子工业出版社，2021.

[16] 张有光，等. 电子信息商业案例分析[M]. 北京：电子工业出版社，2022.